B.K.S. IYENGAR YOGA
요가

완전한 건강의 길

This edition published in 2021
First published in Great Britain in 2001 by
Dorling Kindersley Limited
DK, One Embassy Gardens, 8 Viaduct Gardens,
London SW11 7BW

The authorised representative in the EEA is Dorling Kindersley Verlag GmbH.
Arnulfstr. 124, 80636 Munich, Germany

지은이 B.K.S. 아헹가
옮긴이 玄天 | **펴낸이** 정문수 | **펴낸곳** 도서출판 禪요가
주소 경기도 파주시 법원읍 만원로 756 | **전화** (031) 959-9566
등록일 2004년 2월 13일 | **등록번호** 제 342-2004-000020호
ISBN 979-11-957835-0-2 93690

한국어 초판발행 2006년 12월 30일 | **한국어 수정 증보판** 2011년 3월 15일
한국어 개정판 2016년 6월 30일 | **한국어 개정 재편집판** 2023년 4월 15일

연락처
유가선원 | 아헹가 요가 파주 본원
사단법인 한국 아헹가 요가 협회
(031) 959-9566

요가 지도자 과정 및 강사 재교육 과정(주중반, 주말반)
사단법인 한국 아헹가 요가 협회(파주 본원)

홈페이지 : www.유가선원.com or www.iyengar.co.kr | 블로그 : blog.naver.com/iyengar1
인스타그램 : instagram.com/iyengar_yoga_korea | 유튜브 : 아헹가 요가 유튜브 채널

발행인의 당부

발행인과 저자는 독자 개개인에게 전문적인 충고나 도움을 주는 데에 중점을 두고 있지 않습니다.
이 책에 담긴 아이디어, 아사나의 순서, 제안 등은 의사와의 상담을 대체하고자 하는 의도로
제시된 것이 아닙니다.
건강에 관한 모든 문제는 의사의 진료를 필요로 합니다. 저자와 발행인은 이 책에 있는 정보나
제안으로부터 발생할 수 있을 어떤 손실이나 피해에도 책임을 지지 않습니다.

For the curious
www.dk.com

B.K.S. IYENGAR YOGA
요가

완전한 건강의 길

CONTENTS 차례

머리말
by Yogacharya B.K.S. Iyengar

요가는 모든 사람을 위한 것입니다. 전문가나 육체 운동을 아주 잘 하는 사람만이 책에서 설명하는 아사나를 수련할 수 있는 것은 아닙니다. 물질적 성공을 위한 경쟁에 묻혀 우리 몸의 건강이 도외시되고 있으므로 오늘날 삶에서 오는 긴장은 몸의 통증이나 질병으로 이어질 수 있습니다. 또한 현대 생활이 주는 스트레스는 결핍감, 소외된 느낌, 혹은 무력감과 같은 정신적 고통을 가져올 수 있습니다. 요가는 정신적인 면과 육체적인 면의 통합을 도와주고, 내면세계와 외부 세계 사이의 균형 감각, 즉 내가 조정 혹은 정렬alignment이라고 부르는 것이 이루어지게 합니다. 진정한 조정이란 내면의 마음이 몸의 모든 세포와 근육의 섬유 조직에까지 이르는 것을 의미합니다.

73년의 세월 동안 요가를 가르치고 수련하면서 저는 일부 수련생들이 단지 요가의 육체적인 측면에만 주의를 기울이는 것을 보았습니다. 그들의 수련은 요란하게 솟구쳤다 떨어지는 급류와 같아서 깊이도 없고 방향도 없습니다. 진지한 수련생이라면 요가의 정신적, 영적 측면에 주의를 기울임으로써 그 주변의 땅을 적시고 비옥하게 하는 평온히 흐르는 강과 같아집니다. 누구라도 같은 강물에 두 번 몸을 담글 수 없듯, 각각의 모든 아사나는 여러분이 그것을 수련할 때마다 새로운 에너지로 여러분의 생명력을 활성화시킵니다.

이 책에서는 초보자라 할지라도 아사나 수련 방법에 대한 철저한 이해를 통해 최대의 효과를 얻을 수 있도록 테크닉에 초점을 맞추고자 노력하였습니다. 수련생들은 서로 다른 능력을 가졌지만 몇몇 간단한 보조 도구들을 이용하면 긴장하거나 부상당할 우려 없이 점차로 힘과 자신감, 유연성을 기를 수 있습니다. 이 책에서 사진과 함께 설명된 요가의 테크닉들은 특정 질환을 앓고 있는 분들에게 도움이 될 수 있습니다. 규칙적으로 수련을 하면 몸 안의 힘과 자연적인 저항력이 길러지고, 통증을 완화하는 데 도움을 얻을 수 있습니다. 또한 병의 증상보다는 근본적인 원인을 치료하게 됩니다. 이제 전 세계적으로 대체 요법이 종래의 치료법보다 더 도움이 된다는 인식이 점점 더 확산되고 있습니다. 요가를 통해 삶을 변화시키기를 원하는 모든 사람들에게 이 책이 도움이 되었으면 하는 희망을 가져 봅니다.

여러분 모두에게 요가의 축복이 함께 하기를 바랍니다.

스승의 생애와 업적

*"수련할 때의 나는 철학자이고,
가르칠 때의 나는 과학자이며,
시연할 때의 나는 예술가이다."*

존경받는 요가 스승 B.K.S. 아헹가의 공헌을 되새기지 않고
요가라는 기예에 대해 고찰한다는 것은 거의 불가능하다. 보잘것없고 불운하였던
수행의 초기 시절부터 아헹가는 참으로 비범한 인내심과 단호함으로 요가의 기예를 통해
자신의 처지와 건강을 개선하고자 노력하였다. 고대의 수행에 통달하고 그것을 분명하게
규정하는 일에 있어 그가 보여 준 천부적인 재능과 통찰력에 의해 오늘날 요가가 대중적으로
널리 확산되어 전 세계 수백만의 사람들이 요가를 가까이할 수 있게 되었고 헌신적인
요가 수행자들이 삶에서 누려온 영혼의 깨달음을 그들도 체험할 수 있게 되었다.

요가의 스승, 아헹가

B.K.S. 아헹가는 가난과 어린 시절의 갖가지 병을 극복하고 요가의 기예에
통달하여 요가를 혁신하였다. 요가가 서구에 전해진 데는 그의 힘이 크게 작용하였으며,
또 그에 의해 전 세계 수백만의 사람들이 요가를 접할 수 있게 되었다.

위대한 전설적인 존재가 되기까지의 노정은 실의와 실패, 고뇌로 점
철되기 마련이다. 시련의 시기를 견디고 극복하기 위해서는 확고부동
한 인내, 헌신, 그리고 집중이 필요하다. 인도 국민에게 수여되는 가
장 훌륭한 상인 파드마 스리Padma Shri 상과 파드마 부샨Padma
Bhushan 상을 받은 B.K.S. 아헹가는 그러한 시절을 기억한다. 그의
삶은 역경을 이겨낸 뒤 얻은 성공을 보여 주는 증거이다.

아헹가는 "앞을 향해 성큼성큼 걸어간 후 뒤돌아보면 일어났던 모
든 일들이 상황에 적합했던 것으로 보인다."라고 상념에 잠겼다. 때는
2014년 늦은 오후, 푸네의 아헹가 요가 연구소에서 였다. 저녁 반 수업
에 무리 지어 들어오던 수련생들이 사무실 근처에 앉아 있는 스승을
보더니 그대로 걸음을 멈추고 바닥에 앉아 귀를 기울인다. 전설과도
같은 스승의 삶과 성공, 그리고 몸과 지성과 마음을 정복하고자 떠났
던 여정에 대해 스승으로부터 직접 전해 듣기란 쉽지 않은 까닭이다.

슬프게도 이것은 그런 얘기를 들을 마지막 기회의 하나였다. 아헹
가 선생은 만 95세의 나이에 세상을 떠났다. 그는 소박한 사람이지
만 고대의 요가 수행에 통달하고 그것에 불멸의 생명을 부여하고자
노력한 끝에 마침내 요가의 스승이 되었다. 그가 성공할 수 있었던
것은 오직 강한 의지력, 극한의 인내심, 불타오르는 결단력으로 끈질
기게 나아간 덕분이라고 밖에는 설명할 수 없다.

초라한 시작

벨루르 크리쉬나마차르 순다라라자 아헹가Bellur Krishnamachar
Sundararaja Iyengar는 1918년 12월 14일, 이제는 IT산업의 중심지가
된 방갈로르Bangalore 근방에 있는 벨루르Bellur라는 작은 마을에서
태어났다. 그는 가는 팔다리에 배는 불룩 튀어나오고 머리는 커다란
병약한 아이였다. "나의 외모는 사람들에게 호감을 주지 못했다."라
고 아헹가는 말한다. 그의 아버지는 그가 여덟 살이던 1927년에 세상
을 떠났고, 그로 인해 가족들은 절대 빈곤에 빠지게 된다. 아헹가는
"학교 수업료를 내지 못해 시험 칠 허락을 얻지 못하던 시절이 있었

다. 내 형은 나를 데리고 돈을 구걸하러 다녔다."고 회상한다. 그가
이룬 현재의 성공에도 불구하고 그는 과거의 이러한 곤경들을 분명
하게 기억한다. "가난은 지식의 화환과도 같은 역할을 했다. 그토록
가난한 가정에 태어나지 않았더라면 나는 아마 아무 것도 이루지 못
했을 것이다. 여러 해 동안 나를 따라다녔던 가난에 대해 지금은 고
맙게 생각한다. 내가 얻은 지식은 이 가난으로부터 얻어진 것이다."

요가 입문

1934년, 아헹가는 티루말라이 크리쉬나마차리아Tirumalai Krishna-
marcharya로부터 거절할 수 없는 제안을 받는다. 그는 아헹가 선생
의 누이인 나마기리Namagiri와 결혼한 존경받는 요가 학자였다. 현
대 요가의 아버지라 여겨지는 크리쉬나마차리아는 자신의 후원자였
던 마이소르의 영주의 자간모한 궁전에 있는 요가 학교를 운영하였
다. 그는 아헹가에게 마이소르에 와서 누이인 나마기리를 도와 가사
일을 하면서 생계도 도모할 것을 제의하였다.크리쉬나마차리아는 엄
격한 스승이었다. "그 분이 내게서 어떤 가능성을 보았다고는 생각하
지 않는다. 그는 건강 개선을 위해 아사나를 수련하라고 말했다." 아
헹가의 말이다. "나는 그 제안을 기꺼이 받아들였다. 태어난 이래 건
강은 나를 늘 따라다니는 문제였기 때문이다." 요가를 수련한 지 3년
이 지났을 때 아헹가는 건강에 뚜렷한 변화가 생겼음을 느꼈고, 이에
그는 용기를 얻었다.

"이 시기에 나의 스승(크리쉬나마차리아)은 내게 거의 주의를 기
울이지 않았다. 나중에 그는 단지 기초적인 아사나들—고전 요가의
자세들—의 대략적인 것만을 가르쳤다.

나는 각 아사나의 근본 원리를 이해하여 혼자 힘으로 수련하였다.
브르스치카아사나(전갈 자세)와 같은 어려운 자세들은 우리가 참여
했던 대중 시범 공연 중에 배웠다! 스승이 나에게서 무엇을 보았는지
는 모르겠으나 내 생각으로는 내게 근성이 있다는 것을 알아차렸던
것 같다."

오른쪽 위 브르스치카아사나(전갈 자세)를 행하는 아들 프라샨트Prashant의 자
세를 바로잡아 주는 B.K.S. 아헹가. 1960~1961.
왼쪽 푸네의 아헹가 요가 연구소에서의 B.K.S. 아헹가. 2008

젊은 시절(1937년), 스승인 크리쉬나마차리아 교수(가운데)와
마이소르의 왕자(왼쪽에서 두 번째)와 함께 있는 B.K.S. 아헹가(맨 오른쪽).

1960년, 아내 라마마니와 함께한 아헹가. 그녀는 그의 제자이자 가장 든든한 후
원자 중의 한 사람이 되었다.

1935년에 마이소르의 영주는 요가 시연을 준비하였다. 아헹가는 몇몇 아사나를 보여 줄 준비를 하고 있었는데, 크리쉬나마차리아는 그에게 난제를 던졌다. 그는 아헹가에게 하누만아사나(다리를 앞과 뒤로 완전히 벌리는 자세)를 할 것을 요구했다. "나는 이 아사나를 전혀 몰랐다. 스승이 이 자세에 대해 설명하는 것을 듣고 나는 그것이 힘들다는 것을 깨달았다. 다리를 벌려 뻗는 것이 어려울 것 같아서 스승에게 반바지가 너무 꽉 조인다고 말했다. 그는 상급생들 중 한 명에게 가위로 반바지 양쪽을 자르라고 한 다음 내게 그 아사나를 해 보라고 했다. 나는 그 자세를 해 보였으나 그 결과 오금의 힘줄이 찢어졌고, 이것은 수년이 지나서야 나았다. 스승은 깊은 인상을 받아서 내게 어떻게 그것을 해 냈느냐고 물었다. 그는 내가 그것을 할 수 없을 거라고 생각했다고 말했으나, 어쨌든 나는 그것을 해 냈다. 마이소르의 영주로부터 받은 선물은 내가 스승으로부터 들은 이 칭찬의 말에 비하면 아무 것도 아니었다."

아헹가 요가의 시작

아헹가는 말한다. "나는 그날 귀중한 교훈을 배웠다. 어떤 아사나들은 아무 준비 없이 시도하면 몸과 마음에 해를 입힐 수도 있음을 알았다. 나는 아사나의 순서를 체계적으로 발전시키기 시작했다. 단순한 것에서 어려운 아사나로 점진적으로 행하는 방법을 개발했던 것이다. 나는 정화 작용을 하는 것, 진정 효과가 있는 것, 자극하여 힘을 북돋우는 것, 몸을 강화시키는 것, 혹은 깨끗이 만들어 주는 것 등 그 효과에 따라 아사나들을 분류하였다. 스승은 내 안에 있던 요가의 불이 타오르도록 불을 붙였다. 하지만 내가 배웠던 요가는 오늘날과는 다른 형태였다. 나는 어떻게 하면 정련과 정확성에 이를 수 있을지, 잃어버린 연결 고리를 찾아내기 위해 악전고투하였다. 그리하여 스승의 방법을 발전시켜 아사나에 깃든 지성의 조정을 활용해 한 세트의 아사나에 연이어 또 다른 세트의 아사나를 수련할 수 있게 하였다." 크리쉬나마차리아는 아헹가에게 지울 수 없는 인상을 각인시켰다. "요가를 바퀴라 한다면, 그는 그 중심부에 있는 바퀴통이다. 우리는 이 바퀴통에 박힌 바퀴살이다. 요가의 바퀴를 굴릴 때 바퀴살은 이 바퀴통 덕분에 휘거나 흠집이 나지 않게 된다. 그가 이룬 모든 지적인 부분에서의 진보에도 불구하고 불행히도 그의 방식과 기분은 예측할 수가 없었다. 질문하는 것은 고사하고, 우리는 그에게 말을 붙이는 것조차 두려워했다. 그러나 그의 태도, 엄격한 훈련, 끈기, 광대한 지식, 뛰어난 기억력은 우리 삶에 영원히 지워지지 않는 흔적을 남겼다."

"내면의 목소리가 나에게 끝까지 계속 밀고 나아갈 것을 요구했다.
오직 의지의 힘으로 나는 멈춤 없이 계속 나아갔다."

가르치는 가운데 배우다

1936년, 마이소르의 영주는 크리쉬나마차리아와 그의 제자들을 오늘날 카르나타카에 해당되는 지역으로 순회강연을 보냈다. 그 직후에 저명한 외과의였던 V.B. 고칼레Gokhale 박사가 크리쉬나마차리아에게 제자 한 사람을 푸네에 있는 데칸 짐카나 클럽Deccan Gymkhana Club으로 보내 6개월 동안 요가를 가르치게 해 달라고 부탁했다. 아헹가는 17세의 나이로, 약간의 영어를 말할 수 있었으나 그 지역어인 마라티어는 할 줄 몰랐다. 그러나 그는 명백한 적임자로 여겨졌다. "언어 장벽 이외에도 그곳 대학생들은 자주 나를 놀렸는데, 그들이 나보다 나이가 더 많고 교육도 많이 받았기 때문이었다."라고 그는 말한다. "나의 센디(정통 힌두 브라만 계급에서 흔히 볼 수 있는, 한데 감아 맨 머리 모양) 때문에 나는 열등감에 시달렸다. 그러나 풀이 죽지 말아야겠다는 결심을 하고, 요가의 가치를 증명하기 위해 열심히 노력하였다." 클럽에서 아헹가가 가르치는 기간은 3년 동안 6개월마다 연장되었다.

그 이후 몇 년간은 아헹가의 삶에서 가장 어두웠던 시기로 보인다. 데칸 짐카나 클럽에서의 일자리를 잃었고, 두세 명의 제자들을 제외하고는 실제적으로 가르치는 일이 완전히 끝났다. "눈물과 실패와 근심으로 가득 찬 시련의 시기였다. 지나고 보니 새벽이 오기 전에 가장 어둡듯 이때가 막 번창하기 전의 가장 힘든 시기였던 것 같다."라고 아헹가는 말한다. "내면의 목소리가 나에게 끝까지 계속 밀고 나아갈 것을 요구했다. 오직 의지의 힘으로 나는 멈춤 없이 계속 나아갔다. 열심히 수련하였고, 관심을 보이는 사람은 누구든 그에게 요가를 가르쳤다. 자전거를 타고 수 마일이나 떨어진 제자들의 집에 갔다. 먹을 게 없어서 수돗물로 겨우 연명했던 날들도 있었다. 가족들로부터 생계에 대한 어떤 확약도 받지 못했고 도움이나 지원도 없었다. 실패로 인해 나는 단호함을 가질 수 있었고 전진해 나갈 수 있는 새로운 빛과 길을 얻을 수 있었다. 실망스러운 처지를 도구 삼아 새로운 과업을 세웠던 것이다. 흔들림 없이 요가라는 이 길을 계속 가겠다는 내 의지는 실패와 곤경, 낙심을 경험한 후에 더욱 강해졌고 신은 마침내 내가 가는 길에 은혜를 베푸셨다." 생계를 유지하고 인정받기 위해 이렇게 고군분투하는 가운데 아헹가는 1943년에 라마마니와 결혼한다.

"나의 경제 사정은 위태로웠지만 가족들의 압력을 이기지 못해 결혼이 힘들 것이라는 내 판단이 옳았음에도 결혼을 할 수밖에 없었다. 우리는 돈을 빌려 결혼식을 치렀다." 처음에 라마마니는 요가에 친숙하지 않았으나 곧 열의에 넘치는 수련생이 되었다.

그는 계속 이어 말하길, "그녀는 빠르게 나의 수련에 도움을 주었다. 민감성을 길렀고 만져서 치유하는 능력을 개발하였다. 그녀가 없었다면 지금의 나, 그리고 우리가 확립한 요가의 방법에 도달하지 못했을 것이다. 나는 그녀에게 내가 요가를 수련하는 동안 자세를 관찰

아이들과 함께한 B.K.S. 아헹가와 라마마니의 초기 시절의 가족사진(1959년)

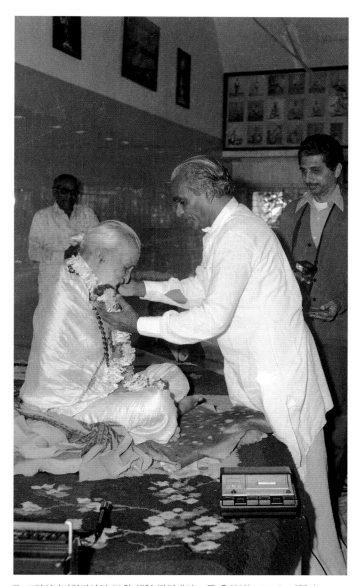

T. 크리쉬나마차리아의 60회 생일 잔치에서 그를 축하하는 B.K.S. 아헹가.

하여 바르게 고쳐 달라고 말하곤 했다. 그녀는 정확한 형태를 잡는 데 있어 나에게 거울과 같은 존재였다."

아헹가의 말에 따르면, 그가 요가의 기예를 추구할 수 있도록 라마니가 자신의 꿈을 희생하였던 것은 의심의 여지가 없다. "내가 유럽과 미국에서 가르치기 위해 가족을 떠났을 때 그녀는 많은 문제에 봉착했다. 예를 들면 1962년, 푸네에 큰 홍수가 났을 때 사람들은 소유한 것들을 가지고 테라스로 급히 도망쳤다. 그러나 그녀의 유일한 관심은 나의 책『요가 디피카Light on Yoga』의 원고를 안전하게 보관하는 것이었다."

아헹가 요가의 발전

아헹가에게 배우기를 원하는 학생들의 수가 점차 늘어났다. 척수성 소아마비에 걸린 한 소녀의 회복을 도운 뒤, 손을 대서 병을 치료하는 아헹가에 대한 소문이 그 지역뿐만 아니라 의료계 내에서도 널리 퍼졌다. 그의 말에 따르면, 전환점은 아헹가와 그의 아내 둘 다 신에 대한 비슷한 꿈을 꾸었던 1946년에 찾아왔다. "그날 밤 이후로 행운은 줄곧 우리 편이었다. 각종 질병으로 고통 받는 사람들이 치료를 위해 나를 찾아오기 시작했다." 아헹가가 한 수련생에 의해 인도의 가장 위대한 철학자 중 한 사람인 지두 크리쉬나무르티Jiddu Krishnamurthi를 소개받은 때도 바로 이 무렵이었다. 하지만 아헹가는 크리쉬나무르티에 대해 들어본 적이 없었다. "나는 그가 쓴 책을 읽은 적이 없었고, 그가 20세기의 가장 위대한 사상가 중 한 사람이라는 것도 몰랐지만 푸네에서의 그의 수업에 참석하기 시작했다. 그가 즐겨하던 말은 '비난하지도 말고 변명하지도 말라.'였다. 그는 다른 사람들의 견해로 인해 마음이 흔들리거나 산란해지지 않아야 한다고 가르쳤다. 전 세계의 요가 수행자들이 내가 그들이 '육체적인 요가'라고 여기는 것을 한다고 비난하였으나 나는 내가 무엇을 수련하는지 분명히 알고 있었고, 내가 하고 있는 것을 변명할 필요도 전혀 느끼지 않았다. 지금도 나는 내 수련을 발전시키는 데에만 집중하지 다른 사람들의 말에는 신경 쓰지 않는다. 또 다른 사람들, 혹은 그들의 수련 방식을 비난하지도 않는다. 크리쉬나무르티는 나에게 쓴 편지에서 '당신은 20년 동안 저에게 요가를 가르쳤습니다. 누군가 저에게 가장 위대한 요가 스승이 누구냐고 물어올 때마다 저는 언제나 그를 당신께 보냅니다.'라는 말로 나를 크게 치하했다."

그러나 요가를 대중화하고자 하는 아헹가의 꿈은 중대한 시기를 향해 나아가고 있었다.

세계적으로 아헹가 요가가 알려지게 된 것은 1952년, 유명한 바이올린 연주자였던 예후디 메누힌Yehudi Menuhin 경과의 우연한 만남 때문이었다. 메누힌은 봄베이에 있으면서 아헹가를 만나기로 되어 있었으나 만남이 거의 취소될 뻔했다. 아헹가는 말한다. "나는 그의 마음 상태를 이해했고, 나에게 5분만 시간을 달라고 그를 설득했다. 그를 사바 아사나(호흡을 정상적으로 이루어지게 하고 몸과 마음

비라바드라아사나(전사 자세) 2를 수련하는 아헹가의 딸,
기타 아헹가Geeta Iyengar의 어린 시절.

충실한 수련생이 된 저명한 철학자 지두 크리쉬나무르티(오른쪽)와 함께한 아헹가. 1955.

을 진정시키는 누워서 행하는 자세. p.170∼173 참조) 자세로 눕게 하였고, 이 누운 자세에서 손가락을 사용하여 그가 샨무키 무드라 Shanmukhi mudra(감각을 차단하기 위해 얼굴의 특정한 위치에 손가락을 놓는 것)를 하도록 이끌었다. 그는 거의 한 시간 동안이나 잠에 빠져들었다!"

"나는 이전에 그에 대해서 들은 적이 없었다. 곧 그가 유명 인사라는 것을 알게 되었지만 나에게 그는 내가 치료해 줄 수 있는 육체적인 질병을 앓는 또 다른 한 인간이었을 뿐이다." 메누힌은 심한 피로에 시달렸으며 활을 잡는 손이 과도하게 늘어나 고통을 받았다. 아헹가의 지도를 받은 그는 빠르게 병에서 회복되었다. 너무나 기쁜 나머지 그는 아헹가에게 손목시계를 선사했는데, 거기에는 '나의 가장 훌륭한 바이올린 스승에게'라는 글이 새겨져 있었다.

오해와 싸우기

그 5분간의 면담에서 평생에 걸친 우정이 꽃피었다. 메누힌은 아헹가를 스위스의 그슈타트Gstaad에 있는 자신의 집과, 나중에는 런던으로 초대하여 그를 유럽과 미국에 소개하였다. 아헹가 요가는 세상을 향해 나아갈 준비가 완전히 되어 있었으나 이 때는 그것의 형태를 갖추고 소개하기 어려운 시기였다. 1954년에 런던을 방문하는 동안 아헹가는 이것을 깨달았다. 그는 이렇게 말한다. "내가 빅토리아 역에 도착했을 때 세관원들이 내 직업을 물었다. 요가라고 대답하자 그들은 내가 불 위에서 걷고 유리를 씹거나 칼날을 삼킬 수 있는지 물어 보았다! 서구에서 요가는 미지의 것이었으며, 요가의 개념은 거의 없는 것이나 다름없었다." 메누힌은 아헹가 요가를 배우는 데 관심을 보인 친구들에게 그를 소개시켰다. "힘든 때였다. 지금은 모든 사람들이 관심을 가지고 있지만 그때는 요가 수행자가 그 지역 사람들에게 요가를 가르치는 것이 어려웠다. 요가는 존중받지 못했다. 많은 사람들이 나를 예전의 영국 식민지에서 온 한 사람의 유색인으로 보았다. 처음에는 영국과 미국에서 어느 정도 차별을 받았지만, 동시에 나를 크게 환대하고 우정을 보여 준 사람들도 있었다."

아헹가는 술집이나 사람들이 모여서 흥미를 보이는 곳에서 시연을 하면서 시작했다. "사람들은 내 앞에서 담배를 피우고 술을 마셨다. 나는 그들을 서서히 변화시켰다. 존중해 줄 것을 요구하지 않았으나 존중받을 수 있었다. 시간이 지나면서 그들은 식탁에서 술을 마실 때 나의 허락을 구했다. 나중에는 담배를 피우거나 술을 마시는

BBC 텔레비전에서 나이겔 그린Nigel Green(제일 오른쪽)과 인터뷰하는 아헹가. 1962.

1956년, 바이올린 연주자 예후디 메누힌(왼쪽)은 아헹가에게 요가를 배웠다. 그러나 아헹가는 메누힌을 프라나야마(요가의 호흡 수련) 방법에 있어 자신의 스승으로 여긴다.

"세계적으로 아헹가 요가가 알려지게 된 것은 1952년, 유명한 바이올린 연주자였던 예후디 메누힌Yehudi Menuhin 경과의 우연한 만남 때문이었다."

초기에 이루어졌던 런던 여행 중 유태인협회에서 시연하는 아헹가, 1963.

일본에서 매혹된 대중들 앞에서
시연하는 아헹가, 1984.

바티칸에서 교황 바오로 6세와 함께한
아헹가, 1966.

미국 미시건 주의 앤 아버에서 수업을 하는 아헹가, 1973.

것을 그만두었다. 그런 변화가 하루아침에 이뤄진 것은 아니었다. 나는 너그럽게 받아들였다. 내면의 소리가 내게 비난하지 말라고 말했다. 나는 그곳에 요가를 전파하기 위해 갔다." 아헹가는 1956년에 메누힌의 친구이자 스탠더드 석유 회사의 상속녀였던 레베카 하크니스 Rebekah Harkness의 초대를 받아 미국으로 여행을 갔다. 그러나 그의 요가 시연은 하크니스 가족과 그 친구들만을 대상으로 이루어졌다. 아헹가 요가가 마침내 미국에 큰 영향을 미치는 데에는 18년 이상의 세월이 걸렸다.

1958년에 아헹가에게 있어 중요한 만남이 또 하나 이루어졌는데, 이때 그는 벨기에의 엘리자베스 여왕을 만나서 가르쳤다. 여왕이 아헹가를 초대하여 요가를 배웠을 때 그녀의 나이는 84세였다. 아헹가는 말한다. "나는 서서 하는 간단한 자세들과 할라아사나(쟁기 자세, p.150~153 참조)로 시작했다. 그녀는 멈추려 하지 않았다. 그녀는 내가 살람바 시르사아사나(물구나무서기 자세, p.138~143 참조)를 가르쳐 주기를 원했다. 그녀는 허약했고, 그녀를 보았을 때 나는 그녀의 심장에 문제가 있음을 알았다. 그녀에게 진료 기록을 보여 달라고 요청하자 그녀는 이렇게 말했다. '선생님, 당신이 요가를 신뢰한다면 나의 진료 기록을 왜 원합니까? 나에게 물구나무서기 자세를 가르치는 것이 두렵다면 그슈타트로 가는 다음 편 기차를 타고 당신을 추천해준 당신 친구 예후디 경에게로 가세요!' 나는 그녀의 용기와 끈기에 감사를 표하고 이렇게 말했다. '당신이 물구나무서기 자세를 할 용기를 내신다면, 저도 당신을 가르칠 용기를 내겠습니다.' 그녀가 물구나무서기 자세를 해 낸 다음에 나는 그녀에게 혈압을 낮출 수 있는 아사나들을 가르쳤다." 아헹가는 여왕이 1965년에 세상을 떠날 때까지 그녀를 계속 가르쳤다.

일반 대중들을 위한 요가

아헹가는 메누힌의 초대로 1960년에 다시 런던으로 왔다. 그는 이번에는 유명 인사들만이 아닌 모든 사람들을 가르치길 원했다. 메누힌은 런던에 정착한 인도인 아야나 데바 안가디Ayana Deva Angadi에 의해 설립된 아시아 음악 서클을 통해 아헹가를 위한 수업을 마련했다. 처음에는 불과 4명의 학생들만이 참가하였고, 자금이 부족하여 안가디의 집 뒤뜰을 교실로 삼을 수밖에 없었다. 그러나 그의 매력적인 시연에 서서히 더 많은 사람들이 모여들기 시작했다. 아헹가 요가는 1966년 아헹가가 교황 바오로 6세와 만났을 때 문화적으로 중요한 기로에 들게 된다. "은혜롭게도 나는 그와 함께 관중 앞에 설 수 있었다. 우리 두 사람은 요가라는 주제에 대해 논의했다.

그것은 내 인생에서 가장 행복한 순간들 중 하나였다. 교황은 내

"이 나무는 여전히 뻗어 나가고 있는 중이다. 요가의 바람은 어디에서나 불고 있다."

손을 잡고 내가 하는 일을 축복했다. 교황은 다음과 같은 말로 나를 칭찬했다. '당신은 요가의 스승이자 지도자입니다. 저는 마음을 다해 당신을 축복하며, 당신을 만나서 행복하답니다."

이때는 또 아헹가의 책 『요가 디피카Light on Yoga』가 처음으로 출간된 때였다. 이 책은 당대에 곧바로 고전으로 인정되었고 사람들을 요가의 기예로 이끌었다. 메누힌은 서문에서 이렇게 썼다. "아헹가의 주목을 받았거나, 선생의 기예의 정확성, 정련됨, 그리고 아름다움을 직접 본 사람이라면 누구라도 최초로 창조된 인간이 가졌을 완전함과 순수함을 볼 수 있을 것이다." 이 책은 국제적인 베스트셀러가 되었고 그 이후 18개의 언어로 번역되었다. 이 책은 종종 '요가의 바이블'이라 불린다.

아헹가 요가 연구소(RIMYI: Ramaamani Iyengar Memorial Yoga Institute)

요가는 마침내 전 세계에 영향을 미치고 있었다. 수련생들이 아헹가로부터 요가를 배우러 푸네로 오기 시작했고, 그의 아내 라마마니는 요가 학교를 세울 필요가 있음을 깨달았다. 아헹가는 『요가 디피카 Light on Yoga』에서 얻은 수익으로 푸네의 토지를 구입했다. 그러나 1973년 1월, 연구소의 개토식을 가진 지 3일 뒤에 라마마니는 병이 들어 세상을 떠나고 말았다. 일은 계속 진행되어 마침내 1975년에 연구소가 개방되어 수련생들을 받았다.

"아내는 더 이상 이 세상에 없지만 나는 그녀와 결코 떨어져 있지 않다. 그녀가 언제나 내 가슴 속에 살아 있기 때문이다. 아헹가 요가 연구소를 그녀에게 바친다."라고 아헹가는 말한다.

현재 수천 명의 아헹가의 제자들은 독특한 개념으로 구상된 그의 요가를 배우고, 또 그의 엄격한 규율을 받아들이고자 연구소로 온다. "나는 두 명의 학생으로 시작했다. 이제는 수백만의 사람들이 요가를 수련한다."

아헹가의 말은 계속 이어진다. "내 제자들은 미국의 주요 도시에 있는 학교, 대학, 요가센터, 또는 스포츠클럽에서 가르친다. 요가는 1960년대 초 런던에서의 내 수업에 참가한 남아프리카 출신의 학생들 속에 깊이 뿌리박혀 있던 인종차별 의식을 흔들었다. 러시아와 중국은 물론 거의 모든 유럽 국가들에 내 제자들이 있다. 이 나무는 여전히 뻗어 나가고 있는 중이다. 내 가르침에 영향을 받은 학생들의 수를 알기는 불가능하지만 틀림없이 수십만에 이를 것이다. 요가의 바람은 어디에서나 불고 있다."

2011년, 중국에서 추종자들의 인사와 환영을 받는 아헹가. 그의 저서들은 모두 중국어로 번역되었다.

아헹가 요가

아헹가 요가는 몸, 마음, 그리고 감정 모두를 이롭게 하는 하나로 통합된
완전한 경험이다. 아헹가 요가가 가진 동력은 요가가 모든 사람들을 위한 것이며,
또 현대인의 스트레스를 효과적으로 줄여 준다는 것에 대한 아헹가의 믿음이다.

요가 수련과 가르침을 병행하던 초기 시절에 아헹가는 내적으로 건조해짐을 느꼈다. 그는 자신의 방법이 옳다는 것을 알았기 때문에 그런 현상이 계속되는 데 대해 의문을 가졌고, 수련하는 동안 자신의 몸과 지성을 활용하여 스스로를 연구했다. 내면의 의식이 그의 스승이 되었다. 그는 어떤 아사나를 수련하는 중이더라도 정렬 상태에서 벗어나지 않고 몸과 내부 장기를 특정한 방식으로 움직이거나 조정하는 것이 중요함을 배웠다. 그리고 바깥의 몸, 피부의 움직임, 몸의 정렬을 엄밀하게 살펴봄으로써 유기체로서의 자기 몸을 꿰뚫어 보았다. 그는 완전한 균형이 과도한 스트레스를 없애고 내부 장기와 세포를 원래의 건강한 상태로 회복시킨다는 것을 발견했다. 신체 내부의 건조함은 사라졌다.

여러 아사나들을 수련하면서 자신의 내부 장기를 관찰할 때 아헹가는 내부로부터 열려 있는 다양한 통로(나디nadis)를 느낄 수 있었다. 이 통로에 의해 신경, 피부, 두뇌를 포함하는 몸의 모든 부분에서 에너지(프라나prana)가 흐름을 이루고 확산하며 순환한다. 그는 정렬에 대한 감각, 민감성, 지성을 얻게 되었다. 각 아사나를 수련할 때 현미경처럼 세밀한 자각, 자기 탐구, 마음과 몸으로 느끼는 반응을 동반하는 이러한 과정을 거치면서 아헹가의 수련에 혁명적인 변화가 일어났고, 그에 이어 가르침 또한 혁신되었다.

자기 정렬

많은 요가 수련자들은 몸이 유연하지만, 몰입이나 성찰 없이 습관적인 방식으로 아사나를 수련한다. 아헹가는 제자들에게 아사나가 단지 육체적 차원에서의 몸의 움직임과 관련된 것만은 아니라는 것을 이해하라고 가르친다. 다시 말해, 현미경처럼 세밀한 자각과 내적인 통찰이 수반되어야 각 아사나가 진정한 의미에서의 아사나가 된다는 것이다. 그는 모든 사람들에게 자각이라는 도구가 있음을 인식하였다. 평균적인 요가 수련생이라면 아사나의 기법이나 원칙과 관련지어 자신의 몸을 자각한다. 그러나 대부분은 내적 자각의 개발이라는 개념을 이해하지 못한다.

아헹가는 내면의 지성을 일깨운다. 이로 인해 수련생들의 자각이 더 날카로워져서 내적인 움직임이 일어나게 된다. 예를 들면 타다아사나(산 자세, p.68~69 참조) 수련 중 아헹가는 '두 다리와 발을 함께 모아서 서는 것' 너머로 나아간다. 그는 제자들에게 안쪽의 발과 바깥쪽의 발을 정렬할 필요성에 대해 의문을 가질 것을 요구한다. 정렬은 발의 민감도를 높이고 에너지의 균형을 잡아 준다. 이제 수련생들은 무릎의 양쪽 옆을 들어올려서 대퇴사두근이 단단히 죄어지게 하고 나아가 넓적다리뼈에 더 가까워지게 한다. 타다아사나에서 넓적다리가 단단히 죄어지면 상복부와 하복부가 들어올려지게 되고, 이로 인해 흉부와 그 내부의 장기가 힘을 얻는다. 호흡이 저절로 깊어지고 리드미컬해지며, 감각, 마음, 감정에도 상응하는 변화가 온다.

내면 에너지의 균형

아헹가의 가르침이 원래 육체를 다루는 것처럼 보일 수도 있을 것이다. 어쩌다 한번 관찰하는 사람으로서는 수련생의 마음이 내적으로 어떻게 작용하는지 알아차릴 수 없다. 선생은 자각, 곧 알아차림에 의해 수련의 성과와 에너지 소모 사이에 완벽한 균형이 이루어진다고 믿는다. 마음과 몸을 올바로 활용하면 반드시 에너지를 보존하여 바르게 분배할 수 있게 된다.

모든 사람의 에너지는 두 측면을 가진다. 하나는 핑갈라pingala, 즉 수리야 나디surya nadi(남성적 에너지/태양)이고, 다른 하나는 이다ida, 즉 찬드라 나디chandra nadi(여성적 에너지/달)이다.

태양은 양의 에너지로 뜨거움과 낮의 활동을 나타내고, 달은 음의 에너지로 서늘함과 밤의 휴식을 나타낸다. 아헹가는 신체의 오른쪽(수리야 나디)과 왼쪽(찬드라 나디) 사이에 완전한 균형을 이루는 것이 얼마나 중요한지를 알았다. 정렬과 정확성에 의해 에너지가 작동하게 되며, 이 에너지들의 상호 작용, 혼융, 결합으로 건강과 균형을 얻을 수 있게 된다. 요가를 올바르게 수행하는 과정에서 최적의 에너

오른쪽 위 젊은 시절의 아헹가.
왼쪽 파리푸르나 마첸드라아사나(완전한 물고기의 왕 자세)를 수련하는
24세의 아헹가.

> "주의집중이 이루어지고 호흡이 순수해질 때에만 에너지가 흐를 수 있다."

정렬은 민감성을 기르고 신체 내부의 에너지가 균형을 이루게 한다.
에카 파다 비파리타 단다아사나(한쪽 다리를 거꾸로 세운 지팡이 자세)를
수련하는 62세 때의 아헹가의 사진은 정렬의 중요성을 보여 준다.

지가 쓰이고, 그 결과 수행자는 평형 상태samatvam에 이르게 된다. 바가바드 기타는 '요가는 평형을 이룬 상태를 말함이다Samatvam yoga uchyate.'라고 기술한다. 『요가 수트라』를 쓴 현인 파탄잘리 Patanjali는 근육, 사지, 관절, 내부 장기, 마음, 지성, 그리고 자아 사이의 구별이 사라져야 이러한 평형 상태에 이를 수 있다고 설한다. 아헹가는 정확한 가르침과 시연을 통해 수련생들이 각 아사나에 의식을 더 많이 집중할 수 있게 한다. 이렇게 할 때 그들은 평형 상태를 경험하기 시작한다.

내적 자각을 통해 아헹가가 깨달은 것은 내면으로 들어가기 위해서는 호흡이 도구가 되어 올바른 시간과 장소에서 활용되어야 한다는 것이다. 오늘날 아사나를 가르칠 때에는 정확한 호흡의 가르침이 동반된다. 그러므로 요가 교사들은 파드마아사나(연꽃 자세, p.54 참조)를 체득하기 위해서는 "숨을 내쉬며 오른쪽 무릎을 굽히고, 오른발을 왼쪽 넓적다리의 윗부분 위에 올려놓아야 한다."고 말할지도 모른다. 그러나 아헹가는 내부의 호흡 통로도 제시한다. 그의 가르침에 따르면 콧구멍을 통해 숨을 내쉬어야 하며, 숨 쉬는 동작이 일어나는 바로 그 부위에서 그것이 미치는 영향을 감지해야 한다. 파드마아사나에서는 호흡과 마음이 주는 영향에 의해 무릎이 이완된다. 무릎이 뻣뻣할 때에는 날숨의 질이 특정한 수준에 이르게 해야 한다. 감각 기관을 부드럽게 하고 뇌를 이완시켜 아사나 수련 중 몸을 쉽게 움직일 수 있게 하는 것은 바로 모든 것을 내려놓는 날숨이다. 수행자가 조정을 바르게 하거나 올바른 방식으로 아사나 자세를 취할 때, 주의집중과 호흡이 동작과 함께 흐름을 이룬다. 주의집중이 이루어지고 호흡이 순수해질 때에만 에너지가 흐를 수 있다.

순서의 힘

최선의 노력을 다했음에도 수련생들이 어떤 아사나를 수행해 내지 못할 때가 간혹 있다. 아헹가는 제자들에게 어려운 아사나로 나아가기 전에 일련의 동작들을 수련할 것을 가르친다. 순서를 정하면 아사나의 정수를 이끌어 내는 데 도움을 얻을 수 있고, 아사나의 유익한 효과를 경험할 수 있으며, 마음의 구조를 향상시킨다. 아헹가는 언제나 제자들에게 파탄잘리가 제시한 요가의 여덟 개의 가지(아스탕가 astanga)가 전체를 형성하는 방식(p.52~53 참조)을 가르쳤다.

먼저 파탄잘리는 이렇게 말한다. "Ahimsa satya asteya brah-macarya aparigrahah yama(요가 수트라 II.30)" 즉, 비폭력, 진실, 훔치지 않음, 금욕, 필요 이상 탐내지 않음이 야마yama의 5개의 기둥을 이룬다는 것이다. 야마의 원칙들은 우리가 영혼을 볼 수 있도록 돕는 올바른 습관을 형성시킨다. 아헹가가 느끼기로 수련생들은 아사나를 수련하는 데 폭력himsa을 동원한다. 이로 인해 근육이 삐거나 관절통, 호흡의 동요, 신체의 불안정이 야기될 수 있다. 선생은 종종 이렇게 말한다. "뇌와 몸이 마른 흙과 같아서는 안 된다. 이들을 진흙처럼 부드럽게 만드는 것은 바로 지성이나 마음이다."

아헹가는 모든 수련생들에게 아사나를 수련하는 동안 자신의 현명한 판단력을 활용할 것을 요구했다. 그는 아사나를 완성하기 위해 목표를 설정하는 것이 중요하다고 가르쳤지만, 또한 수련생들이 자신의 몸의 각 부분에 대해 동정심을 가질 것을 강조한다. 수련생들은 자신의 능력을 알고 있어야 한다. 정의의 저울처럼 주의 깊은 지성이 폭력과 비폭력의 균형을 맞추어야 한다.

정직하게 수련하기

마음, 즉 '나'라는 생각과 지성이 함께 모여 의식(치타chitta)을 형성한다. '나'라는 생각에는 의지력, 이기적 자아ego, 그리고 겸허함이 포함되어 있다. 의지력에 의해 우리는 고무줄같이 유연한 '나'라는 생각을 이기적 자아에서 겸허함까지 주의 깊게 늘일 수 있고, 그 반대도 가능하다. 겸허함은 뇌를 이완시켜 내적 성찰에 이르게 한다. 그러면 자각과 민감성이 생겨나 수련생이 자기 자신을 향해 나아가 영혼과 결합하는 것을 돕는다.

아헹가는 제자들에게 진실과 열정으로 수련할 것을 촉구한다. 이 열정이 선생을 요가 수행자로, 또 요가의 대가로 만들었다. 이러한 진실(사트야satya)의 요소가 없다면 아사나는 기계적으로 반복만을 일삼는 것으로 남게 된다. 선생은 제자들에게 한 아사나 안에서 자각과 정렬을 연구하라고 말한다. 아사나를 수련할 때 오른쪽과 왼쪽을 함께 관찰하지 않으면 어느 한쪽이 다른 한쪽으로부터 에너지를 '훔쳐서' 더 우위를 점하게 되고, 그 결과 다른 쪽이 약하고 둔감해진다.

요가를 처음 수련할 때에는 열의와 혼란이 동시에 존재한다. 이때 수련생들은 열중한 나머지 판단력을 잃고 몸과 마음에 유익한 더 단순한 자세들을 수련하지 않고 고급 단계의 아사나를 수련하길 열망하는 경우가 많다. 이것은 탐욕(스테야steya)과 소유(파리그라하parigraha)의 한 측면이다.

수련생은 알지 못하는 사이에 수련이 소유욕에 물드는 것을 허용한다. 그러므로 신체의 오른쪽이 왼쪽보다 더 강하고 정렬이 더 잘 이루어져 에너지가 조화를 이루지 못하는 상태에 이른다. 오른쪽은 영양이 과다해지고 왼쪽은 영양이 부족하게 되는 것이다. 브라마차리야brahmacharya는 브라마Brahma를 아는 것, 즉 영혼에 도달하는 것을 뜻한다. 수련생은 내면에 있는 브라마에 이르려는 목표를 가지고 완전히 몰두하여 요가를 수련해야 한다. 언제나 수련의 목적이 가장 우선되어야 한다. 또한 수련생은 절제(니야마niyama)의 원칙을 따라야 한다. 그것은 즉 청결(사우차saucha), 만족(산토사santosa), 고행(타파스tapas), 자기에 대한 탐구(스바드야야svadhyaya), 그리고 지고의 존재에의 헌신(이스바라 프라니다나isvara pranidhana)이다. 수련생은 원활한 혈액 순환과 에너지 흐름을 통해 내적인 청결 상태를 유지하고 내부의 몸의 각 세포를 씻어내야 한다. 건강, 그리고 건강한 삶에 의해 만족에 이를 수 있다.

파리브리타 파르스바코나아사나(회전시킨 측면 각 자세)에서 정확한 정렬을 시연해 보이는 65세의 아헹가. "내 수련 방식은 정렬에 초점을 맞추어 정확성을 추구하는 것이다. 이것은 신성한 상태로 여기서 개별 영혼과 보편 영혼이 서로 만난다."

이것은 쉬운 일이 아니지만 분노, 탐욕, 그리고 욕망을 억누르는 것을 돕고 수련생이 요가의 길로 나아갈 수 있게 한다. 아헹가는 쉽게 수련의 길을 가는 것에 동의하지 않는다. 그는 자기 규율을 요구한다. 쉽고 안락한 길은 요가 규율의 원칙에 어긋나고 마음을 제한한다. 특정 아사나에 대한 두려움은 마음의 영역을 제한한다. 요가는 몸을 정화하고 마음을 꿰뚫고 들어가는 것을 목표로 한다. 마음은 올바른 노력에 따르는 육체적인 고통을 견디고자 하는 열의와 의지력을 지녀야 한다. 엄격하고 강도 높은 요가 수련은 수련생을 스바드야야와 이스바라 프라니다나로 이끈다. 신에 대한 헌신적인 집중을 수반한 요가의 연구와 수련이 명상이다. 아헹가는 종교적 신심과 바른 판단력으로 아사나를 행하였는지 수련생에게 알려줄 수 있는 것은 두뇌가 아니라 양심(비베카viveka)이라고 말한다.

내면의 눈 일깨우기

수련생들에게 그들의 행위 기관과 마음을 내면으로 돌리도록 요구하면서 인식 감각들을 인도할 때 아헹가는 모든 생각을 자동적으로 중지하고 내면으로 집중할 것을 기대하지 않는다. 오히려 수련생들은 자신들의 내면의 눈 – 기민함·주의(프라나prana)와 자각(프라즈나prajna) – 을 활용하여 신체의 모든 곳을 관찰해야 한다. 수련생은 신체 안의 모든 곳에 존재해 있어야 한다. 영혼(아트만)은 육체적, 정신적, 심리적 능력(인드리야indriyas)의 소유주이지만 이 능력들은 즐거움(보가bhoga)을 위해 이용되어져서는 안 된다. 이것들은 순수하고 올바른 방식으로 자신의 주인을 섬겨야 한다.

프라티아하라pratyahara는 인드리야를 통제하는 상태이다. 수련하는 동안 우리는 내면의 몸에 완전히 집중하고 마음을 안으로 돌려 지성을 예리하게 만들어야 한다. 인식 감각은 뇌와 밀접하게 연결되어 있다. 아헹가가 "눈은 뇌의 창이며, 귀를 통해 뇌가 밖으로 나간다."고 말하는 것은 이런 까닭에서이다. 아사나를 행하는 동안 눈은 시선을 안으로 돌려야 한다. 우티타 트리코나아사나Uthitha Trikona-sana(쭉 뻗은 삼각형 자세, p.70~75 참조)에서는 머리를 위로 돌리고 천장 쪽을 바라볼 것이 요구된다. 그러나 전등이나 천장에 있는 특정 부분에 초점을 맞추면 안 된다. 눈과 외부 사물 사이에 어떤 결합도 일어나서는 안 된다. 눈이 수동적인 상태에 있게 하는 수동적인 내면 응시여야 한다. 그러면 얼굴의 피부가 부드러워지고 뇌가 긴장과 근심에서 벗어난다. 인식 감각이 이완될 때 뇌는 텅 빈 상태 shunya가 된다. 생각하는 과정이 중지되는 것이다. 인식 감각이 내면을 향하면 에너지가 몸속에서 고르게 균형 잡히고 진정한 평형 상태에 이르게 된다. 이때 아사나가 완전해진다.

감각을 잠재우고 고요하게 만들어 디아나, 즉 명상 상태에 이르기 위해 고도로 집중하여 자세를 취하는 17세의 아헹가.

무심 상태에 이르기

평정이 이루어지면 몸과 마음이 텅 빈 상태가 되고 신체의 세포에 평온함이, 또 마음에는 안정이 찾아든다. 수련생은 뇌가 생각에 의해 점령되는 것을 멈추게 하는 법을 배운다. 이것을 무심 상태라 한다. 아헹가는 종종 "나는 아사나에서 다라나dharana를 가르친다. 다라나와 디아나dhyana를 위한 토대는 아사나와 프라나야마 수련에서 시작되어야 한다. 갑자기 전압이 증가되어 흐르면 전기 장치가 손상될 수 있듯 다라나와 디아나에서 생성된 밝은 에너지도 이와 비슷하게 아사나와 프라나야마를 수련하지 않은 사람의 신경계를 손상시킬 수 있다."고 말한다.

아헹가는 'Desha bandha cittasya dharana'에 대해 언급하는데, 이는 '오랫동안 신체 중 한곳에 자신의 주의를 고정시키는 것'을 의미한다. 예를 들면 살람바 시르사아사나Salamba Sirsasana(물구나무서기, p.138~143 참조)에서는 마음이 무릎에 고정될 수 있다. 이 자세에서 수련생은 신체의 눈으로 무릎을 볼 수는 없지만 그 대신 현미경처럼 미세한 부분을 볼 수 있는 자신의 내면의 눈dharmendriya eyes을 사용해야 한다. 이렇게 할 때 의식이 둔감한 부위로 퍼져나가 신체 여러 부분의 불균형을 바로잡고, 내면의 눈의 영역을 확장시켜 신체 내부의 평정을 이룰 수 있게 된다. 아사나는 밖에서 볼 때는 육체에 관련된 것처럼 보일 수도 있지만 아헹가는 제자들이 미세 영역을 볼 수 있는 내면의 눈을 인식하게 만들고, 또 그들의 지성을 길러 준다. 제자들이 아사나 안에서 이러한 상태에 도달할 수 있도록 그는 엄격한 자세를 견지한다. 그는 시계를 보는 제자에게는 꾸지람을 내리지만 그의 다리가 구부정한 상태로 있는 것은 허용한다. 아헹가는 육체적인 불완전함을 바로잡아 주지 않는다.

그가 관심을 가지는 것은 방황하는 마음을 한 점에 집중시키는 동안 에너지가 분산되지 않도록 막는 것이다.

"요가의 궁극적 단계에 이른 구도자는 몸과 마음,
마음과 자아self의 이원성으로부터 자유롭다."

아헹가의 아들 프라샨트 아헹가Prashant Iyengar가 푸네의 연구소에서의
수업 중 수련생들에게 아사나와 하나가 될 것을 가르친다.

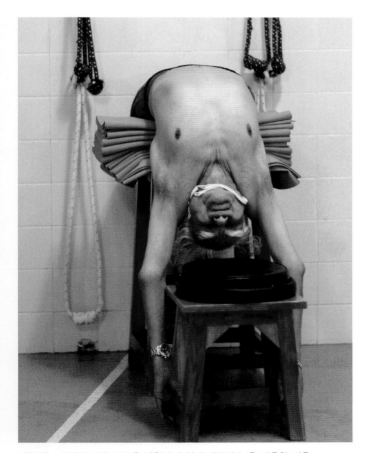

아헹가는 신체의 모든 부분을 관찰하기 위해 내면의 눈을 이용할 것을
강력히 주장한다. 그는 "우리는 몸 안의 모든 곳에 존재해야 한다."고 말한다.

이원성으로부터의 자유

요가의 궁극적 단계에 이른 구도자는 몸과 마음. 마음과 자아self의
이원성으로부터 자유롭다. 아헹가는 이원성이 세 가지 구나gunas(3
가지 속성), 즉 타마스tamas, 라자스rajas, 그리고 사트바sattva와 직
접적으로 연결되어 있다고 말한다. 본래 신체는 타마스(둔감하고 활
기 없는)의 상태에 있고, 마음은 라자스(활기 있고 역동적인)의 상태,
그리고 자아는 사트바(밝게 빛나는)의 상태에 있다. 타모 구나tamo
guna(두려움과 고통)는 악덕과 나쁜 습관의 형태로 자신을 드러낸다.
아헹가는 아사나를 이용하여 제자들을 자극한다. 아헹가가 취하는 방
법은 신체의 둔감함을 무너뜨린다. 이것은 올바른 자세를 해 보이는
것 같은 그저 기술적으로 정밀한 아사나가 아니라 지성을 일깨우고
순수함sattva guna에 대한 감각을 점차 발달시키는 아사나이다.

아헹가는 제자들에게 너그럽게 대하지 않고, 몸과 마음을 자극하기
위해 매일 한 시간씩 수련할 것을 강조한다. 또 보조 도구(p.182~
185 참조)를 사용하여 아사나 수련에서 올바른 정렬과 동작을 배울
것을 적극 권장한다. 통찰력이 자리를 잡으면, 보조 도구를 이용하여
수련할 때 가지는 느낌과 보조 도구 없이 수련하여 그릇된 동작을 할
때 가지는 느낌을 비교하면서 성찰이 따르는 독립적인 수련을 해야
한다고 그는 믿는다.

아헹가가 이해한 바로는 기대한 결과를 얻으려면 자신의 기질을
깨달았을 때 요가 수련을 수정해야 한다. 아헹가의 방법을 따르면, 올
바른 기법을 적용하게 되므로 타모 구나의 아사나가 라자스의 아사
나로 변형될 수 있다. 처음에는 많은 동작과 조정이 이루어진다. 그
러나 일단 그것이 행해지면 진정한 안정이 찾아온다. 활기찬 아사나
는 고요하고 평형을 이룬 아사나가 된다. 이것이 곧 사트바의 아사나
이다.

명상의 과정은 사트바 구나에 달려 있다. 사트바 구나는 고요함을
부르고, 수련생은 아사나와 하나가 된다. 몸과 마음 사이에 자리한 이
원성은 사라진다. 이러한 사라짐pratiprasava은 사마디samadhi(진아
의 인식)라는 최고의 상태에 도달한 요가 수행자들에게만 일어난다.
그러나 그 씨앗은 아사나와 프라나야마의 수련 속에 뿌려져 있다.

아헹가의 업적과 유산

B.K.S. 아헹가의 요가에 대한 독특한 시각은 그의 가족과 제자들을 통해 계속 꽃을 피우고 있다. 타인들의 삶을 긍정적으로 바꾸고자 하는 그의 열정은 그가 태어난 곳인 벨루르Bellur에서의 자선 활동에서 볼 수 있다.

인도의 푸네에서의 화요일 아침이다. 끊임없이 내리던 비가 잠깐 멈추었다. 아헹가 요가 연구소는 비어 있는 것처럼 보이지만, 1층의 큰 강당은 붐비고 있다. 한 무리의 수련생들이 평상시처럼 신중하면서도 단호하고 집중된 상태로 강도 높게 수련하고 있다. 그들은 완벽한 자세를 만들기 위해 로프, 목침, 타월을 보조 도구로 이용하여 자신의 몸을 비튼다.

B.K.S. 아헹가는 창문 근처의 구석진 조용한 곳에서 요가를 수련하고 있는 중이다. 이런저런 자세를 잡을 때 그는 상상할 수 없는 한계로까지 자신의 몸을 밀어붙이지만, 그것은 아름답고 우아하여 거의 시와 같다. 아헹가는 미끄러지듯 완성 자세로 들어가는데, 그 자세는 어렵고 복잡하게 보인다. 드위 파다 비파리타 단다아사나Dwi Pada Viparita Dandasana(두다리를 거꾸로 한 지팡이 자세)는 고급 단계의 뒤로 굽히는 자세이다. 그러나 무리한 노력은 없고 이음새 없이 매끈한 흐름만이 있을 뿐이다. 세계 여러 지역 출신의 다양한 사람들로 이루어진 수련생들은 자신들이 하던 수련을 멈추고 스승 주변에 반원 형태로 앉아서 지극히 고요한 가운데 지켜본다.

아헹가는 자세를 풀고 한숨 돌리기 위해 몸을 일으켜 앉는다. 수련생들은 자기도 모르게 박수를 치고 환호하며 휘파람을 분다. 박수가 계속되는 동안 그는 미소를 지으며 말한다. "여러분께서 수련의 열정을 얻기를 바라고, 신의 축복이 있기를 빌겠습니다." 수련생들은 일어나 몸을 뻗고 자신들의 수련을 계속한다. 그들 중 다수는 헌신적인 아헹가 요가 교사들이며 자격을 얻어 전 세계의 요가 센터와 학교에서 일하고 있다. 일 년 내내 수천 명의 수련생들이 구루지Guruji가 수련했던 이곳에 오고 있고, 아헹가 요가에 담긴 철학을 배운다.

요가 스승들로 이루어진 가족

아헹가 선생이 세상을 떠난 후, 그의 유업은 아들 프라샨트Prashant와 외손녀인 아비자타 스리다르Abhijata Sridhar를 통해 이어지고 있

다. 그들은 집중 수련반을 가르치며 수련생들이 아헹가 요가의 의미와 목적을 진정으로 이해하는 수행자가 될 수 있도록 이끈다.

아비자타는 자신의 할아버지가 요가를 수련하는 것을 지켜보면서 자랐다. 그녀는 여름 방학 중에 푸네로 여행을 오곤 했다.

"우리는 할아버지가 수련을 하시는 동안 그의 몸 위에서 놀곤 했어요. 또 어떤 아사나 자세에 머무실 동안 그의 몸 아래로 들어가거나 그의 몸 위를 펄쩍 뛰어넘기도 했답니다. 할아버지께서 무엇을 하시는지, 또 어떻게 그것을 하시는지 알았을 때 나는 외경심을 느꼈습니다." 아비자타는 이렇게 기억을 되살린다. 요가가 단지 나이 든 사람들만을 위한 것이 아니라는 것을 깨달았을 때 요가에 대한 그녀의 흥미가 되살아났고 그 형식에 대한 이해도 깊어졌다. 그녀는 말한다. "나는 요가가 나를 위한 것이기도 하다는 것을 깨닫기 시작했습니다." 최근에 그녀는 가르치지 않을 때에는 각 자세의 복잡한 부분을 연마하고 이해하면서 아헹가와 함께 수련한다.

가족들은 병으로 고통 받는 수련생들을 도와주는 치유 수업을 함께 진행했다. 구루지는 거친 스승이며, 가르침이 엄한 사람이다. 환자들의 자세를 부드럽게 바로잡아 주면서 그는 요가 지도자들을 꾸짖고 주의를 준다. "지금은 느낌이 어떤가요?" 그는 환자들 중 한 사람인 누워 있는 여성에게 물었다. 그녀는 등 뒤에 큰베개를 놓고 있다. "훨씬 좋습니다."라고 그 여성이 말했다.

완전한 귀의

런던, 메이다 베일Maida Vale의 아헹가 요가 연구소의 창립 멤버인 페넬로페 채플린Penelope Chaplin에 따르면 이러한 사나운 태도는 아헹가의 요가에 대한 열정을 드러내는 것이다. 그녀는 7명의 '영국의 최상위 지도 교사' 중 하나로 이 명칭은 2009년 아헹가에 의해 특별히 하사된 것이다. 페넬로페는 1971년 패딩턴 가Paddington Street에서 아헹가가 가르치던 수업에 참여하면서 그를 처음 만났다.

오른쪽 위 1966년에 초판 발행된 『요가 디피카』에는 B.K.S. 아헹가의 매우 귀중한 가르침들이 들어 있어 '요가의 바이블'이라 불린다.
왼쪽 푸네의 아헹가 요가 연구소에서 손녀 아비자타 스리다르(왼쪽)와 딸 기타 아헹가(오른쪽)와 함께한 B.K.S. 아헹가.

할아버지이자 스승인 B.K.S. 아헹가로부터 올바른 요가 자세를 배우는 아비자타 스리다르.

푸네의 아헹가 요가 연구소에서 아헹가의 지도 아래 요가를 배우는 어린이들.

그녀는 등의 상태가 좋지 않았고 지나친 자신감 상실로 고통스러워했다. "그가 내 뒤에 서서 말했어요. '당신이 두려움에서 벗어나지 못하는 한 내가 도울 수 있는 길은 없어요.'라고 말이죠." 그때 그녀는 자신이 아헹가로부터 배울 수 있는 유일한 길은 도전이나 저항 없는 완전한 귀의에 있음을 깨달았다. 그 이후로 아헹가 요가는 45년 동안 페넬로페의 삶의 중심이 되어 왔다.

"그의 작업은 내게 마음과 몸을 하나로 결합시키는 시멘트의 역할을 했습니다. 나는 매우 유연했지만 그는 단지 육체적인 동작으로부터가 아니라 오히려 내부로부터 수련하라고 가르쳤지요. 하지만 내가 그것을 깊이 이해하는 데는 몇 년이 걸렸답니다."라고 그녀는 말한다.

아비자타가 "구루지는 몸의 비유를 이용하여 요가를 가르칩니다. 우리는 습관적으로 더 큰 그림을 보지 않죠. 우리에겐 구루지의 말을 이해할 수 있는 감각을 개발할 필요가 있어요."라고 말할 때, 이는 페넬로페의 말과 거의 같다. 그녀는 계속해서 말한다. "우리는 요가를 받아들이는 수용 기관을 발달시켜야 합니다. 이것이 우리의 아사나가 발전할 수 있는 길이며 우리 삶을 변화시킬 수 있는 길이기도 합니다." 그녀는 아헹가 요가가 자신의 삶을 변화시켰다고 말한다. "그것은 내가 생각하는 방식을 바꾸었어요. 그가 나에게 가르쳤던 신성한 교훈은 내가 완전히, 충분히, 온전하게 할 수 있는 것을 가슴과 머리를 함께 동원하여 하라는 것이었습니다. 구루지는 내 삶에서 이진법 체계를 가르쳤지요. 즉 0과 1의 의미를 가르쳤던 것입니다."

국경을 넘어서

아헹가 요가가 세계가 요가를 보는 태도를 변화시켰다는 데에는 의심의 여지가 없다. 아헹가 요가는 문화, 국경, 종교를 초월했다. 연구소는 미국, 영국, 이탈리아, 스페인, 독일, 그리고 이제는 중국에 이르기까지 40개가 넘는 국가의 3,800명 이상의 자격을 갖춘 교사들을 배출했다. 아헹가는 돌아가시기 전에 이렇게 말했다. "세계 어느 곳에 가더라도, 여러분은 아헹가 요가를 수련할 수 있다." "지금 나는 세상에서 가장 행복한 사람이다. 그 모든 비난과 좌절에도 불구하고 나 자신의 입장에서는 이름과 명성을 얻었을 뿐 아니라 요가라 불리는 이 기예와 과학이 존경과 위엄을 되찾게 할 수 있었기 때문이다. 혼자 힘으로 15,000여 차례의 강연과 시연을 하지 않았더라면 요가는 대중화되지 않았을 것이라 생각한다."

교황 바오로 6세와의 유명한 만남, 국빈으로 남아프리카를 최초로 방문하였던 일, 소련의 니키타 흐루시초프Nikita Krushchev의 인도 방문 기간 동안 그를 위해 행했던 요가 시연, 혹은 더 최근인 2011년의 중국 방문 등의 경우를 볼 때, 오늘날 아헹가 요가가 전 세계에 미치는 영향력은 명백하다. 아헹가 선생은 말한다. "중국에 도착했을 때 무엇이 나를 기다리고 있을지 예상하지 못했다. 반응은 믿을 수 없을 정도였다 '중국-인도 요가 지도자 수련회' 기간 동안에 비로소 나는 내 책들 대부분이 중국어로 번역되고 널리 읽혀지고 있음을 알았다." 중국 17개 성 57개의 도시에 엄청난 수의 요가 학교가 있는데, 이 학교들 모두 그의 책 『요가 디피카Light on Yoga』와 『요가 호흡 디피카Light on Pranayama』의 영향을 받았다.

그는 요가가 대중의 인기를 얻은 것이 자신의 방법론, 즉 실제적인 접근법과 몸과 마음의 관계에 대한 심층적인 이해에서 비롯되었다고 믿는다. 그의 말에 따르면, '몸이 성장한다는 것은 마음이 가꾸어진다는 것이며, 이는 곧 지성 자체가 가꾸어지는 것이다. 그러므로 장벽은 존재하지 않는다.' 그는 자신의 제자들이 '물질주의의 세계에서 해방의 기술'으로 나아가는 지금이 내면을 들여다 볼 시간이라고 믿는다. "나는 내 동포들이 요가의 빛을 마을의 내 이웃들에게 비추어 그들의 건강과 행복을 보편적인 수준으로 높여 주기를 원한다. 그들은 외부로부터 영향을 받지 않은 우리 인도 문화의 뿌리를 드러내 보여 준다."

벨루르Bellur 지원 계획

자신이 속한 사회와 고향에 보답하고자 하는 이러한 열망으로 인해 아헹가는 방갈로르로부터 40km 떨어진 그의 고향 벨루르라는 작은 마을로 가게 되었다. B.K.S. 아헹가의 이름에 있는 B라는 글자는 바로 이 마을 이름에서 따온 것이다. 벨루르는 가난한 마을이었다. 학교나 병원이 없었으며 마실 수 있는 깨끗한 물조차 없었다. 그 자신이 학교에서의 공식적인 교육을 놓쳤으므로 아헹가는 그것에 가장 큰 가치를 두었다. 변화를 가져오겠다는 결심을 한 뒤 그와 그의 제자들은 영국과 스위스에서 요가 시범 공연을 계획하여 총 990파운드를 모금하였다. 벨루르 최초의 초등학교인 스리 크리쉬나마차르-세샤마 비드야만디르Sri Krishnamachar-Seshamma Vidyamandir가 1967~1968년에 세워졌다. 학교가 세워진 이래로 그 지역 마을 이사회 의장인 벤카타스와미Venkataswamy와 크리쉬나파Krishnappa는 그들의 고향이 변하는 것을 지켜보았다. 그들은 학교의 출발을 기억하고 있으며 건물이 세워지는 것을 보았다. "전 지역을 통틀어 그런 종류, 즉 지붕이 있는 학교로는 이것이 처음이었습니다. 마을 주민들은 이 새로운 기회에 흥분하였고, 곧 학교로 모여들었지요. 처음에는 어린이들이 200명 있었습니다. 구루지(아헹가)는 더 많은 학생들을 수용할 수 있도록 건물을 확장했습니다." 크리쉬나파의 말이다.

2005년 1월, 라마마니 순다라라자 아헹가Smt Ramaamani Sundararaja Iyengar 고등학교의 초석이 놓였고, 같은 해 6월에 수업이 시작되었다. 아헹가는 입학 첫날 어린이들과 교사들의 면접을 끝까지 앉아서 보았다. 최근에는 라마마니 순다라라자 아헹가Smt Ramaamani Sundararaja Iyengar 대학이 문을 열었다.

수련생들이 B.K.S. 아헹가가 요가를 수련하는 것을 보는 것은 드문 일이다. 그럴 경우 그들은 전설이 된 사람을 볼 수 있는 드문 기회를 얻게 되는 것이다.

중국은 아헹가 요가의 방법을 수용하였다. B.K.S. 아헹가가 2011년 베풀었던 특별 수업은 엄청난 반응을 얻었다.

B.K.S. 아헹가는 어려운 과제를 제시하는 스승이다. 그는 치유 수업에서 요가 지도자들을 감독하면서, 그들이 수련생들을 지도할 때 정확한 자세를 가르쳐 최대의 효과를 얻을 수 있게 하도록 돕는다.

교육의 보급

벨루르Bellur에 변화가 왔다. 현재 인구가 4,000명인 이 마을은 인접 지역인 라마마니 나가르Ramaamani Nagar를 포함하고 있는데, 이곳은 고등학교, 대학, 병원의 본산이다. 매일 아침 산스크리트어로 된 기도의 노래가 마을 전체로 울려 퍼지면 320명의 학생들과 160명의 대학생들이 요가 수련을 위해 근처의 운동장에 대열을 지어 들어선다. 일부 학생들은 복잡한 아사나를 연습하는데, 이들은 그 무리에서 가장 뛰어난 학생들로 경연에도 참가한다.

벤카타스와미는 아헹가가 마을을 방문할 때마다 학교의 어린이들에게 사탕을 아낌없이 나누어 주던 모습을 기억한다. "구루지는 어린이들을 사랑하며, 그들에게 정말 깊은 정을 느끼고 있습니다. 우리 마을은 벤카테스와라Venkateswara 신의 성소인 티루파티Tirupati로 가는 길에 있어요. 구루지는 우리 마을을 방문하곤 했는데, 늘 아이들을 위해 티루파티에서 사탕을 가지고 왔지요."라고 그는 말한다.

아헹가는 어린이 교육의 모든 면에 관심을 가졌다. 그는 대부분의 학생들이 경제적으로 빈곤한 환경 출신이고 13개의 주변 마을에서 혼자 힘으로 학교까지 온다는 사실에 신경을 쓴다. 학교는 그들에게 방갈로르에서 만들어져 오는 점심을 무료로 제공하기까지 한다. 학교와 대학이 어린이들에게 점점 더 많은 기회를 주었다는 것은 분명하다. 크리쉬나파는 이렇게 말한다.

"교육의 기초를 마련한 것이 우리 마을을 극적으로 바꾸었습니다. 젊은 세대들은 요가를 받아들였어요. 우리 학교를 졸업한 학생들은 정말 잘 해 내고 있습니다. 그들은 은행원이나 변호사로 일하고 있고, 박사 학위를 가진 사람들도 있답니다."

미래에 대한 믿음

그러나 교육은 처음 한 걸음에 불과하다. 주된 관심사는 삶의 질을 개선할 마을의 공공 기반 시설을 만들어 내는 것이었다. 벨루르 크리쉬나마차르 & 세샤마 스마라카 니디 자선 재단Bellur Krishnamachar & Seshamma Smaraka Niddhi Trust(BKSSNT)은 바로 이러한 전망을 가지고 2003년에 설립되었다. 아헹가는 건강과 교육이 사회와 경제의 개혁에 확고한 기초가 될 수 있다고 믿고 있기 때문에, 조용한 혁명을 불러일으키고자 하는 것이 재단 설립의 목적이었다.

벨루르라는 작은 마을에서든 푸네의 연구소에서든 B.K.S. 아헹가와 그의 요가 방식이 세상에 미친 엄청난 영향은 쉽게 볼 수 있다.

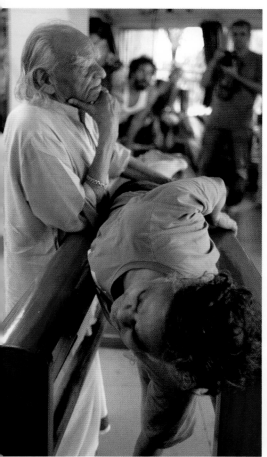

B.K.S. 아헹가는 벨루르의 학교에 다니는 학생들을 위한 점심 제공을 시작하였다.

매일의 수련 중 요가 자세를 연습하는 벨루르의 학생들.

벨루르에 세워진 세계 최초의 파탄잘리 사원 건립 배경에는 아헹가가 있었다.

교육은 아헹가의 출생지인 벨루르 사람들의 기회를 늘려 주었다.

재단의 첫째 과제 중 하나는 깨끗한 지하수의 위치를 찾아내는 것이었다. 지금은 50,000갤런의 물을 저장할 수 있는 물탱크가 마을에 깨끗한 식수를 공급한다. 빗물 모으기 계획도 착수하였다. 1920년 말라리아 병이 대유행했을 때 적절한 시기에 쉽게 이용할 수 있는 의료 시설이 부족했던 것을 알고 있는 아헹가는 마을에 기초적인 건강관리 시설을 세우기로 결정했다.

2007년, 라마마니 순다라라자 아헹가 기초 건강 센터Ramaamani Sundararaja Iyengar Primary Health Center가 출범하여, 지금 이 센터는 그 지역의 30개가 넘는 마을을 치료한다. 지금까지 벨루르와 주변 마을의 18,500명이 넘는 환자들이 이 병원이 제공하는 의료 서비스를 무상으로 받았다. 이 병원에는 20개의 병상이 있다. 현재 경영진은 정평 있는 더 많은 병원들로부터 지원을 얻기를 바라고 있다. 지금 병원은 2명의 의사, 6명의 간호사, 1명의 실험실 보조원과 더불어 완전히 장비를 갖추고 주간 진료 서비스를 운영한다. 마을 사람들에겐 의료 서비스, 복강경 수술, 약물 치료가 무료이다.

벨루르는 또한 아헹가 요가 수련생들에게 메카가 되었다. 그들은 워크샵을 목적으로 하거나, 자신들의 인생을 바꾼 스승이 태어난 곳을 보기 위해 순례를 하고자 이 마을을 방문한다. 오는 길에 그들은 마을의 사원 단지에서 예를 표한다. 아헹가가 『요가 수트라』를 저술했던 현인 파탄잘리를 기리기 위해 파탄잘리 사원을 세운 곳이 바로 여기이다. 또 재단(BKSSNT)은 800년이나 된 하누만Hanuman 사원의 보수와 라마Rama 신과 리시 발미키Rishi Valmiki에게 바쳐진 사원의 복원에도 책임을 지고 있다. 발미키는 서사시 라마야나Rama-yana의 저자로 흉포한 강도에서 학식 있는 성자로 변한 사람이었다. 이 마을 주민들이 발미키를 숭배하는 것은 의미심장하다. 그들 역시 희망 없는 사람들에서 미래를 가진 공동체로 변화했기 때문이다. "구루지 덕분에 벨루르가 세계 지도에 표시되었습니다."라고 크리쉬나파는 말한다.

아헹가는 벨루르의 성공을 자기 인생의 최고 업적이라 여긴다. 그는 말한다. "신이 제게 주신 것을 다른 사람들에게 나누어 줄 때 저는 크나큰 만족을 느낍니다. 나는 고향 마을 벨루르와 인도의 다른 가난한 마을들을 교육, 문화, 사회, 건강 분야 계획을 통해 부흥시키는 것을 나의 과제라고 생각했다. 그것은 쉬운 일이 아니었다. 그러나 비교적 짧은 시간 안에 BKSSNT가 이루었던 변화는 주목할 만하다. 벨루르 주민들만 혜택을 누리는 것이 아니라 지리적으로 더 넓은 지역에서 혜택을 얻고 있음은 분명하다. 공동체, 특히 청년들의 삶의 질, 전반적인 청결 상태, 그리고 긍정적인 태도는 이미 더 나은 쪽으로 변화하고 있음을 보여 준다. 내 뒤를 이어 내 가족, 내 제자들, 그들의 자식들, 그리고 그 다음 세대가 지구 곳곳에 요가의 메시지를 전할 것이며, 그로써 모든 사람들이 지리적인 구별이나 인종, 종교, 피부색, 혹은 성의 차별 없이 하나의 인류로 살게 될 것임을 나는 확신한다."

유산 만들어 나가기

아비자타는 앞으로 나아갈 길이 어려울 것을 알고 있다. "그(아헹가)가 주시는 것은 너무도 순수하고 광대합니다. 그것이 전해지면 더 많은 사람들이 이익을 얻을 수 있을 거예요. 그러나 그가 아는 것에 비해 우리가 아는 것은 너무 적어요. 저는 그것의 가치가 떨어질까 두렵습니다." 이는 그녀만이 아니라 다른 많은 요가 지도자들도 함께 느끼는 두려움이다. 페넬로페 채플린은 덧붙여 말한다. "구루지가 남긴 유산의 일부분은 그가 상급 지도자들에게 아무 욕심 없이 인내심을 가지고 정확한 지식과 훈련을 베풀었다는 것입니다. 이것은 곧 그들이 요가를 가르칠 때 아헹가 선생의 정수essence 중 어떤 것을 반영할 수 있었음을 의미하는 것이지요. 그러므로 '아헹가 요가'는 누구에게나 순수한 형태로 접근될 수 있고, 이용될 수 있습니다. 우리는 그것의 가치를 지키도록 주의해야 합니다."

아헹가 요가가 오늘날 우리 삶에 영향을 끼쳤음은 의심의 여지가 없다. 아비자타는 아헹가의 말을 인용하여 말한다. "인간은 천성적으로 변화를 싫어한다. 그것은 우리가 친숙한 것에는 안도감을 느끼고 새로운 것에 따라오는 불안정함을 두려워하기 때문이다. 우리는 자유를 희구하면서도 속박된 상태에 매달린다. 구루지의 유산param-para은 우리 삶의 방식을 몸과 마음을 이용하여 어떻게 변화시키느냐와 관련되어 있다. 요가는 다르샤나darshana(통찰, 봄)이다. 다르샤나는 또 자신을 보는 '거울'을 의미하기도 한다. 요가는 언제나 우리 곁에 머물면서 우리 삶에 현재적 의미를 가질 것이다."

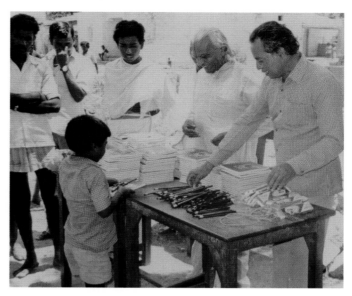

아헹가는 종종 벨루르를 방문하여 학교에 나온 학생들에게 책을 나누어 주고 용기를 북돋아 주곤 했다.

아헹가를 만나 그의 메시지로부터 배울 수 있는 기회를 즐겁게 누리는 학생들.

"신이 제게 주신 것을 다른 사람들에게 나누어 줄 때
저는 크나큰 만족을 느낍니다."

B.K.S. 아헹가가 보내는 메시지

요가는 영원하다. 요가는 시대를 초월하며 영원히 시들지 않는다. 현대의 일상생활이 우리에게 주는 끝없는 스트레스에 대해 요가는 그 답을 줄 수 있다. 요가는 우리 삶에 균형을 가져다주고 동요하는 마음을 고요히 가라앉혀 완전한 휴식에 들게 한다. 바로 이때 우리는 자신의 진정한 자아를 발견하게 된다.

아헹가 요가 연구소에서 학생들과 대화할 때 B.K.S. 아헹가가 들려주는 지혜의 말.

우리는 본능적으로 폭력, 분노, 탐욕의 그물에 사로잡힌다. 그러므로 이러한 본능적인 약점들로 인해 직접적이든 간접적이든 폭력을 행사하거나, 혹은 사회의 압력에 의해 그런 행동을 하는 것은 자연스러운 일이다. 요가를 수련하면 이러한 본능적인 약점들이 변화한다. 이 약점들이 곧바로 근절되는 것은 아니지만 줄어드는 것만은 확실하다. 이때 삶을 살아가는 데 있어 한 개인의 삶이 더 나은 쪽으로 변한다. 그는 정신적, 지성적으로 성장하고 있다는 직접적인 인식을 바탕으로 세상을 다른 방향에서 바라본다. 요가는 우리가 삶의 목표에 이를 수 있게, 다시 말해, 가치 있는 삶을 살 수 있게 한다.

나는 교육을 받은 사람이 아니어서 교육, 경제, 정서적인 면에 있어 궁핍했다. 내가 태어났을 때 나는 이 세상에 쓸모없는 사람이었다. 가난한 가문 출신으로 어린 시절에는 여러 차례 병에 걸렸다. 결핵, 독감, 말라리아, 장티푸스로 고통을 받았지만, 어쨌든 나는 살아남았다. 그러나 내 몸은 신체적으로 전혀 발달하지 못한 상태였다. 이런 상태에서는 신체적, 정신적 힘을 발달시킬 수 없었다. 그 결과 생활하는 데 많은 장애가 있었고 정서적으로도 무척 불안하였다. 따라서 미래를 생각할 여유가 없음은 물론, 당장 일상적 삶을 충실히 꾸려갈 수도 없었다.

요가에 대해 비록 이론적으로 배운 것이 아무 것도 없었지만 나는 요가 수련을 통해 이 정도의 내면의 행복을 느끼게 되었다. 오늘날 내가 말하고 가르치는 것은 무엇이든 내가 경험으로 알게 된 지식에서 나온 것이다. 나는 심장의 지성으로부터 말하므로 그것은 더 견실하다.

지금은 어린이들이 높은 교육을 많이 받고 자질도 갖추었다. 그러나 불행히도 젊은 세대들은 자신의 토대, 즉 내부에서 지성을 뒷받침하는 몸을 등한시하면서 지성에만 의존하는 삶을 살기 때문에 경솔한 측면이 있다. 두뇌는 엄청난 정도로 발달되는 반면 체력은 무시된다. 그러므로 당연히 각 개인들에게 심리적, 정서적 문제를 유발하는 심각한 불균형이 발생된다. 요가를 수련하면 오늘의 시대에 경험할 수 있는 여러 문제를 견디는 데 필요한 내면의 힘을 기를 수 있다.

> "요가는 우리가 삶의 목표에 이를 수 있게,
> 다시 말해, 가치 있는 삶을 살 수 있게 한다."

현대인들이 공통적으로 겪는 스트레스는 요가의 힘이 미치는 곳에는 침범할 수 없다. 부정적인 스트레스는 우리의 적이지만 긍정적인 스트레스는 우리를 성장하게 한다. 스트레스라는 말은 부정적 의미를 내포하며, 매사를 부정적으로 보는 사람을 묘사할 때 사용된다. 그런 사람은 엄청난 고통을 겪을 수밖에 없다.

한편, 다른 형태의 스트레스가 있는데, 이런 경우에는 정서적 지성과 강인한 육체의 힘이 무시되면서 뇌의 기능만 두드러진다. 이 형태의 스트레스도 역시 우리의 적이다. 요가는 부정적인 스트레스와 과도한 긴장에서 오는 스트레스라는 이 두 형태의 스트레스가 힘을 발휘하지 못하게 한다. 또 우리를 균형 잡힌 상태에 있게 하며 머리의 지적 능력과 심장의 지성을 조화롭게 결합시킨다. 이렇게 될 때, 우리 각자는 평정과 평화를 얻게 된다.

요가 수련을 하는 사람들은 우리가 외부 세계는 아는지 몰라도 내부 세계는 알지 못한다는 것을 이해해야 한다. 요가는 우리에게 내부의 세계인 우리 몸의 내용, 즉 간, 비장, 췌장, 호흡계, 신경계, 등등에 관해 가르친다. 요가의 도움으로 우리는 이것들이 어떤 기능을 하는지, 어떤 때에 우리 안에서 장애를 일으키는지 이해할 수 있다. 요가 덕분에 나날의 생활에서 오는 큰 변동들을 인식하고, 요가 수련을 통해 몸과 마음의 균형을 잡을 수 있게 된다.

요가에는 많은 방법들이 있고, 각 방법은 그날의 필요에 적합하도록 변경될 수 있다. 요가 자세들 중에는 순수하게 육체적인 차원에서만 기능하는 것들이 있다. 또 정서적으로 안정을 가져다주는 자세들도 있다. 우리 두뇌가 혼란스러운 상태에 있다 하더라도, 요가는 즉시 휴식을 취할 수 있도록 돕는 자세들을 제공한다. 그러나 우리는 각 개인의 환경에 따라 무엇을 해야 하는지 알아야 한다. 수련생은 요가로부터 이것을 알 수 있게 되지만, 진실하고 성실한 마음으로 정직하게 요가를 수련할 때에만 그러하다.

사람들은 육체가 유한하다고 믿기에 무한한 것을 찾기 시작한다. 그러나 그것을 찾아 나설 필요가 없다. 그것은 우리 바깥에 있는 것이 아니라 안에 있기 때문이다. 요가의 수련은 유한한 것 속에서 무한한 것을 볼 수 있게 돕는다. 피부 세포로부터 자아에 이르기까지 몸을 이루고 있는 모든 것을 인식할 때 유한성은 사라지게 되며, 무한한 자아가 남게 된다.

나는 결코 배우는 것을 멈추지 않으며, 결코 요가의 수련에 대해 생각하는 것을 그만두지 않는다. 나는 수련할 때 내 몸에 대해 생각하지 않는다. 내가 생각하는 것은 오직 내 몸 구석구석 모든 부분에까지 내 자신을 확장시킬 수 있는가 하는 것이다. 내가 거기 존재하는지 하지 않는지 스스로에게 물으며, 수련을 하는 동안 자신을 관찰한다. 또 내 몸 어디가 잠들어 있는지, 어디가 완전한지를 본다. 그리고 왜 그 특정한 부위가 완전한지, 혹은 잠들어 있는지 스스로에게 묻는다. 나는 매 순간 질문하며, 마음이 모든 곳에 고르게 퍼져 있는 것을 안다. 왜냐하면 마음은 편차나 굴절 없이 온몸에 고르게 퍼져 있을 때 용해되어 사라지기 때문이다. 그것은 대양 속의 침묵과도 같다. 나는 내 몸이라는 대양 속에서 완벽하게 침묵한다. 오직 나 자신 the self만이 존재한다. 요가는 이것을 가르친다. 우리는 책을 통해서나 사회에서 다른 사람들과 접하면서 객관적인 지식을 배울 수 있다. 그러나 주관적인 지식은 자기 자신과의 접촉을 통해서만 배울 수 있다. 이런 까닭에 그것을 몸, 마음, 지성이 자아와 하나가 되는 것을 의미하는 삼요가samyoga라 부른다.

어떤 면에서 요가는 활력 넘치는 건강의 문을 열게 하는 황금 열쇠와 같다. 그러나 건강은 육체적인 건강만을 가리키지 않는다. 건강에는 7개의 단계가 있다. 육체, 생리, 정신, 지성, 의식, 양심, 신성의 차원에서의 건강이 그것이다. 건강의 이 모든 단계들이 한 개인 안에서 조화를 이룰 때 나는 그가 훌륭한 인간이라고 말하겠다.

이것이 내가 전하는 메시지이다.

당신을 위한 요가

"요가는 한 번 불이 밝혀지면 다시는 꺼지지 않는 불빛이다. 수련이 향상되면 될수록 그 불꽃은 더욱더 밝아질 것이다."

요가의 가장 중요한 목표는 마음을 단순하고 평화로운 상태로 되돌리고 혼란과 고통으로부터 벗어나게 해 주는 것이다. 이러한 평온한 느낌은 요가 아사나와 프라나야마의 수련으로부터 온다. 근육과 뼈를 긴장시키는 다른 형태의 운동과 달리 요가는 부드러운 방식으로 몸에 원기를 불어넣는다. 요가는 몸을 회복시킴으로써 바삐 돌아가는 현대 생활이 불러일으키는 부정적인 감정들로부터 마음을 자유롭게 한다. 요가의 수행으로 우리는 자신 안에 있는 희망과 긍정의 보물 창고를 가득 채울 수 있다. 요가 수행은 완전한 건강과 정신적인 만족에 이르는 길에 놓인 모든 장애를 극복하는 것을 돕는다. 이것은 재탄생이다.

요가의 목표

요가의 수행은 육체의 한계를 극복하는 것을 목표로 한다. 요가는 우리에게 모든 개별 삶의 목적이 영혼을 향한 내면의 여정을 밟는 것이라는 것을 알려 준다. 요가는 목적과 더불어 그 목적을 이루게 하는 수단도 함께 제공한다.

몸과 마음이 완전한 조화를 이룰 때 우리는 자아를 실현할 수 있다. 요가는 우리가 자아를 실현해 가는 과정에서 만나는 장애들이 육체적인 병이나 정신적인 질환의 형태로 나타난다는 것을 가르쳐 준다. 육체적인 상태가 완전하지 않으면 이로 인해 우리는 산스크리트어로 치타브리티chittavritti라고 알려진, 정신적 불균형의 상태에 들게 된다. 요가의 수행은 그러한 불균형을 극복하는 것을 돕는다. 요가 아사나, 혹은 자세들은 육체의 병vyadhi을 치유하고 육체의 불안정성angame-jayatva을 없앨 수 있다. '고르지 못한 호흡'이라 번역되는 쉬바사 프라쉬바사shvasa-prashvasa는 스트레스의 징후로 요가의 수행으

로 교정할 수 있다. 아사나는 온몸을 조화롭게 만든다. 아사나로 인해 뼈와 근육이 강화되고 자세가 바로잡히며 호흡이 개선되고 에너지가 증가한다. 이처럼 육체적으로 편안한 상태는 마음을 강하고 고요하게 만드는 효과를 얻게 한다.

아사나와 프라나야마

아사나 수련은 몸을 정화한다. 대장장이가 금을 불 속에 가열시켜 금 속에 들어 있는 불순물을 태워 내듯 아사나도 이와 유사하게 신선한 혈액이 몸 안을 잘 순환할 수 있게 하여 몸으로부터 질병과 독소를 몰아낸다. 우리 몸의 질병과 독소는 불규칙한 생활양식, 그릇된 습관, 그리고 나쁜 자세에서 오는 결과이다. 아사나의 기본 동작인 몸 뻗기, 비틀기, 굽히기, 거꾸로 하기 등의 자세들을 규칙적으로 수련하면 체력과 원기가 회복된다. 아사나는 호흡 조절법인 프라나야마와 함께 육체적, 생리적, 심리적 혼란 상태를 조정하며 스트레스와 질병에 긍정적으로 작용한다. 골관절염, 고혈압과 저혈압, 당뇨병, 천식, 식욕 부진 등은 아사나 수련으로 효과를 볼 수 있는 질병들이다.

몸과 영혼의 조화
인도의 카주라호에서 나온 10세기의 조상彫像인 요가 나라얀 Yoga Narayan은 요가의 평온에 잠긴 비쉬누Vishnu신을 묘사한 것이다.

마음과 몸

몸과 마음은 끊임없이 상호 작용을 하고 있다. 요가 과학은 몸이 어디에서 끝나고 마음이 어디에서 시작하는지 그 경계를 정하고 있지는 않으나 양자를 단일한 통합체로 보고 접근한다. 매일매일의 생활이 혼란스러우면 몸과 마음이 긴장될 수밖에 없고, 이런 상황은 근심, 우울, 동요, 분노를 유발하게 된다. 요가 아사나는 겉보기에 육체만 다루는 것처럼 보이지만 실제로는 뇌의 화학적 균형에 영향을 미쳐 우리의 정신 상태를 개선시킨다.

약 2000년 전 파탄잘리Patañjali는 『요가 수트라 Yoga Sūtra』에서 이러한 완전한 균형을 이루는 데 장애가 되는 것들에 대해 설명하였다. 정확한 연대에 대해 역사가들의 의견이 일치하지는 않으나 요가의 철학과 수행에 관한 잠언들이라 할 이 문헌이 대략 기원전 300년에서 기원후 300년 사이의 어느 시기에 편찬되었고, 문헌의 전체 부분을 통틀어 '파탄잘리 요가 다르샤나(Patanjali Yoga Darshana 요가 진리에 관한 파탄잘리의 통찰)'라고 불렀음은 잘 알고 있는 사실이다. 『요가 수트라』의 마지막 장인 삼매품Samadhi Pada에서 파탄잘리는 고통의 근본 원인인 혼란에 대해 논하고 있다. 그에 따르면 육체의 병은 급격한 감정의 격앙 상태를 가져온다. 이 두 가지에 제동을 거는 것이 요가의 과제이다.

오늘날에도 대부분의 사람들이 요가에 입문하는 주된 이유 중의 하나는 통증을 완화하기 위해서다. 요가 아사나는 몸의 특정 부분에 작용하여 마음 또한 진정시키고 이완하게 한다. 예를 들어 몸을 거꾸로 하는 아사나들은 뇌를 평온하게 하는 동시에 자극하기도 한다. 이 아사나들은 뇌에 신선한 혈액을 공급하여 뇌를 각성된 이완의 상태로 만들어 내분비선과 생명 유지 기관을 활성화시킨다.

요가에는 신경을 안정시키는 독특한 기능이 있다. 신경은 생리학적인 몸과 심리학적인 몸(p.62 참조) 사이를 매개하는 기능을 한다. 요가의 수행으로 우리는 몸이 이완되고 마음이 평온하게 되는 통합적 효과를 얻을 수 있다.

시간을 초월한 전통
인도 마하발리푸람Mahabalipuram의 4세기의 조상(왼쪽)과 현대의 이 여성은 특정한 고전적인 동작이 영원하다는 것을 보여 준다.

요가의 단계

요가의 가장 중요한 목표는 마음속에 단순함, 평화 그리고 평정이 다시 깃들게 하고 마음을 혼란과 근심으로부터 벗어나게 하는 것이다. 이러한 단순성, 질서와 평정의 느낌은 아사나와 프라나야마의 수련에서 온다. 요가 아사나는 네 단계를 거치면서 몸, 마음, 지성, 자아를 통합한다. 첫 번째 단계arambhavastha는 육체적인 몸의 차원에서 수행하는 단계이다.

"요가 수업이 끝나면, 마음은 평화롭고 수용적인 상태가 된다."

두 번째 단계ghatavastha는 마음과 몸이 일치하여 움직이는 것을 배울 때이다. 세 번째 단계parichayavastha는 지성과 몸이 하나가 될 때 이루어지게 된다. 마지막 단계는 완성의 단계nish-pattyavastha이다(p.63 참조). 이 네 단계를 통과하는 동안 영적인 각성이 요가 수련생에게로 흘러든다. 불행 혹은 고통Dukha은 사라지고 단순하고 평화롭게 살아가는 방법이 깨쳐진다.

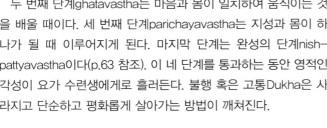

요가는 정신적인 공허를 메운다.

오늘날 세계는 지극히 물질주의적이어서 이로 인해 우리 삶은 커다란 정신적인 공허에 사로잡히게 되었다. 우리의 생활양식은 지나치게 복잡하고 무엇보다 우리 자신의 행위의 결과로 억압된 삶을 살아가고 있다. 우리의 존재는 무기력하고 무의미하게 느껴진다. 우리 삶과 우리가 맺고 있는 관계에는 정신적인 차원에서 결핍된 것이 있다. 이 때문에 성찰적인 많은 사람들은 위안과 영감, 평화와 행복이 외적인 환경에서 얻을 수 있는 것이 아니라 필연적으로 내부에서부터 나온다는 것을 깨닫게 되었다.

요가의 자유

요가의 효과는 결코 육체적인 것에만 국한되지 않는다. 올바르게 수련한다면 아사나는 분리된 육체적 영역과 정신적 영역 사이를 이어 준다. 요가는 시시때때로 우리를 엄습하는 고통, 피로, 의혹, 혼란, 무관심, 나태, 자기기만, 절망의 느낌들을 막아 준다. 요가를 수행하면 마음은 그러한 부정적인 감정을 받아들이는 것을 단연코 거부하고 자아의 완전한 해방을 얻기 위한 항해 중에 덮쳐 오는 이 거친 물결들을 극복하려 한다. 일단 우리가 진지한 요가 수행자가 되면, 이러한 불행과 낙담의 심리 상태로부터 오는 고통을 멈추게 할 수 있다.

요가는 우리의 삶을 밝힌다. 성실하게, 또 진지하고 정직하게 수련하면 요가의 빛은 우리 삶의 모든 면을 널리 비출 것이다. 규칙적인 수련에 의해 우리는 새로운 빛 속에 자신과 자신의 목표를 바라보게 될 것이다. 또한 요가는 건강과 정서의 안정에 장애가 되는 것을 제거하는 데 도움을 줄 수 있을 것이다. 이런 방식으로 요가는 우리 모두가 해방을 얻고 삶의 궁극적 목표인 자아 인식을 이루는 것을 도울 것이다.

자아 각성에 이르는 붓다의 4단계의 여정
인도 사르나트Sarnath의 5세기의 이 장식대frieze는
붓다의 삶의 네 가지 결정적인 사건을 보여 준다.
(아래로부터)어머니의 둔부에서 태어나는 붓다, 보드가야에서
깨달음을 얻음, 제자들에 대한 설법, 열반.

건강에 이르는 길

건강이란 몸과 마음의 각 부분 사이에 완전한 소통이 이루어질 때 얻어지는데 이때 각각의 세포는
다른 모든 세포와 교류하게 된다. 본질적으로 요가는 정신과학이지만 육체적, 정서적 건강의
개념으로 귀결된다.

건강이란 단순히 질병 없는 상태가 아니다. 건강을 위해서는 관절, 섬유 조직tissue, 근육, 세포, 신경, 내분비선, 그리고 몸의 모든 계 system가 각각 완전한 균형과 조화의 상태를 이루고 있어야 한다. 건강이란 몸, 마음, 지성, 영혼이 완벽한 평형을 이룬 상태인 것이다. 건강은 끊임없이 흘러 항상 신선하고 순수한 강물과 같다. 인간은 지각 작용, 동작 기관(행위 기관), 마음, 지성, 내면의 의식, 그리고 양심의 복합체이다. 요가 수행은 이들 각각에 효력을 미친다. 요가 아사나는 생체 에너지 혹은 생명력의 고른 분배를 확실히 하는 것을 도우며 이렇게 함으로써 마음은 평정을 얻을 수 있다. 요가 수행자는 희생자가 아니라 자신의 삶이 처한 상황, 환경과 주변 여건을 조절하는 주인으로서 삶에 대면한다. 아사나는 호흡계, 순환계, 신경계, 호르몬계, 소화계, 배설계 그리고 생식계가 완전한 균형을 이루게 한다. 그리하여 몸의 균형 상태가 정신적 평화를 가져오고 지성은 더욱 명쾌해진다.

몸과 마음의 조화

아사나는 각 개인의 특수한 육체적인 조건과 체질에 따라 그 필요에 부응한다. 아사나 자세에는 수직 운동, 수평 운동, 회전 운동이 포함되어 있는데, 이 운동들은 우리 몸에서 가장 필요로 하는 부분에 혈액을 공급하도록 유도함으로써 몸의 여러 계에 에너지를 제공한다. 요가에서는 각각의 세포가 관찰의 대상이 되고 주목 받으며, 신선한 혈액이 공급되어 순조롭게 그 기능을 다한다. 마음도 물론 활발하고 역동적으로 되고 영혼은 밝게 빛난다.

그러나 건강하지 못한 몸에는 타성적이고 둔하며 나태한 마음이 깃들기 쉽다. 몸으로부터 이러한 나태를 몰아내고 마음을 활동적인 차원으로 옮겨 가게 하는 것이 바로 요가의 수행이다. 궁극적으로 몸과 마음 둘 다 각성된 자아의 차원으로 상승한다.

요가 수행은 정서적 태도를 자극하고 변화시켜 우려하는 마음을 용기로, 우유부단과 빈약한 판단력을 적극적인 결단력으로, 정서 불안을 자신감에 넘치며 차분한 마음으로 바뀌게 한다.

요가는 모든 사람들을 위한 것이다.
나이나 육체적인 조건에 관계없이
각각의 체질에 알맞은 아사나들이 있다.

건강
건강한 몸은
흐르는 강물처럼 항상
신선하고 순수하다.

자세의 효과들

아사나는 서기, 앉기, 혹은 눕기라는 인간의 세 가지 기본자세를 바탕으로 한다. 그러나 아사나는
기계적으로 따라야 하는 일련의 동작들이 아니다. 만일 자세가 올바르게 수련되려면,
아사나에는 내재화되어야 하는 논리가 갖추어져야 한다.

산스크리트어 용어인 아사나asana는 '자세'로 번역될 때도 있고
'체위'로 번역될 때도 있다. 두 가지 번역 모두 완전히 정확하지 못
한데, 그것은 이 번역어들이 아사나의 각 동작에 대해 알려 주어야
할 사상이나 의식의 요소를 전달하지 못하기 때문이다. 하나의 아
사나의 최종 자세는 각성과 지성이 가득한 상태로 몸의 모든 부분
들이 정확히 자리를 잡을 때 완성된다.

　이것을 이루기 위해서는 아사나의 구조를 통찰해야 한다. 또 해
부학적인 몸의 각 부분, 특히 주어진 동작 안에서 사지의 각 부분을
어떻게 조정하고 정렬할 것인지를 상상함으로써 기본이 되는 요점
을 체득해야 한다.

　그 다음 몸 양쪽의 균형이 완전히 이루어지게 하면서 아사나의
구조에 적합하도록 몸을 만든다. 이때 내장 기관, 근육, 뼈, 관절 어
디에도 지나친 긴장이 없어야 한다.

아사나 수련의 중요성

아사나 수련은 몸 전체에 효과적인 영향을 미친다. 아사나는 근육,
조직, 인대, 관절, 신경을 조절해 줄 뿐 아니라 몸의 모든 계가 건강
을 유지하고 원활한 기능을 발휘하게 한다. 또 몸과 마음을 이완시
키고 일상생활에서 오는 피로 혹은 허약함과 스트레스로부터 회복
하게 한다. 아사나는 신진대사, 림프액의 순환 및 호르몬 분비를 촉
진시키며 몸속에 화학적 균형이 이루어지게 한다.

　최종 자세에서 아주 편안하게 될 때까지 수련을 계속하는 것이
중요하다. 이때에 이르러서야 아사나의 완전한 효과를 누릴 수 있
다. 현인 파탄잘리는 『요가 수트라』 11장 47절에서 "아사나의 완성
은 아사나를 행하고자 하는 노력이 자연스럽게 이루어질 때, 그리
고 내면의 무한한 존재에 가 닿을 때 성취된다."라고 말한다.

완전한 균형
살람바 사르반가아사나를 행하는
수련생을 도와주는 아헹가

요가와 스트레스

요가는 개개인에게 미치는 스트레스의 영향을 최소화한다.
요가 과학은 아사나와 프라나야마의 규칙적인 수련이 신경계를 강화하고 긴장을 유발하는 상황에
적극적으로 대처하는 것을 돕는다고 믿는다.

우리 모두는 긴장이 해소되지 않을 때 정신적 혼란과 육체적 불건강이 뒤따르는 경험을 해 본 적이 있다. 이것은 현대 사회만의 현상이 아니다. 옛날 『요가 수트라』가 편찬된 시대에 이미 현인 파탄잘리는 정신적 고통의 원인을 에고, 영적인 무지, 욕망, 타인에 대한 증오, 삶에 대한 집착에 돌리고 있다. 그는 이것들을 '번뇌kle-shas'라고 불렀다.

스트레스의 원인

과학과 기술의 진보를 통해 현대 문명은 여러 분야에서의 무지를 정복할 수 있었다. 그러나 기술적 성취를 이루었다는 자부심은 도를 넘었고 그릇된 것이다. 현대 문명은 경쟁심과 질투심을 유발하여 널리 확산시켰다. 경제적 긴장, 감정의 격앙, 환경오염, 그리고 무엇보다 사건들이 진행되는 빠른 속도에 사로잡힌 느낌은 일상생활의 스트레스를 증가시켰다.

이 모든 요인들이 몸의 긴장을 유발하고 신경을 예민하게 하며 마음에 부정적인 영향을 미친다. 이러한 일은 소외감과 고독감이 밀려올 때 일어나게 된다.

이러한 문제를 해결하기 위해 사람들은 일상생활에서 오는 압박에서 벗어나고자 인위적인 해결책을 찾는다. 위안을 찾기 위한 절망적인 노력 가운데 사람들이 부여잡는 대체물들이 바로 물질의 남용, 무질서한 식사, 파괴적인 관계 등이다. 그러나 이 방책들이 일시적으로 기분을 전환시켜 주거나 문제를 잊어버리게 해 줄 수 있을지는 모르나 불행의 근본 원인, 즉 스트레스는 해결되지 않은 채 남는다.

요가가 인간을 모든 스트레스로부터 해방시킬 수 있는 기적의 치유법은 아니지만 스트레스를 최소화하는 것을 도울 수는 있다. 우리의 에너지 저장고라 할 수 있는 신경 세포로부터 생체 에너지를 끌어 쓰기 때문에 현대 생활에서 발생하는 걱정거리들은 저장된 우리의 생명 에너지를 고갈시킨다. 이것은 결국 우리의 에너지 저장고를 탕진시켜 정신적, 육체적 균형을 무너뜨리는 결과를 낳는다. 요가 과학은 신경이 무의식의 마음을 조종하며, 신경계가 튼튼하면 긴장으로 가득한 상황에 보다 적극적으로 대처할 수 있다고 믿는다. 아사나는 몸의 모든 세포에 혈액이 더 잘 흘러 들어가게 하고 신경 세포를 소생시킨다. 혈액의 흐름은 신경계 및 스트레스를 견디는 신경계의 능력을 강화한다.

스트레스의 완화

요가 과학에 따르면 횡격막은 심장의 지성이 자리한 곳이자 영혼의 창이다. 그러나 스트레스가 많은 상황에 처했다면 숨을 들이마시고 내쉴 때 횡격막이 너무 굳어 있어 그 모양을 바꿀 수가 없다. 요가의 운동은 이 문제에 초점을 맞추어 횡격막의 탄성을 개선시켜 횡격막을 신장시킴으로써, 지적인 스트레스든 감정적 혹은 육체적 스트레스든 그 스트레스가 아무리 많아도 그것을 다룰 수 있게 한다.

아사나와 프라나야마의 수련은 몸, 호흡, 마음, 그리고 지성을 통합하는 것을 돕는다. 아사나를 수련하는 동안 자연스럽게 천천히 숨을 내쉬면 몸의 세포는 고요해지고 안면 근육이 이완되면서 눈, 귀, 코, 혀, 그리고 피부와 같은 지각 기관으로부터 모든 긴장이 풀려 나간다.

이런 상태가 되면 동작 기관과 부단한 교류를 나누는 뇌는 텅 빈 공shunya의 상태가 되고 모든 생각은 잠잠해진다. 그때 엄습해오는 공포와 근심들은 뇌로 뚫고 들어오지 못한다. 이러한 능력을 개발한다면 우리는 나날의 활동을 효율적이고 경제적으로 수행하게 된다. 귀중한 생체 에너지를 소진하지도 않으며 지성은 참으로 명료한 상태가 된다. 마음은 스트레스로부터 벗어나 평정과 고요함으로 가득 찬다.

요가와 운동

대부분의 운동들은 경쟁적 성격을 갖는다. 요가는 경쟁적이지는 않으나
그럼에도 불구하고 도전적이다. 도전은 자기 자신의 의지력에 대한 것이다. 그것은 자기 자신과
몸 사이의 경쟁이다.

일반적으로 운동은 빠르고 힘찬 육체의 움직임이 수반된다. 운동은 종종 힘을 소진시키고 긴장과 피로를 부르는 활동들을 반복해 왔다. 반면에 요가 아사나는 몸, 감각, 마음, 지성, 의식, 궁극적으로는 양심에 안정감을 주는 움직임을 포함한다. 아사나의 정수는 자세를 그냥 끝내는 것이 아니라 평온함 속에 충만함을 발견하는 과정으로서 부단히 움직여 나가는 것에 있다.

대개의 질병은 뇌의 동요와 몸의 불안정한 행동 양식에 의해 생겨난다. 요가를 수행할 때 뇌는 고요해지고, 감각은 잠재워지며, 지각 작용은 변화되어 이 모든 것이 집착을 떨쳐낸 평정한 느낌을 만들어 낸다. 요가 수행자는 수행을 함으로써 뇌는 객체로, 몸은 주체로 다루는 것을 배운다. 에너지는 뇌에서 몸의 다른 부분들로 퍼져 나간다. 따라서 뇌와 몸은 함께 작용하며 에너지는 이 양자 사이에서 고르게 균형 잡힌다. 그러므로 요가를 '통합된 완전한 수련 sarvanga sadhana'이라 부른다. 다른 어떤 형태의 운동도 요가만큼 완전히 몸과 함께 하는 마음과 자아를 포함하지 않으며, 그리하여 전면적인 발전과 조화를 가져오지 않는다. 다른 형태의 운동은 다만 몸의 특정 부분에만 초점을 맞춘다. 그런 형태의 운동을 우리는 '육체 훈련angabhaga sadhana'이라 부른다.

기운을 북돋우는 수련

다른 지구력 운동들이 자극적인 반면 요가 아사나는 기운을 북돋워 주는 수련이다. 예를 들어 의학 전문가들은 조깅이 심장의 기운을 북돋운다고 주장한다. 그러나 사실 조깅하는 사람의 심장 박동이 증가하더라도 요가적 의미에서처럼 에너지를 받아 기운이 솟아나도록 심장의 기운이 북돋워지는 것은 아니다. 이를테면 요가에서 후굴 자세는 조깅보다 육체적으로 더 많은 것이 요구되지만 심장 박동은 안정되고 리드미컬한 속도를 유지한다.

아사나는 숨을 가쁘게 하지 않는다. 요가를 수행할 때 강인함과 힘은 마음뿐 아니라 몸의 모든 부분에 있어서 완전한 균형을 얻는 데 각각 독립된 역할을 한다. 이러한 기운을 북돋우는 수련을 하고 난 뒤에는 원기가 회복된 느낌과 신선한 에너지가 넘쳐흐른다.

운동은 기운을 소진시킬 수도 있다. 많은 형태의 운동은 육체적인 강인함과 지구력을 필요로 하며 10~15분 정도 수련하면 피로감을 느끼게 될 수도 있다. 이렇게 운동량이 많으면 신경 기능이 향상됨으로써 에너지 수준이 개선된다. 그러나 궁극적으로 이것은 세포의 저장물과 내분비선을 고갈시키고, 세포의 독소는 증가시킨다. 비록 순환이 증대되기는 하지만 이는 몸의 다른 계를 자극하고 맥박수와 혈압을 높이는 것을 대가로 한 것이다. 결국 심장은 부담을 받아 과로하게 된다.

체조 선수의 튼튼한 폐활량은 고되고 원기 왕성한 운동으로 얻어지나 이것이 폐의 건강을 유지하는 데 도움이 되지는 못한다. 더

조깅
이러한 형태의 운동은 심장 박동을
증가시키지만 몸을 지치게 할 수 있다.

욱이 조깅이나 테니스 혹은 축구를 할 때처럼 일상적으로 육체를 사용하는 운동은 그 자체로 뼈, 관절, 인대를 반복적으로 다치게 한다.

이러한 형태의 운동들은 근골격계와 더불어 이루어지는 동시에 근골격계를 위한 것이 된다. 이 운동들은 이러한 한계를 넘어설 수 없다. 그러나 아사나는 몸의 각 층을 꿰뚫고 들어가 마침내는 의식 자체에 스며든다. 오직 요가에서만 몸을 신장시키거나, 펴고, 돌리고, 굽힐 때에도 몸과 마음의 이완을 유지할 수 있다.

요가는 다른 형태의 운동과 달리 신경계의 탄력을 유지하고 스트레스를 견딜 수 있게 한다. 비록 모든 형태의 운동이 건강하다는 느낌을 불러일으킨다 할지라도 이들은 또한 몸에 스트레스를 주기도 한다. 요가가 몸에 새로운 활력을 주는 데 반해, 다른 운동 체계는 몸의 기운을 소진시킨다. 요가는 몸의 모든 부분이 똑같이 작용하게 하며 어느 한 부분만 무리하게 하지 않는다. 다른 운동을 할 때 움직임은 어느 한 부분이나 몇 부분에만 제한된다. 이때의 움직임은 반사적 행동으로 그 실행에 있어 지성을 포함하지 않는다. 가외의 에너지를 소비하지 않는다면, 정확성과 완전을 기할 여지가 거의 없다.

요가는 어떤 연령층도 수행할 수 있다.

나이가 들면 조절 기능을 상실한 굳은 관절과 근육 때문에 육체적으로 격렬한 운동은 쉽게 할 수 없다. 예를 들어 근육 단련 운동은 나이가 들면서 행할 수가 없는데, 그것은 이런 운동이 근육을 삐게 하고 관절에 고통을 주며 몸의 여러 계에 무리를 가하여 기관들을 퇴화시키기 때문이다. 요가의 큰 이점은 나이, 성별, 육체적인 조건에 상관없이 누구나 수행할 수 있다는 것이다.

사실 요가는 중년과 그 이후의 연령층에 특히 유용하다. 요가는 몸의 회복력이 쇠퇴하고 병에 대한 저항력이 약화되는 나이 든 사람들에게 주어진 선물이다. 요가는 에너지를 생성하지 그것을 소모시키지 않는다. 요가로써 우리는 젊었던 과거를 되돌아본다기보다 만족스럽고 더욱 건강한 미래를 기대할 수 있다.

다른 운동들과 달리 요가는 병에 감염된 부위에 면역 세포들을 집중시켜 면역력을 개선한다. 이런 까닭에 고대의 현인들은 요가를 예방 과학뿐 아니라 치유 과학으로 불렀다.

에카 파다 비파리타 단다아사나 자세를 취하는 아헹가
요가는 나이 든 사람들이 더 양질의 에너지와 건강을 얻을 수 있게 한다.

요가 철학

"요가는 개별 자아와
우주적 자아의 결합이다."

요가는 섬세한 예술이며, 예술을 하는 자의 능력을 가능한 한 최대로 확장해서
표현하는 것을 추구한다. 대부분의 예술가가 자신의 예술을 표현하기 위해 붓이나 바이올린
같은 도구를 필요로 하는 반면, 요가 수행자가 필요로 하는 유일한 도구는 자신의 몸과 마음이
다. 고대의 현인들은 요가를 과일 나무에 비유했다. 단 하나의 씨앗에서 뿌리가 내리고 줄기,
가지, 그리고 잎이 자라난다. 잎은 온 나무에 생명을 주는 에너지를 제공하고, 이 에너지로
나무는 꽃을 피워 달콤하고 향긋한 열매를 맺는다. 나무가 자연스럽게 이르게 되는
최고 정점이 열매로 나타나듯 요가 또한 어둠을 빛으로, 무지를 지식으로, 지식을 지혜로,
그리고 지혜를 순수한 평화와 영적인 축복으로 변형시킨다.

요가의 의미

요가는 극히 미묘한 과학을 바탕으로 몸, 마음, 그리고 영혼을 다루는 고대의 기술이다.
오랜 기간에 걸쳐 요가를 수련하면 어느덧 수련생은 평화로운 상태에 들고 자기 주변 세계와
일체가 되었음을 느끼게 될 것이다.

대부분의 사람들은 요가 수행이 몸을 강하고 유연하게 만들어 준다는 것을 알고 있다. 요가가 호흡계, 순환계, 소화계, 그리고 호르몬계의 기능을 개선시킨다는 것도 잘 알고 있다. 요가는 또 정서적 안정을 가져다주고 마음이 맑아지게 하지만, 이는 다만 요가의 궁극적 목표인 사마디Samadhi, 혹은 자아 인식에 이르는 여행길의 시작에 불과하다.

　2,000년 전 인간의 조건에 대해 깊이 사유한 고대의 현인들은 자아 인식에 이르는 4가지 길에 대해 설명하였다. 그것은 즉 탐구자가 실재와 비실재 사이를 구별하는 것을 배우는 지식에 이르는 길(즈나나 마르그jnana marg), 보상을 바라지 않는 비이기적인 봉사의 길(카르마 마르그karma marg), 사랑과 헌신의 길(바크티 마르그bhakti marg), 마지막으로 마음과 마음의 활동을 통제하는 길(요가 마르그yoga marg)이다. 이 4가지 길은 모두 동일한 목적지인 사마디를 향해 있다.

　'요가yoga'라는 말은 산스크리트어 유즈yuj라는 어근에서 파생된 것으로 '결합하다' 혹은 '멍에 씌우듯 이어붙이다'를 뜻한다. 이와 관련하여 '대상에 주의를 집중하다' 혹은

'사용하다'란 의미를 가지며, 철학 용어로는 개별 자아jivatma와 우주적 자아paramatma의 결합이란 뜻으로 쓰인다. 이 결합에 의해 '나'라는 느낌이 전혀 존재하지 않는 순수하고 완전한 의식 상태가 이루어진다. 이렇게 되기 위해서는 먼저 몸과 마음, 마음과 자아가 결합되어야 한다. 요컨대 요가는 몸, 감각, 마음, 지성을 자아와 통합하는 역동적이며 내면적인 경험이라 할 수 있다.

　현인 파탄잘리는 요가의 대가였고 완전한 진화를 이룬 영혼이었다. 그러나 이 위대한 사상가는 평범한 사람들의 기쁨과 슬픔에 공감할 수 있는 능력을 지녔다. 196개의 요가의 경구들에는 모든 사람들이 자신의 완전한 잠재력을 깨달을 수 있게 해 줄 방법들에 관한 파탄잘리와 다른 고대의 현인들의 성찰이 담겨 있다.

우르드바 다누라아사나를 행하는 아헹가
아사나는 몸의 모든 계系의 기능을 개선한다.

요가를 통해 도달할 수 있는 곳

파탄잘리에 의하면 요가의 목표는 대립되는 여러 가지 충동과 생각으로 빚어지는 혼란을 잠재워 평온하게 하는 것이다. 우리의 생각과 충동은 마음에 그 책임이 있는데, 마음은 본래 이기적인 경향이 있다. 이것으로부터 우리의 일상생활에서 고통과 걱정의 원인이 되는 편견과 선입관이 생겨난다. 요가 과학은 심장과 뇌, 두 영역의 지성에 집중한다. 심장의 지성은 때때로 '근본 마음'이라고도 하는데, 그릇된 자만심ahankara의 실질적인 대리자로서 뇌의 지성을 교란시키고 몸과 마음을 끊임없이 동요하게 한다.

파탄잘리는 이러한 고통을 육체적인 질병vyadhi, 마지못해 일하는 것styana, 의심samshaya, 무관심pramadha, 게으름alasya, 감각적인 만족에 대한 갈망avirati, 그릇된 지식bhranti darshana, 집중력 부재alabdha bhumikatva, 몸의 불안정angamejayatva, 불안정한 호흡shvasa-prashvasa 등으로 나누어 설명한다. 이 고통을 절멸하고 마음, 감정, 지성, 이성을 단련시키는 것은 오직 요가뿐이다.

아스탕가 요가

요가는 또한 아스탕가 요가Astanga yoga로도 알려져 있는데, 아스탕가는 '8개의 가지 혹은 단계'(p.52 참조)를 의미하며 세 가지 수련으로 나누어진다. 먼저 바히랑가 사다나bahiranga-sadhana 수련은 일반적인 윤리 원칙인 야마yama와 자기 억제인 니야마niyama, 그리고 육체 수련인 아사나와 프라나야마로 되어 있다.

두 번째 수련인 안타랑가 사다나antaranga-sadhana는 감정적 혹은 정신적인 수련으로 프라나야마와 정신적으로 초연한 상태인 프라티아하라에 의해 성숙된다. 마지막으로 안타라트마 사다나antaratma-sadhana는 다라나dharana, 디아나dhyana, 사마디Samadhi(p.52 참조)를 통한 성공이 기약된 영혼의 탐구이다.

이 영적인 탐구에서는 몸의 역할을 기억하는 것이 중요하다. 기원전 300~400년에 편찬된 고대의 문헌 카토우파니샤드Katho-panishad는 몸, 감각, 마음을 각각 전차, 말, 고삐에 비유한다. 그리고 지성은 마부, 영혼은 전차의 주인이다. 만일 전차, 말, 고삐 혹

전사 아르주나ARJUNA의 전차를 모는 크리쉬나KRISHNA
그들의 대화는 요가 철학의 주된 원천인 바가바드 기타에 쓰여 있다.

은 마부에 결함이 있으면 전차와 마부는 곤경에 빠지게 될 것이고, 전차의 주인 역시 그러할 것이다.

그러나 파탄잘리는 『요가 수트라』 11장 28절에서 이렇게 말한다. "요가의 수행으로 몸과 마음의 불순물들이 제거된다. 그런 다음 지성과 지혜가 성숙되며, 이 성숙된 지성과 지혜가 존재의 중심으로부터 퍼져 나와 몸, 감각, 마음, 지성, 의식과 조화를 이루며 작용한다."

"요가의 목표는 모순되는 충동들로 인해 빚어지는 혼란을
평온히 가라앉히는 것이다."

아사나의 근본 원리

요가의 가장 중요한 도구들 중 하나인 아사나는 진지한 수련생이 육체적으로, 영적으로 발전하는 것을 돕는다. 고대의 현인들은 전심을 다해 수련에 임한다면 환경과 시간의 지배자가 된다고 믿었다.

아사나는 요가의 주된 '도구들' 중 하나이다. 아사나는 육체적인 차원으로부터 영적인 차원에 이르기까지 영향을 미친다. 요가가 통합된 완전한 수련sarvanga sadhana이라 불리는 것은 바로 이런 까닭에서이다. '아사나'란 외부의 자아와 내면적 자아 사이에 소통을 이루기 위해 마음과 자아를 완전히 몰입시킨 채 몸으로 다양한 자세를 취하는 것이다.

요가 철학은 우리 몸이 세 개의 층과 다섯 개의 겹으로 이루어져 있다고 본다. 세 개의 층이란 인과율의 몸karana sharira, 미묘한 몸suksma sharira, 그리고 거친 몸karya sharira이다. 각각의 층은 다섯 개의 겹을 통해 마음, 물질, 에너지, 그리고 순수 의식 안에서 작용한다. 다섯 개의 겹은 아사나에 의해 다루어지는 해부학적인 겹(안나마야 코샤annamaya kosha), 프라나야마에 의해 다루어지는 생명력의 겹(프라나마야 코샤pranamaya kosha), 명상에 의해 조절되는 심리적인 겹(마노마야 코샤manomaya kosha), 분별력을 가지고 성실하게 경전을 연구함으로써 변형되는 지성의 겹(비즈나나마야 코샤vijnanamaya kosha)과, 일단 이들 목표를 향해 매진해 나갈 때 다다르게 되는 더 없는 환희의 겹(아난다마야 코샤anandamaya kosha)을 말한다. 요가는 몸의 세 층과 다섯 겹을 통합하여 개별자가 완전한 존재로 발전할 수 있게 한다. 이때 몸과 마음, 마음과 영혼의 분리는 사라지고 모든 차원이 하나로 융합된다. 이러한 도정에서 아사나는 개별자가 육체의 자각에서 출발하여 영혼을 의식하도록 함으로써 개별자를 변화시키는 것을 돕는다.

요가의 여정

『하타요가 프라디피카Hathayoga Pradipika』는 요가에 관한 실제적인 논서로, 15세기에 편찬된 것으로 여겨진다. 저자인 현인 스바트마라마Svatmarama는 몸을 단련하여 영혼을 보는 단계에 이르기까지 초보자가 밟아야 하는 여정에 대해 실제적인 지침을 제시하고 있다. 의식chitta을 통제함으로써 영혼을 통찰할 것을 이야기하는 파탄잘리와는 달리 스바트마라마는 자신의 책에서 에너지 혹은 프라나의 통제를 가장 먼저 다룬다. 에너지를 통제함으로써 영혼을 통찰하는 것을 하타 요가라 부르는 반면, 의식을 통제함으로써 영혼을 통찰하는 것은 라자 요가로 알려져 있다.

『하타요가 프라디피카』 4장 29절에서 저자는 만일 마음이 감각의 왕이라면 마음의 지배자는 호흡이라 하면서 호흡의 중요성에 대해 강조한다. 만약 호흡이 잘 조절되어 한결같은 소리와 함께 순조롭게 이루어진다면 마음은 평온해진다. 이러한 평온함 속에서 마음의 왕, 즉 영혼은 의식뿐 아니라 감각, 마음, 호흡의 최고 지배자가 된다.

들숨과 날숨에 집중하는 법을 배운다면 마음의 작용을 억제하는 효과를 경험하게 된다. 이와 같은 효과를 바탕으로 스바트마라마는 프라나의 통제가 지고의 의식, 혹은 사마디(삼매)에 이르는 열쇠라는 결론을 내린다.

『하타요가 프라디피카』의 「삼매장 Samadhi Prakarana」에서 스바트마라마는 삼매의 경험을 잠깐 보여 주는데, 그의 말에 따르면, "외부 사물을 생각하지 않는 동시에 내면의 생

삼매
보드가야에서 깨달음을 얻는 붓다. 3세기의 이 조상은 인도 사르나트에서 발견된 것이다.

고대 인도의 서사시 『마하바라타』의 한 페이지
이 서사시의 한 부분을 이루는 「바가바드 기타」에 요가 철학의 정수가 드러나 있다.

각도 멀리하는 방법을 배운다면 삼매를 경험할 수 있다. 마음이 영혼의 바다에 녹아들 때 존재의 절대 상태에 도달하는데, 이것이 바로 모든 것으로부터 해방된 자유인 카이발리아kaivalya이다."

요가가 이르고자 하는 목표는 평정과 평화의 상태이다. 파탄잘리는 요가 수행자가 이러한 고요함에 미혹되지 말 것을 경고하는데, 이는 고요함이 '요가의 은총으로부터 떨어져 나가는 상태yo-gabhrastha'로 이끌 수 있기 때문이다. 그는 또한, "요가의 수행은 궁극적으로 영혼의 통찰로 귀결되어야 하기 때문에 계속 이어져야만 한다."라고 말한다. 개별자가 자기 존재의 핵심과 하나가 되는 이 단계는 니르비자 사마디(무종삼매無種三昧)로 알려진 단계이다.

요가의 효과

『요가 수트라』의 세 번째 장인 신통품Vibhuti Pada에서 파탄잘리는 요가의 효과에 대해 말한다. 우리 현대인의 의식으로 보면 기이하게 여겨지겠지만 이 효과들은 인간 본성이 가진 잠재력을 가리킨다. 이 영적인 힘과 재능은 차례로 정복되어야만 한다. 그렇지 않으면 이것들이 덫이 되어 구도자를 요가의 참된 목적을 향한 길에서 벗어나게 한다. 영혼이 몸, 마음, 권력, 성공에서 오는 자만심으로부터 벗어날 때 카이발리아 혹은 자유의 상태에 이르게 된다. 『요가 수트라』의 네 번째 장으로 절대적인 해방에 대한 장인 해탈품Kaivalya Pada은 이러한 측면을 다루고 있다.

요가를 규칙적으로 수행하는 사람은 환경과 시간의 희생물이 아니라 주인이 되고자 한다. 요가 수행자는 세계를 사랑하고 세계에 봉사하기 위해 살아간다. 이것이 삶의 본질이다. 내면과 외부에서, 개개인과 가족과 사회 안에서, 그리고 넓게는 세계 안에서 평화가 넘치기를.

아즈나 차크라AJNA CHAKRA
이 상징은 모든 개인들 안에 영성이 잠재하고 있음을 나타낸다.

마음의 상태

마음은 육체와 의식 사이를 이어 주는 살아 있는 고리이다. 마음이 평온하고 집중되어 있을 때에만
우리는 각성과 분별과 자신감을 지니고 살 수 있다. 요가는 이러한 평정 상태를 만들어 내는 연금술이다.

요가 용어에서 의식chitta은 마음manas, 지성buddhi, 자아ahan-kara를 포함한 개념이다. 사람man에 해당하는 산스크리트어인 '마누스야manusya' 혹은 '마나바manava'는 '이러한 특별한 의식을 부여 받은 사람'이라는 의미를 가진다. 마음은 몸 안에 실제적인 자리를 차지하고 있지 않다. 마음은 숨어 있으며 파악하기 어렵지만 어느 곳에나 존재한다. 마음은 갈망하고, 의지를 가지며, 기억하고, 지각하며, 경험한다. 고통과 쾌락, 더위와 추위, 명예와 불명예에 대한 감각이 마음에 의해 경험되고 해석된다. 마음은 외부 세계와 내면세계 둘 다를 반영한다. 비록 마음이 내부의 것들과 외부의 것들 모두 지각할 능력을 가지고 있더라도, 마음의 본래 경향은 외부 세계에 먼저 몰두하는 것이다.

마음의 본성

보고, 듣고, 냄새 맡고, 느끼고, 맛보는 대상들에 마음을 온통 빼앗기면 스트레스와 피로, 그리고 불행이 뒤따르기 마련이다. 마음은 숨어 있는 적이며, 믿을 수 없는 친구라 할 수 있다. 마음은 우리가 행동의 원인과 결과를 고려할 시간을 갖기도 전에 행동에 영향을 미친다. 요가는 마음을 훈련하고 분별력을 심어 주어 대상이나 사건을 있는 그대로 보고 그것들이 우리에게 지배력을 행사하지 않도록 해 준다.

마음의 다섯 가지 기능

우리에게는 긍정적이거나 부정적인 방식으로 사용할 수 있는 마음의 다섯 가지 기능이 있다. 그것은 올바른 관찰과 지식, 지각, 상상, 꿈 없는 수면, 그리고 기억이다. 때때로 마음은 안정과 명료성을 잃고 그 다양한 기능들을 적절히 사용하지 못하거나, 혹은 부정적인 방식으로 사용한다. 요가의 수행은 우리로 하여금 이러한 마음의 기능들을 긍정적인 방식으로 사용하도록 이끌며, 그럼으로써 마음을 분별력 있고 주의 깊은 상태에 있게 한다. 각성 상태는 분별력, 기억과 더불어 본래 그릇된 지각 작용에 바탕을 둔 반복적 행위인

나쁜 습관을 겨냥한다. 그리하여 나쁜 습관은 좋은 습관으로 대치된다. 이런 방식으로 개개인은 보다 강인하고 정직해지며 성숙해진다. 그는 다른 사람들, 상황, 그리고 사건들을 명료하게 인식하고 이해할 수 있게 된다. 이런 경험이 쌓인 성숙해진 마음은 점차 자신의 한계를 초월하여 일상적인 관찰과 경험을 넘어서서 혼란 상태를 벗어나 요가가 주는 가장 큰 혜택 중 하나인 명료함에 이르는 여정을 밟게 된다.

마음의 다양한 상태

요가 과학은 마음의 기본 상태를 다섯 가지로 구분한다. 이들은 단계별로 그룹으로 나눌 수 있는 것도 아니고, 마지막 것을 제외하고는 불변하는 것도 아니다. 파탄잘리에 따르면 마음은 둔하고 무기력한 상태, 혼란된 상태, 산만한 상태, 집중된 상태, 통제된 상태로 나뉜다. 파탄잘리는 둔한 상태의mudha 마음을 가장 낮은 수준의 마음이라 설명했다. 이런 상태의 마음을 지닌 사람은 관찰하고 싶어 하지도 않고, 행동하거나 반응하고 싶은 마음도 없다. 이러한 상태가 선천적이거나 영구적인 경우는 거의 없다. 대개 쓰라린 경험, 이를테면 사별을 당하거나 갈망하는 목표에 너무도 많은 장애가 수반되어 도저히 도달할 수 없을 것처럼 보일 때 마음은 이런 상태에 놓여진다. 자신의 삶을 지배하는 연속적인 실패를 겪고 난 뒤에는 많은 사람들이 둔감하고 무기력한 상태로 침잠한다. 이런 상태는 종종 불면증이나 과도한 수면, 스트레스 해소를 위한 식사, 또는 신경안정제와 원래의 문제를 더 악화시키는 다른 물질의 복용에 의해 더 심각해진다. 요가는 이러한 패배감과 무기력을 점차 낙관주의와 에너지로 변화시킨다. 혼란된 마음 상태란 생각, 느낌, 지각 작용이 의식의 주변에서 동요하지만 지속적인 인상을 남기지 못하고, 따라서 아무런 소용이 없는 마음 상태이다.

파탄잘리는 이런 상태를 일러 크십타ksipta라 부른다. 크십타 상태에 처한 사람은 안정되지 못하고 목표의 우선순위를 결정하거나 그 목표에 집중하지 못하는데, 그것은 대개 자신이 아무 생각 없이

*"경험을 쌓은 성숙한 마음은
한계를 초월하여 일상적인 관찰을 넘어설 수 있다."*

마지막 단계
요가의 지속적 수행은 보다 낮은 수준의 마음을 극복하고 자아 인식이라는
최고의 경지에 이르게 한다.

받아들이고 따르는 감각 기관으로부터 나오는 신호들에 결함이 있기 때문이다. 이것이 지성을 흐리게 하고 마음의 평정을 깨뜨린다. 요가 아사나와 프라나야마를 규칙적으로 수련함으로써 이런 상황으로부터 차분히 평정을 되찾고 현실에 대한 실제적인 지식에 대면할 수 있어야 한다.

가장 보편적인 마음 상태는 산만한 마음이다. 이런 상태에서는 두뇌가 활발하게 작용하더라도 목적과 방향성이 결핍되어 있다. 이러한 마음 상태는 빅십타viksipta로 알려져 있다. 의심과 두려움에 끊임없이 시달리는 마음은 단호함과 자신감의 결핍 사이를 오간다. 규칙적인 요가 수행은 각성과 분별력의 씨앗이 뿌리를 내려 점차 긍정적인 태도와 마음의 평정을 향해 자라날 수 있도록 뒷받침해 준다.

고대의 현인들은 마음이 집중된 상태ekagra를 보다 높은 존재 상태라고 여겼다. 이는 고난과 장애에 맞서서 그것을 극복하는 해방된 마음이다. 이 마음은 방향이 분명하고 집중력과 각성이 갖추어져 있다. 이러한 정신적 지성의 범주에 속해 있는 사람은 과거나 미래에 사로잡히지 않고, 외부 환경에 방해받지 않으면서 현재에 산다.

다섯 번째의 가장 높은 마음 상태는 통제되고 억제된 마음 niruddha이다. 파탄잘리에 따를 것 같으면 '니루다niruddha'는 지속적인 요가 수행을 통해 얻을 수 있으며 이렇게 함으로써 보다 낮은 수준의 마음을 정복할 수 있다.

이 수준에서 마음은 집중하는 대상에 오롯이 결합된다. 마음은 무엇에도 방해받지 않고 하나의 행위에 전적으로 몰입할 수 있는 힘을 가진다. 뇌가 고요하면 지성은 평화로워지고, 개별자는 평정과 균형 속에 자유로운 것도 아니고 구속된 것도 아닌 채, 순수 의식 안에 머무른다.

요가의 여덟 가지 수행 단계

현인 파탄잘리는 요가의 기본 교의를 '여덟 개의 가지', 혹은 '단계'의 형태로 설명한다.
이들은 마침내는 자아 인식으로 이어지는 윤리적 행위 규칙들을 설명하는 경구이다.

현인 파탄잘리는 인간의 본성과 자신이 살던 시대의 사회적 규범을 성찰하였다. 그리하여 자신이 관찰한 바를 삶의 전 기간을 다루는 경구의 형태로 매우 체계적으로 표현하였던 바, 행위의 규범에서 시작하여 궁극적 목적인 해방과 자유로 끝내고 있다. 이 경구들은 여덟 가지의 수행 단계, 혹은 아스탕가로 알려진 요가의 기본 교의들을 설명한다.

아스탕가 요가

여덟 단계는 야마yama, 니야마niyama, 아사나asana, 프라나야마pranayama, 프라티아하라pratyahara, 다라나dharana, 디야나dhyana, 그리고 사마디samadhi이다. 이것은 요가를 통한 개인의 삶의 여정에서의 연속적인 단계들이다. 아스탕가 요가의 궁극적인 목표인 자아의 해방을 얻기 위해서는 이 단계들을 이해하고 따라야만 한다. 일반적인 윤리 원칙인 야마와 자기 억제인 니야마는 개인의 도덕과 행동을 형성하는 행위의 규칙을 제시한다.

요가 자세인 아사나와 호흡 조절인 프라나야마는 육체적, 생리적, 심리적, 정신적 건강에 도움이 되는 기본 수련을 통해 몸과 마음을 훈련시킨다. 프라나야마가 더 근원적인 본능을 길들이면서 마음을 통제한다면, 외부 세계로부터의 분리를 의미하는 프라티아하라는 외부로 향하는 감각의 흐름을 막고 세속적 쾌락으로부터 감각 기관과 행동 기관을 거두어들인다. 집중을 의미하는 다라나는 의식이 정확히 한 점에 집중하도록 유도한다.

지속적인 집중인 디야나는 마음이 존재의 근원으로 스며들고 지성과 의식의 에너지가 영혼이 머무는 곳에서 녹아 사라질 때까지 마음을 몰두시킨다. 분리된 존재 의식이 사라지는 사마디의 경지를 얻을 수 있는 것은 바로 이때이다. 이때, 자기 존재의 핵심, 즉 영혼 외에는 아무것도 남지 않는다.

야마

야마와 니야마는 엄청난 내적 규율을 요구한다. 야마는 일상생활에서 지키고 따라야만 하는 윤리적 행동 규칙을 밝혀주면서 사회적 존재로서 우리가 져야 할 책임을 일깨운다. 야마에는 비폭력ahimsa, 진실satya, 탐욕으로부터 벗어남asteya, 순결brahmacharya, 욕망으로부터 벗어남aparigraha 등 5개의 원칙이 있다. 아힘사는 부정적이고 파괴적인 생각과 행동을 긍정적이고 건설적인 것들로 대치하는 자기 성찰을 필요로 한다. 분노, 잔인성, 혹은 타인을 괴롭히는 일은 우리 모두 안에 숨어 있는 폭력적인 면이다.

이는 아힘사의 원리와 상반된다. 한편 거짓말, 속임수, 정직하지 못함, 기만은 사트야의 원리를 깨뜨린다. 브라마차리야는 완전한 금욕을 의미하는 것이 아니라 절제된 성생활을 통해 내면으로부터 만족과 도덕적 힘이 더욱 커지게 함을 뜻한다. 파리그라하는 '소유'나 '탐욕'을 의미한다. 이것은 모든 인간 속에 도사린 본능으로 사후 다시 환생하는 카르마의 순환이라는 덫 속에 우리를 가둔다. 그러나 혹 우리가 물질적인 소유를 포기할 수 있다 하더라도, 감정적 소유나 지성적인 소유에 있어서는 어떠한가? 이 지점에서 아스탕가 요가는 마음을 훈련시키는 것을 도와 마음이 소유욕에서 벗어나 탐욕에서 자유로운 아스테야뿐 아니라 욕망으로부터 해방되는 아파리그라하의 상태에 들게 한다.

니야마

니야마는 규율을 만들어내고 무기력을 제거하며 요가의 길을 따르고자 하는 내면의 갈망에 형태를 부여하는 긍정적인 흐름이다. 니야마의 원리들은 청결saucha, 만족santosa, 고행tapas, 몸, 마음, 지성, 자아를 포함하는 자기 자신에 대한 탐구svadhyaya 등이며, 마지막 원리는 신에 대한 헌신isvara pranidhana이다. 만족은 욕망, 분노, 야망, 탐욕을 억제하는 반면, 고행에는 자기 규율과 몸, 감각, 마음을 정화하고자 하는 갈망을 포함한다. 자신과 신에 대한 헌신적 집중으로 요가에 대해 탐구하고 수행하는 것이 바로 고행이다.

아사나, 프라나야마, 프라티아하라

15세기 요가의 현인 게란다Gheranda의 저술인 『게란다 상히타Gheranda Samhita』에서 그는 다음과 같이 말한다. "몸은 굽지 않은 채 물에 던져진 질항아리와 같이 이내 스러지고 만다. 몸을 요가의 불길 속에 구워 내어 강하고 순수하게 만들라." 아사나 수련은 에너지 생성을 돕는다. 아사나 속에 머무는 일은 에너지를 유기적으로 형성하여 몸 안 곳곳에 분배하는 역할을 하는 반면, 아사나 자세를 푸는 일은 그 에너지를 보호하여 에너지가 흩어져 사라지는 것을 막는 역할을 한다. 『요가 수트라』 3장 47절에서 파탄잘리는 아사나의 효과를 "Rupa lavanya bala vaira samhananatvani kayasampat."라고 설명하는 바, 이는 완성된 몸은 다이아몬드의 견고함과 광채에 비견될 만한 아름다움과 우아함, 그리고 힘을 가진다는 의미이다. 아사나를 수련하는 동안 우리는 지성을 날카롭게 벼리기 위해 마음을 안으로 향하게 하고 내면의 몸에 주의를 집중해야 한다.

그때 거친 몸과 미묘한 몸에 낀 더러움이 씻겨 나가면서 힘들이지 않고 아사나를 행할 수 있게 된다. 이것이 몸, 마음 그리고 자아가 하나로 결합하는 아사나 수련의 전환점이다. 이 상태로부터 이스바라 프라니다나, 즉 신에 대한 헌신이 시작된다. 아사나와 프라나야마는 상호 연관되고 뒤섞여 있다. 파탄잘리는 아사나에 통달한 뒤에만 프라나야마를 시도해야 한다고 분명히 말하고 있다. 프라나prana는 의지력과 원기를 내포하는 '생명 에너지'이고, 아야마ayama는 '신장, 확장, 확대'를 의미한다. 프라나야마는 '에너지 혹은 생명력의 확장과 확대'로 설명할 수 있다. 파탄잘리는 간단한 호흡 동작으로 프라나야마를 시작하여 호흡 행위 그 자체를 관찰하도록 가르침으로써 우리가 점점 더 깊이 자신 안으로 들어가도록 인도한다. 프라나야마에는 긴 들숨, 깊은 날숨, 길고 안정적인 호흡의 보유 등 세 종류가 있으며 이들은 모두 정확하게 실행되어야 한다. 프라나야마는 에너지를 안으로 유도하는 실질적인 과정으로 마음이 프라나야마에서 발전된 프라티아하라, 즉 감각의 철회에 적합하게 해준다. 감각이 갈망의 대상으로부터 멀어지면 마음은 감각의 힘에서 벗어나고 그 대신 감각이 수동적이게 된다. 이때 마음은 내면으로 향하고 감각의 횡포로부터 자유로워진다. 이것이 프라티아하라이다.

삼야마Samyama – 자아의 해방을 향하여

파탄잘리는 다라나, 디아나, 사마디를 몸, 호흡, 마음, 지성, 그리고 자아의 통합을 의미하는 삼야마라는 용어로 묶어서 설명한다. 요가의 마지막 세 측면을 분리된 것으로 설명하는 일은 쉽지가 않다. 프라티아하라로 얻어진 잘 조절된 마음은 다라나에서 단일한 생각에 대한 집중을 강화시킬 수 있게 된다. 이 집중이 연장되면 디아나가 된다. 디아나에서 해방, 확장, 고요함, 평화를 경험한다. 고요함이 연장된 이러한 상태는 우리를 집착으로부터 자유롭게 해주며 쾌락의 즐거움 혹은 고통에서 오는 슬픔에 무관심하게 만든다. 사마디의 경험은 아는 자, 알 수 있는 것(대상), 그리고 알려진 것(앎)이 하나가 될 때 얻어진다. 명상의 대상이 명상하는 사람을 휩싸서 대상이 주체가 될 때 자아의식은 사라진다. 이것이 완전한 몰입의 상태인 사마디이다. 사마sama는 '수준'이나 '비슷한'의 의미를 지녔고, 아디adhi는 '넘어서'와 '위에'라는 뜻을 가진다. 사마디는 또한 균형 잡힌 상태로 지성이 계속 이어지는 것을 나타낸다. 비록 지성의 차원에서 설명될 수 있기는 하나 사마디는 오직 심장heart의 차원에서만 경험될 수 있다. 결국 아스탕가 요가 수행의 결실이 곧 사마디라 할 수 있다.

자아 인식에 이르는 단계
궁극적인 목적을 이루기 위해서는 각 단계를 이해하고 그 단계에 동화되어야 한다.

호흡법(프라나야마)

프라나는 개별자뿐 아니라 모든 차원의 우주에 스며 있는 생명력이다.
이것은 육체적, 성적, 정신적, 지성적, 영적이면서 또 한편 우주적이기도 하다.
프라나, 호흡, 그리고 마음은 서로 떼어 놓을 수 없는 관계에 있다.

옛날의 요가 수행자들은 호흡과 마음을 결합하기 위해, 또 그렇게 함으로써 호흡과 프라나를 결합하기 위해 프라나야마를 수련할 것을 적극 권했다. 프라나는 에너지이고, 아야마는 그 에너지의 저장 및 분배이다. 아야마는 수직적 확장, 수평적 확장, 그리고 순환적 확장 등 세 가지 측면 혹은 작용을 지닌다. 프라나야마를 수련함으로써 우리는 육체의 경계 부분에 이르도록 에너지를 수직적, 수평적, 순환적으로 이동시키는 법을 배운다.

프라나야마에서의 호흡

프라나야마는 심호흡이 아니다. 심호흡을 할 때는 얼굴 근육이 긴장되고 두개골과 머리 피부가 경직되며 가슴이 조여지고 억지로 숨을 들이마시거나 내쉰다. 이것은 폐와 가슴의 섬유 조직을 경화시켜 호흡이 몸을 통해 침투되는 것을 방해한다.

프라나야마를 할 때 뇌 세포와 얼굴 근육의 세포는 부드럽고 수용적인 상태를 유지하고 호흡은 완만하게 들어오고 나간다. 숨을 들이마실 동안 몸의 분자, 섬유 조직, 그리고 세포 하나하나는 서로 연결된 채 마음으로 느껴지고 프라나를 받아들여 흡수할 수 있게 된다. 갑작스런 움직임이 없이 호흡 기관이 점차 확장되는 것을 알아차리게 되고 숨이 폐의 가장 깊은 부분까지 도달하는 것을 느낀다.

숨을 내쉴 때 숨은 서서히 나가며 이렇게 함으로써 공기 세포는 남아 있는 프라나를 가능한 한 최대로 재흡수

할 충분한 시간을 얻는다. 이로써 에너지를 완전히 사용할 수 있으며 그 결과 정서적인 안정을 이루고 마음을 평온하게 만들 수 있다.

아사나의 수련은 프라나의 흐름을 방해하는 것들을 없앤다. 프라나야마를 하는 동안 우리는 들숨, 날숨, 그리고 자연스런 호흡의 보유를 섬세하게 하는 데 완전히 몰입해야 한다. 또 생명 기관과 신경을 교란하거나 급격히 움직이지 말아야 하며, 뇌 세포에 스트레스를 주어서도 안 된다. 뇌는 들숨과 날숨의 순조로운 흐름을 관찰하는 도구이다. 단 한 번의 들숨과 날숨 동안에 일어나는 장애도 알아차려야 한다. 이런 점들을 점검하면 순조로운 흐름이 일어날 것이다. 호흡을 보유하는 동안에도 이와 유사하게 맨 처음 들이마신 숨을 안정적으로 간직하는 법을 배운다. 만약 안정성이 깨어진다면 그 상태를 유지하려고 애를 쓰는 것보다 숨을 내뱉는 것이 더 낫다. 프라나야마 사이클에서 숨을 들이마시거나 참을 때 복부를 부풀리면 안 된다는 것을 반드시 기억하라.

마지막 목표

프라나야마는 요가 아사나를 통달했을 때에만 시도해야 한다. 파탄잘리는 이 점을 여러 번 반복해서 말하고 있는데, 특히 『요가 수트라』 2장 49절에서 가장 강조하고 있다. 다음 절인 2장 50절은 들숨, 날숨, 호흡의 보유가 정밀해야 한다고 설명한다. 이 절은 바야(날숨bahya)의 움직임과 아브얀타라(들숨abhyantara)의 움직임에 대한 조절로 시작한다. 각각의 들숨

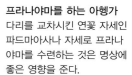

프라나야마를 하는 아헹가
다리를 교차시킨 연꽃 자세인 파드마아사나 자세로 프라나야마를 수련하는 것은 명상에 좋은 영향을 준다.

은 중추 신경계를 활성화시켜 말초신경을 자극하며 날숨은 그 반대 과정을 촉발한다. 호흡을 보유하는 동안에는 이 두 과정이 다 발생한다. 『하타요가 프라디피카』는 들숨과 날숨뿐 아니라 안타라 쿰바카(폐를 꽉 채운 채 호흡을 중지하는 것)와 바야 쿰바카(폐를 비운 채로 호흡을 중지하는 것)에 대해서도 이야기하고 있다. 프라나야마는 이 모든 것들로 이루어진 복잡한 과정이다. 이는 극히 진지하고 섬세하게 수행되어야만 한다. 단지 원한다고 해서 프라나야마가 이루어지는 것은 아니다. 프라나야마를 하기 위해서는 그에 대한 준비를 미리 갖추어야 한다.

프라나야마로 호흡을 하면 뇌가 평온해지므로 신경계는 더 효과적으로 작용한다. 들숨은 호흡의 형태로 몸 안에 태고의 에너지를 받아들이고, 영적인 우주의 숨결을 개개인의 호흡에 결합시키는 기술이다. 날숨은 몸의 모든 계system의 독소를 제거하는 작용을 한다.

물질 세계와 영적 세계 사이에서

프라나야마는 또한 인간 안의 생리적 유기체와 영적 유기체를 서로 연결해 준다. 처음에 프라나야마는 어려워서 대단한 노력을 필요로 한다. 프라나야마가 힘들지 않게 될 때 그에 통달한 것이 된다. 생리적인 몸과 영적인 몸이 만나는 지점이 횡격막이므로 쿰바카, 즉 에너지의 보유는 바로 우리 몸의 핵심과 관련되어 있음을 알 수 있다. 일단 외부의 움직임이 조절되면 내면이 고요해진다. 이러한 고요함 속에서는 마음이 자아 안에서 용해되는 까닭에 생각이 없어진다.

『하타요가 프라디피카』에서 현인 스바트마라마는 우리가 프라나야마의 수련을 통해 자아와 일치하는 고양된 상태를 경험할 수 있는 방법에 대해 상세히 설명한다. 프라나야마를 수련하는 것은 극히 어려울 뿐 아니라 고도의 몰입이 필요하다. 몇 차례 해 보고 실패하더라도 각성하여 주의 깊게 서너 차례 수련했다는 것을 아는 데에 만족하라. 실패로부터 몸을 돌려 멀리 달아나지 말고 실패를 받아들이고 그로부터 배우려고 노력하라. 그러면 서서히 프라나야마에 통달하는 법을 배울 수 있을 것이다.

프라나야마를 하는 요가 수행자
천 년이 넘는 동안 현인들은 프라나야마의
수련으로 호흡을 조절하였고, 그렇게 함으로써
마음도 조절하였다.

고대의 전통
삽화가 들어 있는 『칼파수트라Kalpasutra』의 한 페이지. 15세기의 문헌으로
건강과 영성으로 가는 길을 설명하고 있다.

차크라

요가 과학은 척주 안에 자리 잡고 있다고 하는 차크라 체계, 즉 '신경' 센터에 의해 영적 건강이 활성화된다는 것을 인식하고 있다. 우주 에너지는 이 차크라 안에 똬리를 튼 채로 존재하는데, 자아 인식을 위해서는 이 에너지를 일깨워야 한다.

현대의 기술 과학은 우리 몸의 상태를 점검하는 수단을 제공하였다. 그러나 그 어느 것도 우리의 성격, 인격, 혹은 선에 대한 잠재력을 판별하는 데 도움을 주지 못했다. 인간에 있어 가장 중요한 측면은 바깥쪽의 피부와 가장 내적인 영혼인 샥티shakti 사이에 있는 부분이다. 샥티는 마음, 지성, 감정, 생명 에너지, '나'라고 하는 의식, 의지력과 분별력, 그리고 양심까지 포함한다. 이것들은 모든 사람에게 있어 저마다 다른데 우리들 한 사람 한 사람이 신비롭고 독특한 것은 바로 그 때문이라 할 수 있다. 요가 용어에서 영혼은 푸루샤 샥티purusha shakti라 부르는 반면 자연의 에너지인 프라크리티 샥티prakriti shakti는 고대의 요가 수행자들에 의해 쿤달리니kundalini라 불리게 되었다.

쿤달리니는 모든 사람에게 잠재된 힘으로 존재하는 신성한 우주 에너지이다. 프라크리티 샥티가 잠에서 깨어나면 이것은 영혼의 바로 핵심인 푸루샤 샥티를 향해 끌려간다.

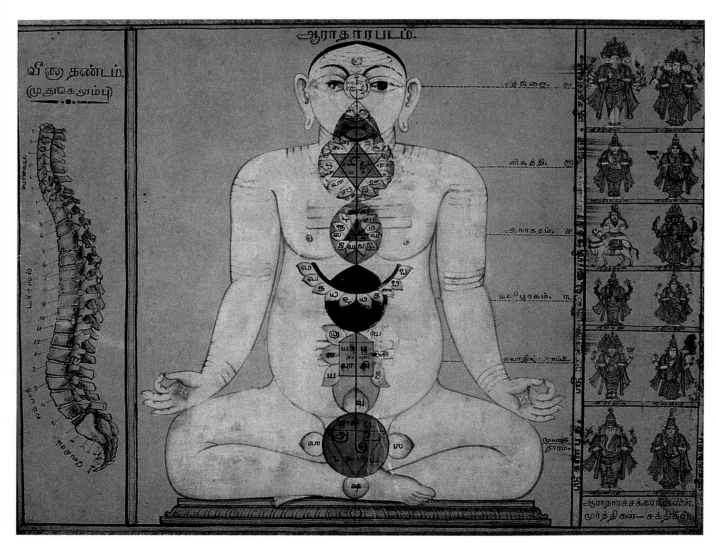

몸 안의 일곱 개의 주요한 차크라
요가의 현인들은 차크라가 척주를 따라 자리 잡고 있다고 믿었다.

우주 에너지 일깨우기

이 신성한 우주 에너지의 불은 요가의 불yoga-agni에 의해 점화된다. 불이 재로 덮여 있으면 그 불은 꺼진다. 이와 마찬가지로 우리의 감각이 둔하거나 자만심, 방종, 질투 등에 의해 동기가 유발된다면 쿤달리니는 계속 휴면 상태에 있게 된다. 만일 이러한 부정적인 자질이 우리의 사고를 지배하도록 오래 방치한다면 우리의 영적 진화가 단지 방해 받는 것에 그치는 것이 아니라 실제로 중지되어 버릴 것이다.

우리는 늘 건강이 중요하다는 것을 알고 있지만, 이제는 요가의 옹호자들이 여러 세대 동안 알아 왔듯 우리의 육체적 조건이 마음 상태와 서로 떼어 놓을 수 없는 관계에 있다는 것을 깨달아야 할 때이다.

요가 과학은 이러한 연관성을 이미 처음부터 알고 있었다. 고대의 현인들은 완전히 건강한 몸을 얻기 위해 몸의 차크라를 활성화시켜야 한다는 결론을 얻었다. 이론상으로 차크라는 뇌에서 꼬리뼈까지 척주를 따라 자리 잡고 있다. 그러나 척주가 육체적인 실재인 반면 차크라는 물질로 이루어진 것이 아니다. 비록 육체적 속성을 가지지는 않으나 차크라는 몸의 모든 요소들을 지배한다.

차크라의 의미

차크라는 산스크리트어로 '바퀴' 혹은 '고리'를 뜻하는데, 각 개인의 차크라는 그 안에 감긴 형태로 에너지를 지니고 있다. 이것은 몸과 마음의 상태를 결정짓는 중대한 교차점이다. 뇌가 신경 세포나 뉴런을 통해 육체적, 정신적, 지적 기능을 조절하는 것과 마찬가지로 차크라도 모든 생명체 안에 있으면서 영적 에너지로 변환되는 우주 에너지인 프라나를 조절한다. 영적 에너지는 나디nadis라는 통로에 의해 몸 안에 퍼진다.

눈에 보이지 않기 때문에 차크라는 그 영향력에 의해서만 감지할 수 있다. 일단 요가 수행자가 요가의 여덟 가지 수행 단계(p.52 참조)를 모두 성취하면, 차크라에 접근하는 것이 가능해지는데, 이때 인간적 자아가 신적 자아에 동화된다. 인체에는 모두 11개의 차크라가 있는데, 그중 특히 중요한 것은 7개이고, 나머지는 독립적 역할을 하지 못한다(위의 도표 참조). 가장 중요한 것은 사하스라라 차크라로 여기에서 에너지인 프라크리티 샥티와 영혼인 푸루샤 샥티가 결합한다.

요가의 수행은 모든 인간에 내재하는 신성한 에너지를 일깨우는 것을 목표로 한다. 아사나와 프라나야마는 차크라를 풀고 그에

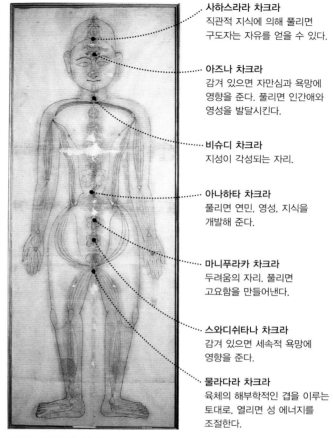

사하스라라 차크라
직관적 지식에 의해 풀리면 구도자는 자유를 얻을 수 있다.

아즈나 차크라
감겨 있으면 자만심과 욕망에 영향을 준다. 풀리면 인간애와 영성을 발달시킨다.

비슈디 차크라
지성이 각성되는 자리.

아나하타 차크라
풀리면 연민, 영성, 지식을 개발해 준다.

마니푸라카 차크라
두려움의 자리. 풀리면 고요함을 만들어낸다.

스와디쉬타나 차크라
감겨 있으면 세속적 욕망에 영향을 준다.

물라다라 차크라
육체의 해부학적인 겹을 이루는 토대로, 열리면 성 에너지를 조절한다.

인체의 차크라와 나디
19세기 인도 라자스탄에서 나온 그림.
차크라는 우주 에너지를 영적 에너지로 전환시킨다.

대비하도록 한다. 이 과정에서 나디가 활성화된다. 나디의 활성화로 차크라가 진동하고 에너지가 생성되는데, 이때 생성된 에너지는 나디를 통해 온몸을 순환한다. 차크라에 뿌리를 둔 감정은 신성한 에너지가 일깨워져 순환하면서 변화를 겪는다.

진지한 요가 수행자는 자아 인식을 이루기 위해 꾸준하고 열렬한 수행으로 행복을 얻는 데 방해가 되는 6가지 주요 장애물, 즉 갈망, 분노, 탐욕, 열중, 자만심, 그리고 질투심을 정복한다.

스승과 제자

스승guru과 제자yogi의 전통은 아주 오래 전부터 내려온 것이다. 세대에서 세대로 이어져 온 모든 가르침은 이런 방식으로 전해졌다. 스승은 자비로우나 엄격해야 하고, 제자는 진지하고 헌신적이어야 한다.

참된 스승과 그른 스승을 어떻게 구별할 수 있을까? 스승에 대한 숭배는 아시아적 개념이다. 다른 사회들에서는 이 개념이 기이하고 신비롭게 보일 수 있고, 심지어 개인의 자유나 판단을 가로막는다 하여 혐오스럽게 여겨질 수도 있다. 어떤 사상가들은 스승이 전혀 필요하지 않다고 주장하는 반면 또 다른 사상가들은 스승 없이는 목표에 도달하지 못한다고 믿는다. 스승의 중요성에 대해서는 아마 '구루'라는 말의 산스크리트어 어근을 조사하면 설명될 수 있을 것이다. 'gu'는 '어둠'을, 'ru'는 '빛'을 의미한다. 따라서 스승이란 우리를 어둠에서 빛으로 인도하는 사람이다. 비록 구도자sadhaka는 자아 인식으로 향하는 영적인 길을 홀로 걸어가야 하지만, 스승의 안내는 올바른 길을 제시하며, 그 길을 따르기로 결심한 요가 수행자를 보호하는 데 반드시 필요하다.

오래된 전통

스승은 영적인 각성의 과정을 밟는 동안 들려오는 의식con-sciousness의 목소리이다. 인도에서 스승과 제자의 관계는 오래된 전통이며 모든 가르침의 기초였다. '구루 시스야 파람파라guru-sishya parampara'('sishya'는 '제자'를, 'parampara'는 '전통'을 의미한다.)는 세대에서 세대로, 또 한 시대에서 다음 시대로 지식이 전승되어온 체계였다. 스승이 자신의 스승으로부터 받아들인 에너지는 다시 자신의 제자에게로 전해지며 이러한 전수 과정은 한 시대에서 다음 시대로 이어지면서 계속 생생히 살아 있다. 스승은 제자가 각성의 눈을 뜨게 한다. 지식은 존재하지만 무지가 그것을 덮고 있다. 제자의 지성을 덮고 있는 이러한 베일을 없애 주는 사람이 바로 스승이다. 스승은 제자의 숨겨진 재능의 문을 열어 주고 내재된 잠재력과 에너지를 일깨우는 안내자이다. 스승과 함께함은 햇빛 속에 있는 것과 같다. 이 빛은 영원히 사라지지 않는다.

스승과 제자의 관계는 독특한 것이다. 그것은 어머니와 아이의 관계와 비슷하지만 동일하지는 않다.

어머니가 자식을 사랑하고, 먹을 것을 주고, 이끌고, 구슬려 뜻을 따르게 하고, 꾸짖고, 교육하고, 보호하는 것과 꼭 마찬가지로 스승도 제자를 돌보며 제자가 육체적, 정신적, 영적으로 완전한 형태를 갖추도록 하는 데 자신의 삶을 바친다.

스승

요가는 훈련이다. 요가의 문헌들은 적절하게도 훈련anusasanam에 대해 강조하면서 시작한다. 즉 "훈련이 없으면 아무 것도 성취할 수 없다."는 것이다. 스승은 엄격하게 훈련을 강요하지 않는다. 그러나 제자의 마음속에 훈련에 대한 자각을 심어 주어 제자로 하여금 발전적으로 훈련을 내면화하도록 한다. 현명한 스승은 행위의 규칙을 정하는 것이 아니라 교훈과 본보기를 통해 제자의 동기를 유발한다.

제자와 함께 있는 요가 스승 아헹가
스승은 아사나만 가르치는 것이 아니라 어떻게 살아야 하는지도 가르친다.

스승은 주의를 집중할 것을 요구하지 않고 제자의 주의를 장악한다. 가르치는 과정에서 제자의 내면에 완전한 신뢰감이 자리 잡게 하며 제자가 모든 환경에 침착하게 대응할 수 있는 의지력을 개발하도록 돕는다. 스승은 언제나 자신의 가르침의 기법을 향상시켜 제자의 눈을 뜨게 하고 그때그때의 상황에 따라 필요하면 새로운 차원의 가르침을 창안해 낸다. 스승은 자비롭지만 제자로부터 감정적인 집착을 기대하지 않으며 그 자신 또한 감정적으로 집착하지 않는다.

스승은 확신에 차고 도전적이며 제자에 대해 관심을 가져야 한다. 또 조심스럽고 건설적이며 용감해야 한다. 스승의 가르침의 명료성과 창의성은 가르침의 주제에 대해—이 경우엔 요가의 복잡성과 정교함이 되겠는데—온 마음을 다해 헌신함으로써 뒷받침되어야 한다.

제자

이상적인 제자는 순종적이고 성실하며 진지한, 그러면서 언제나 스승의 가르침을 따를 준비가 되어 있는 사람이다. 이것은 아무 생각 없는 순종이 아니라 존경심과 배우고자 하는 순수한 열망에 바탕을 둔 순종이다. 제자는 둔하거나 평범할 수도 있고, 뛰어난 자질을 가지고 있을 수도 있다. 둔한 제자는 열의가 거의 없고 안정되어 있지 못하며 소심하고 제멋대로이다. 그는 필요함에도 불구하고 자아 인식에 이르기 위해 요구되는 고된 작업을 싫어한다.

평범한 제자는 우유부단하고, 영적인 문제에 끌리는 것과 똑같이 세속의 쾌락에도 마음이 혹한다. 그는 지고의 선을 의식하고 있으면서도 참고 견디고자 하는 결의가 없고 확고부동하게 요가의 길을 계속 걸어 나갈 수 없다. 그에게는 스승으로부터 얻는 확고함과 훈련이 필요한데, 스승은 즉각 이 사실을 알아차린다.

이에 반해 뛰어난, 혹은 열성적인 제자는 미래에 대한 통찰력, 열의, 그리고 용기를 가지고 있다. 그는 유혹에 저항하고, 목표에 어긋나게 하는 자질들은 주저 없이 던져 버린다. 그는 점점 꾸준하고 안정적이게 되고 기술도 향상되어진다. 스승은 이런 종류의 제자를 자아 인식이라는 궁극의 목표로 안내한다.

제자들을 가르치는 현인
기원전 2세기 인도 바르후트Bharhut의 이 장식대는 구루—제자의 전통이 아주 오래되었음을 보여 준다.

요가를 수행할 때 제자는 스승의 말과 행동 하나하나를 기억하고 잘 생각해서 각각의 배움의 경험을 통합해야 한다. 오늘의 제자는 내일의 스승이 될 수 있다. 명쾌한 마음과 자아 인식에 이르는 길을 걷겠다는 확고한 결의는 필수적이다. 요가 수행자는 오랜 세월에 걸쳐 모은 배움, 경험, 지혜를 제자에게 전수할 방법riti과 그렇게 하겠다는 도덕성niti을 반드시 지녀야 한다. 구루와 제자의 전통은 또 다른 세대를 위하여 이어진다.

이 책은 진정으로 요가를 추구하길 원하는 전 세계의 사람들에게 요가에 대한 나의 지식을 널리 퍼뜨리고자 하는 시도라 할 수 있다.

당신을 위한
아사나

*"몸은 당신의 사원이다. 영혼이 그 안에 머물 수 있도록
언제나 몸을 순수하고 정결하게 가꾸어라."*

요가 과학은 음악이라는 예술과 같다. 몸 안에는 리듬이 있는데,
이것은 아사나의 각 단계와 한 아사나에서 다른 아사나로 이행해 가는 것에
주의를 기울여야만 유지될 수 있다. 우리가 요가를 수행할 때에는 육체적, 생리적, 심리적,
영적인 리듬이 있어야 한다. 조화와 멜로디가 없다면 그 음악은 들을 가치가 없을 것이다.
몸은 참으로 민감하고 수용성이 풍부한 악기여서 그 진동은 마치 소리처럼
몸 안의 조화나 부조화를 표현한다. 이 진동들 하나하나가 움직임 속에서
한데 어우러져야 하는데, 그것이 바로 아사나이다.

고전적인 자세들

요가 아사나는 서기, 앉기, 앞으로 굽히기, 비틀기, 몸을 거꾸로 하기, 뒤로 굽히기,
그리고 눕기와 같은 기본적인 자세들을 모두 포함한다. 23개의 이 고전적인 자세들은
몸을 잘 조정하면서 지성적이고 진지한 태도로 수련해야 한다.

아사나를 정확히 수련하는 것은 단순히 몸을 육체적으로 조정하는
것 이상의 의의가 있다. 분별력을 가지고 주의 깊게 수련한다면 고
전적 자세들은 몸, 마음, 지성, 신경, 의식, 그리고 자아 전부를 하
나의 조화로운 전체로 통합한다. 아사나가 몸을 단지 육체적인 차
원에서만 다루는 것처럼 보일 수도 있다. 그러나 사실 다양한 아사
나들은 뇌를 드나드는 화학적 메시지에 영향을 미쳐 마음의 상태
를 개선하고 안정시킬 수 있다. 생리적 차원의 몸과 심리적 차원의
몸 사이의 매개체라 할 신경을 진정시키는 요가의 독특한 능력에
의해 뇌가 안정되고, 마음이 활기차고 평화로워지며, 온몸이 긴장
으로부터 이완된다.

내가 23개의 아사나를 선정한 것은 이들이 서기, 앉기, 앞으로
굽히기, 비틀기, 몸을 거꾸로 하기, 뒤로 굽히기, 눕기 등 요가의 모
든 기본자세들을 망라하기 때문이다. 이 아사나들을 규칙적으로
수련하면 육체의 모든 내장 기관, 섬유 조직, 세포들이 자극받고 활
성화된다. 마음은 기민하고 강해지며, 몸은 건강하고 활동적이게
된다.

해부학적 측면에서 몸은 사지와 실제적인 몸의 여러 부분들을
포함한다. 육체적 차원의 몸은 뼈, 근육, 피부, 섬유 조직으로 구성
되었고, 생리적 차원의 몸은 심장, 폐, 간, 비장, 췌장, 대장과 소장,
기타 기관으로 이루어졌다. 신경, 뇌, 그리고 지성은 심리적 차원
의 몸을 구성한다. 아사나를 올바르게 수련하기
위해서는 이 모든 차원들을 함께 종합하
는 법을 배워야 한다.

요가 학습의 단계

요가를 새로 시작하는 사람들은 '소양이 없는' 마음으로 아사나에
접근한다. 이들이 배워야 할 것은 아사나 수련이 처음엔 해부학적
인 몸의 차원, 즉 아람바아바스타arambhavastha라 불리는 단계에
서만 이루어져야 한다는 사실이다. 이러한 초보자의 단계는 중요
하며 대충대충 마치려고 해서는 안 된다. 아사나를 배우기 위해 초
보자는 우선 자신의 동작이 올바로 이루어지고 있는지에 관심을
가져야 한다. 이 장에서 나는 아사나에 대해 차근차근 가르치면서
마음을 집중해야 할 부분들과 각 자세에서 특히 주의해야 할 중요
한 동작과 움직임들을 강조해 두었다. 초보자들은 아사나 전반을
파악해야 하지 보다 섬세한 세부 사항에 몰두해서는 안 된다. 처음
에는 한 자세를 취하는 동안 안정감을 얻기 위해 노력하는 것이 더
중요하다. 이렇게 해야 튼튼한 기초가 마련된다. 그런 다음 가타아
바스타(중급 단계ghatavastha)에 진입하게 될 것이다. 이 단계에
서 마음은 몸의 변화에 의해 영향을 받는다. 이 단계에 이르면 동
작을 정확하게 수련할 수 있게 되고 몸을 통제할 수 있다. 그러나
이제는 마음이 몸의 모든 부분에 영향을 미치게 해야 한다. 이 장
에 실린 아사나에 대한 가르침에서 나는 이 단계에 있는 요가 수련
생들이 성찰적이고 명상적인 주의력을 가지고 아사나를 수련해야
한다는 것을 지적하였다. 섬유 조직과 내장 기관, 피부, 심지어 개
개의 세포들에까지 의식이 가 닿아야 한다. 마음은 이 모든 부분들
과 함께 어울려 흐름을 이어 가야 한다.

몸과 정신의 통합
아도무카 스바나아사나를
행하는 아헹가

> "아사나는 마음과 몸이 건강하고
> 활기찬 상태를 유지하게 한다."

그 다음 단계는 고급 단계인 파리차야아바스타parichayavastha 이다. 이것은 심오한 지식의 단계로 이때 마음을 통해 몸이 지성과 접촉하게 한다. 일단 이 상태가 이루어지면 마음은 더 이상 분리된 존재가 아니게 되고 지성과 몸이 하나가 된다. 나는 고급 단계의 요가 수련생이 초점을 맞추어야 할 몇 가지 개념들을 포함시켰다. 이제 그의 조정은 더욱 미묘하고 분별력을 갖추게 되며, 단순히 근육, 뼈, 관절의 영역이라기보다 정신적, 심리적 차원의 몸의 영역에서 이루어진다.

마지막 단계(니쉬파트야아바스타nishpattyavastha)는 완성된 상태이다. 지성이 살과 피부가 하나임을 느끼는 순간, 그것은 아트만 atman −자아 혹은 영혼− 을 받아들인다. 이로써 몸은 자유롭게 해방되고 유한에서 무한으로 가는 여정 속에서 영혼과 결합한다. 그때 몸, 마음, 자아가 하나가 되는 것이다. 이 단계에서 아사나는 명상적이고 영적인 것으로 바뀐다. 이것을 일러 '역동적인 명상'이라 이름 붙일 수도 있을 것이다.

아사나란 무엇인가?

아사나는 우리가 기계적으로 짐작하듯 어떤 자세를 가리키는 것이 아니다. 그것은 최종 단계에 이르러 운동과 그에 대한 반작용 사이에 균형이 이루어지는 사려 깊은 과정을 포함한다. 체중은 근육, 뼈, 관절에 고루 분산되어야 하고, 마찬가지로 모든 수준에서 지성

이 관여해야만 한다. 근육과 피부 속에 공간을 만들어 내고 그물망처럼 서로 정교하게 얽힌 온몸을 아사나에 맞추어 넣어야 한다. 이렇게 함으로써 지각 기관(눈, 귀, 코, 혀, 피부)이 각각의 미묘한 움직임을 인식하는 데 도움을 얻는다. 수련생이 아사나를 주체적으로 이해할 때, 또 지식뿐 아니라 본능에 의해 자신의 동작을 정확하게 조정하기 시작할 때 동작 기관과 지각 기관의 이러한 결합이 일어난다. 헌신적으로 수련하라. 아사나에 완전히 몰입하라.

일단 몸의 양쪽이 균형을 이루면 순환계, 호흡계, 소화계, 생식계, 배설계로부터 과도한 스트레스가 제거된다. 각각의 아사나에 있어 상이한 여러 기관들은 다양한 해부학적 위치에 놓여 조여졌다 펴지고, 습기를 머금었다 건조해지며, 열이 가해졌다 서늘해진다. 기관들은 신선한 혈액을 공급받으며 부드럽게 마사지되고 이완되며 최적의 건강 상태로 조율된다.

운동(움직임)과 그에 대한 반작용
우티타 파르스바코나아사나의 최종 자세

긴장과 스트레스의 완화
바라드바자아사나에서는
몸통이 신장된다.

앉아서 하는 아사나

모든 앉아서 하는 아사나는 엉덩이, 무릎, 발목, 사타구니의 근육을 탄력 있게 만든다. 이 자세들은 횡격막과 목구멍의 긴장과 경직을 풀어 주고 호흡이 더 순조롭고 쉽게 이루어지게 한다. 또 척주의 안정을 유지하고 마음을 가라앉히며 심장 근육을 신장시킨다. 몸의 모든 부분에서 혈액 순환이 활발해지는 효과도 있다.

서서 하는 아사나

서서 하는 아사나는 다리 근육과 관절을 강화하며 척주의 유연성과 힘을 길러 준다. 이 아사나의 회전 동작과 굽히는 동작으로 인해 척주 근육과 추간 관절은 운동성을 유지하고 잘 조정된 상태에 있게 된다. 또 다리 동맥이 신장되고 하지의 혈액 공급이 증가되며, 종아리 근육에서의 혈전 형성이 예방되기도 한다. 서서 하는 아사나들은 심혈관계를 조절하며, 심장 외벽을 완전히 신장시켜 심장으로 신선한 혈액이 더 잘 공급되게 한다.

앞으로 굽히는 아사나

앞으로 굽히는 아사나에서는 복부의 장기들이 압박된다. 이것이 신경계에 독특한 효과를 준다. 즉, 복부 장기들이 이완될 때 전두부의 뇌가 시원해지고 뇌 전체로 들어가는 혈액의 흐름이 정상화된다. 그리고 교감신경계가 휴식을 취하여 맥박과 혈압을 떨어뜨린다. 지각 기관의 스트레스가 사라지고 감각 기능의 긴장이 풀리며, 부신 역시 진정되어 보다 효과적인 기능을 발휘한다. 앞으로 굽히는 아사나에서는 몸이 수평을 이루는

위치에 있게 되므로 심장은 중력에 반하여 혈액을 뿜어내야 하는 긴장을 덜게 되고, 몸 구석구석을 통한 혈액 순환이 쉬워진다. 또한 이 아사나에는 척주와 나란한 근육과 추간 관절, 인대를 강화하는 효과도 있다.

비틀기 자세

이 아사나들은 우리에게 건강한 척주와 내부의 몸이 지니는 중요성을 가르쳐 준다. 몸을 비틀면 골반과 복부의 장기들이 죄어져서 혈액이 그리로 가득 흘러든다. 몸을 비트는 아사나들은 횡격막의 유연성을 개선하고 척주, 엉덩이, 사타구니 부위의 문제를 완화한다. 또한 척주가 더욱 유연해지며, 이로 인해 척주 신경으로 들어가는 혈액의 흐름이 개선되고 에너지 수준이 높아진다.

거꾸로 하는 아사나

거꾸로 하는 아사나를 수련하면 혈압이 오르고 혈관이 터질 것이라는 두려움을 가진 사람들이 있다. 이런 생각은 완전한 오해이다. 어쨌든 오랫동안 서 있으면 혈전이 형성될 수 있고 정맥류가 생길 수도 있지만 아무도 서 있는 것을 그만두려 하지는 않는다! 직립 자세는 진화의 결과이다. 직립 자세에 적응해 왔듯 인체는 아무런 위험이나 해로움 없이 거꾸로 하는 아사나를 취하는 법을 배울 수 있다. 비트는 자세와 대조적으로 거꾸로 하는 아사나는 골반과 복부의 장기에 대해 건조 효과를 가지는 반면 뇌, 심장, 폐와 같은 생명 유지 기관들로는 혈액이 대량으로 흘러든다. 현인 스바트마라마의 『하타요가 프라디피카』 제3장에 따르면 살람바 시르사아사나(물구나무서기, p.138 참조)는 아사나의 왕이며 살람바 사르반가아사나(어깨로 서기, p.144 참조)는 아사나의 여왕이다. 몸과 마음의 건강은 이 두 아사나의 수련에 의해 크게 개선될 수 있다.

몸 뻗기
파스치모타나아사나는
척주를 신장시킨다.

뒤로 굽히기

뒤로 굽히는 모든 자세는 중추신경계를 자극하여 스트레스를 견디는 능력을 길러 준다. 이 자세들은 스트레스, 긴장, 신경쇠약을 완화시키는 것을 돕는다. 이 아사나들은 몸을 자극하고 에너지를 공급하므로 우울증으로 고통 받는 사람들에게 매우 가치가 있다. 우르드바 다누라아사나(p.160 참조)와 비파리타 단다아사나(p.238 참조)에서는 간과 비장이 완전히 신장되므로 이들의 기능이 더욱 효과적으로 발휘된다.

누워서 하는 아사나

누워서 하는 아사나는 몸을 진정시키고 마음에 원기를 불어넣는 휴식을 주는 자세이다. 이 아사나들은 종종 요가 수업의 마지막에 이어지기도 하지만, 한편으로 준비 운동의 성격을 가지기도 하는데, 그것은 이 자세들이 몸을 이완하고 관절을 튼튼하게 하는 것을 돕기 때문이다. 또 이 자세들은 보다 격렬한 아사나를 위해 필요한 에너지를 몸에 제공한다. 예를 들어 사바아사나(p.170 참조)는 정상 호흡을 되찾고 몸과 마음을 진정시키는 것을 돕는다. 누워서 하는 아사나는 프라나야마를 하기 위한 준비이다.

고전적 자세의 수련

수련 지침들을 읽는다(p.408 참조). 몸이 유연하고 마음이 안정되어 있다는 자신감을 느낄 때 고전적 자세들을 수련하라. 요가 20주 수련 과정(p.410 참조)에서 나는 초보자, 근육이나 관절이 뻣뻣한 사람들, 혹은 특정 질병을 앓는 사람들은 처음 6개월에서 8개월까지는 보조 도구를 사용하여 수련하는 것이 더 나을 것이라 추천하고 있다. 만일 보조 도구 없이 정상적으로 고전적인 자세를 수련한다 하더라도, 피곤을 느끼거나 몸의 특정 부분이 뻣뻣하게 느껴지는 날에는 도구를 사용하길 원할 수도 있다. 언제나 주의 깊게 일정한 순서에 따라 아사나를 수련하도록 하라. 초보자는 요가 20주 수련 과정에 주어진 지시를 따라야 한다. 수련을 할 때는 언제나 '뇌'를 긴장시키지 않도록 주의하라. 호흡을 멈추거나 머리가 긴장되고 무거울 때 이런 일이 발생하는데, 특히 서서 하는 아사나와 앞으로 굽히는 아사나를 수련할 때 흔히 나타난다. 이런 현상은 또 서서 하는 아사나에서 척주를 완전히 신장시키지 않은 채 억지로 몸을 내릴 때 발생하며, 이는 척주의 지성을 이용하기보다는 억지로 동작을 하여 척주에 긴장을 초래했기 때문이다. 나는 이러한 상황을 '뇌를 긴장시키기'라고 부르는데, 그 이유는 이런 상황으로 인해 뇌가 우리 몸의 행동을 충분히 민감하게 감지할 수 없게 되기 때문이다. 이와 비슷하게 뒤로 굽히는 자세에서도 지성을 사용하지 않고 억지로 힘을 가해 등을 펴려고 하면 목 부분은 계속 굳어진 채로 있게 된다. 이것 역시 '뇌를 긴장시키는' 작용을 한다.

자세의 '뇌'

각각의 아사나마다 몸의 특정 부분이 그 자세의 '뇌'의 역할을 한다. 예를 들면 한껏 뻗은 팔은 우티타 파르스바코나아사나(p.80 참조)의 '뇌'로, 이 자세에서 균형의 중심이다. 수련할 때 몸의 이러한 특정 부분을 주의 깊게 관찰하고 그곳에 집중하면서 거기에 확고함과 안정감이 자리 잡게 하라. 그러면 몸의 나머지 부분도 같아지게 되며, 그것을 통제할 수 있게 될 것이다. 이때 육체적 차원만이 아닌 생리적 차원에서 이 자세를 경험할 수 있을 것이다.

두려움 없이 수련하기
살람바 사르반가아사나와 같이 거꾸로 하는 자세들은 우리 몸과 마음에 좋은 영향을 준다.

서서 하는 아사나

"아사나는 우리가 으레 짐작하는 그런 자세가 아니다.
그것은 사고를 포함하며, 사고 작용이 끝나는 지점에서
운동(움직임)과 그에 대한 반작용이 균형을 이룬다."

타다아사나Tadasana
산 자세

이 자세에서 우리는 산처럼 확고하고 똑바르게 서는 것을 배운다. 'tada'라는 말은 산스크리트어로 '산'을 의미한다. 대부분의 사람들은 두 다리로 완전히 균형을 잡지 못하는데, 이 때문에 피할 수도 있는 질병을 앓게 된다. 타다아사나는 올바로 서는 방법을 가르쳐 주며 자신의 몸에 대해 점점 더 많이 자각하게 한다.

효과
- 척주를 곧게 펴 나쁜 자세를 교정한다.
- 몸의 정렬을 개선한다.
- 노화에 따른 척주, 다리, 발의 퇴행성 변화를 막아 준다.
- 엉덩이 근육을 조절한다.

머리, 목, 척주를 일직선 안에 둔다.

주의 사항
만일 파킨슨병을 앓고 있거나 척추 디스크에 이상이 있다면 벽을 마주보고 두 손바닥을 벽에 대고 서는 것이 도움이 될 것이다. 척주 측만이 있는 사람은 두 개의 벽이 만나는 돌출된 모서리에 척주를 기대고 서야 한다.

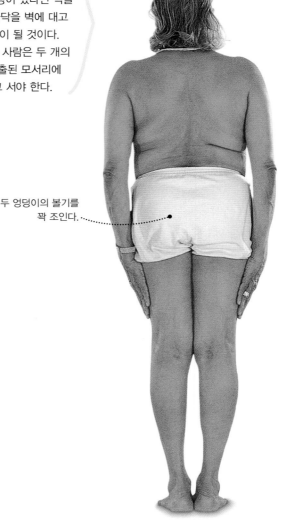

두 엉덩이의 볼기를 꽉 조인다.

1 평평한 맨 바닥 위에 발을 모으고 선다. 반드시 두 엄지발가락과 발뒤꿈치끼리 맞닿게 하여 두 발이 서로 일직선에 놓이게 한다. 두 발을 모으는 것이 힘들면 7cm 정도 떼어 놓는다. 체중을 두 발의 장심掌心 가운데에 싣는다. 발뒤꿈치를 단단하게 하고 발가락은 편 상태로 둔다. 발가락을 쭉 뻗고 이완된 상태를 유지한다.

2 두 발을 바닥 쪽으로 단단히 누르고 두 다리를 위로 뻗는다. 발목이 서로 일직선에 놓이게 한다. 다리는 바닥과 수직을 이루어야 하고 서로 일렬로 정렬되어야 한다. 종지뼈와 대퇴사두근quadriceps을 단단히 죄면서 위로 당겨 올린다. 둔부hips와 엉덩이buttocks를 안으로 끌어당기면서 꽉 조인다.

"타다아사나는 다른 아사나를 위한 주춧돌이다.
이 아사나의 수련으로 확고함, 힘, 평온,
그리고 안정감을 느낄 수 있다."

3 팔을 몸의 양 측면을 따라 뻗고 손바닥은 넓
적다리와 마주보게, 손가락은 아래를 가리키
게 한다. 머리와 척주는 일직선에 있어야 한다.
근육이 긴장되지 않게 하면서 목을 신장시킨
다. 하복부를 안으로, 또 위를 향해 당긴다. 흉
골을 들어 올리고 가슴을 넓힌다. 이 아사나의
모든 단계에서 정상 호흡을 한다.

4 발뒤꿈치와 발가락 위 볼록 솟은 부분을 바닥
에 대고 누른다. 이렇게 하면 발의 바깥쪽 가장
자리와 안쪽 가장자리에 동일한 압력이 가해질
것이다. 발 앞부분에 의지하여 균형을 잡지 않도
록 한다. 이제 의식적으로 발뒤꿈치에 체중의 대
부분을 싣는다. 이 자세를 20~30초 동안 유지
한다.

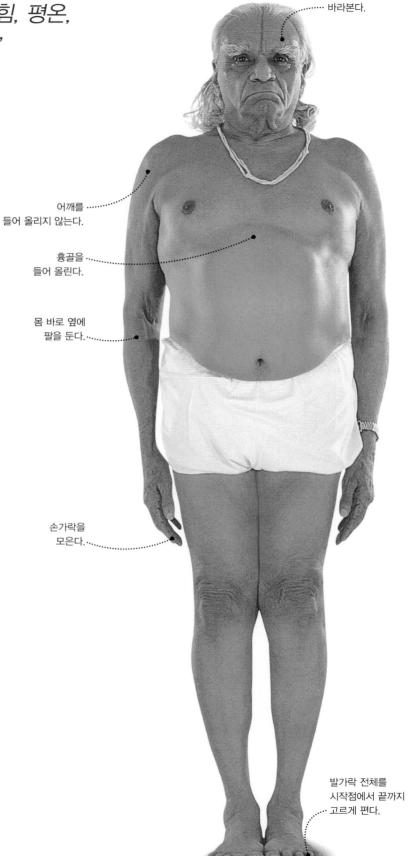

머리를 곧추 세우고
정면을 똑바로
바라본다.

어깨를
들어 올리지 않는다.

흉골을
들어 올린다.

몸 바로 옆에
팔을 둔다.

손가락을
모은다.

발가락 전체를
시작점에서 끝까지
고르게 편다.

우티타 트리코나아사나 Utthita Trikonasana
쭉 뻗은 삼각형 자세

이 아사나에서 몸은 쭉 뻗은 삼각형의 모습을 띠면서 몸통과
다리를 강하게 신장시킨다. 'utthita'는 산스크리트어로 '확장됨'을
의미하고, 'tri'는 '3'을, 'kona'는 각도를 가리킨다. 수련과 더불어
육체적인 몸에서 생리적 차원의 몸(p.62 참조)으로 나아가는
것을 배우고, 팔다리의 움직임을 조절하여 생리적 몸을 형성하는
내장기관, 내분비선, 신경을 활성화시키는 것을 배울 수 있을
것이다. 이 자세는 인대를 조절하고 유연성을 키운다.

효과

- 위염, 소화불량, 위산 과다, 헛배 부르는 증상을
  완화한다.
- 척주의 유연성을 높인다.
- 등의 통증을 덜어 준다.
- 어깨가 잘 조정되도록 바로잡아 준다.
- 목의 염좌 치료에 도움이 된다.
- 골반 부위를 마사지하고 조율한다.
- 발목을 튼튼하게 한다.
- 생리 기간 동안의 불쾌한 증상을 줄여 준다.

주의 사항

잠깐씩 어지럽고 현기증을 잘
느끼거나 고혈압이 있는 경우에는
최종 자세에서 바닥을 내려다본다.
머리를 위로 돌리면 안 된다.
심장 질환이 있다면 벽에 기대어
수련한다. 팔을 들어 올리지 말고
엉덩이 옆에 내려놓는다.

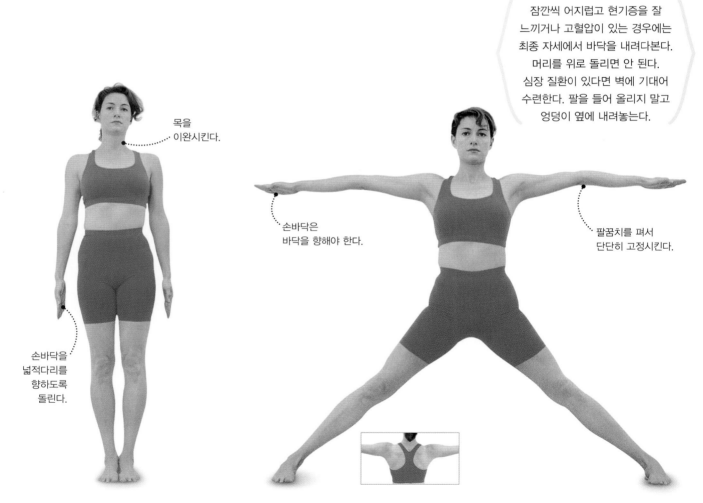

목을
이완시킨다.

손바닥은
바닥을 향해야 한다.

팔꿈치를 펴서
단단히 고정시킨다.

손바닥을
넓적다리를
향하도록
돌린다.

1 타다아사나로 선다(p.68 참조). 체중을 두 다리에 균등하게 분산
한다. 발의 장심 가운데에 힘을 싣고, 발뒤꿈치를 단단하게 하며 발
가락을 편 상태로 둔다. 반드시 두 발의 안쪽 면이 서로 닿게 한다.
등을 곧게 유지하고 고르게 호흡한다.

2 숨을 깊게 들이마시며 껑충 뛰어 두 발을 120cm 정도 벌려서 내
려선다. 두 발이 일직선상에 있으면서 앞을 향해야 한다. 두 팔을 어
깨 높이로 들어 올리고(삽입된 사진 참조), 반드시 서로 일직선을 이
루게 한다. 팔꿈치의 뒤쪽에서부터 팔을 뻗는다. 가슴을 들어 올리
고 앞을 똑바로 바라본다.

3 오른발을 살짝 왼쪽으로 돌린다. 이때 왼쪽 다리는 계속 쭉 뻗은 채로 있어야 한다. 그 다음 왼발을 왼쪽으로 90° 돌리고, 오른쪽 다리는 뻗은 채 무릎을 단단하게 한다. 팔이 흔들리지 않게 하고 완전히 신장시킨 상태로 유지해야 한다.

초보자 이 단계에서 균형을 유지하려면 지시된 순서에 따라 언제나 오른발을 먼저 돌리는 순서를 지켜야 한다. 그 다음에 왼발을 바깥쪽으로 돌린다.

중급 수련자 최종 자세에서 더 잘 뻗기 위해 왼쪽 발뒤꿈치를 바닥에 대고 누르고 발가락은 천장을 향하여 들어 올린다(삽입된 사진 참조). 그 다음 왼쪽 무릎을 단단히 죄고 발을 다시 평평하게 펴서 바닥 위에 놓는다.

자세 바로잡기

오른쪽 무릎

잘못된 동작 오른쪽 무릎이 오른쪽으로 너무 많이 돌아가면 최종 자세에서 균형을 잘 잡을 수 없게 된다.

바른 동작 오른쪽 종지뼈가 정면을 향하게 한다. 오른쪽 넓적다리가 안으로 말려 들어가서는 안 된다.

왼쪽 무릎

잘못된 동작 왼쪽 무릎이 왼쪽으로 너무 멀리 돌아가면 최종 자세에서 균형을 잡는 데 나쁜 영향을 준다.

바른 동작 왼쪽 무릎을 단단하게 유지하고 왼발의 중앙, 정강이, 넓적다리와 일직선이 되게 한다.

어깨를 몸통에서 멀리 떨어지게 뻗는다.

손가락을 위로 올리거나 내리지 않으며, 옆으로 엇나가게도 하지 않는다.

가슴을 들어 올린 상태를 유지한다.

넓적다리 안쪽의 근육을 바깥을 향해 돌린다.

왼쪽 다리는 줄곧 뻗은 채로 있어야 한다.

우티타 트리코나아사나 Utthita Trikonasana
스승의 조언

"내가 무릎으로 수련생의 왼쪽 엉덩이의 볼기를 어떤 식으로 밀어
넣는지를 보라. 몸통 돌리는 것을 돕기 위해 나는 그녀의 오른
쪽 어깨를 꽉 잡고 천천히 위를 향해 그녀의 몸통을 회전시킨
다. 일단 이러한 자세를 취했으면 유리늑골을 앞으로 움직여
오른쪽 겨드랑이를 향해 몸통의 오른쪽의 길이를 늘인다."

자세 바로잡기

잘못된 동작 오른팔이 뒤로 기울어지면 둔부와
엉덩이를 올바르게 조정하지 못할 것이다. 목과
머리는 앞으로 튀어나올 것이고 체중은 왼쪽 발뒤
꿈치가 아니라 왼쪽 손바닥에 실리게 된다.

바른 동작 오른팔을 겨드랑이로부터 위를 향해 곧
게 뻗고 안정된 상태를 유지한다. 뒷머리가 척추와
일직선을 이루게 하고 견갑골도 서로 일직선이 되게
한다.

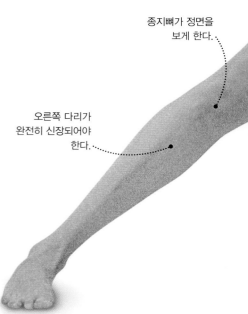

종지뼈가 정면을
보게 한다.

오른쪽 다리가
완전히 신장되어야
한다.

4 숨을 내쉬며 몸통을 왼쪽 옆으로 굽힌다. 왼쪽 손바닥을 바닥 위에 평평하게 펴서 놓고 왼쪽 발뒤꿈치를 바닥에 대고 누른다. 체중이 왼쪽 손바닥이 아니라 왼쪽 발뒤꿈치에 실릴 때까지 자세를 조정한다. 오른팔을 천장을 향해 위로 들어 올리고 양 어깨 및 왼쪽 팔과 일직선을 이루게 한다. 목에 힘을 주지 않으면서 머리를 돌리고 시선을 오른쪽 엄지손가락에 고정시킨다. 이 자세로 20~30초 동안 머문다. 심호흡을 하지는 않으나 고르게 호흡한다.

초보자 몸을 굽힐 때 먼저 왼손으로 왼쪽 발목을 단단히 잡는다. 왼쪽 엉덩이를 살짝 앞으로 가져오고, 오른손은 오른쪽 엉덩이 위에 둔다. 이 자세에서 안정감을 느끼면 위의 지시들을 따르도록 한다.

오른쪽 손바닥을 펴고
완전히 뻗는다.

오른쪽 엄지손가락을
바라본다.

왼쪽 어깨를
똑바로 유지한다.

왼쪽 넓적다리가
안으로 말리지 않게
한다.

왼쪽 발뒤꿈치의
안쪽 가장자리를
바닥 쪽으로 누른다.

우티타 트리코나아사나

이 자세에서 고급 단계로 나아가기
(360° 각도로 보기)

오른팔은 이 자세의 '뇌'(p.65 참조)이므로 팔의 안정을 유지해야 한다. 등에서 조정 작업을 하는데, 몸이 척주로부터 각각 반대 방향으로 당겨지고 있다고 상상한다. 두 어깨를 균등하게 뻗었는지 점검하라. 반드시 몸통을 약간 위로, 또 뒤쪽으로 돌려야 한다. 목의 뒷부분이 척주와 일직선이 되게 하되, 목 근육의 힘을 빼고 목구멍을 이완시켜야 한다. 꼬리뼈와 뒷머리가 서로 일직선이 되었는지, 또 몸 전체가 한 평면에서 대칭을 이루며 균형이 잡혀 있는지 확인한다.

어깨를 뒤로 당겨 견갑골과 뒤쪽 갈비뼈를 말아 넣는다.

팔이 흔들리지 않게 한다.

오른쪽 다리의 뒷부분을 단단하게 유지한다.

왼쪽 다리를 활력 있고 확고하며 안정적인 상태에 둔다.

시선을 오른쪽 엄지손가락에 고정시킨다.

정강이뼈를 위로 올리는 느낌으로 뻗는다.

자세 풀기 숨을 들이마시며 왼쪽 손바닥을 바닥으로부터 들어 올린다. 오른팔을 쭉 펴면서 몸의 측면 쪽으로 가져오고 차츰 몸통을 바로 세운다. 두 팔을 몸 옆으로 내린다. 앞을 향하도록 두 발을 돌린다. 반대쪽으로도 이 자세를 되풀이한다. 그 다음 숨을 내쉬며 타다아사나로 돌아온다.

척주는 뒷머리 및
꼬리뼈와 일직선을
이루어야 한다.

팔꿈치를
단단하게 만든다.

엉덩이와 꼬리뼈를
안으로 말아 넣는다.

두 발뒤꿈치가
서로 일직선에 있게 한다.

체중이 왼쪽 손바닥에
실려서는 안 된다.

손가락을 천장을
향하여 쭉 뻗는다.

머리를 뒤로
기울이면 안 된다.

몸이 오른쪽 발목부터
오른손까지 쭉 뻗쳐지는
느낌을 가져야 한다.

비라바드라아사나 2 Virabhadrasana 2
전사 자세 2

이 자세의 명칭은 전설적인 전사, 비라바드라Virabhadra의
이름을 따온 것이다. 그의 이야기는 유명한 산스크리트 극작가
칼리다사Kalidasa가 쓴 서사극 쿠마라삼바바Kumarasambhava
에서 들을 수 있다. 각 단계를 거치면서 사지와 몸통이 강하게
단련되고 목과 어깨의 뻣뻣함이 완화된다. 또 이 자세는
무릎과 엉덩이 관절을 더 유연하게 만든다.

효과
• 가슴을 확장시킴으로써 호흡 능력을 개선한다.
• 추간판 탈출증 치료에 도움이 된다.
• 부러지고 녹아내리거나 어긋난 꼬리뼈의
  상태를 완화시킨다.
• 엉덩이 주위의 지방을 줄여 준다.
• 아래쪽 허리의 통증을 가라앉힌다.

주의 사항
심장 질환이 있거나
심계 항진, 가슴앓이, 설사나
이질을 앓고 있다면 수련하지
않는다. 월경 과다, 자궁 출혈이
있는 여성도 이 아사나를
피해야 한다.

몸통을 위로
쭉 뻗어 올린다.

팔꿈치를 단단히
고정시킨다.

왼쪽 무릎을
단단한 상태로
둔다.

오른쪽 다리를
바깥으로 돌린다.

1 타다아사나로 서서(p.68 참조) 숨을 깊이 들이마신다. 껑충 뛴 다음
발을 120cm 정도 벌려서 선다. 발가락은 앞을 향하게 한다. 팔이 어깨
와 일직선이 되게 하여(삽입된 사진 참조) 양옆으로 들어 올린다. 두
손바닥은 바닥을 향해야 하고 서로 일직선을 이루어야 한다. 손가락을
곧게 쭉 뻗는다. 두 발의 새끼발가락을 바닥 쪽으로 누른다. 허리를 향
하여 다리 안쪽 면을 의식적으로 위로 당긴다.

2 숨을 천천히 내쉬며 오른발을 오른쪽으로 90° 돌린다. 왼발을 살짝
오른쪽으로 돌린다. 반드시 체중을 오른쪽 발뒤꿈치에 실어야 하지 발
가락에 실어서는 안 된다. 왼쪽 다리를 쭉 뻗은 채 무릎에 단단히 힘
을 준다. 왼쪽 다리가 미끄러지는 것을 막기 위해 반드시 넷째 발가락
과 새끼발가락에 체중을 싣는다.

초보자 오른쪽 넓적다리를 바르게 돌리는 데 초점을 맞추어야 한다.
넓적다리는 오른발과 동시에 – 그리고 같은 정도로 – 돌려야 한다.

3 숨을 내쉬며 오른쪽 무릎을 굽힌다. 오른쪽 넓적다리는 바닥과 평행하게 하고, 정강이는 바닥과 수직을 이루면서 오른쪽 발뒤꿈치와 일직선상에 있게 한다. 오른쪽 종아리의 근육을 위로 당겨 올린다. 머리를 오른쪽으로 돌리고 두 발의 장심과 발가락을 편다. 이 자세를 30초 동안 유지한다. 고르게 호흡한다.

중급 수련자 오른쪽 무릎을 엉덩이뼈에서부터 굽히고 의식적으로 넓적다리의 살과 피부를 무릎 쪽으로 민다. 두 팔을 바깥으로 완전히 뻗는다. 두 팔이 줄다리기를 할 때처럼 서로 멀어지게 당겨진다고 상상하라.

자세 바로잡기

몸통을 오른쪽으로 움직이거나 앞으로 기울이면 안 된다. 이것을 막기 위해서는 왼쪽 겨드랑이와 왼쪽 엉덩이가 반드시 일직선상에 있어야 한다. 왼쪽 견갑골을 말아 넣고 시선을 오른팔에 둔다. 몸의 뻗은 쪽을 의식한다.

뇌를 긴장시키지 않는다.

두 팔을 어깨로부터 멀리 뻗는다.

가슴을 확장한다.

오른쪽 무릎이 오른쪽 발뒤꿈치 위에 자리 잡아야 한다.

넓적다리 근육을 단단하게 만든다.

오른쪽 발뒤꿈치를 아래로 누른다.

"이 아사나를 규칙적으로 수련하면 힘과 인내심을 기르는 데 도움이 된다."

비라바드라아사나 2

이 자세에서 고급 단계로 나아가기(360° 각도로 보기)
무릎을 너무 강하게 굽히지 말고 굽힌 다리가 이완된
상태에 있게 한다. 의식적으로 뇌의 긴장을 푼다.
오른쪽 엉덩이의 볼기가 오른쪽 무릎 안쪽
보다 약간 더 낮아야 한다. 두 엉덩이의
볼기buttocks를 단단히
조이고 골반 부위hips
는 넓게 만든다. 두 발의 바
깥쪽 가장자리를 바닥에 대고 누른다.
발목에서 무릎으로 에너지가 솟아오
르는 것을 느낀다. 가슴을 밖을 향
해 밀어내고 흉강을 완전히 팽창
시킨다. 왼쪽 무릎을 단단하
게 만들고 위로 들어
올린다. 만일 왼쪽 무
릎이 밑으로 처지면 가슴
이 움푹 들어갈 것이다. 두 팔과
견갑골이 몸통에서 멀리 뻗어진
상태를 유지한다.

견갑골을
말아 넣는다.

오른쪽 엉덩이의
살을 꼬리뼈
안으로 밀어
넣는다.

오른쪽 발뒤꿈치는
오른쪽 무릎과 일직선상에
있어야 한다.

두 엉덩이의 볼기를
팽팽하게 한다.

팔꿈치를 단단히
고정시킨다.

발가락끼리는 서로 떼어
놓고 활기차게 뻗는다.

자세 풀기 숨을 들이마시며 오른쪽 다리를 세운다.
두 발을 회전시켜 앞을 향하게 한다. 이 자세를 반대
편에서도 되풀이한다. 다음에 숨을 내쉬며 껑충 뛰어
타다아사나로 돌아간다.

몸통이 오른쪽으로
움직이지 않게
한다.

왼쪽 종지뼈를
무릎 뒤쪽으로
끌어당긴다.

두 팔을 어깨에서부터
손가락 끝까지
쭉 뻗는다.

두 팔이 서로
일직선을 이루게 한다.

몸통의 양 측면을
위로 쭉 뻗어 올린다.

우티타 파르스바코나아사나 Utthita Parsvakonasana
측면을 확장시켜 뻗기

산스크리트어에서 'utthita'는 '펴다'를, 'parsva'는 '측면'이나 '옆구리'를 가리킨다. 'kona'는 '각도'로 번역된다. 이 아사나에서는 한쪽 발의 발가락에서부터 반대쪽 손의 손가락 끝에 이르기까지 몸의 양 측면이 강하게 신장된다.

효과
· 폐활량을 증대시킨다.
· 심장 근육을 조율한다.
· 좌골신경통과 관절염의 통증을 완화시킨다.
· 소화력을 개선하고 노폐물 제거에 도움이 된다.
· 허리와 엉덩이의 지방을 줄인다.

주의 사항
고혈압이 있다면 이 자세를 피해야 한다. 경추염이 있을 경우 목을 돌리거나 위를 쳐다보지 말아야 한다.

두 손바닥이 서로 일직선을 이루게 한다.

왼쪽 무릎을 단단하게 만든다.

오른쪽 무릎을 오른쪽으로 돌린다.

1 타다아사나로 선다(p.68 참조). 숨을 들이마시며 껑충 뛰어 120cm 정도 두 발을 벌린다. 이와 동시에 두 팔을 옆으로 어깨 높이까지 들어 올리고 손바닥은 바닥을 향하게 한다. 팔꿈치 뒤쪽에서부터 팔을 쭉 뻗는다. 두 발이 서로 일직선을 이루고 발가락이 앞을 가리키는지 확인한다. 발의 바깥쪽 가장자리를 아래로 누른다. 두 발의 새끼발가락을 바닥에 대고 누른다.

2 천천히 숨을 내쉬며 오른쪽 다리와 발을 동시에 오른쪽으로 90° 돌린다. 이와 함께 왼발도 같이 오른쪽으로 살짝 돌린다. 왼쪽 다리를 쭉 뻗고 무릎을 중심으로 단단히 조인다. 반드시 오른발의 발가락이 아니라 발뒤꿈치에 체중이 실려야 한다. 필요하다면 두 다리 사이의 거리를 조정한다. 두 발은 계속 서로 일직선을 이루고 있어야 한다.

초보자 오른쪽 다리를 돌릴 때 넓적다리를 밖으로 향하게 하는 것에 초점을 맞춘다. 이렇게 하면 오른쪽 무릎 위에 가해지는 압력이 줄어든다.

"이 아사나를 수련할 때에는 몸이 절대적으로 안정된 상태를 유지해야 한다."

두 어깨와 팔을 쭉 뻗은 상태로 유지한다.

몸통을 곧게 세우고 오른쪽으로 기울어지지 않게 한다.

3 오른쪽 무릎을 굽혀 넓적다리와 종아리가 직각을 이루고 오른쪽 넓적다리가 바닥과 평행이 되게 한다. 호흡을 한두 번 한다.

무릎을 오른쪽으로 살짝 돌린다.

중급 수련자 왼쪽 무릎과 발목을 의식적으로 위로 당겨 올린다. 왼쪽 무릎의 오금을 중심에서부터 양옆으로 활짝 편다. 두 종아리의 근육을 넓적다리 쪽으로 당긴다.

왼발의 넷째, 다섯째 발가락을 아래로 누른다.

4 숨을 내쉬며 오른쪽 손바닥을 오른발 옆 바닥 위에 놓는다. 오른쪽 겨드랑이가 오른쪽 무릎의 바깥쪽에 닿았는지 확인한다. 왼팔을 왼쪽 귀 위로 멀리 뻗는다. 머리를 돌려 위를 바라본다. 이 자세를 20~30초 동안 유지한다.

초보자 숨을 내쉬며 먼저 오른팔을 쭉 뻗는다. 그 다음 팔을 바닥을 향해 내린다. 손바닥 대신 손가락 끝을 바닥 위에 놓아도 좋다.

넓적다리가 아래로 내려가게 한다.

왼쪽 다리는 쭉 뻗은 상태를 유지한다.

우티타 파르스바코나아사나

이 자세에서 고급 단계로 나아가기(360° 각도로 보기)

왼팔이 이 자세의 '뇌'에 해당하므로(p.65 참조), 이 팔을 안정되게 유지하고 움직이지 말아야 한다. 팔을 왼쪽 겨드랑이로부터 멀리 밀어내면서 뻗는 강도를 늘린다. 견갑골의 아랫부분을 등 안쪽으로 가져간다. 왼쪽 넓적다리를 살짝 들어 올리는데, 이렇게 하면 오른손을 더 쉽게 내릴 수 있다. 반드시 오른쪽 발뒤꿈치의 뒤쪽에 체중을 싣고 오른쪽 넓적다리나 손바닥에 과도한 체중이 실리지 않게 한다. 가슴, 엉덩이hips, 왼쪽 다리가 서로 일직선에 있게 한다. 몸의 모든 부분을 신장시키는데, 특히 척주에 주의를 집중한다. 왼쪽 발목에서 왼쪽 손목까지 지속적이면서 한 번에 쭉 뻗는 느낌을 가져야 한다.

어깨를 뒤로 민다.

왼쪽 다리를 곧게 펴고 오금을 뻗는다.

몸통의 왼쪽을 위로, 또 뒤로 돌린다.

무릎을 오른쪽으로 돌린다.

자세 풀기 숨을 들이마시며 오른손을 바닥으로부터 들어 올린다. 두 팔을 몸 옆으로 가져오면서 오른쪽 다리를 바로 세운다. 두 발이 앞을 향하도록 돌린다. 반대쪽에서도 이 자세를 되풀이한다. 그 다음 숨을 내쉬며 껑충 뛰어 타다아사나로 돌아온다.

척주를 늘인다.

오른쪽 볼기를
안으로 말아 넣고
오른쪽 무릎에
맞추어 조정한다.

발뒤꿈치에
체중을 싣는다.

오른쪽 겨드랑이와
오른쪽 넓적다리를
서로 마주 대고 누른다.

손바닥을 펴고 뻗는다.

왼쪽 겨드랑이,
이두근, 팔꿈치, 손목을
쭉 뻗는다.

왼쪽 다리를
발목에서부터
위를 향해 당긴다.

정강이를
위쪽으로 당긴다.

파르스보타나아사나 Parsvottanasana
몸통을 강하게 신장시키기

이 아사나는 가슴을 강하게 신장시켜 준다. 'parsva'는 산스크리트어로 '측면' 혹은 '옆구리'를 의미하고, 'uttana'는 마지막 뻗친 자세의 강도 높음을 가리킨다. 파르스보타나 아사나의 규칙적인 수련은 신장을 자극하고 조절하는데, 일단 편안하게 최종 자세를 취할 수 있으면 이런 효과를 느낄 수 있다.

효과

- 뇌를 진정시키고 신경을 편안하게 만든다.
- 목, 어깨, 팔꿈치 및 손목의 관절염을 완화시킨다.
- 복부 장기를 강하게 만든다.
- 소화력을 개선시킨다.
- 간과 지라(비장)를 정상화시킨다.
- 생리통을 덜어 준다.

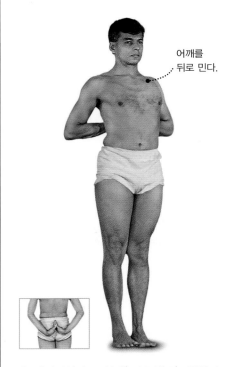

어깨를 뒤로 민다.

두 손목을 서로 누른다.

두 다리에 고르게 체중이 실리는지 확인한다.

1 타다아사나로 선다(p.68 참조). 안쪽과 바깥쪽으로 몇 번 팔을 회전시켜서 두 팔을 풀어 준다. 등 뒤에서 손가락이 발을 향하도록 아래로 가리키게 해서 손가락 끝을 서로 마주 댄다. 그 다음 손목을 돌려(삽입된 사진 참조) 손가락이 천장을 가리키게 한다.

초보자 두 손바닥을 합치는 것이 너무 어려우면 팔을 등 뒤로 가져가서 팔꿈치를 굽히고 각각의 손바닥을 반대편 팔꿈치에 편안히 댄다.

2 합친 손바닥을 위로 옮겨 등 가운데까지 이르게 한다. 두 손의 새끼손가락이 등에 닿아야 한다. 그런 다음 두 손을 등의 위쪽으로 옮겨(삽입된 사진 참조) 견갑골 사이에 놓이게 한다. 손가락끼리 서로 마주 누른다. 팔꿈치를 안으로 밀면서 두 손바닥을 서로 누른다. 이렇게 하면 두 어깨를 뒤로 밀어 가슴을 훨씬 더 많이 확장시키는데 도움이 된다.

3 숨을 들이마시며 위로 껑충 뛰어 두 발의 간격이 약 120cm 정도 되게 하여 내려 선다. 두 다리를 지나치게 벌리거나 적게 벌려서 불편함을 느낀다면 적당히 거리를 조정한다. 체중이 고르고 편안하게 두 다리에 분산되었다는 느낌이 들면 거리를 알맞게 조정한 것이다. 몇 초 동안 숨을 멈추었다 천천히 내쉰다.

주의 사항

고혈압이 있거나 심장 질환을 앓고 있다면 4단계를 생략한다. 설사를 하거나 복부 탈장인 경우에는 이 아사나의 4단계까지만 수련한다.

"이 아사나는 또한 목, 어깨,
팔꿈치의 뻣뻣함을 없애는 데에도 도움이 된다."

4 숨을 들이마시며 오른발을 오른쪽으로 90° 돌리고, 왼발을 오른쪽으로 75～80° 돌린다. 이와 동시에 허리와 엉덩이에서부터 오른쪽으로 몸을 돌린다. 몸통이 정면을 향하고 오른쪽 다리와 일직선을 이루는지 확인한다. 체중을 오른발의 뒤꿈치에 싣는다. 오른쪽 무릎에 힘을 단단히 주면서 가슴, 허리, 엉덩이를 뻗는다. 그 다음, 머리와 가슴을 뒤로 기울여 천장을 바라본다. 목구멍을 긴장시켜서는 안 된다. 손바닥을 맞댄 두 손을 등에 대고 누르고, 손이 미끄러져 내려가지 않게 한다.

목을 뒤로 너무
멀리 기울이지
않는다.

오른발이
완전히 펴지도록
쭉 뻗는다.

팔꿈치를 넓힌다.

5 숨을 내쉬며 척주를 뻗고 넓적다리 맨 윗부분에서부터 몸을 앞으로 굽힌다. 몸을 굽힐 때 흉골과 함께 나아가고, 앞으로 숙일 때 오른쪽 무릎을 굽히면 안 된다. 허리 양 측면에서부터 똑같이 굽히도록 주의한다. 오른쪽 무릎 위에 턱을 얹는다. 이 자세로 20～30초 동안 머물며 고르게 호흡한다.

초보자 최종 자세에서 몸을 뻗는 것이 어렵다고 느껴지면 오른발 양옆 바닥 위에 두 손바닥을 둔다. 등과 목을 서서히 신장시키도록 주의한다.

왼쪽 종지뼈를
살짝 안으로
돌린다.

오른쪽 다리를
완전히 뻗은 상태로
유지한다.

파르스보타나아사나

이 자세에서 고급 단계로 나아가기 (360° 각도로 보기)

이 자세를 취하는 동안 골반에서 쇄골에 이르기까지 상체를 쭉 뻗은 상태를 유지한다. 넓적다리를 더 많이 뻗기 위해 허리의 양 측면을 똑같이 늘인다. 회음부에 긴장을 풀고 사타구니에서부터 몸을 아래로 굽힌다. 몸통이 오른쪽 넓적다리 가운데에 편안히 놓이도록 배꼽이 오른쪽 넓적다리 가운데에 놓일 때까지 복부를 약간 오른쪽으로 돌린다. 다리 근육을 단단하게 만들고 두 다리의 뒤쪽을 따라 쭉 뻗는 느낌을 갖는다. 오른쪽 다리 위에서 척주를 훨씬 더 아래로 누른다. 두 어깨를 뒤로 움직여 가슴의 두 면이 똑같이 확장되게 한다. 고르게 호흡한다.

발목 안쪽을 위로 당긴다.

왼쪽 다리를 쭉 뻗는다.

두 엉덩이가 서로 평행을 유지하게 한다.

왼발 바깥쪽 가장자리를 바닥에 대고 누른다.

자세 풀기 숨을 들이마시며 몸통을 들어 올린다. 서는 자세로 돌아오는데, 이때 머리를 갑자기 들어 올리면 안 된다. 반대쪽에서 이 자세를 되풀이한다. 어깨 높이로 두 팔을 쭉 뻗고 껑충 뛰어 두 다리를 함께 모은다. 타다아사나로 선다.

두 손의 손가락들을
함께 서로 누른다.

체중을 오른발의
앞쪽이 아니라
발뒤꿈치에 싣는다.

몸통의 중심부가
쭉 뻗은 다리 위에
오게 한다.

팔꿈치를 들어 올린
상태로 있어야 한다.

척주를 뻗는다.

종지뼈를
단단한 상태로
유지한다.

아도무카 스바나아사나 <small>Adhomukha Svanasana</small>
얼굴을 아래로 한 개 자세

이 자세에서 우리 몸은 전신을 쭉 뻗은 개 모양을 취한다. 'adhomukha'는 산스크리트어로 '얼굴을 아래로' 하는 것을 의미하고, 'svana'는 '개'로 번역된다. 이 자세는 발뒤꿈치의 뻣뻣함을 줄이고 다리를 튼튼하고 날래게 만들어 주므로 달리기 주자에게 도움이 된다. 피곤할 때 1분 동안 이 자세를 취하면 기력이 회복된다. 이 자세는 신경계를 부드럽게 자극하므로 규칙적으로 수련하면 전신이 다시 젊음을 회복하게 된다.

효과

- 뇌를 진정시키고 신경을 부드럽게 자극한다.
- 심장 박동을 늦춘다.
- 견갑골의 뻣뻣함을 경감시키고 어깨 관절의 염증을 덜어 준다.
- 발목을 튼튼하게 하고 다리의 상태를 조화롭게 만든다.
- 발뒤꿈치의 통증을 완화시키고 발꿈치뼈(종골)의 돌기를 부드럽게 한다.
- 과다한 생리 흐름을 점검한다.
- 갱년기의 전신 열감을 예방하는 데 도움이 된다.

주의 사항

고혈압이 있거나 두통을 자주 앓는다면 머리를 큰베개(p.185 참조)로 받친다. 어깨가 잘 탈구되는 사람은 팔이 바깥쪽으로 돌아가지 않게 해야 한다. 임신이 상당히 진행된 단계에서는 이 자세를 수련하지 않는다.

팔을 곧게 편다.

1 타다아사나로 선다(p.68 참조). 숨을 내쉬며 허리에서부터 몸을 굽혀 두 손바닥을 발 옆 바닥 위에 둔다.

초보자 숨을 내쉬며 허리에서부터 몸을 굽힌다. 두 무릎을 굽히고 발 옆 바닥 위에 두 손바닥을 둔다.

2 무릎을 굽히고 단번에 약 120cm 뒤로 발을 내딛는다. 두 손바닥을 서로 약 1m 떨어지게 놓는다. 두 발 사이의 거리는 두 손바닥 사이의 거리와 같아야 한다.

스승의 조언

"수련생이 반드시 팔을 곧게 펴도록 나는 그의 두 손을 밟고 서서 손이 바닥 위에 단단히 자리 잡게 한다. 그 다음 그의 견갑골을 안으로 누르고 자세가 직각 삼각형모양이 되게 한다. 이 자세에서 여러분은 엉덩이에서부터 등과 가슴의 척주를 따라 곧바로 손바닥에 이르기까지 강하게 뻗는 느낌을 가져야 한다."

3 오른쪽 다리는 오른팔과, 왼쪽 다리는 왼팔과 일직선상에 있게 한다. 손가락과 발가락을 뻗는다. 발뒤꿈치를 들고 넓적다리 맨 윗부분의 근육을 단단하게 만들면서 종지뼈를 안으로 끌어당긴다. 그 다음 발의 장심을 쭉 뻗고 바닥 위에 다시 발뒤꿈치를 내려놓는다.

두 발을 서로 평행하게 둔다.

4 팔꿈치에서 어깨까지 팔의 안쪽을 당겨 올린다. 몸통을 다리 방향으로 움직인다. 손바닥에서부터 발뒤꿈치에 이르기까지 쭉 뻗는 것을 느낀다. 이제 숨을 내쉬며 목 아랫부분을 뻗으면서 머리 정수리를 바닥 쪽으로 낮춘다. 이 자세를 15~20초 동안 유지한다.

중급 수련자 머리를 낮추기 전에 어깨의 삼각근을 어깨 관절 쪽으로 깊이 밀어 넣고 견갑골을 들어 올린다. 두 손바닥을 바닥에 대고 누르고 흉골을 횡격막을 향해 당겨 올린다.

엉덩이를 위로 밀어 올린다.

두 다리를 똑같이 쭉 뻗는다.

두 팔을 완전히 뻗는다.

정수리의 앞부분을 댄다.

발가락을 앞으로 똑바로 향하게 하여 바닥 위에 두 발을 평평하게 놓는다.

아도무카 스바나아사나

이 자세에서 고급 단계로 나아가기(360° 각도로 보기)

다리를 움직여 가능한 한 뒤로 멀리 뻗는다. 두 넓적다리가 고르게 뻗어졌는지 확인한다. 다리 뒷면의 안쪽 가장자리와 바깥쪽 가장자리가 서로 평행을 이루어야 한다. 넓적다리가 서로 평행이 되지 않으면 넓적다리가 짧아져서 잘 뻗어지지 않는 경향이 있다. 척주도 이처럼 완전히 뻗되 척주를 압착하듯 해서는 안 된다. 척주의 에너지가 목에서 엉덩이까지 위로 흐르는 것을 느낀다. 이때 에너지가 주변의 다른 길로 흐르게 하면 안 된다. 견갑골을 말아 넣고 가슴을 확장시킨다. 가슴이 완전히 열리면 호흡이 깊어진다. 이 깊이를 알아차려야 한다.

정수리의 앞부분을 댄다.

넓적다리를 서로 평행하게 둔다.

몸체에서 멀리 떨어지도록 다리를 민다.

위팔을 쭉 뻗는다.

자세 풀기 숨을 들이마시며 머리를 서서히 바닥에서 떼어 들어 올린다. 손바닥 쪽으로 두 발을 옮겨 타다아사나로 돌아간다.

척주를 압착하듯
누르지 않는다.

어깨 삼각근을 움직여
견갑골 안으로 깊이
밀어 넣는다.

발뒤꿈치를
바닥으로 누른다.

목을 부드러운
상태로 유지하면서
길게 늘인다.

"깨어 있는 의식으로 오랫동안 꾸준히
아사나를 수련할 때 성취에 이를 수 있다."

무릎을
굽히지 않는다.

몸통을
다리 쪽으로 민다.

우타나아사나 Uttanasana
앞으로 강하게 뻗기

이 아사나에서 척주는 신중하면서 강도 높게 뻗을 수 있다. 'ut'라는 말은 산스크리트어에서 '신중한', 혹은 '강렬한'의 의미를 지니고, 'tana'는 '뻗기'를 뜻한다. 이 아사나는 척주 신경과 뇌 세포의 활력을 되찾게 해 주므로 근심이나 우울함에 빠지기 쉬운 사람들에게 도움을 줄 수 있다. 이 아사나는 또한 심장 박동의 속도를 늦춘다.

효과

- 정신과 육체의 피로를 덜어 준다.
- 심장 박동의 속도를 늦춘다.
- 간, 비장, 신장의 기능을 정상화시킨다.
- 배의 통증을 완화시킨다.
- 생리 중 복부와 등의 통증을 줄여 준다.

주의 사항

척주 디스크 질환이 있다면 3단계에서 멈춘다. 아사나를 하는 내내 척주가 오목한 상태에 있는지 확인한다. 위산 과다 증상이나 현기증이 잦은 사람은 두 다리를 약간 벌리고 서서 이 아사나를 수련해야만 한다.

두 팔을 들어 올릴 때 온몸을 쭉 뻗는다.

종아리 근육을 뻗는다.

척주를 오목하게 한다.

1 다리를 곧게 펴고 완전히 뻗은 채 타다아사나로 선다(p.68 참조). 종지뼈를 단단히 죄고 위로 당겨 올린다. 손바닥이 앞을 향하게 하고 천장 쪽으로 두 팔을 들어 올린다. 온몸을 쭉 뻗는다. 한두 번 호흡을 한다.

2 숨을 내쉬며 허리에서부터 몸을 앞으로 굽힌다. 다리를 완전히 뻗은 상태로 유지한다. 체중이 두 발에 고르게 실려야 한다. 발가락을 뻗는다.

3 몸통을 더 많이 굽혀서 두 손바닥을 발 앞의 바닥에 놓는다. 등 아래쪽과 엉덩이, 다리를 자유롭게 하기 위해 두 발목을 약간 떼어 놓는다. 무릎과 넓적다리 뒤쪽 피부를 의식적으로 쭉 뻗는다.

초보자 몸을 굽힐 때 발가락을 들어 올리고 발뒤꿈치는 바닥에 대고 누른다(삽입된 사진 참조). 좀 더 유연해질 때까지 손바닥 대신 손가락 끝을 바닥 위에 놓아도 좋다.

몸통을 앞으로
쭉 뻗는다.

발바닥의 앞부분을
바닥에 대고
누른다.

4 두 손을 뒤로 옮겨 발뒤꿈치 옆에 놓는다. 바닥에서 손바닥을 떼어 들어 올리고 엄지손가락 및 다른 손가락들로 바닥을 짚는다. 넓적다리를 완전히 뻗은 상태를 유지한다. — 이때 에너지가 다리 뒤를 따라 흘러 허리를 거쳐 척주로 내려가는 것을 느낀다. 두 무릎을 서로 평행하게 하고 무릎 오금을 완전히 연 상태에서 무릎 쪽으로 종지뼈를 당긴다. 두 발의 안쪽과 바깥쪽 가장자리에 가해지는 압력이 똑같아야 한다.

자세 바로잡기

잘못된 동작 만일 무릎이 굽으면 꼬리뼈가 밖으로 돌출되어 자세에 나쁜 영향을 미친다.

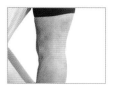

바른 동작 넓적다리를 쭉 뻗고 종지뼈를 단단히 죄어 위로 밀어 올린다.

엉덩이를
앞으로 민다.

5 숨을 내쉬며 몸통을 다리 쪽으로 더 가까워지도록 밀어 얼굴이 무릎에 닿게 한다. 턱이 두 무릎에 닿을 때까지 몸통과 복부를 바닥 쪽으로 더 밀어 내린다. 턱이 가슴에 닿아서는 안 된다. 이렇게 하면 목과 목구멍이 죄어져 머리에 압박이 가해지기 때문이다. 고르게 호흡하면서 이 자세를 30~60초 동안 유지한다.

넓적다리를 무릎에서부터
엉덩이까지 신장시킨다.

팔을
어깨로부터
쭉 뻗는다.

> "우타나아사나 수련은
> 정신과 육체가 피로할 때
> 몸과 뇌가 활기를 되찾는 데
> 도움이 된다."

우타나아사나

이 자세에서 고급 단계로 나아가기(360° 각도로 보기)

손가락을 바닥 위에 놓을 때 팔을 바깥쪽으로 돌려 아래로 쭉 뻗는다. 팔의 피부를 겨드랑이에서부터 손가락 끝까지 아래로 밀어 내린다고 상상한다. 갈비뼈에 주의를 집중한다. 흉곽 제일 밑에서부터 겨드랑이 끝까지 갈비뼈 하나하나를 의식적으로 쭉 뻗는다. 그 다음 겨드랑이를 성큼 더 아래로 내린다. 이렇게 하면 넓적다리 안쪽의 뒷부분이 펴질 것이다. 발뒤꿈치에서 머리 정수리까지 지속적으로 뻗는 느낌을 가진다.

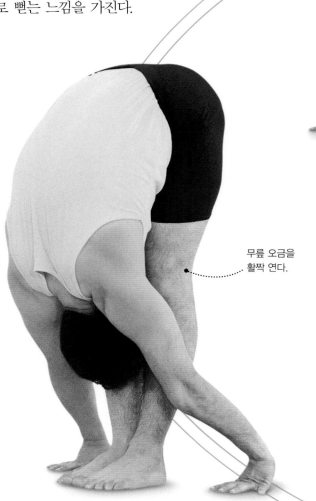

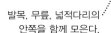

몸통과 척주를
아래로 민다.

발목, 무릎, 넓적다리의
안쪽을 함께 모은다.

무릎 오금을
활짝 연다.

자세 풀기 숨을 들이마시며 바닥에서 손바닥을 떼지 않은 채 머리를 들어 올린다. 손가락으로 바닥을 강하게 누르면서 겨드랑이를 아래로 내린다. 그 다음 몸통을 서서히 들어 올린다. 언제나 등을 똑바로 펴고 몸을 일으켜야 한다. 타다아사나로 선다.

넓적다리 근육을
쭉 뻗으면서 활짝 편다.

엉덩이가 바닥과
평행이 되게 한다.

발의
장심에서부터
발가락을
뻗는다.

"몸은 과거에,
마음은 미래에 존재한다.
요가를 수행할 때,
이 둘은 현재에서 만나
하나가 된다."

비라바드라아사나 1 Virabhadrasana 1

전사 자세 1

전사 자세를 바탕으로 한 이 아사나는 비라바드라아사나 2 (p.76 참조)를 더 강력한 자세로 변형시킨 것이다. 이 두 아사나의 명칭은 신화 속의 전사이자 현인인 비라바드라를 따라 붙여졌다. 이 힘찬 아사나는 척주를 강하게 만들고 무릎과 넓적다리의 유연성을 높여 준다. 팔을 강하게 뻗어야 하는데, 이 동작으로 가슴의 근육이 확장되고 폐활량이 커지기 때문이다.

효과

- 등의 통증, 요통, 좌골신경통을 완화시킨다.
- 등 근육을 튼튼하게 만든다.
- 복부 근육을 조율한다.
- 위산 과다를 완화시키고 소화력을 개선한다.
- 방광을 튼튼하게 하고 자궁 위치 이상을 바로잡아 준다.
- 생리통을 가라앉히고 과도한 출혈을 줄인다.(이런 경우 생리 기간이 아닐 때 이 자세를 수련하며, 생리 중에는 수련을 피한다.)

주의 사항

고혈압이나 심장 질환이 있으면 이 아사나를 수련하지 않는다.

두 손바닥이 아래를 보게 하고 서로 일직선상에 있게 한다.

팔꿈치에 힘을 주어 단단히 고정시킨다.

골반을 위로 끌어당긴다.

1 타다아사나로 선다(p.68 참조). 숨을 들이마시며 껑충 뛰어 두 발을 120cm 정도 벌려서 내려선다. 두 발이 일직선을 이루고 발가락은 앞을 향하여야 한다. 두 팔을 바닥과 평행하게 어깨 높이로 들어 올린다. 팔꿈치에 힘을 주어 단단히 고정시킨다. 두 발의 새끼 발가락을 바닥에 대고 누른다. 두 발의 바깥쪽 가장자리가 바닥 위에 놓여야 한다.

중급 수련자 더 효과적으로 뻗기 위해 다리의 안쪽 면에 집중한다. 발뒤꿈치에서 허리까지 두 다리의 피부를 끌어당긴다고 상상하라.

2 손바닥이 천장을 향하도록 손목을 돌린다. 나란히 두 팔을 들어 올리고 바닥과 수직이 되게 한다. 견갑골을 들어 올려 몸 안쪽을 향해 밀어 넣는다(삽입된 사진 참조).

중급 수련자 팔꿈치는 팔의 '뇌'이다(p.65 참조). 팔꿈치에서 손가락 끝까지 쭉 뻗어야 한다.

3 숨을 내쉬며 몸통과 오른쪽 다리를 오른쪽으로 90° 돌린다. 그 다음 왼쪽 다리를 오른쪽으로 돌린다. 허리는 물론 가슴에서부터 몸통을 돌린다. 오른쪽으로 몸을 더 많이 돌릴수록, 그리고 위팔을 더 많이 뻗을수록 이 자세의 효과가 더 커진다.

중급 수련자 왼쪽 다리를 의식하고 왼쪽 발 뒤꿈치 뒤에서부터 넓적다리 뒤까지 쭉 뻗는 데 집중한다.

4 숨을 내쉬며 오른쪽 엉덩이뼈에서부터 오른쪽 무릎을 굽힌다. 종아리와 넓적다리가 직각을 이루어야 한다. 반작용을 느끼면서 몸을 내려 자세를 만들고 천장을 향해 몸을 위로 길게 쭉 뻗는다. 체중이 오른쪽 무릎에 실리면 안 된다. 고르게 호흡하면서 이 자세로 15~20초 동안 머문다.

스승의 조언

"왼쪽 무릎이 처지지 않도록 무릎을 계속 들어 올린 상태로 둔다. 동시에 견갑골을 안으로 밀면서 들어 올려 조정한다."

가슴 윗부분을 밖으로 민다.

어깨를 긴장시키지 않는다.

무릎은 발목과 일직선상에 있어야 한다.

비라바드라아사나 1

이 자세에서 고급 단계로 나아가기(360° 각도로 보기)

이 자세를 체득하기 위해 등에서 뻗어지는 감각을 느껴 본다. 팔을 더 높이 쭉 뻗으면서 어깨 관절을 겨드랑이 쪽을 향해 밀어 넣는다. 두 겨드랑이가 서로 평행을 이루고 몸통은 좌우 대칭이 되어야 한다. 얼굴, 가슴, 오른쪽 무릎이 오른발과 일직선을 이루어야 한다. 오른쪽 무릎이 긴장되는 것을 막기 위해 종지뼈를 바깥쪽으로 돌려 오른발 새끼발가락을 향하게 한다. 체중을 왼쪽 엉덩이의 안쪽 가장자리와 왼발의 바깥쪽 발뒤꿈치에 실어야 한다. 이 자세에서의 조화가 몸의 왼쪽 면에 달려 있으므로 왼쪽 면에 초점을 맞추어야 한다. 왼쪽 다리를 따라 상승하는 에너지의 흐름을 느낀다.

두 팔을 견갑골로부터 쭉 뻗는다.

왼쪽 엉덩이를 살짝 바깥쪽으로 돌린다.

허리의 양 측면을 똑같이 쭉 뻗는다.

척주를 꼬리뼈에서부터 위로 늘인다.

오른쪽 넓적다리의 근육은 계속 이완된 상태로 둔다.

자세 풀기 숨을 들이마시며 두 팔을 몸 옆으로 쭉 뻗는다. 오른쪽 무릎을 바로 세우고 두 발이 앞을 향하도록 돌린다. 반대편에서도 이 자세를 되풀이 한다. 그 다음 숨을 내쉬며 껑충 뛰어 타다아사나로 돌아온다.

서서 하는 아사나

가슴을 계속 들어 올린
상태를 유지 한다.

얼굴 근육을
이완한다.

가운데 손가락들이
천장을 가리키게 한다.

뇌의 긴장을
푼다.

엉덩이hips를
단단히 조인다.

왼발의 장심을
뻗는다.

앉아서 하는 아사나

"매 순간 깨어 있으면서 바른 판단력으로
고전적 자세들을 수련할 때,
몸, 마음, 의식은
조화롭게 하나로 통합된다."

단다아사나_{Dandasana}

지팡이 자세

단다아사나는 모든 앞으로 굽히는 자세의 기본이 되는 앉기 자세이다. 'danda'는 산스크리트어에서 '막대기', 혹은 '지팡이'를 뜻하는데 이 아사나를 규칙적으로 수련하면 앉아서 하는 자세가 개선된다. 이 아사나를 하는 동안 다리가 휴식을 취할 수 있어 무릎과 발목의 관절염이나 류머티즘을 앓는 사람들에게 권장된다.

효과

- 호흡 곤란, 숨이 막히는 증상, 천식에 의한 목구멍의 울혈을 완화시킨다.
- 가슴 근육을 튼튼하게 한다.
- 복부 장기를 조율하고 처진 복벽을 올려 준다.
- 가슴앓이를 가라앉히고 헛배 부르는 것을 진정시킨다.
- 척주와 다리 근육을 정상화시킨다.
- 다리 인대를 길어지게 한다.

주의 사항

척주가 처지는 경향이 있거나 심각한 천식 발작 증상이 있으면 척주 전체를 벽에 기대고 이 아사나를 수련한다.

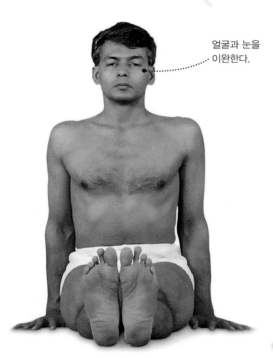

얼굴과 눈을 이완한다.

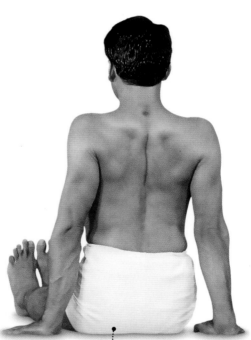

엉덩이뼈 위에 몸이 자리 잡도록 앉는다.

발바닥을 활짝 편다.

1 두 다리를 쭉 뻗고 바닥 위에 앉는다. 몸이 엉덩이뼈 위에 자리 잡고 앉을 수 있도록 손으로 양쪽 엉덩이의 살을 바깥쪽 옆으로 옮겨낸다(삽입된 사진 참조). 두 넓적다리, 무릎, 발목 그리고 발을 함께 모은다. 손가락이 앞으로 향하게 하여 손바닥을 엉덩이 옆의 바닥 위에 둔다. 가슴을 들어 올린다. 팔꿈치를 단단히 고정시키고 팔을 똑바로 세운다.

"자주 불안하거나 감정의 기복이 심한 경우
이 아사나를 수련하면 의지력 강화에 도움이 되고
정서도 안정된다."

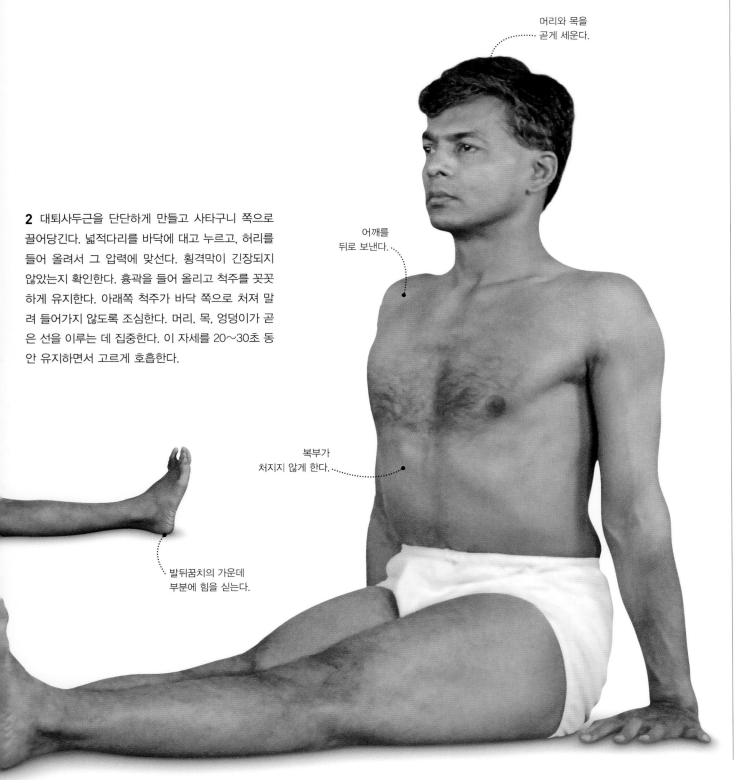

머리와 목을
곧게 세운다.

2 대퇴사두근을 단단하게 만들고 사타구니 쪽으로 끌어당긴다. 넓적다리를 바닥에 대고 누르고, 허리를 들어 올려서 그 압력에 맞선다. 횡격막이 긴장되지 않았는지 확인한다. 흉곽을 들어 올리고 척주를 꼿꼿하게 유지한다. 아래쪽 척주가 바닥 쪽으로 처져 말려 들어가지 않도록 조심한다. 머리, 목, 엉덩이가 곧은 선을 이루는 데 집중한다. 이 자세를 20~30초 동안 유지하면서 고르게 호흡한다.

어깨를
뒤로 보낸다.

복부가
처지지 않게 한다.

발뒤꿈치의 가운데
부분에 힘을 싣는다.

103

비라아사나 Virasana
영웅 자세

이 아사나를 행할 때는 앉아 있는 전사의 자세를 취한다.
산스크리트어에서 'vira'는 '영웅', 혹은 '전사'를 뜻한다.
규칙적으로 수련하면 강인함과 인내력을 기르는 데 도움이 된다.
이 아사나는 가슴을 활짝 펴게 하고 심호흡 능력을 키운다.

효과
• 통풍을 진정시킨다.
• 어깨, 목, 고관절, 무릎, 사타구니의 뻣뻣함을 없앤다.
• 팔꿈치와 손가락의 관절염을 완화시킨다.
• 등의 통증을 덜어 준다.
• 꼬리뼈가 부러지고 어긋나거나 녹아내려서 발생하는 통증을 줄인다.
• 추간판 탈출을 바로잡는다.
• 발의 혈액 순환을 개선한다.
• 종골의 돌기를 없앤다.

주의 사항
무릎 인대에 손상을 입었다면 다리를 받치기 위해 담요를 이용하거나(P.185 참조) 발뒤꿈치를 깔고 앉는다(2단계 참조). 심장 질환이 있으면 4단계와 5단계는 피한다.

발가락이 모두 바닥 위에 놓여야 한다.

엄지손가락을 이용해 종아리 근육을 바깥쪽으로 돌린다.

가슴을 활짝 펴서 넓힌다.

1 무릎을 모으고 바닥 위에 무릎을 세워서 꿇어앉는다. 발바닥을 천장으로 향하게 해서 두 발을 50cm 정도 벌린다.

중급 수련자 발의 장심에서 발가락까지, 또 발의 장심에서 발뒤꿈치까지 고르게 발목을 뻗기 위해 발목을 조정한다. 양 방향으로 에너지가 순조롭게 흐르는 것을 느낀다.

2 몸을 앞으로 기울이고 손바닥을 정강이에 둔다. 엉덩이를 바닥 쪽으로 내린다. 반드시 두 종아리의 안쪽 면이 각각의 넓적다리의 바깥쪽 면과 맞닿아야 한다. 종아리 근육을 바깥 방향으로 돌리고 넓적다리 근육을 안쪽으로 돌렸는지 확인한다.

초보자 엉덩이를 바닥 위에 내려놓지 못할 경우 한쪽 발등을 다른 쪽 발바닥 위에 올려놓고 그 위에 엉덩이를 내려놓는다. 그 다음 두 발을 떼어 놓는다.

3 바닥 위에 엉덩이를 내린다. 발 위에 앉지 않도록 한다. 두 손바닥은 넓적다리 위 무릎 가까이에 올려놓는다. 체중이 넓적다리 위에 실리게 한다. 허리와 몸통의 측면을 들어 올리고 정강이를 바닥 쪽으로 단단히 누른다.

초보자 손바닥을 무릎 위에 놓고 넓적다리를 아래로 누른다. 골반 밑바닥에서부터 몸통을 들어 올린다.

중급 수련자 두 다리가 바닥에 묶여 있다고 상상하면서 몸통을 들어 올린다. 가슴 밑 부분에서부터 에너지의 흐름이 상승하는 것을 느낀다.

"비라아사나는
관절의 뻣뻣함을 줄이고
온몸의 유연성을
기른다."

골반 맨밑에서부터
척주를 늘인다.

두 팔은 반드시
바닥과 수직을
이루어야 한다.

4 팔을 어깨 높이로 들어 올린다. 팔을 바닥과 평행이 되게 하여 앞으로 쭉 뻗는다. 손바닥이 몸을 향하게 하고(삽입된 사진 참조) 손가락을 단단히 깍지 낀다. 손가락 밑 부분과 그에 닿는 손가락 마디 사이에 틈이 있어서는 안 된다. 손목과 손바닥을 바깥쪽을 향해 돌리고(삽입된 사진 참조), 손바닥이 몸통에서 멀리 떨어지게 한다. 척주를 안정된 상태로 유지한다.

흉골을 들어
올린다.

5 두 팔을 겨드랑이에서부터 들어 올려 손바닥이 천장을 향하게 한다. 목을 똑바로 세우고 가슴을 확장시키며 팔꿈치를 곧게 편다. 머리가 뒤로 젖혀지거나 몸이 앞으로 기울지 않게 한다. 고르게 호흡하면서 이 자세를 1분 동안 유지한다. 수련함에 따라 자세를 지속하는 시간을 5분까지 늘일 수 있다.

무릎을 아래로
단단히 누른 상태를
유지한다.

비라아사나

이 자세에서 고급 단계로 나아가기(360° 각도로 보기)

뇌의 지성이 의식이라면, 육체의 지성은 에너지이다. 에너지는
몸이 움직일 때마다 그 움직임과 함께 흐른다. 두 팔을 위로
쭉 뻗을 때, 이것은 육체적인 몸의 동작이다. 팔꿈치와 삼각근을
단단히 고정시킨 뒤 겨드랑이로부터 팔을 들어 올리는 것은
생리적인 몸(p.62 참조)에 의해 행해지는 동작이다. 두 팔을 들어
올릴 때, 우리는 에너지가 다리 앞부분으로 옮아가는 것을
느낄 것이다. 움직임이 이루어질 때마다 움
직임과 더불어 다리의 에너지가 각각 다른
위치로 흘러간다. 마음은 이 에너지와 함께
움직이므로 다리에 주의를 집중해야 한다.
팔을 위로 더 멀리 뻗을 때 다리의 에너지를
바닥 속으로 풀어 놓는다고 상상하라. 이렇
게 함으로써 마음은 고요해지고 긴장
되었던 몸이 이완된다.

견갑골을 안으로
말아 넣는다.

엉덩이의 바깥쪽 볼기를
아래쪽으로 눌러서 척주를
곧게 쭉 뻗는다.

무릎 위에
체중을
싣는다.

자세 풀기 두 팔을 몸 옆으로 가져온다. 손바닥을
바닥 위에 놓고 엉덩이를 들어 올린다. 무릎을 꿇
은 다음 다리를 하나씩 곧게 편다.

머리를
똑바로 세운다.

팔꿈치를 단단히
고정시킨다.

몸이 앞으로
기울어지지
않게 한다.

목구멍과 목을
이완한다.

흉골을 앞으로
내민다.

"요가의 수행은
우리의 정신적 태도가
긍정적으로 바뀌도록
도와준다."

107

받다코나아사나 Baddhakonasana
고정된 각도 자세

산스크리트어로 'baddha'는 '묶인', 혹은 '잡힌'의 뜻을 가지고, 'kona'는 '각도'로 번역된다. 받다코나아사나를 규칙적으로 수련하면 복부, 골반, 등으로 흘러 들어가는 혈액의 양을 증가시킨다. 이 아사나는 무릎, 엉덩이, 골반의 관절염을 치료하는 데 도움이 된다. 임신 중인 여성이 매일 몇 분 동안 이 자세를 취하면 아기를 낳을 때 고통을 덜 느끼게 되고 정맥류에 걸리지 않을 것이다.

효과
- 신장과 전립선의 건강을 유지해 준다.
- 비뇨계통의 이상을 치료하는 데 도움이 된다.
- 좌골신경통의 통증을 덜어 준다.
- 탈장을 예방한다.
- 규칙적으로 수련하면 고환의 통증과 기능 이상이 사라진다.
- 난소를 건강하게 한다.
- 생리 불순을 바로잡는다.
- 막힌 나팔관이 열리게 도와주고 질의 염증을 가라앉힌다.
- 생리통을 완화하고 과도한 생리 출혈을 막는다.

주의 사항
자궁 위치 이상이나 자궁 탈수가 있는 사람은 이 아사나를 수련하지 않는다.

어깨를 들어 올리지 않는다.

왼쪽 발뒤꿈치를 아래로 단단히 누른다.

1 단다아사나로 앉는다(p.102 참조). 오른쪽 무릎을 굽히고 오른쪽 발목과 발뒤꿈치를 두 손으로 잡는다. 오른발을 사타구니 쪽으로 끌어당긴다. 왼쪽 다리는 바닥 위에 똑바로 펴 둔다.

2 왼쪽 무릎을 오른쪽 무릎과 같은 식으로 굽힌다. 왼발을 사타구니 쪽으로 끌어 당겨 두 발의 발바닥이 서로 맞닿게 한다. 두 발뒤꿈치가 반드시 사타구니에 닿아야 한다. 두 발의 바깥쪽 가장자리를 바닥 위에 둔다.

어깨와 목을
이완한다.

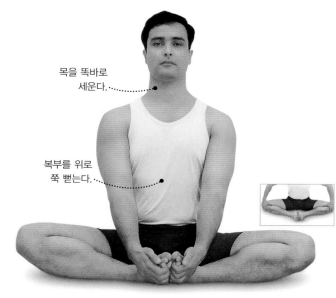

목을 똑바로
세운다.

복부를 위로
쭉 뻗는다.

3 발가락 근처에서 두 손으로 발을 단단히 잡는다. 발뒤꿈치
를 사타구니 쪽으로 더 가까이 끌어당긴다. 척주를 위로 쭉 뻗
는다. 넓적다리를 넓게 벌리고 무릎을 바닥 쪽으로 누른다. 앞
을 똑바로 바라본다. 이 자세로 30~60초 동안 머문다.

중급 수련자 발을 계속 꽉 잡는다. ─ 단단히 잡을수록 몸통을
더 잘 들어 올릴 수 있다. 가슴 양쪽을 활짝 편다.

4 바닥을 향해 넓적다리를 단단히 내리눌러 두 무릎을 아래
로 민다. 무릎을 몸통에서 멀리 떨어지도록 뻗는다(삽입된 사
진 참조). 이 역시 무릎을 바닥으로 내리게 하는 데 도움이 될
것이다. 그 다음 발뒤꿈치를 사타구니를 향하여 뒤로 끌어당
긴 뒤 사타구니를 이완시킨다. 발목과 정강이를 바닥 쪽으로
누르고 발바닥끼리 서로를 향해 가볍게 민다. 몸통을 좀 더 위
로 뻗어서 두 팔을 똑바로 편다. 고르게 호흡한다.

초보자 처음에는 무릎을 바닥으로 가져가는 것이 쉽지 않다.
사타구니에 집중하고 의식적으로 사타구니를 이완한다.

*"이 아사나는
언제든지 수련해도 좋은데,
식사를 한 직후라도
가능하다."*

몸통의 두 측면이
평행이 되어야 한다.

5 두 손을 등 뒤로 가져가 손바닥을 바닥
위에 놓는다. 손가락이 엉덩이를 향하게
해야 한다. 어깨를 뒤로 민다. 깊이 호흡
하면서 이 자세로 30~60초 동안 머문다.

무릎을
바닥 쪽으로
누른다.

받다코나아사나

이 자세에서 고급 단계로 나아가기(360° 각도로 보기)

일단 최종 자세에서 편안해지면 가슴을 열고 모든 방향으로
활짝 펴는 것을 배운다. 다리가 바닥에 묶여 있다고 상상하라.
그러면 두 다리의 자세를 흐트리지 않으면서 몸 앞부분의
갈비뼈와 몸통을 들어 올릴 수 있다. 그 다음 신장에 마음을
집중하여 몸 안쪽으로 신장을 끌어당기고 있다고 상상한다.
등을 완전히 곧추 세운 상태로 유지한다. 깊이 숨을 들이마시고
내쉬며 몸의 에너지가 가슴 밑 부분에서 시작하여 어깨를 거쳐
척주를 따라 내려가서 복부로 들어가는 끊임없는 순환을
그리면서 흐르고 있다고 느낀다. 이 자세에 머무는
시간을 점차 5분까지 늘린다.

갈비뼈를
들어 올리고
가슴을 연다.

사타구니를 이완된
상태로 유지한다.

넓적다리와 종아리를
계속 맞붙인다.

자세 풀기 두 팔의 긴장을 풀고 앞으로 가져와 몸 양
편에 둔다. 한 무릎씩 들어 올린 다음 두 다리를 차례
로 하나씩 곧게 편다. 단다아사나로 돌아간다.

어깨를 넓힌다.

척추를 위로
쭉 뻗는다.

머리를 똑바로
세우고 고요한
상태로 머문다.

두 엉덩이 위에 앉되
엉덩이를 바닥에서
떼어 들어 올리면 안 된다.

"우리 각자 안에는
신성의 불씨가 잠들어 있다.
요가 수행으로 이 불씨가 활활
타오르도록 부채질해야 한다."

배꼽에서부터
몸통을 위로 쭉 뻗는다.

앞으로 굽히는 아사나

"섬세한 그물망 같은 육체가 아사나에 꼭 들어맞도록
근육과 피부 속에 공간을 만들면서 아사나를 수련하라."

자누 시르사아사나 Janu Sirsasana
머리를 무릎 위에 두는 자세

산스크리트어에서 '무릎'에 해당하는 말은 'janu'이고, '머리'는 'sirsa'이다. '머리를 무릎 위에 두는' 이 자세의 수련은 몸에 강력한 영향을 미치고 많은 효과를 얻게 한다. 이 자세는 척주의 앞부분을 신장시키고 다리 근육과 고관절의 뻣뻣함을 완화한다. 또 어깨에서 손가락 관절에 이르기까지 모든 팔 관절의 유연성을 높여 준다.

효과

- 심장과 마음에 가해지는 스트레스 부담을 줄여 준다.
- 혈압을 안정시킨다.
- 척주의 이상 만곡과 둥글게 굽은 어깨를 점차 교정한다.
- 어깨, 엉덩이, 팔꿈치, 손목, 손가락 관절의 뻣뻣함을 완화시킨다.
- 복부 장기를 조절한다.
- 굳은 다리를 부드럽게 하고 다리 근육을 튼튼하게 만든다.

주의 사항

넓적다리 뒤 근육hamstring muscles의 손상을 막으려면 앞으로 뻗은 다리의 무릎을 항상 사방으로 고르게 활짝 편다. 뻗은 다리의 넓적다리가 바닥에서 떨어지면 안 된다.

겨드랑이에서부터 손가락 끝까지 팔을 쭉 뻗는다.

척주를 길게 늘인다.

1 단다아사나로 앉는다(p.102 참조). 오른쪽 무릎을 굽혀서 오른쪽으로 옮긴다. 오른발을 회음부 쪽으로 당겨 엄지발가락이 왼쪽 넓적다리 안쪽에 닿게 한다. 굽힌 무릎으로 바닥을 단단히 눌러야 한다. 굽힌 무릎을 뒤로 밀어 두 다리의 각도가 90°를 넘게 한다. 왼쪽 다리를 곧게 편 상태로 둔다. 이때 왼쪽 다리의 무게 중심은 종아리의 정중앙에 둔다.

2 발바닥이 넓혀진 느낌이 들도록 왼발을 활짝 펴고, 발가락이 똑바로 위를 가리키게 한다. 오른쪽 무릎을 몸에서 더 멀리 떨어지도록 밀어낸다. 그 다음 두 팔을 머리 위로 똑바로 들어 올리고 손바닥이 서로 마주 보게 한다. 엉덩이에서부터 몸통을 위로 쭉 뻗는다. 어깨와 팔을 통해 지속적으로 뻗는 느낌을 유지한다.

3 숨을 내쉬며 엉덩이에서부터 몸을 앞으로 굽히는데, 이때 등 아랫부분을 평평하게 유지한다. 더 효과적으로 뻗기 위해 몸통을 허리 쪽으로 끌어 당기고 척주 근육을 이완한다. 두 팔을 왼발을 향해 쭉 뻗고 발가락을 잡는다.

초보자 발가락에 손이 닿지 않으면 다리를 따라 가능한 한 멀리 몸을 뻗고 무릎, 정강이 혹은 발목을 잡는다. 수련이 쌓이면 점차 몸의 각 부분, 즉 엉덩이, 등, 갈비뼈, 척주, 겨드랑이, 팔꿈치, 그리고 팔을 분리해서 뻗는 법을 배울 것이다. 바닥 위에 놓인 왼쪽 넓적다리, 무릎 그리고 종아리에 의식을 집중한다. 언제나 종아리가 아니라 넓적다리를 아래로 눌러야 한다.

오른쪽 무릎을
뒤로 더 멀리
밀어낸다.

목을 길게 늘이고
이완된 상태를 유지한다.

"자누 시르사아사나처럼
앞으로 굽히는 자세에서는
전두엽과 심장이 휴식을
취할 수 있다."

4 이제 몸을 더 많이 뻗어본다. 숨을 내쉬며 두 팔을 왼발 너머로 뻗는다. 왼손으로 오른쪽 손목을 잡는다. 자세를 조정한다. 즉, 척주를 쭉 뻗고 오른쪽 무릎을 바닥을 향해 누른다. 두 팔을 곧게 펴고 가슴을 들어 올린다. 이 자세를 15초 동안 유지하면서 고르게 호흡한다.

5 숨을 내쉬며 몸통을 발가락 쪽으로 더 많이 뻗는다. 이마를 왼쪽 무릎에 가져가거나 가능한 한 무릎 가까이로 가져간다. 이 자세를 30~60초 동안 유지한다.

중급 수련자 코를 무릎에 놓으려 노력한다. 다음엔 입술, 그리고 마지막에는 종지뼈 바로 너머의 다리 위에 턱을 내려놓으려 노력한다.

자세 바로잡기

최종 자세를 취할 때 등의 모습을 시각화한다. 만일 여기서 보듯 등이 둥글다면 어깨 높이에 위치한 척주만 부분적으로 뻗고 있는 것이다. 척주 아랫부분을 길고 평평하게 만들고 견갑골에서부터 두 팔을 멀리 뻗도록 하라.

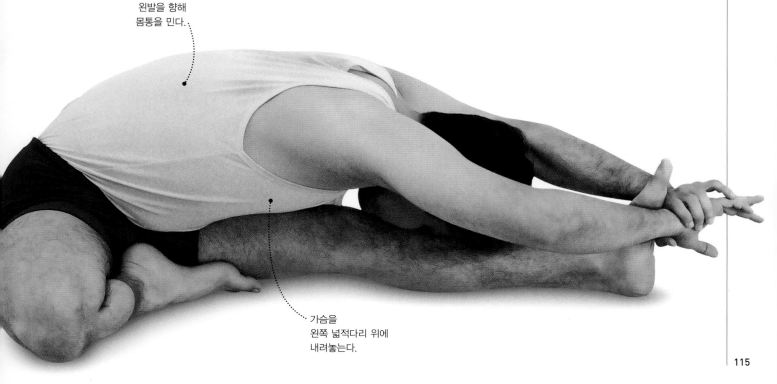

왼발을 향해
몸통을 민다.

가슴을
왼쪽 넓적다리 위에
내려놓는다.

자누 시르사아사나

이 자세에서 고급 단계로 나아가기(360° 각도로 보기)
이 자세를 취하고 있을 때 흉골과 복부는 마치 다리와 몸통이
하나인 것처럼 왼쪽 넓적다리 위에 놓여 있어야 한다. 등과
몸통의 한쪽 편이 다른 편보다 더 많이 신장될 수도 있다.
대개 뻗은 다리와 같은 쪽에서 그러하다. 이 사실을
의식하고 양쪽을 동일하게 뻗으려 노력하라.
가슴을 더 많이 확장시키기 위해 팔꿈치를
밖으로 향하게 하여 넓힌다.

등의 오른쪽이
위로 솟아오르지
않게 한다.

겨드랑이에서
두 팔을 쭉 뻗는다.

무릎을 바닥 쪽으로
누른다.

손목을 단단히 잡고
몸통 오른쪽을 뻗는다.

자세 풀기 숨을 들이마시며 머리와 몸통을 살짝 들
어 올린다. 몇 초 뒤에 손을 풀고 일어나 앉는다.
오른쪽 다리를 쭉 뻗고 단다아사나로 앉는다. 반대
편에서도 이 자세를 되풀이한다.

오른쪽 고관절을
이완한다.

요추의 잘록한 부분을
평평하게 하여 쭉 뻗는다.

두 엉덩이는 계속
바닥에 붙어 있어야 한다.

"순간순간 뻗는 강도를 높여
원기를 회복해야 한다."

몸통을 왼발을
향해 누른다.

발이 위를 향해야지
기울어지면 안 된다.

무릎 오금을
이완하면서 바닥에서
떨어지지 않게 한다.

트리앙가 무카이카파다 파스치모타나아사나 Trianga Mukhaikapada Paschimottanasana

몸의 세 부분 뻗기

산스크리트어에서 'trianga'의 글자 그대로의 의미는 '몸의 세 부분'이다. 이 아사나에서 '세 부분'은 엉덩이, 무릎, 발을 의미한다. 산스크리트어에서 'paschima', 즉 '서쪽'을 뜻하는 몸의 뒷면을 '한쪽 발eka pada' 위에서 뻗고, '얼굴mukha'은 다리 위에 내려놓는 이 아사나의 규칙적인 수련으로 온몸이 유연하고 민첩해진다.

효과

- 복부 장기를 조절하고 자극한다.
- 소화를 돕고 과도한 담즙 분비에서 오는 부작용을 상쇄시킨다.
- 헛배 부르는 증상과 변비를 완화시킨다.
- 무릎 관절을 유연하게 한다.
- 발바닥 안쪽 아치 소실消失과 평발을 교정한다.

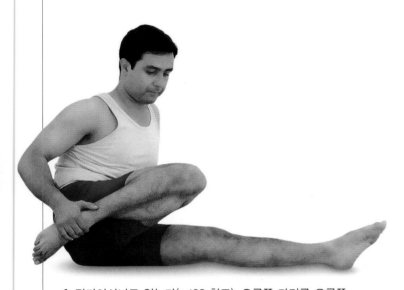

넓적다리에서
발뒤꿈치까지
왼쪽 다리 뒤쪽을
쭉 뻗는다.

1 단다아사나로 앉는다(p.102 참조). 오른쪽 다리를 오른쪽 엉덩이를 향해 뒤로 굽히고 오른손으로 발목을 끌어당겨 올바른 위치에 둔다. 왼쪽 다리는 쭉 뻗은 상태를 유지하는데, 이때 왼쪽 종아리와 발뒤꿈치의 중심부를 바닥에 대고 다리를 뻗어야 한다.

2 두 넓적다리를 모은다. 오른쪽 무릎을 바닥에 대고 아래로 누른다. 오른쪽 종아리의 안쪽 면이 오른쪽 넓적다리의 바깥 면에 닿아야 한다. 양쪽 엉덩이 위에서 똑같이 균형을 맞춘다. 오른쪽 엉덩이가 바닥 위에 직각으로 놓여야 한다(삽입된 사진 참조). 손가락이 앞을 향하게 하여 손바닥을 엉덩이 옆 바닥 위에 내려놓는다.

주의 사항

설사를 할 때에는 이 아사나를 피한다. 척주나 복부 장기가 긴장될 수 있으므로 몸통을 비틀거나 뻗은 다리의 바깥쪽을 향해 몸통을 기울이지 않도록 한다.

발가락을 똑바로 펴서 쭉 뻗는다.

3 천장을 향해 두 팔을 위로 들어 올린다. 몸통을 위로 뻗으면서 허리에서 손가락 끝까지 쭉 뻗어지는 것을 느낀다.

초보자 균형을 유지하기 위해 체중을 굽힌 무릎 위에 둔다. 이렇게 하면 몸통이 왼쪽으로 기울지 않을 것이다.

정강이, 발목, 중족골을 바닥 쪽으로 누른다.

4 숨을 내쉬며 허리에서부터 앞으로 몸을 굽힌다. 두 팔을 왼발 너머로 쭉 뻗고 손바닥은 서로 마주 보게 한다. 두 넓적다리와 무릎을 서로 누른다. 두 엉덩이 위에 체중을 고르게 싣는다. 균형을 바르게 잡는 것이 이 자세의 핵심이다.

중급 수련자 이 자세를 취하는 동안 몸통이 왼쪽으로 기울어지기 쉽다. 이것을 막기 위해서는 체중이 오른쪽에 실려야 한다. 이렇게 하면 무게 중심이 오른쪽 넓적다리의 가운데로 옮겨진다. 그 다음 체중이 양쪽 엉덩이 위에 고르게 실리게 한다.

몸통을 앞으로 민다.

두 팔을 쭉 뻗고 팔꿈치를 단단히 고정시킨다.

5 숨을 내쉬며 두 팔꿈치 사이를 넓히고 왼발을 향해 몸통을 민다. 두 손목을 왼쪽 발바닥에 대고 당긴다. 그 다음 왼손으로 오른쪽 손목을 잡는다. 먼저 이마를 왼쪽 무릎에 닿게 하고, 그 다음 코, 입술, 마지막으로 턱을 왼쪽 무릎 너머에 놓는다. 왼쪽 엉덩이를 밖으로 밀고 왼쪽 엉덩이뼈의 안쪽 위에 앉는다. 이 자세를 30~60초 동안 유지한다.

초보자 가능한 한 멀리 몸을 앞으로 뻗는다. 수련과 더불어 발에 두 손목을 거는 것을 배울 것이다.

몸통이 왼쪽으로 기울지 않게 한다.

어깨를 뻗고 목이 이완된 상태를 유지한다.

트리앙가 무카이카파다
파스치모타나아사나

이 자세에서 고급 단계로 나아가기(360° 각도로 보기)

마지막으로 쭉 뻗을 때 반드시 체중이 두 다리와 엉덩이에 고르게 분산되어야 한다. 두 팔을 앞으로 똑같이 뻗는다. 뻗은 다리의 무릎에 실린 무게가 굽힌 무릎에 의해 발생된 무게와 같아야 한다. 이 자세의 무게 중심이 오른쪽 넓적다리 가운데에 머물게 하는 데 집중한다. 골반 테두리에서부터 머리가 있는 쪽을 향해 몸통의 오른쪽을 뻗는다. 가슴과 허리의 오른쪽을 길게 늘이고 굽힌 무릎 위에 놓인 갈비뼈의 측면을 확장시킨다. 그러면 몸통을 앞으로 훨씬 더 멀리 뻗을 수 있다.

흉골을 두 넓적다리
위에 내려놓는다.

목의 근육을
부드럽게 유지한다.

발가락을 곧게 세워
위를 가리키게 한다.

굽힌 무릎이 바닥을
계속 누르는지 확인한다.

자세 풀기 숨을 들이마시며 머리와 몸통을 들어 올리고 몇 초 동안 기다린다. 등은 오목한 상태를 유지한다. 손을 풀고 일어나 앉아 오른쪽 다리를 똑바로 편다. 반대편에서도 이 자세를 되풀이한다. 단다아사나로 돌아온다.

양쪽 등을 고르게
뻗어야 한다.

두 넓적다리의
대퇴사두근을 향해
허리를 당긴다.

넓적다리 안쪽을
바닥 쪽으로 누른다.

"요가 수행자의 뇌는
발바닥에서 머리끝까지
퍼져 있다."

두 엉덩이가
서로 평행한 상태에
있게 한다.

겨드랑이에서부터
두 팔을 고르게 뻗는다.

발뒤꿈치의
가운데 부분이
바닥에 닿게 한다.

두 손목을 발바닥에 대고
강하게 당긴다.

121

파스치모타나아사 Paschimottanasana
등을 강하게 뻗기

발뒤꿈치에서 머리까지 몸의 후면은 'paschim'으로 알려져
있는데 이 말은 산스크리트어로 '서쪽'을 의미한다. 'ut'는 '강렬한'을,
'tan'은 '뻗음'을 의미한다. 이 아사나는 척주를 길게 뻗어 생명력이
몸의 각 부분으로 흘러들게 한다. 무릎 위에 이마를 내려놓는
자세는 활동적인 전두엽을 진정시키고 명상적인 후두부를
고요하면서도 깨어 있게 만든다.

효과
- 심장을 쉬게 하고 마사지한다.
- 부신을 진정시킨다.
- 신장, 방광, 췌장을 조절한다.
- 간 기능을 활성화시키고 소화계를 개선한다.
- 발기 부전 치료에 도움을 준다.
- 난소, 자궁, 그리고 생식계 전체를 자극한다.

주의 사항
천식 발작 중이나 발작 직후에는
이 아사나를 수련하지 않는다.
설사를 할 때도 이 자세를 피한다.
무릎 오금의 근육이 파열될 수도
있으므로 넓적다리가 바닥에서
떨어지지 않게 한다.

머리를 똑바로 세운다.

다리를 쭉 뻗는다.

엉덩이뼈를 바닥에서 떼어 들어 올리지 않는다.

발가락을 단단히 잡는다.

정강이와 넓적다리를 바닥에 대고 단단히 누른다.

1 단다아사나로 앉는다(p.102 참조). 두 다리를 모은다. 발뒤꿈
치를 쭉 뻗고 양쪽을 고르게 눌렀는지 확인한다. 손바닥을 엉덩
이 옆의 바닥 위에 놓는다. 심호흡을 몇 번 한 뒤 두 손바닥을
서로 마주 보게 하면서 머리 위로 팔을 쭉 뻗는다(삽입된 사진
참조). 척주를 위로 쭉 뻗는다.

2 숨을 내쉬며 팔을 발을 향해 뻗는다. 왼손 엄지손가락과 집게손
가락, 가운뎃손가락으로 왼발의 엄지발가락을 꽉 잡는다. 오른쪽
도 같은 자세를 취한다(삽입된 사진 참조). 넓적다리를 바닥 쪽
으로 누른다. 넓적다리에 가해지는 압력이 종아리에 가해지는
것보다 더 강해야 한다. 이렇게 하면 더욱 효과적으로 뻗는
데 도움이 된다.

초보자 바닥 위에 넓적다리를 평평하게 놓도록 주의를 집
중한다. 넓적다리가 바닥에서 떨어져 들어 올려지지 않게
한다. 이것이 발가락을 잡는 것보다 더 중요하다.

스승의 조언

"바닥에 놓이는
엉덩이 부분에서부터
몸을 쭉 뻗고 엉덩이가
가벼워지는 것을 느낀다.
이것이 이 자세 완성의
핵심이다."

두 팔꿈치
사이를 넓힌다.

3 반드시 엉덩이뼈의 안쪽을 깔고 앉으며 체중이 양쪽에
고르게 분산되게 한다. 두 엉덩이 중 어느 쪽도 바닥에서 떼
어 들어 올리면 안 된다. 그 다음 왼쪽 손목으로 오른쪽 손
목을 잡는다.

중급 수련자 두 손의 손가락을 서로 깍지 끼어 두 발바닥을
잡는다. 고르게 호흡한다.

4 숨을 내쉬며 몸통을 들어 올린다. 등 아랫부분에서부터
몸을 앞으로 굽히고 척주를 오목하게 한다. 허리의 양옆에
서 앞으로 쭉 뻗는다. 먼저 이마를 무릎 위에 확실하게 내려
놓은 다음 정강이를 향해 이마를 민다. 두 팔꿈치 사이를 넓
히면서 들어 올리되 바닥 위에 팔꿈치를 내려놓아서는 안
된다. 이 자세를 1분간 유지한다.

초보자 정강이 위에 접은 담요를 올려놓고 그 위에 이마를
얹는다.

견갑골에서부터
두 팔을 쭉 뻗는다.

파스치모타나아사나

이 자세에서 고급 단계로 나아가기(360° 각도로 보기)

몸을 굽힐 때 횡격막을 빵 반죽처럼 말랑말랑한 상태로 유지한다.
더 효과적으로 뻗기 위해서는 머리를 낮출 때 횡격막을 가슴 쪽으
로 더 가까이 가져간다. 가슴의 앞면은 이 자세의 '뇌'에 해당
한다(p.65 참조). 이것을 넓적다리 가까이로 가져간다. 가슴
양쪽이 최종 자세에서 대칭을 이루도록 고르게 뻗어졌는
지 점검한다. 정강이 위에 이마를 누르고, 의식적으로
마음을 자세 안으로 가라앉힌다. 등에 초점을 맞
추고, 등의 피부를 머리를 향해 뻗는다. 척주
를 완전히 내린다. 이렇게 하면 뇌가
가볍고 고요해진다. 끊임없이
새롭게 뻗도록 한다. 수련
과 더불어 이 자세를 지
속하는 시간을 5분까
지 늘린다.

목 근육을
이완된 상태로 둔다.

팔꿈치가 아래로
내려가지 않게 한다.

발과 손을 서로
맞대고 누른다.

자세 풀기 숨을 들이마시며 등을 오목하게 한 상태로
머리와 몸통을 들어 올린다. 몇 초 동안 기다렸다가
손을 푼다. 일어나 앉아 단다아사나로 돌아간다.

무릎과 넓적다리를
바닥에서 떼어
들어 올리지 않는다.

위팔의 안쪽 면을
들어 올린다.

척주는 쭉 뻗어
있어야 한다.

두 엉덩이를 꽉 조이고
서로 평행이 되게 한다.

"몸의 움직임과 뇌의 지성은
서로 조화를 이루면서 보조를
맞추어야 한다."

척주 아래에서부터
앞으로 쭉 뻗는다.

겨드랑이를 활기찬 상태로
유지하면서 앞으로
쭉 뻗는다.

양쪽 엉덩이의 볼기를
똑같이 깔고 앉는다.

비틀기 자세

"인내심을 가지고 매일 요가를 수행한다면
굳건하고 성숙한 자세로
삶의 혼란에 대처할 수 있을 것이다."

바라드바자아사나 Bharadvajasana
척주 옆면 비틀기

이 아사나는 고대의 현인 바라드바자Bharadvaja의 이름을 딴 것으로, 그는 위대한 전사 드로나차리야Dronacharya의 아버지였다. 두 사람 모두 인도의 서사극 마하바라타의 주요한 인물이다. 이 아사나의 규칙적인 수련으로 척주를 효과적으로 돌리는 것을 배우며, 이로써 등과 몸통이 더욱 유연하게 되고 더 높은 단계의 비틀기를 할 수 있도록 단련된다.

효과

- 목, 어깨, 등의 통증을 완화시킨다.
- 척주와 어깨의 유연성을 유지하는 데 도움이 된다.
- 요추의 통증과 뻣뻣함을 줄이고 삐거나 녹아내린 요추를 편안하게 해 준다.
- 흉추 부위가 불편한 증상을 줄인다.
- 등과 엉덩이의 유연성을 높인다.

주의 사항

눈이 긴장되거나 스트레스로 인한 두통이나 편두통이 있을 때는 이 아사나를 수련하지 않는다. 설사나 이질 증세가 있을 때에도 이 아사나를 시도해서는 안 된다.

머리를 움직이지 않는다.

왼쪽 어깨를 뒤로 가져간다.

두 발의 긴장을 푼다.

1 단다아사나로 앉는다(p.102 참조). 손가락이 앞을 향하게 하고 손바닥을 펴서 엉덩이 뒤의 바닥에 놓는다. 무릎을 굽히고 두 다리를 모아 정강이를 왼쪽으로 옮긴다. 넓적다리와 무릎은 앞을 향하고 있어야 한다. 고르게 호흡한다.

2 발목을 잡고 두 정강이를 왼쪽으로 더 멀리 가져가 두 발이 왼쪽 엉덩이 옆에 놓이게 한다. 왼쪽 발목의 앞면이 오른발 장심 위에 놓여야 한다(삽입된 사진 참조). 왼발의 발가락을 펴고 오른쪽 발목을 바닥에 누른다. 두 엉덩이를 바닥 위에 놓아야 하지 두 발 위에 놓으면 안 된다. 척주가 위로 완전히 뻗을 수 있도록 몸통을 들어 올린다. 이 자세로 멈추어 호흡을 몇 차례 한다.

3 숨을 내쉬며 가슴과 복부를 오른쪽으로 돌린다. 왼쪽 어깨를 앞으로 움직여 오른쪽으로 향하게 하고 오른쪽 어깨는 뒤로 보낸다. 왼쪽 손바닥은 오른쪽 무릎에, 오른쪽 손바닥은 바닥에 놓는다. 오른쪽 견갑골을 뒤로 돌리고 왼쪽 견갑골을 안으로 말아 넣는다. 한두 번 호흡을 한다.

"바라드바자아사나
역시 복부 기관을
마사지하고 탄력과
활기를 되찾게 한다."

4 오른쪽 정강이를 바닥을 향해 누른다. 이렇게 하면 몸통을 들어 올려 오른쪽으로 더 많이 돌리는 데 도움이 될 것이다. 몸 왼쪽이 오른쪽 넓적다리와 일직선을 이룰 때까지 몸을 돌리고, 머리와 목도 오른쪽으로 돌린다. 숨을 들이마신 뒤 호흡을 멈추고 오른쪽 손가락 끝으로 바닥을 단단히 누른다. 그 다음 숨을 내쉼과 동시에 척주를 들어 올려 오른쪽으로 훨씬 더 강하게 돌리고 오른쪽 어깨 너머를 바라본다. 이 자세를 30～60초 동안 유지한다.

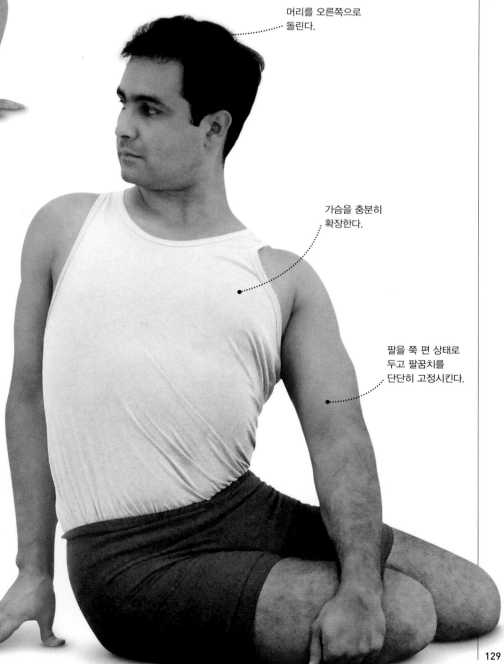

머리를 오른쪽으로 돌린다.

가슴을 충분히 확장한다.

팔을 쭉 편 상태로 두고 팔꿈치를 단단히 고정시킨다.

손가락 끝을 바닥에 대고 누른다.

바라드바자아사나

이 자세에서 고급 단계로 나아가기
(360° 각도로 보기)

일단 목과 머리를 오른쪽으로 돌리고 몸통을 틀었으면 두 어깨를 말아 넣는다. 흉골을 들어 올리고, 척주가 똑바른 상태를 유지하면서 척주의 축을 중심으로 돌게 한다. 몸과 함께 무릎이 움직이기 쉬우므로 몸을 돌릴 때 무릎의 위치가 바뀌지 않게 한다. 몸이 뒤로 기울어지지 않았는지 확인한다. 오른쪽으로 돌린 머리와 목을 그대로 유지한다. 몸통을 돌릴 때 왼쪽 엉덩이와 왼쪽 어깨가 일직선 위에 있게 한다. 척주를 가능한 한 오른쪽으로 멀리 돌리면서 강하게 비튼다. 등의 피부에 마음을 집중한다. 의식적으로 피부를 목에서부터 아래쪽으로 밀어내리는 동시에 등 아랫부분에서부터 위로 끌어올리려고 노력한다. 고르게 호흡한다.

흉곽 양쪽이 평행을 유지하게 한다.

두 발을 바닥에 놓는다.

척주가 똑바른지 확인한다.

왼발을 오른발의 장심 위에 둔다.

왼쪽 어깨가 오른쪽 넓적다리와 일직선을 이루게 한다.

척주를 누르면서 위로 들어 올린다.

자세 풀기 두 손을 풀고 몸통을 앞으로 향하게 한다. 다리를 곧게 뻗는다. 반대편에서 이 자세를 되풀이한다. 단다아사나로 돌아온다.

목 근육을
이완한다.

오른쪽 견갑골을
말아 넣는다.

몸통이 뒤로
기울지 않게 한다.

무릎을 아래로 누르고
앞을 향하게 한다.

오른쪽 어깨 너머를
바라본다.

양쪽 가슴의 높이가
수평이 되게 한다.

마리챠아사나 Marichyasana
몸통과 다리 뻗기

이 아사나는 현인 마리치Marichi에게 바친 것이다. 그의 아버지는 우주의 창조자인 브라마Brahma였고 손자는 생명을 주는 자, 태양의 신인 수리야Surya였다. 이 아사나를 규칙적으로 수련하면 온몸이 신장되고 원기를 회복하게 된다. 마리챠아사나는 에너지 수준을 높여 준다.

효과

- 에너지 수준을 높인다.
- 복부 장기를 조율하고 마사지한다.
- 간, 비장, 췌장, 신장, 대장 및 소장의 기능을 개선한다.
- 허리선 주변의 지방을 줄여 준다.
- 등의 통증을 가라앉힌다.
- 요통을 진정시킨다.

주의 사항

설사나 이질 증세가 있을 경우 이 아사나를 수련하지 않는다. 두통, 편두통, 불면증이 있거나 피로를 느낄 때 이 자세를 피하며, 생리 중일 때도 이 자세를 수련하지 않는다.

왼쪽 다리를 완전히 뻗었는지 확인한다.

위팔을 무릎 위에 둔다.

1 담요를 접은 뒤 그 위에 단다아사나(p.102 참조)로 앉는다(p.185 참조). 오른쪽 무릎을 굽히고 오른발을 오른쪽 넓적다리 쪽으로 끌어당겨 오른쪽 발뒤꿈치가 오른쪽 엉덩이와 닿게 한다. 발가락이 앞을 가리키게 하고 발을 바닥 쪽으로 누른다. 두 손바닥을 엉덩이 옆 바닥 위에 놓고 손가락은 앞을 향하게 한다.

2 숨을 내쉬며 척주를 들어 올린다. 몸통을 오른쪽으로 90° 돌린다. 왼팔을 굽힌 뒤 왼쪽 어깨를 앞쪽으로 옮기면서 오른쪽 넓적다리에 대고 왼팔을 쭉 뻗는다. 이때 겨드랑이에서부터 팔꿈치까지 뻗어야 한다. – 이 동작은 왼팔 전체를 끝까지 쭉 뻗는 데 매우 중요하다. 왼쪽 다리가 왼쪽으로 기울어지지 않게 한다. 체중이 오른쪽 손바닥에 실리면 안 된다.

3 오른쪽 발목을 바닥 쪽으로 누르고 몸통을 오른쪽으로 더 많이 튼다. 왼쪽 겨드랑이를 오른쪽 무릎의 바깥쪽에 대고 민다. 이렇게 하면 몸통을 더욱 효과적으로 돌리는 데 도움이 될 것이다. 먼저 허리에서부터 돌린 다음 가슴을 돌려야 한다. 숨을 내쉬며 왼팔로 오른쪽 무릎을 감는다.

오른발을
바닥 쪽으로 누른다.

> "이 아사나 또한
> 복부 장기를 마사지하고
> 정상 상태로 만들어 준다."

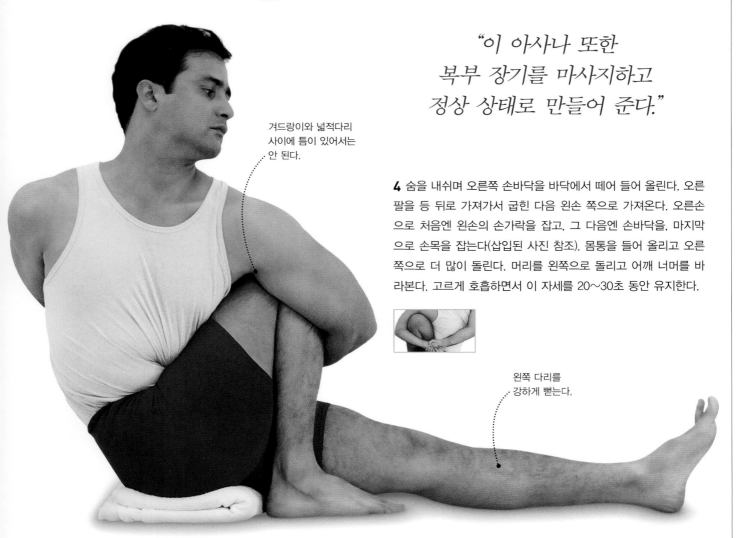

겨드랑이와 넓적다리
사이에 틈이 있어서는
안 된다.

4 숨을 내쉬며 오른쪽 손바닥을 바닥에서 떼어 들어 올린다. 오른팔을 등 뒤로 가져가서 굽힌 다음 왼손 쪽으로 가져온다. 오른손으로 처음엔 왼손의 손가락을 잡고, 그 다음엔 손바닥을, 마지막으로 손목을 잡는다(삽입된 사진 참조). 몸통을 들어 올리고 오른쪽으로 더 많이 돌린다. 머리를 왼쪽으로 돌리고 어깨 너머를 바라본다. 고르게 호흡하면서 이 자세를 20~30초 동안 유지한다.

왼쪽 다리를
강하게 뻗는다.

마리챠아사나

이 자세에서 고급 단계로 나아가기(360° 각도로 보기)

이 아사나에서는 척주를 움직이는 것이 필요하다. 몸을 팔이 아니라 척주에서부터 돌려야 한다. 자세를 취할 때 몸통이 오른쪽으로 기울기 쉬우므로 의식적으로 몸의 왼쪽을 오른쪽보다 높게 유지해야 한다. 척주 앞면을 쭉 뻗고 들어 올린다. 가슴이 아니라 허리를 오른쪽 넓적다리 가운데 부분 가까이로 가져온다. 몸통 왼편이 그 길이만큼 전체적으로 오른쪽 넓적다리와 맞닿아야 한다. 두 팔이 서로 더 가까워지게 하여 잡는 힘을 강하게 만든다. 오른팔의 윗부분이 이 자세의 '뇌'이므로(p.65 참조), 이 부분이 완전히 안정되어야 한다.

오른쪽 견갑골을 척주 안으로 밀어 넣는다.

오른쪽 손가락의 잡는 힘을 강하게 유지한다.

온몸을 굽힌 무릎에 더 가까워지도록 움직인다.

목 근육은 이완된 상태로 둔다.

가슴이 오른쪽 넓적다리 전체와 길게 맞닿아 있어야 한다.

자세 풀기 숨을 들이마신 뒤 호흡을 멈추고 척주를 돌려 똑바로 세운다. 머리를 돌려 앞을 향하게 한다. 손을 풀고 다리를 곧게 편다. 반대편에서도 이 자세를 되풀이한다. 단다아사나로 돌아간다.

견갑골은 반드시
서로 평행을
이루어야 한다.

두 팔이 서로 더
가까워지게 움직인다.

무릎 오금이
바닥에서 떨어지지
않게 한다.

다리가 왼쪽으로
기울지 않게 한다.

허리 전체를
돌린다.

오른쪽 어깨를
뒤로 움직인다.

왼쪽 어깨 너머를
바라본다.

거꾸로 하는 아사나

"아사나 수련은 몸에서
불순물을 깨끗이 씻어 내고,
강인함, 확고함, 평정,
그리고 맑은 마음이 깃들게 한다."

살람바 시르사아사나 Salamba Sirsasana
머리로 서기

머리로 서기는 가장 중요한 요가 아사나 중 하나이다. 최종 자세에서의 거꾸로 서기는 뇌 세포에 혈액을 공급하여 원기를 회복시킨다. 이 아사나의 규칙적인 수련으로 정신의 지평이 확장된다. 또 사고를 더욱 명료하게 만들고 집중의 범위를 늘리며 기억력을 증진시킨다. 산스크리트어에서 'sirsa'는 '머리'로 번역되며 'salamba'는 '지탱되는'의 의미를 갖는다.

효과
- 원기를 솟아나게 한다.
- 불면증 해소에 도움이 된다.
- 심계 항진 발생을 줄인다.
- 입 냄새 치료를 돕는다.
- 폐를 튼튼하게 한다.
- 뇌하수체와 송과체의 기능을 증진시킨다.
- 혈액 내 헤모글로빈 함유량을 늘린다.
- 감기, 기침, 편도염의 증상을 완화시킨다.
- 살람바 사르반가아사나와 함께 수련하면 소화 및 배설 문제를 줄인다.

주의 사항

고혈압, 경추증, 등의 통증, 두통, 편두통이 있으면 이 아사나를 수련하지 않는다. 저혈압인 경우 이 자세로 아사나 수련을 시작하지 않는다. 수련할 동안 한 번만 이 아사나를 행하고 반복해서 행하지 않아야 한다. – 몸이 과로하면 안 되기 때문이다. 생리 기간 중에는 이 아사나를 수련하지 않는다.

위팔을 들어 올려서 어깨를 들어 올린다.

아래팔로 바닥을 누른 상태를 유지한다.

1 바닥 위에 비라아사나로 꿇어앉는다(p.104 참조). 오른손으로는 왼쪽 팔꿈치의 안쪽을, 왼손으로는 오른쪽 팔꿈치의 안쪽을 꽉 잡는다. 이제 앞으로 몸을 기울여 두 팔꿈치를 바닥 위에 놓는다. 두 팔꿈치 사이의 거리가 어깨 너비보다 더 넓으면 안 된다. 손을 풀고 손가락끼리 깍지를 끼어 두 손으로 컵 모양을 만든다(삽입된 사진 참조). 손가락을 단단히 고정시키나 경직되게 하지 않는다. 깍지 낀 손을 바닥 위에 놓는다.

2 정수리를 바닥에 내려놓고 머리 뒷부분이 컵 모양의 손바닥에 닿게 한다. 이마나 머리 뒷부분이 아니라 정수리만 바닥 위에 놓였는지 살핀다. 최종 자세에서 체중이 앞이나 뒤가 아니라 정확히 복판에 실려야 한다. 그렇지 않으면 머리나 눈에 압력이 가해지고 척주가 구부러지는 원인이 된다. 새끼손가락이 머리 뒷면에 닿아야 하지만 머리 밑에 깔려서는 안 된다. 고르게 호흡하면서 이 자세를 몇 초 동안 유지한다.

넓적다리, 무릎,
발뒤꿈치를 모은다.

팔꿈치가 바닥을
누르게 해야 한다.

3 발바닥 앞쪽의 도톰한 부분을 딛고 몸을 밀어 올려서 무릎을 곧게 편다. 발뒤꿈치를 바닥에서 떼어 들어 올린다. 몸통이 바닥과 수직을 이루게 하려면 발을 머리 쪽으로 옮겨 몸의 뒷면이 머리에서 허리 뒤쪽까지 수직선을 그리게 해야 한다.

4 숨을 내쉬며 무릎을 가슴 쪽으로 가져온다. 그 다음 발가락을 바닥에 대고 눌렀다가 다리를 바닥에서 떼어 위로 밀어 올린다. 이 동작은 뜀뛰기와 닮아서 다리를 들어 올리는 데 추진력을 제공한다. 발뒤꿈치를 엉덩이 가까이로 가져간다.

초보자 벽에 기대고 이 아사나를 수련한다(아래의 글 참조).

벽에 기대어 하는 살람바 시르사아사나

초보자 담요를 접어 벽 모퉁이에 대어 놓는다. 다음 1~3단계를 따른다.(왼쪽 및 위 참조). 컵 모양으로 만든 두 손이 벽에서 5~8cm 이상 떨어지지 않게 해야 한다. 그렇지 않으면 체중이 팔꿈치에 실려 척주가 구부러지고 눈이 튀어나오게 된다.

여기에 제시한 4, 5, 6단계를 따라 한다. 처음에는 다른 사람에게 다리를 바닥에서 떼어 들어 올리는 것을 도와 달라 부탁한다. 자세를 풀려면 p.142에 있는 지시를 따르거나 4~6단계를 거꾸로 실행한다.

4 일단 몸통이 바닥과 수직을 이루어 자리 잡으면 엉덩이를 벽에 기대어 놓는다. 이제 무릎을 굽히고 오른발을 바닥에서 떼어 위로 휙 들어 올린다. 넓적다리와 무릎이 엉덩이 높이에 이르도록 들어 올려야 한다. 왼쪽 다리로도 이렇게 들어 올리는 것을 되풀이한다.

5 이 자세에서는 엉덩이와 발바닥 앞쪽의 도톰한 부분이 벽에 기대어 있게 된다. 몸을 조정하여 자세를 잡는다. 즉, 팔꿈치로 바닥을 누르고 위팔을 쭉 뻗는다. 겨드랑이를 거쳐 몸통을 따라 허리에 이르기까지 차례로 쭉 뻗는다.

6 다리를 하나씩 곧게 펴 엉덩이, 다리, 발뒤꿈치가 벽에 기대어 자리 잡게 한다. 수련을 거듭하여 엉덩이를 벽에서 떨어지게 하고 머리, 팔, 몸통이 체중을 받치게 한다. 벽에 계속 기대면 척주를 굽게 만들 것이다.

살람바 시르사아사나

*"이 아사나는 정신적으로 쉽게
지치는 사람들에게 도움이 된다."*

무릎과 넓적다리의
앞쪽이 위를 향해
움직이게 한다.

발가락을 뻗는다.

무릎이 천장을
가리키게 한다.

5 팔꿈치를 바닥에 누르고 어깨를 바닥으로부터 멀리 떨어지도록 위로 들어 올린다(삽입된 사진 참조). 숨을 내쉬며 완만한 호를 그리면서 무릎을 가만히 위로 치켜 올려서 두 넓적다리가 바닥과 평행이 되게 한다. 이 자세에서 머리로부터 허리, 엉덩이에 이르기까지 상체 전부는 바닥과 수직이 되어야 한다. 최종 자세를 풀 때까지 팔꿈치를 움직여서는 안 된다.

6 무릎을 계속 위로 움직여 천천히 천장 쪽을 가리키게 한다. 발뒤꿈치는 여전히 엉덩이 가까이에 둔다. 균형을 잡는 데 마음을 집중하고 이 동작을 하는 동안 몸통이 움직이지 않게 한다. 다리를 천장을 향하여 들어 올리는 동안, 5단계에서 7단계까지는 부드럽고 지속적인 움직임으로 이루어진다.

7 일단 무릎이 천장을 가리키고 있다면 호흡을 몇 번 하는 동안 이 자세를 유지한다. 척주를 반드시 똑바르게 펴야 한다. 엉덩이의 볼기를 조이고, 넓적다리가 바닥과 수직을 이루고 있는지, 무릎 아래쪽 다리가 등을 향하여 굽혀졌는지 확인한다. 어깨가 기울어지면 안 된다. 동작을 멈추고 이 자세의 느낌에 익숙해지도록 한다.

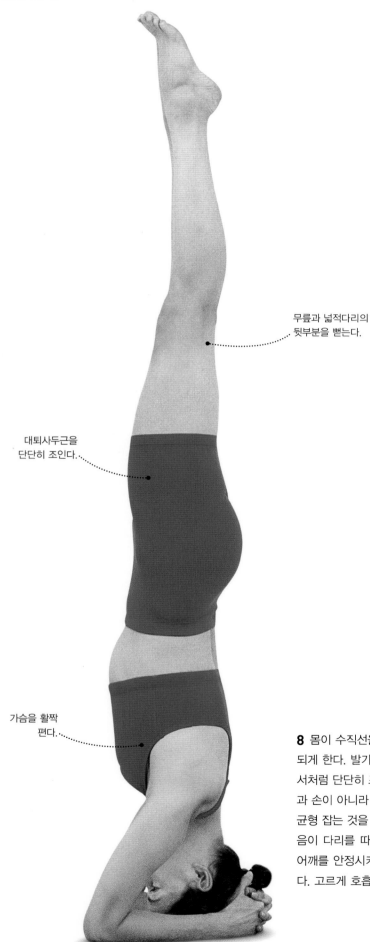

무릎과 넓적다리의
뒷부분을 뻗는다.

대퇴사두근을
단단히 조인다.

가슴을 활짝
편다.

자세 교정하기

다리가 오른쪽이나 왼쪽으로 흔들거려서 다리와 몸통이 일렬로 정렬되지 않았음을 느낄 수 있다. 이때는 팔꿈치의 위치를 살피고 무릎을 단단히 조인다.

등 부분과 가슴을 뻗지 않으면 다리가 앞으로 흔들거리고 엉덩이는 뒤로 튀어나오게 될 것이다. 이럴 때에는 체중이 머리가 아니라 팔꿈치에 실리고 있는 것이다.

8 몸이 수직선을 이루도록 무릎을 펴서 아래쪽 다리를 넓적다리와 일직선이 되게 한다. 발가락이 천장을 향하게 하고 두 무릎을 타다아사나(p.68 참조)에 서처럼 단단히 조이며 넓적다리, 무릎, 발가락을 함께 모은다. 몸 전체는 팔뚝과 손이 아니라 정수리 위에서 균형을 잡아야 하며, 팔뚝과 손은 이 자세에서 균형 잡는 것을 도와주기만 하면 된다. 위팔, 몸통, 허리를 위로 쭉 뻗어 이 뻗음이 다리를 따라 발가락까지 이어지게 하고 몸통이 기울어지지 않게 한다. 어깨를 안정시키면서 지속적으로 들어 올려야 이 자세에서 안정성이 확보된다. 고르게 호흡하면서 5분 동안 이 자세를 유지한다.

살람바 시르사아사나

이 자세에서 고급 단계로 나아가기(360° 각도로 보기)

이 자세를 취할 때는 위팔에서부터 발가락까지 온몸을 쭉 뻗는다. 가슴이 모든 면에서 똑같이 팽창하도록 흉골을 들어 올리고 확대시킨다. 무릎을 단단히 조이고 다리를 몸의 좌우 대칭선에 자리 잡게 한다. 이렇게 하면 반드시 다리가 바닥에 수직이 될 것이다. 척주 아래쪽을 뻗기 위해 복부 근육을 허리를 향해 안으로 잡아당긴다. 이 아사나의 수련은 뇌가 아니라 척주로부터 행해져야 한다. 이 아사나에 이르는 열쇠는 힘이 아니라 균형이다. 정수리의 좁은 표면 위에서 자연스럽게 균형을 잡는 기술을 발전시켜야 한다. 이로써 뇌가 가벼워지고 몸의 각 부분이 완전하게 이완되는 느낌을 얻을 수 있다.

무릎 오금을 펴고 정강이를 쭉 뻗는다.

이두근과 어깨 삼각근을 위로 뻗는다.

목에서 꼬리뼈까지 척주를 길게 늘인다.

다리 안쪽 면을 길게 뻗는다.

손가락의 긴장을 풀되 단단하게 깍지 낀 상태를 유지해야 한다.

자세 풀기 두 다리를 곧게 펴고 서로 가까이 모은다. 다리를 내려 발가락을 바닥에 놓는다. 무릎을 굽혀 종아리를 깔고 꿇어앉는다. 이마는 바닥에 둔다. 비라아사나로 일어나 앉기 전에 이 자세로 몇 초 동안 머문다.

다리 바깥쪽을
위로 쭉 뻗는다.

발과 발목을
뻗는다.

종아리
근육을 편다.

발가락이 천장을
향하게 한다.

발의 앞쪽을
길게 늘인다.

복부 근육을
단단히 조인다.

엉덩이의 볼기를
단단히 조인다.

팔꿈치를 바닥에 대고
누른다.

어깨를 바닥에서
멀어지도록 들어 올리고
겨드랑이를 활짝 편다.

살람바 사르반가아사나 Salamba Sarvangasana
어깨로 서기

이 아사나의 수련은 마음과 몸, 그리고 영혼을 통합시켜 준다. 뇌는 환하게 밝으면서 고요하게 느껴지고, 몸의 느낌은 가볍고 빛이 스며 있는 것 같다. 몸을 거꾸로 하는 이 자세는 신선하고 건강한 혈액이 목과 가슴 주변을 순환하게 한다. 또 기관지의 이상 증세를 가볍게 하고 갑상선과 부갑상선을 자극한다.

효과

- 과도한 긴장을 줄여 준다.
- 불면증을 완화하며 신경을 진정시킨다.
- 갑상선과 부갑상선의 기능을 개선한다.
- 천식, 기관지염, 목구멍의 질병을 완화한다.
- 호흡 곤란 심계 항진을 진정시킨다.
- 감기와 코 막힘을 치료하는 데 도움이 된다.
- 내장 운동을 촉진하고 결장염을 완화한다.
- 치질 치료에 도움이 된다.
- 비뇨기 이상을 가볍게 한다.
- 탈장 치료에 도움을 준다.
- 자궁 위치 이상을 치료하고 자궁 근종을 줄이는 데 도움이 된다.
- 난소의 울혈과 기능 쇠약을 해소하고 난소 낭종 치료에 도움을 준다.
- 생리 기간이 아닐 때 규칙적으로 수련하면 생리통을 완화하고 생리 흐름을 정상화시킨다.

1 차곡차곡 세 겹으로 접은 담요(p.185 참조)를 바닥 위에 깔고, 그 위에 매트를 놓는다. 목, 어깨, 등을 담요 위에 내려놓고 눕는다. 머리는 바닥 위에 둔다. 두 다리를 쭉 뻗고 무릎을 단단히 조인다. 다리의 안쪽 면을 발뒤꿈치 쪽으로 밀고, 어깨 바깥쪽은 담요를 향해 누른다. 척주 윗부분은 들어 올리지만 아랫부분은 담요 쪽으로 누른다. 손바닥이 천장을 향하게 하면서 두 팔을 몸 가까이에 두고 쭉 뻗는다. 손목이 반드시 몸과 닿아야 한다. 머리를 고정시켜 두고 흉골을 들어 올려서 넓힌다.

흉골을 들어 올린다.

머리 뒷부분을 바닥에 내려놓는다.

발가락, 발뒤꿈치, 발목을 함께 모은다.

2 어깨를 뒤로 말면서 견갑골을 안으로 당긴다. 위팔을 살짝 밖으로 돌리고 팔의 안쪽 면을 각각의 새끼손가락을 향해 뻗는다. 숨을 내쉬며 무릎을 굽힌다.

얼굴 근육을 이완한다.

주의 사항

생리 중일 때는 이 자세를 수련하지 않는다. 혈압이 높은 사람들은 적어도 3분 동안 할라아사나(p.150 참조) 자세를 취한 직후에만 이 아사나를 시도해야 한다.

"산스크리트어에서 'salamba'는 '받쳐 놓은'의 의미를 지니고, 'sarvanga'는 몸의 '사지 전부'를 가리킨다."

3 상체를 움직이지 않고 숨을 내쉬며 엉덩이를 바닥에서 떼어 들어 올린다. 무릎을 가슴 위로 가져온다.

초보자 처음에 엉덩이를 바닥에서 떼어 들어 올리는 것이 어렵다고 여겨지면 다른 사람에게 발목을 잡고 굽힌 다리를 머리 쪽으로 밀어 달라고 부탁한다. 동시에 엉덩이와 등을 바닥으로부터 들어 올리고 최종 자세로 들어간다. 몸을 안정된 상태로 유지하고 도와주는 사람의 무릎에 등을 기댄다. 그렇지 않으면 일단 바닥에서 다리를 떼어 들어 올리도록 도움을 받은 뒤 p.146~147에 실린 5~7단계를 따라 한다.

무릎을 모은다.

엉덩이를 단단히 조인다.

정강이를 서로 누른다.

4 손바닥을 엉덩이에 놓고 팔꿈치로 담요를 단단하게 누른다. 몸통을 들어 올려 엉덩이가 바닥에서 수직이 되게 한다. 무릎을 머리 쪽으로 가져온다.

살람바 사르반가아사나

자세 교정하기

최종 자세에서 다리가 오른쪽이나 왼쪽으로 기울면 무릎을 굽히고 허리를 움직여 가슴과 허리를 일렬로 조정한다. 그 다음 두 다리를 다시 곧게 세운다.

몸통이 앞으로 기운다면 가슴에 압박감을 느끼고 호흡하기가 힘들 것이다. 허리, 넓적다리, 엉덩이를 위로 밀어 올리고 엉덩이 볼기가 처지지 않게 한다.

5 이제 손을 등 한가운데까지 미끄러뜨려 손바닥으로 신장 부위를 덮는다(삽입된 사진 참조). 엄지손가락이 몸 앞쪽을 향하게 하고 나머지 손가락들은 척추를 향하게 한다. 숨을 내쉬며 몸통, 엉덩이, 무릎을 들어 올려 가슴이 턱에 닿게 한다. 고르게 호흡한다.

발바닥을 활짝 펴면서 쭉 뻗는다.

손가락으로 등을 누른다.

6 두 발을 천장을 향해 들어 올린다. 목의 뒷면, 어깨, 위팔만이 담요 위에 놓여 있어야 한다. 어깨에서 무릎까지의 몸이 반드시 바닥과 수직을 이루어야 한다.

스승의 조언

"다리를 급히 차올리지 말고
천천히 들어 올려야 한다.
종아리 안쪽을 바깥을 향해
돌리고 바깥쪽 다리의 피부를
발뒤꿈치를 향해 뻗어 올린다."

다리를
사타구니에서부터
발가락까지 쭉 뻗는다.

골반 테두리를
당겨 올린다.

손바닥을
견갑골 가까이에
둔다.

팔꿈치를
담요 위에 똑바로
올려놓는다.

7 두 손바닥으로 등을 누르고 겨드랑이에서 발가락까지 몸을 곧게 펴서 쭉 뻗는다. 척주는 완전히 곧아야 한다. 팔꿈치를 몸 가까이에 두어야 하는데, 이렇게 해야 가슴을 편 상태를 유지할 수 있기 때문이다. 몸통을 더 많이 들어 올리기 위해 손바닥을 푼 다음 다시 등에 대고 누른다. 이렇게 하면 가슴을 위로 더 많이 밀어 올릴 수 있다. 목구멍이 아니라 목 뒤편에서부터 몸을 들어 올린다. 양 어깨를 뒤로 밀어서 목을 길고 편안하게 이완한다. 다리의 안쪽과 바깥쪽을 천장 쪽으로 뻗는다. 다리를 앞뒤로 흔들거리지 않게 한다. 이 자세를 2~3분 동안 유지한다. 계속 고르게 호흡한다.

시선을 가슴에
고정시킨다.

살람바 사르반가아사나

이 자세에서 고급 단계로 나아가기(360° 각도로 보기)

척주에서 생명력이 생성되게 하라. 척주의 에너지가 손가락을 통해 몸 안으로 흘러 들어가야 한다. 눈을 흉골에 고정시켜야 한다. 이렇게 함으로써 의지력을 강화하고 마음을 가라앉힐 수 있기 때문이다. 등 근육을 척주 쪽으로 밀기 위해 엄지손가락으로 등 근육을 밀어 넣듯 누른다. 이 동작이 등을 압박한다. 이 아사나에서 등은 좁고 가슴은 넓어야 한다. 팔꿈치가 밖으로 벌어지면 안 된다. 두 팔꿈치를 모아야 하는데, 그것은 두 팔꿈치 사이의 거리가 지나치게 넓으면 가슴이 오목해지기 때문이다. 콧마루를 흉골의 한가운데와 일렬로 조정한다. 어깨를 뒤로 움직이고 다리 안쪽에 마음을 집중하면서 다리를 천장을 향해 쭉 뻗는다. 이것은 미묘하고 어려운 동작이지만 시간이 지나면 해낼 수 있게 된다. 수련과 더불어 이 자세를 지속하는 시간을 5분까지 늘린다. 고르게 호흡한다.

모든 방향에서 고르게 종지뼈를 수축시킨다.

어깨를 뒤로 보내며 머리로부터 거리를 유지한다.

흉골을 곧게 세운다.

자세 풀기 숨을 내쉬며 무릎에서 다리를 굽힌다. 넓적다리를 상복부 쪽으로 가져온 뒤 바닥을 향해 엉덩이와 등을 부드럽게 내린다. 손을 풀고 몸 옆으로 가져온다. 바닥 위에 누워 온몸을 이완시킨다.

넓적다리 근육을
안으로 돌린다.

엉덩이 볼기를
단단히 조인다.

손바닥과 손가락을
등에 대고 누른다.

발바닥을
뻗는다.

무릎 안쪽을
들어 올린다.

팔꿈치를 서로
가깝게 모은다.

엉덩이를
몸 안쪽으로 당긴다.

꼬리뼈를 안으로
말아 넣는다.

가슴을 턱 쪽으로
가져온다.

할라아사나 Halasana
쟁기 자세

이 아사나에서 몸은 쟁기 – 산스크리트어에서 'hala'는 '쟁기'에 해당하는 말이다. – 모양이 된다. 할라아사나를 규칙적으로 수련하면 자신감과 에너지를 증대시키는 데 도움을 받는다. 이 아사나는 오랫동안 병을 앓은 뒤에 평온하고 맑은 마음을 되찾도록 도와준다. 할라아사나는 눈과 뇌를 쉬게 하고 이완시킴으로써 스트레스와 긴장이 미치는 영향력을 줄인다.

효과

- 피로를 덜어 주고 에너지 수준을 높인다.
- 과도한 긴장을 조절한다.
- 복부 장기의 원기를 회복시키고 소화력을 개선한다.
- 척추가 길어지고 척주 배열도 개선된다.
- 두 다리를 떼고 수련하면 탈장과 치질 치료에 도움이 된다.
- 팔과 깍지 낀 손가락을 다리 쪽으로 뻗고 수련하면 손가락, 손, 손목, 팔꿈치, 어깨의 통증이나 경련을 완화시킨다.

1 두 겹으로 접은 담요를 바닥 위에 깔고 그 위에 매트를 놓는다 (p.185 참조). 등, 목, 어깨를 담요 위에 놓고 눕는다. 다리를 쭉 뻗고 무릎을 단단히 조인다. 다리 안쪽에 마음을 집중하고 넓적다리에서 발뒤꿈치까지 쭉 뻗는다. 손바닥을 바닥 위에 펴 놓고 팔을 몸 옆에 둔다.

머리를 바닥 위에 내려놓는다.

주의 사항

만일 국소 빈혈, 경추증, 혹은 설사병을 앓고 있다면 이 아사나를 수련하지 않는다. 생리 중일 때는 이 아사나를 피한다. 두통, 편두통, 천식, 호흡 곤란, 고혈압에 자주 시달리거나 육체적, 정신적 피로를 느끼기 쉬운 사람, 혹은 과체중인 사람은 보조 도구를 이용한 할라아사나(p.232 참조)를 눈을 감고 수련한다.

무릎을 모은다.

2 숨을 내쉬며 엉덩이를 바닥에서 떼어 들어 올리고 무릎을 가슴으로 가져온다. 두 팔을 쭉 뻗은 채 손가락을 바닥에 단단히 누른다. 어깨를 뒤로 밀고 가슴을 넓힌다.

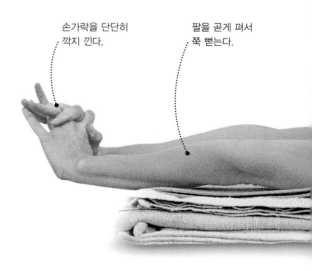

손가락을 단단히 깍지 낀다.

팔을 곧게 펴서 쭉 뻗는다.

발의 장심을
위로 뻗는다.

두 발, 무릎,
넓적다리를
서로 모은다.

얼굴의 피부와
근육을 이완한다.

3 부드럽게 구르는 동작으로 천장을 향해 엉덩이를 들어 올린다. 무릎을 턱 가까이로 가져오고 정강이가 바닥과 수직이 될 때까지 다리 아래쪽을 들어 올린다.

초보자 일단 엉덩이를 바닥에서 떼어 들어 올렸으면 다른 사람에게 발목을 잡고 다리를 머리 쪽으로 밀어 달라고 부탁한다.

4 팔꿈치를 굽히고 손을 등의 잘록한 부분에 둔다(삽입된 사진 참조). 엉덩이를 훨씬 더 많이 들어 올려 몸통이 바닥에 수직이 되게 하고 넓적다리는 얼굴 위에 자리하도록 한다. 다리를 바닥으로 내리기 전에 굽힌 무릎을 이마 위로 가져온다. 고르게 호흡한다.

5 엉덩이를 머리 위로 휙 들어 올려 바닥과 수직이 되게 하고 어깨와 일직선 위에 있게 한다. 다리를 천천히 곧게 펴고 발가락이 바닥 위에 닿을 때까지 내린다. 가슴을 들어 올리고 흉골이 턱에 닿게 한다. 등 뒤의 담요 위에 두 팔을 쭉 뻗은 뒤 손가락을 손가락 밑동 관절에서 단단히 깍지 끼고 손목을 돌려 손이 천장을 향하게 한다. 이 자세로 1~5분 동안 머문다. 고르게 호흡한다.

초보자 처음에는 팔을 발 쪽으로 뻗는다. 이 자세에서 편안하게 느끼면 팔을 등 뒤로 뻗는다.

엉덩이를
단단히 조인다.

가슴 양쪽을
활짝 편다.

무릎을
굽히지 않는다.

발가락을 바닥에
대고 누른다.

할라아사나

이 자세에서 고급 단계로 나아가기(360° 각도로 보기)

이 자세를 취할 때 뇌를 긴장시키면 안 된다. 얼굴 피부와 근육을 의식적으로 이완한다. 가슴을 계속 응시하고 위를 쳐다보지 않는다. 눈을 눈구멍 안으로 가라앉게 해야 하는데, 그것은 이렇게 하는 것이 얼굴 근육을 이완하는 데 도움이 되기 때문이다. 뇌를 휴식시키는 효과가 있으므로 목을 완전히 부드럽게 해야 한다. 목구멍이 비슈디 차크라(p.57 참조)의 장소라는 것을 기억하라. 목구멍이 굳어 있으면 뇌도 역시 긴장하게 된다. 목구멍을 이완시키기 위해 흉골과 가슴을 들어 올리고 호흡이 순조롭고 자연스럽게 이루어지게 한다. 배꼽과 횡격막 사이의 공간이 점점 더 커지게 한다.

발목을 쭉 뻗는다.

두 팔을 겨드랑이에서부터 멀리 뻗는다.

어깨를 몸 안쪽으로 밀어 넣는다.

엉덩이 볼기에서 발뒤꿈치까지 다리를 뻗는다.

팔을 아래로 누른다.

자세 풀기 천천히, 조절을 하면서 다리를 바닥으로부터 들어 올린다. 넓적다리와 무릎을 상복부 쪽으로 가져온다. 엉덩이를 뒤로 밀어서 바닥으로 내린다. 등을 평평하게 펴고 깊게 호흡하면서 온몸을 이완한다.

손바닥과
손가락을
쭉 뻗는다.

발가락을
바닥에 대고
누른다.

견갑골을
들어 올린다.

엉덩이뼈가
천장을 향하게
한다.

위팔을 살짝
바깥쪽으로 돌린다.

발바닥을
힘껏 뻗는다.

사타구니에서
발목까지 다리
앞면을 쭉 뻗는다.

뒤로 굽히는 아사나

"아사나는 몸의 각 층을 깊이 꿰뚫고 들어가
마침내 의식에까지 이른다."

우스트라아사나 _{Ustrasana}
낙타 자세

이 아사나에서는 몸의 모양이 낙타 – 'ustra'는 산스크리트어로 '낙타'를 의미한다. – 형상과 비슷할 때까지 뒤로 몸을 굽힌다. 우스트라아사나는 최종 자세에서 비교적 쉽게 균형을 잡을 수 있어서 연로한 사람뿐 아니라 초보자에게도 권장된다. 이 아사나는 장기간 몸을 앞으로 굽히고 일해야 하는 앉아서 일하는 직업을 가진 사람들에게 도움이 된다.

효과
- 자세 교정을 돕는다.
- 폐활량을 증대시킨다.
- 몸의 모든 장기로 들어가는 혈액의 순환을 개선한다.
- 등과 척주 근육을 정상 상태로 유지시킨다.
- 어깨, 등, 발목의 뻣뻣함을 없앤다.
- 복부 통증을 완화한다.
- 생리 흐름을 정상화시킨다.

주의 사항
심한 변비, 설사, 두통, 편두통, 혹은 긴장항진증이 있으면 이 아사나를 수련하지 않는다. 심장 발작에서 회복 중이라면 보조 도구를 사용하여 이 아사나를 수련한다 (p.240 참조).

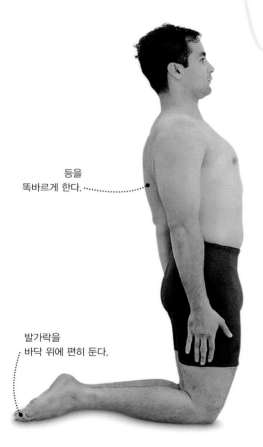

등을 똑바르게 한다.

발가락을 바닥 위에 편히 둔다.

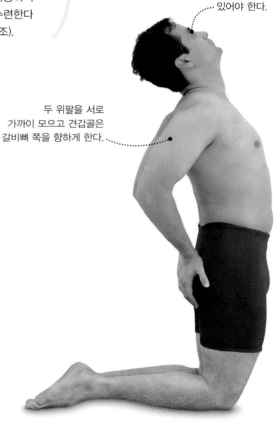

눈을 뜨고 있어야 한다.

두 위팔을 서로 가까이 모으고 견갑골은 갈비뼈 쪽을 향하게 한다.

1 팔을 몸 옆에 두고 바닥 위에 무릎을 꿇는다. 두 넓적다리, 무릎, 발을 함께 모은다. 발가락이 뒤를 향하게 하여 발등을 바닥에 내려놓는다. 몸통을 똑바로 세우고 고르게 호흡한다.

초보자 무릎을 모으는 것이 넓적다리에 긴장감을 유발한다면 무릎을 살짝 벌려서 수련한다. 이 역시 척주의 움직임을 더 자유롭게 해 준다.

2 숨을 내쉬며 두 손바닥을 엉덩이 볼기 위에 놓는다. 넓적다리를 약간 앞으로 밀고 사타구니 쪽으로 당겨 올린다. 척주를 몸 안으로 민다. 그 다음 점차 등을 굽혀 바닥을 향해 낮춘다. 이와 동시에 흉곽을 늘이고 가슴을 넓힌다. 계속 고르게 호흡한다.

가슴을 확장한다.

3 어깨를 뒤로 밀고 어깨로부터 발을 향해 두 팔을 뻗는다. 숨을 들이마시며 머리를 뒤로 떨어뜨리고 손으로 두 발뒤꿈치를 잡는다. 반드시 넓적다리가 바닥에 수직이 되어야 한다. 척주를 다리를 향해 아래로 밀고, 고르게 호흡한다.

초보자 처음에는 어깨를 각각 따로 기울여 발뒤꿈치를 차례로 하나씩 잡는다.

> "이 아사나를 규칙적으로 수련하면 등, 어깨, 발목의 뻣뻣함이 사라질 것이다."

흉골을 들어 올린다.

4 발을 바닥 쪽으로 누르고, 동시에 손바닥으로 발바닥을 누른다. 손가락은 발가락을 향하고 있어야 한다(삽입된 사진 참조). 엉덩이의 볼기를 단단히 조이고 꼬리뼈를 안으로 끌어당긴다. 견갑골을 뒤로 밀며, 머리를 가능한 한 뒤로 멀리 가져가나 목구멍을 긴장시키지 않도록 조심한다. 이 자세로 30초 동안 머문다.

머리를 뒤로 너무 멀리 젖히지 않는다.

척주를 몸 안으로 당겨 들인다.

발뒤꿈치 너머로 손을 미끄러뜨려 발바닥을 완전히 덮는다.

대퇴사두근을 쭉 뻗는다.

우스트라아사나

이 자세에서 고급 단계로 나아가기(360° 각도로 보기)

바닥 쪽으로 정강이를 내리누르면서 손바닥으로 발바닥을 누른다. 몸이 아치 형태가 되도록 척주를 들어 올리고 길게 늘인다. 가슴, 겨드랑이, 등을 안으로 말아 넣어야 하는데, 이로써 가슴 부위의 등이 받쳐지기 때문이다. 의식적으로 등의 갈비뼈를 빨아들이듯 안으로 밀어 넣고, 신장이 안으로 끌어당겨지고 강하게 압박되는 것을 느낀다. 처음에는 돔 형태의 횡격막과 배꼽 사이에, 그 다음에는 배꼽과 사타구니 사이에 공간을 만들어 내려고 노력한다. 이렇게 함으로써 소장과 대장뿐 아니라 복부와 골반의 장기도 뻗게 될 것이다. 위팔의 안쪽을 앞을 향해 돌리고 바깥쪽을 뒤로 말아 넣는다. 팔꿈치 관절은 단단히 고정시켜 둔다. 고르게 호흡한다.

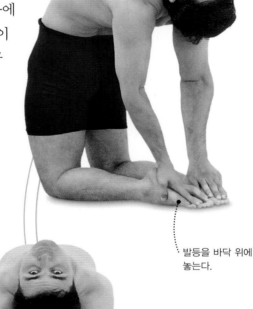

정강이를 쭉 뻗으면서 아래로 누른다.

발등을 바닥 위에 놓는다.

팔꿈치를 단단히 고정시킨다.

목구멍을 긴장시키지 않는다.

손바닥을 발바닥 위에 대고 누르고 팔이 시작되는 어깨의 관절와(關節窩)를 향해 팔을 쭉 뻗는다.

자세 풀기 숨을 내쉬며 발을 누르는 손바닥의 압력을 줄인다. 팔을 몸 옆에 두고 몸통을 들어 올린다. 위로 향하는 움직임의 동력이 넓적다리와 가슴에서 나와야 한다. 만일 두 팔을 함께 들어 올리지 못한다면 하나씩 들어 올리도록 한다.

가슴을 들어 올리고
활짝 편 상태를
유지한다.

복부 근육을
뻗는다.

넓적다리를
위로 당긴다.

횡격막과
배꼽 사이에
공간을 만들어
낸다.

쇄골을
뒤로 민다.

우르드바 다누라아사나 Urdhva Dhanurasana
활 자세

이 아사나에서 몸은 뒤로 휘어져 잡아 늘인 활의 모습을 취한다.
'urdhva'는 산스크리트어로 '위를 향한'을 뜻하고 'dhanur'는
'활'로 번역된다. 우르드바 다누라아사나의 규칙적인 수련으로
몸은 유연함을 유지할 수 있고 가볍고 생기에 넘치는 느낌을
얻게 된다. 이 아사나는 부신을 자극하며 의지력을 강화시키고
스트레스를 견디는 능력을 키워 준다.

효과
• 심장 동맥이 두꺼워지는 것을 예방하고 온몸의
  혈액 순환이 잘 되게 한다.
• 척주를 정상 상태로 만든다.
• 복부 및 골반의 장기를 튼튼하게 해 준다.
• 뇌하수체, 송과선, 갑상선을 자극한다.
• 자궁 위치 이상을 예방한다.
• 생리 출혈 과다를 막는 데 도움이 되고 생리통을
  진정시킨다.

주의 사항
혈압이 너무 높거나 너무 낮을
때는 이 아사나를 수련하지 않는다.
변비나 설사가 있을 때나 피로를 느낄
때에도 피한다. 편두통이 왔을 때나 심한
두통을 앓을 때 이 자세를 수련하지
않는다. 만일 심장 질환을 앓거나 국소
빈혈이 있다면 이 자세 대신 비파리타
단다아사나(p.238 참조)를
수련한다.

넓적다리와
종아리를 서로
누른다.

손바닥을 바닥에
누르고 팔꿈치는 위를
가리키게 한다.

1 바닥 위에 등을 대고 눕는다. 두 무릎을 굽혀서 발뒤꿈치를 엉덩
이 쪽으로 끌어당긴다. 두 발을 엉덩이와 일렬이 되도록 벌린다. 팔
꿈치를 굽혀서 머리 위에 오게 한다. 손바닥은 머리 양옆의 바닥 위
에 놓는다. 손가락이 어깨 쪽을 가리켜야 한다.

초보자 처음엔 발뒤꿈치를 엉덩이 가까이로 가져오는 것이 힘들게
여겨질 수도 있다. 발의 자리를 잡아 주기 위해 손을 사용해서 끌어
당기도록 한다.

팔꿈치를
어깨 너비로
벌린다.

어깨를
바닥 위에 둔다.

2 자세를 취하기 위해 손바닥과
발을 사용할 예정이므로 이들에 마
음을 집중한다. 견갑골을 위로 당
겨 올리고 등 근육을 몸 안으로 끌
어당긴다. 숨을 내쉬며 몸통과 엉
덩이를 바닥에서 떼고 들어 올린
다. 고르게 호흡한다.

스승의 조언

"가슴을 앞으로 밀기만 하면 안 된다. 그렇게만 하면 몸통이 만들고 있는 아치 형태가 무너지는 것을 막을 수 없기 때문이다. 내가 나의 수련생의 흉곽 아랫부분의 측면을 어떻게 들어 올리고 있는지를 보라. 가슴의 양옆이 천장을 향해 들어 올려져야만 한다."

발이 앞을 향하게 한다.

3 가슴을 들어 올리고 머리 정수리를 바닥 위에 놓는다. 두 번 호흡을 한 다음 숨을 강하게 내쉬며 등과 엉덩이를 빨아들이듯 휙 들어 올린다. 체중을 손바닥에서 발의 앞부분으로 옮기고 몸통을 한 번의 동작으로 밀어 올린다. 자세를 조정하여 체중이 팔과 다리에 고루 분산되도록 한다.

4 몸을 더 많이 밀어 올린다. 두 손바닥과 발바닥으로 바닥을 누르고 머리를 바닥에서 떼어 들어 올린다. 숨을 내쉬며 척주를 몸 안으로 끌어당긴다. 팔을 곧게 펴고 팔꿈치를 단단히 고정시키면서 팔꿈치를 중심으로 팔의 바깥쪽을 몸을 향해 강하게 당긴다. 이제 목구멍을 긴장시키지 않으면서 머리를 뒤로 젖힌다. 이 자세를 5~10초 동안 유지한다.

중급 수련자 더 효과적으로 뻗기 위해 숨을 내쉬며 넓적다리 근육을 위로 당겨 올리고 발뒤꿈치를 바닥에서 떼고 들어 올린다 (삽입된 사진 참조). 가슴을 늘이고 척주 아래쪽을 밀어 올려 복부를 북처럼 팽팽하게 만든다. 몸의 높이를 유지하면서 모든 관절을 뻗는다. 그 다음 발뒤꿈치를 다시 바닥으로 내린다.

머리를 뒤로 너무 멀리 젖히지 않는다.

손목을 단단하고 안정된 상태에 있게 한다.

손가락을 벌리고 손바닥을 힘껏 편다.

우르드바 다누라아사나

이 자세에서 고급 단계로 나아가기(360° 각도로 보기)

최종 자세에서 몸은 두 방향에서 뻗어진다. 하나는 손바닥으로부터
이고 다른 하나는 발에서부터이다. 이 두 방향이 만나는 지점은
척주의 기저 부분에 있다. 이 지점을 점점 더 높이 올리도록
노력하라. 갈비뼈 사이의 공간들을 위쪽으로 열어젖히는
데, 특히 가슴 밑 부분에서 이렇게 한다. 횡격막을
넓히고 견갑골과 등의 갈비뼈를 몸 안
으로 강하게 밀어 넣는다. 신장을
압착하고 있다고 상상한다. 체중
이 손과 발에 똑같이 분산되어야
하며, 팔과 다리가 천장을 향해
뻗어져야(위로 끌어올려져야) 한
다. 처음에는 고르게 호흡하면
서 이 자세를 5~10초 동안 유지
한다. 수련을 거듭하면서 이 아사
나를 3~5회 되풀이한다. 이렇게
하면 몸의 움직임이 더 자유롭게
되고 몸을 더 효과적으로 뻗을
수 있게 될 것이다.

겨드랑이를
활짝 연다.

발의 바깥쪽
가장자리를 바닥에
대고 누른다.

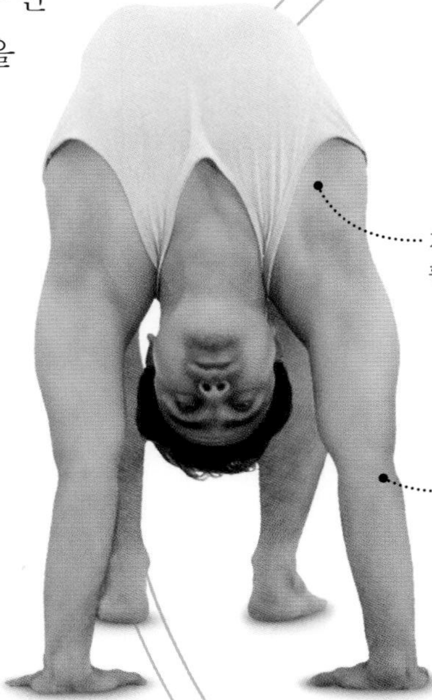

손목에서부터 겨드랑이까지
팔을 쭉 뻗는다.

가슴을 천장 쪽을 향해
움직인다.

정강이를
넓적다리 쪽으로
끌어당긴다.

자세 풀기 숨을 내쉬며 팔꿈치와 무릎을
굽힌다. 몸통을 내린 다음 머리 정수리를
바닥으로 내린다. 등과 엉덩이를 바닥으로
낮추고, 등을 대고 누워 몇 차례 호흡한다.

두 발을 서로
평행하게 둔다.

손가락을 벌린다.

넓적다리를 들어 올리고 바
깥쪽에서부터 안을
향해 돌린다.

흉골의 양쪽 옆에서
가슴을 넓힌다.

발가락을
활짝 벌린다.

발의 장심 부분을
들어 올린다.

누워서 하는 아사나

"내면의 마음이 몸 전체에 가 닿는 것을 느껴라 –
평소에는 마음이 미치지 않는 가장 먼 부분에 이르기까지."

숩타 비라아사나 Supta Virasana
누운 영웅 자세

누워서 하는 아사나

이것은 앉아서 하는 자세인 비라아사나(p.104 참조)의 변형이다. 이 아사나에서는 몸통을 바닥 위에 놓는다. 산스크리트어에서 'supta'는 '눕는 것'을 의미하고 'vira'는 '영웅', 혹은 '우승자'로 옮길 수 있다. 이 아사나에서는 다리가 강하게 뻗어져 기운이 솟아나게 되므로 운동선수 및 오랫동안 서 있어야 하는 사람들은 모두 이 아사나가 도움이 된다는 것을 알 것이다. 밤에 잠자리에 들기 전에 이 자세를 수련하면 다음날 아침 다리가 휴식을 취하고 원기를 되찾았음을 느낄 수 있을 것이다.

효과
- 심장의 이상 증세를 완화하는 데 도움이 된다.
- 복부, 등, 허리를 신장시킨다.
- 류머티즘과 등의 위, 중간, 그리고 아랫부분의 통증을 진정시킨다.
- 무릎의 통풍과 골관절염을 완화한다.
- 과식한 뒤 소화를 돕는다.
- 위산 과다와 위궤양을 가라앉힌다.
- 천식의 여러 증상을 누그러뜨린다.
- 생리통을 덜어 주고 난소 이상을 치료하는 데 도움이 된다.

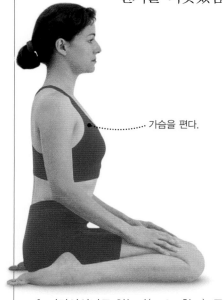

가슴을 편다.

1 비라아사나로 앉는다(p.104 참조). 두 무릎을 한데 모으고 발을 50cm 정도 벌려서 두 엉덩이 옆에 놓는다. 긴장을 피하기 위해 종아리 안쪽 면이 각각 두 넓적다리의 바깥 면에 닿았는지 확인한다. 발바닥을 천장 쪽으로 돌린다. 발가락 하나하나가 바닥 위에 놓여 있어야 한다. 발목을 완전히 뻗고 발바닥을 발가락 쪽으로 편다. 에너지가 두 발을 통해 두 방향으로 흐르게 한다.

아래팔을 바닥 쪽으로 누르고 몸통을 쭉 뻗는다.

무릎을 계속 모으고 있어야 한다.

2 넓적다리는 안으로 돌리고 종아리는 바깥으로 돌려서 다리를 조정한다. 숨을 내쉬며 등을 점점 바닥 쪽으로 내린다. 팔꿈치를 하나씩 바닥 위에 내려놓는다. 손바닥은 발바닥 위에 놓여 있어야 한다. 고르게 호흡한다.

넓적다리를 안으로 돌리고 아래로 누른다.

주의 사항
발목 관절염을 앓거나 척추 디스크에 이상이 있는 사람들은 보조 도구를 이용하여 수련해야 한다(p.246 참조). 생리 중인 여성들은 등 아래에 큰베개를 놓고 수련한다(p.246 참조).

3 머리 정수리를 바닥 위에 내려놓는다. 그 다음 어깨와 몸통 윗부분을 내린 뒤 머리를 내려놓고 이어서 등을 내린다. 몸 측면을 따라 팔을 쭉 뻗는다. 손목을 발바닥에 대고 누른다.

스승의 조언

"요추를 휘어지게 하므로 척주 쪽으로
엉덩이를 밀어서는 안 된다. 내가 어떻게
수련생의 허리와 엉덩이를 무릎 쪽으로
미는지 살펴보라. 엉덩이의 볼기 근육을
길게 늘여 요추를 뻗을 수 있게 해야 한다.
그런 다음 척주를 바닥 위에 놓는다."

4 팔꿈치를 몸 옆으로 옮기고 척주가 완전히 펴질 때까지 바닥
위에 평평하게 눕는다. 머리를 아래로 내리고 어깨를 목에서 멀
어지도록 편다. 견갑골과 무릎을 바닥 위에 놓는다.

손바닥으로 발뒤꿈치를
잡아서 바깥쪽으로 돌린다.

5 두 팔을 머리 위로 가져가서 몸 위쪽 바닥 위에 쭉 뻗고 손바
닥은 천장을 향하게 한다. 양쪽 견갑골이 바닥 위에 평평히 놓여
있는지 확인하고 엉덩이나 무릎이 바닥에서 떨어지지 않게 한다.
등을 풀어 주어 바닥으로 완전히 내려앉게 한다. 만일 등이 휘면
이로 인해 등 아랫부분이 압박된다. 급격한 동작으로 무릎에 경
련이 일지 않도록 조심하면서 넓적다리를 서로 누른다. 고르게 호
흡하면서 이 자세로 30~60초 동안 머문다.

흉골 양쪽에서
고르게 가슴을 편다.

두 팔을 쭉 뻗어 바닥 위에
평평히 놓아둔다.

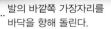

발의 바깥쪽 가장자리를
바닥을 향해 돌린다.

숩타 비라아사나

이 자세에서 고급 단계로 나아가기(360° 각도로 보기)

최종 자세에서 팔을 쭉 뻗는 동작이 넓적다리와 복부를 가슴 쪽으로
당겨 이 과정에서 이들을 마사지해 준다. 양쪽 견갑골을 안으로
움직여 가슴을 완전히 연다. 무릎과 엉덩이가 바닥 위에 놓
여 있는 것을 확인하면서 어깨를 아래로
누른다. 몸의 앞면과 뒷면을 고르게
늘이고 겨드랑이를 완전히 뻗어야
한다. 골반을 무릎 쪽으로 밀면서
바닥을 향해 누른다. 등의 갈비뼈에
마음을 집중한다. 등의 갈비뼈를 의식적으로
머리 쪽으로 뻗는다. 이 자세에 머무는
시간을 점차 5~7분까지 늘여
나간다.

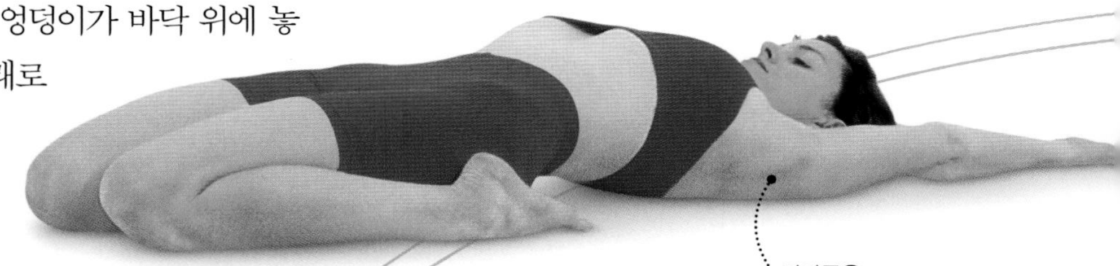

견갑골을
말아 넣는다.

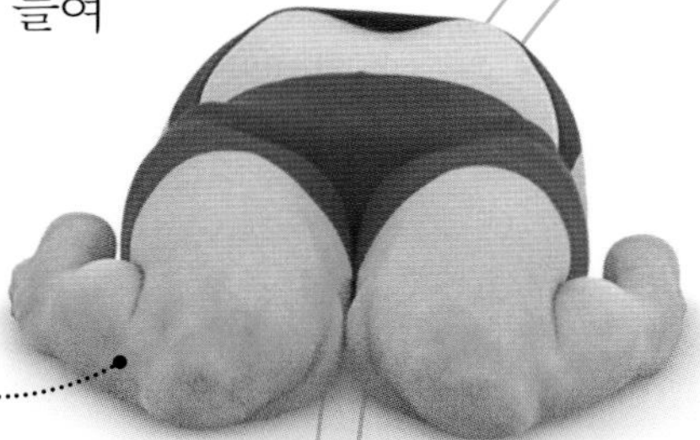

정강이를
바닥 쪽으로 누른다.

넓적다리를
서로 민다.

자세 풀기 손을 머리 위로 가져와 발목을
잡는다. 팔꿈치로 몸을 받치면서 머리와
몸통을 바닥에서 들어 올린다. 비라아사
나로 앉는다. 숨을 내쉬며 다리를 한 번에
하나씩 편다. 단다아사나로 앉는다.

가슴이 안으로 내려앉게
해서는 안 된다.

등을 쭉 뻗어
등이 아치 모양으로
휘어지지 않게 한다.

팔꿈치가
밖으로 돌아가지
않게 한다.

두 어깨는 바닥과 계속
닿아 있어야 한다.

"마음이 제어되어 고요해질 때
남아 있는 것,
그것이 바로 영혼이다."

가슴을 활짝 편
상태로 두어야 한다.

손바닥을 펴서
평평하게 해야 한다.

발등을
바닥 위에 둔다.

두 무릎을 서로 모으고
아래로 누른다.

사바아사나 Savasana

송장 자세

이 아사나에서 몸은 시체처럼 움직임이 없는 상태에 있고, 마음은 기민하지만 고요하다. 산스크리트어에서 'sava'는 '시체'를 뜻한다. 이 아사나를 수련할 때 눈, 귀, 혀 등 감각 기관은 외부 세계로 부터 물러나게 된다. 몸과 마음은 하나가 되고, 내면의 침묵을 경험한다. 이 아사나는 명상 수행에 있어서의 첫 단계이다.

효과

- 신경의 긴장, 편두통, 불면증, 만성 피로 증후군을 완화시키는 데 도움을 준다.
- 몸을 이완하고 쉽게 호흡할 수 있게 한다.
- 신경계를 진정시키고 마음에 평화를 가져온다.
- 모든 만성 질환이나 중병으로부터 빨리 회복하게 한다.

무릎 뒤쪽을 바닥으로 누른다.

1 단다아사나로 앉는다(p.102 참조). 엉덩이의 살을 바깥쪽으로 밀어내고 체중을 두 엉덩이뼈 위에 고르게 분산시킨다. 고르게 호흡한다.

등을 똑바르게 한다.

2 무릎을 굽히고 발뒤꿈치를 엉덩이 쪽으로 더 가까이 가져온다. 정강이 맨 윗부분을 잡고 엉덩이뼈를 바닥 쪽으로 누른다. 등이 곧게 펴졌는지 살핀다.

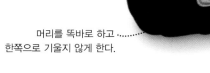

머리를 똑바로 하고 한쪽으로 기울지 않게 한다.

쇄골을 양쪽 옆으로 펴지게 한다.

3 바닥 쪽으로 몸통을 내리기 위해 팔뚝과 손바닥을 바닥 위에 놓고 팔꿈치에 기대어 몸을 뒤로 기울인다. 발과 무릎 혹은 엉덩이를 움직이지 않는다.

> "사바아사나는 피로를
> 없애 주고 마음을 가라앉힌다.
> 완전한 이완에 이르기 위해
> 몸의 각 부분은 적절한 자리에
> 놓여 있어야 한다."

다리를 곧게 펼 때
몸통은 움직이지 않고
가만히 둔다.

4 척추를 차례로 하나씩 낮추면서 몸통을 바닥으로 내리고
머리 뒷부분을 바닥 위에 놓는다. 손바닥을 돌려 천장을 향
하게 한다. 눈을 감고 한 다리씩 곧게 뻗는다.

중급 수련자 척추를 곧게 펴기 위해 엉덩이로부터 몸통을 멀리
뻗는다. 척주를 완전히 뻗어 바닥 위에 평평한 상태로 둔다. 다
리와 몸통을 따라 쭉 뻗는 정도가 몸의 양쪽에서 동일해야 한다.

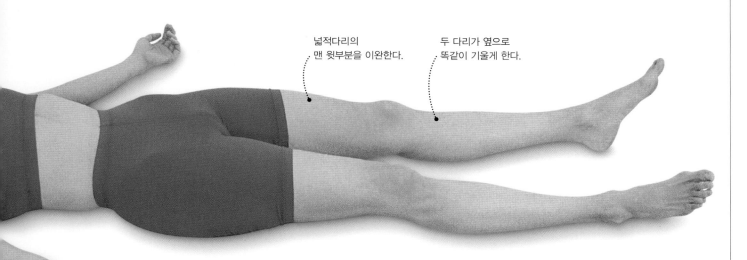

넓적다리의
맨 윗부분을 이완한다.

두 다리가 옆으로
똑같이 기울게 한다.

손가락과 손바닥의
중심부를 이완한다.

5 두 다리의 긴장을 풀고 다리가 옆으로 부드럽
게 기울어지게 한다. 두 무릎의 종지뼈가 옆으로
똑같이 벌어져야 한다. 어깨를 바닥으로부터 들
어 올리지 않으면서 두 팔을 몸통에서 멀리 옮겨
놓는다. 쇄골을 양쪽 옆으로 밀어낸다. 눈을 감고
호흡에 집중한다. 이 자세로 5~7분 동안 머문다.

중급 수련자 척추를 눈에 그려 본다. 척주의 바
깥 테두리를 바닥 위에 편안히 눕힌다. 가슴을 양
옆으로 활짝 펴고 흉골을 이완한다. 횡격막에 마
음을 집중한다. – 횡격막은 긴장으로부터 완전히
벗어나야 한다. 쇄골을 양옆으로 밀어낼 때 목이
바닥으로 내려앉게 하고 목 근육을 이완시킨다.

사바아사나

이 자세에서 고급 단계로 나아가기(360° 각도로 보기)

목이 바닥 쪽으로 내려앉을 때(p.171의 4단계 참조) 뇌의 뒷부분에서 편안한 감각을 느낄 것이다. 뇌의 이 부분이 이완되면 뇌의 앞부분으로 의식을 옮긴다. 에너지가 머리 정수리에서부터 나선형을 그리며 콧마루를 향해 내려와 흉골의 한 지점에까지 이르러야 한다. 에너지가 이 지점에 도달하면 우리 몸을 구성하는 세 개의 층과 다섯 개의 겹(p.48 참조)이 모여 단일하면서 조화로운 전체로 통합된다. 이것이 사바아사나의 궁극적인 목적이다.

뺨, 턱, 입을 이완한다.

두 다리가 똑같이 옆으로 기울어야 한다.

요추 부분이 아래를 향해 쭉 뻗어 있어야 한다.

목 뒷부분을 바닥 위에 놓아둔다.

자세 풀기 다시 주위를 천천히 의식한다. 눈을 뜨고 오른쪽 무릎을 굽혀서 오른쪽으로 돌아눕는다. 오른팔에 기대어 몸을 위로 밀어 올리고 다리를 교차시켜 앉는 자세로 돌아온다.

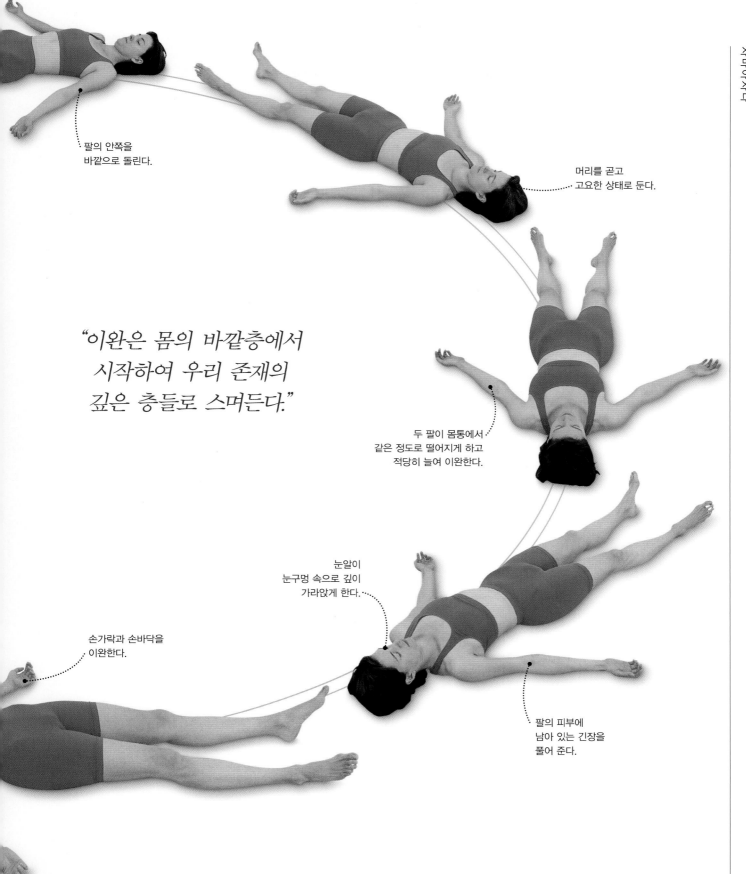

팔의 안쪽을
바깥으로 돌린다.

머리를 곧고
고요한 상태로 둔다.

"이완은 몸의 바깥층에서
시작하여 우리 존재의
깊은 층들로 스며든다."

두 팔이 몸통에서
같은 정도로 떨어지게 하고
적당히 늘여 이완한다.

눈알이
눈구멍 속으로 깊이
가라앉게 한다.

손가락과 손바닥을
이완한다.

팔의 피부에
남아 있는 긴장을
풀어 준다.

스트레스에
좋은 요가

"마음이 지성을 갖추었다 해도 심장과 연결되어 있지 않다면,
이는 다듬어지지 않은 마음이라 할 수 있다."

스트레스를 해소하기 위한 가장 효과적이고 자연스러운 방법은
아사나와 프라나야마의 수련이다. 아사나와 프라나야마를 함께 수련하면
몸 안에 엄청난 양의 에너지가 생성되며 세포가 자극되고 긴장된 근육이 이완된다.
요가는 스트레스의 증상만 아니라 그 원인까지도 다스리기 때문에 요가가 마음에 미치는
영향을 분명히 느끼려면 더 오랜 시간이 걸린다. 규칙적으로 수련하면 마음을 외부 환경으로
향하게 하는 감각이 내면으로 돌려지고, 쉴 새 없이 동요하는 마음이 고요히 가라앉는다.
스트레스가 심해지면 효과적으로 최종 자세를 취하는 것이 힘들 때가 있다.
이런 경우 추천된 보조 도구들을 사용하여 수련하면 이완된 자세로
아사나의 효과를 얻는 데 도움이 된다.

스트레스의 이해

스트레스는 문명 자체만큼이나 오래되었다. 고대의 현인들은 일상의 혼란스런 삶이 몸과 마음에 어떤 영향을 미치는지 잘 알고 있었다. 요가는 마음이 이러한 혼란으로부터 벗어나는 것을 도와주며 평정심을 가지고 스트레스가 주는 영향에 대처할 수 있게 한다.

우리는 태어나는 순간부터 스트레스를 경험하며 그에 적응하기 위해 삶을 소모한다. 이런저런 이유로 다른 사람들보다 더 나은 삶을 사는 사람들도 있다. 그것은 그 사람의 인격이나 환경 덕분일 수도 있고, 혹은 육체적인 조건 때문일 수도 있다. 그러나 누구든 언젠가는 스트레스가 미치는 힘에 맞서야 하고, 그럴 수 있도록 마음과 육체적인 몸, 심리적인 몸, 영적인 몸을 가꾸고 단련시켜야 한다. 성공의 정도 차이는 있을지라도 우리는 누구나 스트레스에서 오는 결과를 살피고 그것을 최소화하면서 스트레스에 맞서는 방법을 발전시키고 있다. 요가는 이 문제에 대해 가장 종합적이며 효과적인 해결책 중 하나를 줄 수 있다.

스트레스는 현대에만 있는 현상이 아니다. 그것은 우리와 함께 늘 있어 왔다. 우리 선조들은 기술적으로 진보한 현대 문화 속에 살고 있는 우리들이 겪는 것과 같은 억압에 대면해 분투하지는 않았을 것이다. 하지만 일상생활의 평범한 사건들조차 내면적 혼란을 야기할 수 있다. 문명이 시작된 이래 사람들은 스트레스를 해소하기 위한 방법을 추구해 왔다.

스트레스에 대한 이해가 깊었던 파탄잘리는 『요가 수트라』를 '치타 브리티 니루다Chitta vritti niruddha'라는 구절로 시작했다. 이 구절은 '사념의 물결 혹은 스트레스를 불러오는 정신적 동요를 통제하는 것'이라 번역된다. 이어서 그는 요가의 길이 스트레스로 가득 찬 상황을 헤쳐 나가는 데 어떤 도움을 줄 수 있는지 기술한다.

스트레스의 원인

우리는 모두 일시적이며 덧없는 쾌락에서 위안을 구한다. 우리의 갈망, 욕구 혹은 요구는 끝이 없다. 우리는 종종 두 개의 상반된 방향으로 이끌린다. 한편으로 우리 마음은 외부 세계에 매혹되어 저항할 수 없이 그쪽으로 관심을 두지만, 다른 한편으로는 내면을 바라보고 우리 존재의 핵심과 내면적 자아를 발견하기를 열망한다. 이러한 갈등이 우리를 욕망, 불만족, 분노의 거미줄 속에 말려들게

하고 결국 고통, 피로, 호흡 곤란의 형태로 표출된다.

감각의 통제

감각은 마음에 의해 직접적으로 통제된다. 그러므로 감각을 통제하기 위해서는 마음을 통제해야 한다. 감각 기관을 이완하고 내면으로 향하게 함으로써 우리는 마음에서 감각을 분리시킬 수 있다. 만일 누군가가 평온한 가운데 마음이 명상에 잠겨 있으면, 감각은 통제받고 있는 것이다. 이때 외부의 사건은 더 이상 스트레스를 일으키지 않는다. 이때에만 우리는 삶을 지배하는 감정의 힘에 대해 성찰할 수 있고 무엇을 포기해야 하는지, 또 변해야 할 것은 무엇인지 분석할 수 있다. 요가 수행은 우리의 몸과 마음을 조화롭게 만든다. 안정된 속도와 리듬의 호흡은 몸을 이완시키고 마음으로부터 외부 세계의 걱정거리들을 떨쳐 낸다. 이러한 치유 효과는 일상적인 활동들이 효과적으로 잘 이루어질 때 매일매일의 생활에서 느낄 수 있다.

편안히 이완된 사람은 흩어져 사라지지 않는 역동적인 에너지를 지닌다. 이완 상태에 있을 때는 편두통, 피로, 혹은 과도한 긴장과 같은 스트레스의 일반적인 증세가 전혀 발생하지 않는다. 외부 환경이 어떠하든 마음은 침착하고 집중된 상태에 있으며 몸은 질병에서 벗어나 있다.

"자신의 한계를 인식할 때에만 그 한계를 넘어설 수 있다."

오늘의 세계

현대 세계의 기술과 과학이 진보했다 해서 행복이 저절로 찾아오지는 않는다. 비록 약간의 행복이 있다손 치더라도 현대 생활은 더 강한 스트레스에 노출되어 왔는데, 이는 사람들이 생각 없이 부, 성공, 그리고 세속적 쾌락을 추구하는 데 열중해 있기 때문이다.

폭발적으로 늘어나는 정보 덕분에 우리는 과거 어느 때보다 더 많은 지식에 접근할 수 있게 되었다. 역설적이게도 그러한 과학과 기술의 진보는 스트레스의 강도를 줄이기보다는 오히려 더 늘려 왔다. 경제적 안정을 얻어야 한다는 압박감, 인정받고 성공하고자 하는 욕구, 세속적 쾌락에 대한 갈망 등 이 모든 것이 우리를 불안과 서두름의 악순환 속으로 밀어 넣는다. 우리의 정신생활, 마음의 평화, 건강은 어쩔 수 없이 침해되고 있다.

끝없는 도전과 경쟁의 소용돌이 속에 갇혀 있으면 실재를 명료히 인식하는 능력을 잃어버린다. 그러면 자신의 개인적인 목적을 위해 부지불식간에 진실을 왜곡하게 되고 친절, 정직, 연민을 알아보지 못하고 그 대신 기만, 부정직, 혹은 자만심만을 인식 대상으로 받아들이게 될 것이다.

마음이 지성을 갖추었다 해도 심장과 연결되어 있지 않다면, 그것은 다듬어지지 않은 마음이다. 머리의 지성은 감정의 중추를 일깨우도록 조절되어야 한다. 오직 머리와 심장이 조화를 이룰 때에만 마음의 평화, 안정감, 행복을 얻을 수 있다. 이기주의와 자만심은 우리 각자로 하여금 자신의 감정의 중추와 접하지 못하게 한다. 완전히 통합된 인격을 형성하기 위해서는 지성뿐 아니라 감정도 발달되어야 한다. 그때에만 시시때때로 우리의 균형을 흩뜨리는 스트레스와 긴장을 조절할 수 있다. 심장과 마음이 분리되어 있는 한, 스트레스는 수축된 몸의 근육, 긴장된 얼굴 표정, 바람직스럽지 못한 행동 양식을 통해 육체로든 감정으로든 그 존재를 드러낼 것이다.

미친 듯이 서두르다
빠르게 돌아가는 현대 생활이 스트레스를 부른다.

음식과 영양

우리가 먹는 음식과 살아가는 환경은 스트레스에서 벗어난 삶을 영위하는 데 도움이 되어야 한다.
과일과 야채의 섭취를 늘리고, 마음을 진정시키는 향기, 소리, 풍경으로 감각을 잘 가꾼다면
보다 건강한 삶을 누릴 수 있을 것이다.

사트바의 음식들:
순수하고 영양이 풍부하다.

라자스의 음식들:
양념이 강하고 자극적이다.

타마스의 음식들:
둔하고 무기력한 상태로 만든다.

B.C. 300~400년 사이에 편집된 인도의 고대 문헌 우파니샤드 Upanishads는 음식을 16가지의 범주로 나눈다. 10개의 범주는 쓸 모없는 음식으로 분류되고, 5개는 마음의 에너지에 영향을 주며, 나머지 1가지는 지성에 꼭 필요한 것이다. 이 분류 체계에서 음식 은 직접 접해 있는 환경, 지리 조건과 기후 조건, 그리고 개인의 체 질에 따라 긍정적인 효과나 부정적인 효과를 가질 수 있다. 요가 과학에서는 음식에 사트바sattva, 라자스rajas, 타마스tamas의 세 가지 다른 성질이 있다고 한다. 사트바는 '순수한 본질'을 의미하며 균형이 잘 잡혀 있고 명상적인 측면을 대변한다. 라자스는 일을 수 행하고 성취하거나 창조하고자 하는 에너지이다. 그리고 타마스는 불활성과 부패를 나타낸다.

과일과 야채를 포함하는 사트바의 음식은 순수하고 자양분이 많 으며 신선한 반면 양파, 마늘, 매운 향신료 같은 라자스의 음식은 자극적이다. 술이나 고기 같은 타마스의 물질은 무겁고 기력을 빼 앗는 것으로 여겨진다. 인스턴트 음식은 비교적 새로운 용어이지 만 틀림없이 타마스의 성질을 가진 것으로 분류될 것이다.

현대 사회에서는 모든 활동들이 빠른 속도로 이루어지는데, 여 기에는 음식과 그것을 먹는 방식에 관련된 활동들도 포함된다. 즉 석 음식, 통조림 음식, 그리고 포장된 음식은 몸에 엄청난 부정적 영향을 미친다. 사트바의 음식으로 식사를 한다면, 식사 뒤에도 마 음은 식사를 하기 전과 마찬가지로 기민한 상태에 있지만 본질적 으로 라자스나 타마스의 음식이 주가 되는 식사를 한 뒤라면 마음 은 둔하고 나태하게 된다. 마음의 건강을 유지하는 것과 몸을 잘 보양하는 것은 똑같이 중요하다.

눈, 귀, 코, 혀, 피부 등 다섯 가지의 감각 기관은 마음으로 가는 문이다. 마음을 더 잘 조절하기 위해 감각 기관은 적절한 자양물을 필요로 한다. 귀를 위한 위안을 주는 음악, 눈을 위한 부드럽고 자 연스런 빛과 아름답고 평화스러운 풍경, 코를 위한 신선하고 깨끗 한 공기와 꽃의 향기. 이 모든 것이 마음을 살찌우는 데 도움이 된 다. 혀는 미묘한 풍취의 영양이 풍부한 음식을 필요로 하고, 피부 는 깨끗하고 부드러우며 유연하게 유지되어야 한다. 마지막으로 마음은 사고의 명료성을 길러서 길들여야 한다.

긍정적인 스트레스와 부정적인 스트레스

스트레스는 개인이 창조성과 성취력을 개발하도록 동기를 부여할 수 있다.
이것은 긍정적인 스트레스이다. 부정적인 스트레스는 질병, 우울증, 무기력으로 이어질 수 있다.
요가는 부정적인 스트레스를 긍정적인 스트레스로 바꾸는 법을 가르쳐 준다.

누적된 스트레스는 건강을 손상시키고 정서 안정을 서서히 해칠 수 있다. 오늘날에는 스트레스가 건강의 위험 요소라는 인식이 확산되고 있다. 스트레스는 우리를 무력하게 만들며 스스로 분열되고 불안정하다고 느끼게 할 수 있다. 하지만 스트레스가 창조와 성취의 동기를 유발할 수도 있다. 이러한 유형의 스트레스는 긍정적이고 건설적이다.

스트레스의 유형

긍정적인 스트레스와 부정적인 스트레스는 명확히 구분되어야 한다. 부정적인 스트레스는 질병에 대한 저항력을 약화시키거나 불안감을 가지게 한다. 몇몇 질병처럼 부정적인 스트레스가 잠재된 상태로 있을 수도 있지만, 경련이나 호흡 곤란과 같은 육체적인 증상을 보일 수도 있다. 긍정적인 스트레스와 부정적인 스트레스는 동전의 양면과 같지만, 대개 어느 한 유형이 두드러지게 나타난다.

우리 각자는 부정적인 스트레스를 긍정적인 에너지로 변화시키는 방법을 찾아서 건강한 몸과 마음을 형성하는 데 이용할 수 있어야 한다. 마음, 몸, 감정은 육체적, 심리적, 지성적, 정서적, 그리고 영적인 스트레스에 의해 영향을 받는다. 그 결과 근육과 관절이 긴장되거나 뻣뻣해질 수 있고, 골격을 이루는 뼈의 기능이 감퇴될 수도 있으며 몸의 여러 계system가 쇠약하거나 생명 유지 기관이 무력해질 수 있다. 감정적 긴장과 근육의 긴장은 밀접히 관련되어 있다. 지속적인 스트레스는 근육 수축, 심각한 근육 및 관절의 통증을 야기하며 턱이나 얼굴 근육을 굳어지게 만든다. 만일 스트레스로 고통 받고 있다면 소화 불량, 과민성 장 증후군, 두통, 편두통, 횡격막이 죄어드는 느낌, 호흡 곤란, 혹은 불면증을 겪을 수 있다.

스트레스에 대한 반응

사람들은 각각 동일한 스트레스 상황에 서로 다른 강도로 반응한다. 어떤 사람들은 화를 낼 수 있고, 다른 사람들은 혼란스러워하거나 침울해질 수 있다. 궁극적으로 스트레스는 질병과 때 이른 노화, 심지어 치명적인 병으로까지 이어진다. 정신신경면역학은 몸, 마음, 감정 사이에 연관성이 있다고 보지만, 고대의 요가 수행자들은 이 연관성을 천 년 전에 이미 인식하고 있었다. 요가 과학에 따르면 정신의 건강은 몸의 건강에 반영된다. 심리적인 억압은 신체의 모든 계통에 스트레스를 준다.

스트레스 줄이기

스트레스를 줄이기 위해서는 몸과 마음이 하나로 다루어져야 한다. 스트레스와 관련된 긴장은 주로 근육, 횡격막, 신경계에 축적된다. 이 부위가 이완되면 스트레스는 감소한다. 감각 기관과 중추 신경계 또한 스트레스에 육체적으로 반응한다. 요가의 깊은 이완법은 신체의 모든 계통에 심대한 영향을 미친다. 몸의 한 부분이 긴장되면 그 부분으로 흐르는 혈액량이 감소하고 면역력도 줄어든다. 요가는 바로 그러한 부위에 작용하여 긴장을 줄이고 몸 전체로 가는 혈액의 흐름을 개선시켜 심장 박동의 속도와 혈압을 좋은 상태로 만든다. 급하고 얕은 호흡이 깊고 느려지면서 산소를 더 많이 받아들이게 되고 몸과 마음의 스트레스가 사라진다.

긍정적인 행위
스트레스를 이용하면
긍정적인 효과를
얻을 수 있다.

아사나와 스트레스

아사나와 프라나야마 수련은 스트레스의 가장 자연스러운 치유법이다.
보조 도구를 이용한 아사나 수련은 체력을 기르고 불필요한 긴장 없이 자세로부터 효과를 얻게 한다.

많은 사람들은 스트레스 해소를 위해 신경안정제, 술, 담배에 의지하거나 먹는 것으로 위안을 삼는다. 이러한 것들이 당장 위안이 되기는 하겠지만 모두들 너무나 잘 알고 있듯 이들은 일시적인 해결책에 지나지 않으며, 실제로 역효과를 가져온다. 또 스트레스의 강도를 높이는 위험한 부작용도 있다. 단순한 이완 기법은 단기간 동안 스트레스의 강도를 낮출 수가 있지만 스트레스의 원인을 광범위하게 다룰 수 없다.

예전의 요가 수행자와 현인들은 감정의 혼란이나 불안에 침착하고 안정적으로 대응해야 한다고 강조하였다. 요가는 침착하게 스트레스 상황을 다룰 수 있는 긍정적인 태도를 내면화하도록 도와준다.

스트레스 다루는 법 배우기

우리 모두는 좋은 습관과 나쁜 습관을 구별하는 힘을 가지고 있으며 윤리적 행위에 대한 의식을 발달시키는 힘 또한 갖추고 있다. 규칙적인 요가 수행과 같은 좋은 습관을 받아들임으로써 몸 안의 생명 에너지를 고갈시키는 스트레스를 막을 수 있다. 아사나와 프라나야마의 수련은 스트레스에 가장 효과적일 뿐만 아니라 가장 자연스러운 치유법이다. 다른 많은 치유법과 달리 부작용의 위험도 없다. 단순한 이완은 스트레스의 부정적인 영향에 대처하기에 미흡하다. 건강에 좋은 식이 요법과 생활양식, 그리고 규칙적인 요가 수행은 몸속에 엄청난 양의 에너지가 생성되는 것을 도우며 세포를 자극하고 긴장된 근육을 이완시킨다.

아사나와 프라나야마가 마음에 미치는 효과를 느끼려면 더 많은 시간이 걸리지만 참을성 있게 정성껏 수련한다면 머지않아 수련하는 도중이나 마친 뒤 정신적인 평정과 행복을 느낄 것이다. 아사나와 프라나야마를 수련하는 동안 마음을 외부로 향하게 하는 다섯 가지 감각 기관은 내면으로 향해진다. 마음의 동요가 잠재워지면 우리 온 존재는 고요하고 안정된 상태에 들게 된다. 부정적인 스트레스의 영향은 줄어드는 반면 긍정적인 스트레스의 효과가 증대됨으로써 신경, 내부 장기, 감각, 마음, 그리고 지성에 탄력성과 유연성이 생겨나 건강한 마음과 몸이 만들어진다. 당연히 명료함, 확고한 목적, 자기 단련, 그리고 윤리 및 도덕적 감수성도 함께 갖추어져, 스트레스로부터 벗어나고 주위 환경과 조화를 이룬 평온한 삶을 살 수 있게 된다.

긍정적인 태도의 내면화
마리챠아사나를 수련하면 횡격막을 이완하여 스트레스를 줄이는 데 도움이 된다.

"뇌는 고요하고, 몸은 활기에 넘쳐야 한다."

능동적인 수련과 수동적인 수련

우리가 매일 겪는 스트레스에는 육체적인 것, 심리적인 것, 생리적인 것 등 많은 다양한 유형들이 있다. 이들 스트레스의 부정적인 영향과 효과적으로 싸우는 유일한 방법은 능동적인 수련과 수동적인 수련을 조화롭고 적절하게 사용하는 것이다. 보조 도구를 이용하는 요가에 대해서 나는 '수동적인 수련'이라는 용어를 쓴다. 그것은 이 요가가 마음의 평정, 인내심, 지구력을 증진시키는 데 도움이 되기 때문이다. '능동적인 수련'은 말 그대로 보다 활발한 수련으로, 일반적으로 보조 도구를 이용하지 않는 고전적인 자세들을 가리킨다. 이 자세들, 특히 서서 하는 자세들과 뒤로 굽히는 동작을 포함하는 자세들은 체력과 생명력, 그리고 유연성을 기르는 데 도움을 준다. 능동적인 자세와 수동적인 자세 간의 균형은 개인마다 다 다를 뿐 아니라 심지어 각 계절마다 다를 것이다. 예를 들어 누워서 하는 아사나, 거꾸로 하는 아사나, 휴식을 주는 아사나는 특히 더운 날에 유익하다. 이들 아사나는 신진 대사를 느려지게 하며

에너지를 보존한다. 겨울의 몇 개월 동안에는 서서 하는 아사나, 뒤로 굽히는 아사나, 거꾸로 하는 아사나들이 신체의 여러 계통을 자극하여 감기, 기침, 가슴 부위의 울혈, 부비강염과 같은 흔한 질병들을 물리치는 데 도움을 준다.

순서와 지속 시간

순서란 아사나의 효과를 최대화하기 위해 특정한 차례로 수련하는 방법이다. 능동적인 수련을 너무 많이 하면 이기적이 되거나 신체의 여러 계통을 피로에 지치게 만들 수 있다. 반면에 수동적인 수련을 지나치게 많이 하면 우울증, 무기력, 불안정하고 짜증스런 느낌을 가질 수 있다. 요가와 자신의 몸에 대해 점점 더 많은 것을 깨닫게 됨에 따라 능동적인 자세와 수동적인 자세의 이상적인 배합을 위해 자신의 수련 순서를 조정할 수 있게 될 것이다. 체력과 유연성이 증대되면 더 오랫동안 자세를 유지할 수 있을 것이다. 아사나의 효과는 단숨에 생겨날 수 없으며, 지속 시간은 에너지, 지성, 그리고 각성에 달려 있다.

보조 도구를 이용한 아사나

만일 강도 높은 스트레스를 겪고 있거나 가벼운 부상을 입었을 경우, 혹은 어떤 식으로든 피로에 지쳐 있다면 보조 도구를 이용하여 요가를 수련하는 것이 가장 좋다.

긴장을 최소화하기
간단한 보조 도구를 이용하면
긴장을 줄이고 더 오랫동안
자세를 지속할 수 있다.

보조 도구를 이용한 아사나

고대의 요가 수행자들은 아사나의 효과적 수련에 도움이 되도록 통나무, 돌, 밧줄을 이용했다.
이 원리를 응용하여 아헹가는 긴장 없이 힘 들이지 않고 더 오랫동안 아사나를
지속할 수 있게 하는 보조 도구들을 고안하였다.

세투반다 사르반가아사나 자세를 취한 아헹가
이 변형된 세투반다 사르반가아사나 자세를 취하려면 목, 어깨, 등에 상당한 힘이 있어야 하며,
자세를 완성하는 데 여러 해 동안의 수련이 필요하다. 지도자 없이 이 자세를 시도해서는 안 된다.

요가 아사나에는 몸을 이완시키는 자세 뿐 아니라 몸을 신장시키고, 격렬하게 움직이게 하는 자세도 포함된다. 더욱 중요한 것은 이 동작들의 목적이 몸을 정확하게 정렬하는 데 있다는 사실이다. 여기에는 정신적 정렬도 포함되는데, 이 정신적 정렬 속에서 마음은 몸의 모든 부분들 하나하나에 고르게 가 닿는다.

　요가를 수행하기 위해서는 정신적으로나 육체적으로 좋은 조건이 필요하다. 그러나 오랜 기간 요가를 가르치면서 나는 좋은 조건 속에 있는 사람들조차도 때때로 특정한 자세를 필요한 시간만큼 유지하는 것이 어렵다는 사실을 깨달았다. 또 몇몇 아사나들은 가장 건강한 수련생이라도 처음부터 도움을 받지 않고 시도하기에는 너무 복잡한 몸 동작을 필요로 한다. 내가 요가의 보조 도구 이용법을 개발했던 것은 바로 이런 이유에서이다. 보조 도구를 사용한다 해서 아사나 수련이 결코 더 쉽거나 덜 지루하거나 더 재미있는 것은 아니지만, 허약하든 강하든, 젊었건 늙었건, 초보자든 상급 수련자든, 또 피로나 부상 때문에 에너지를 보존하길 원하는 사람들까지 모든 수련생들이 똑같이 모든 아사나를 할 수 있게 되었다.

보조 도구들은 어떤 도움을 주는가

몸을 신장, 강화, 이완시키거나 몸의 정렬 개선에 도움이 되는 것은 무엇이든 모두 요가 보조 도구라 할 수 있다. 요가 보조 도구는 아사나 수련을 더 오래 지속하고 에너지를 절약할 수 있도록 돕는다. 이러한 보조 도구들은 이완된 방식으로 아사나를 수련할 수 있게 하며, 몸과 마음이 수동적으로나 능동적으로나 균형을 이루게 한다. 처음에 나는 수련생들이 수련하는 동안 내 몸을 사용하여 그들을 지지해 주곤 했으나 이렇게 하는 것이 나의 에너지를 고갈시킨다는 것을 알았다. 그래서 수련생들이 최종 자세를 취하는 것을 돕기 위해 벽, 의자, 받침대, 목침, 큰베개, 담요 및 벨트와 같은 일상에서 흔히 볼 수 있는 물체로 실험을 해 보았다. 특히 질병을 앓고 있는 사람들을 대상으로 작업할 때 보조 도구의 가치를 깨닫게 되었다. 즉 높이, 무게, 지지력을 더해 줌으로써 핵심적인 동작과 몸의 미묘한 조정을 지속하는 데 보조 도구들이 큰 도움이 된다는 것을 발견했던 것이다. 나아가 보조 도구를 사용하면 혈액 순환과 호흡 능력이 개선된다는 것도 알게 되었다. 이에 영감을 받은 나는 개인적 필요에 맞게 조정된 보조 도구들을 고안해 냈다.

동작과 이완이 동시에 이루어지게 하는 유일한 운동 형태라는 점에 있어 보조 도구를 사용한 요가 아사나의 수련은 독보적이다. 이러한 수련으로 근육이 활성화되고 몸의 내부 장기들이 정상 상태를 되찾으며 불필요한 정신적, 육체적 스트레스나 긴장이 완화된다. 보조 도구는 유연성과 체력을 증진시키는 것을 돕고, 그와 동시에 무기력하고 피로해진 근육을 이완시킨다. 또 육체적인 피로를 가중시키지 않으면서 온몸의 원기를 회복하는 것을 돕는다.

요가 수련생들은 보조 도구를 사용하는 아사나 수련이 기운을 북돋우는 운동이라는 것을 알게 된다. 보조 도구의 사용으로 수련생들은 어려운 아사나를 시도할 자신감을 얻고 정확하게 수련할 수 있게 된다. 보조 도구는 방향 감각과 조정 감각을 얻게 하며 각각의 아사나에 대한 이해를 키우고 확대하는 것을 돕는다. 보조 도구는 말없이 가르치는 교사로서의 역할을 한다.

보조 도구와 치유

몸이 무기력하고 둔하며 피로할 때 보조 도구를 사용해서 수련하면 놀라운 효과를 얻을 수 있다. 신경계는 이완되고 뇌가 진정되며 마음이 가라앉는다. 또 보조 도구를 사용하는 아사나는 정서적 안정과 의지력을 회복하게 한다. 스트레스가 줄어들면 근심, 두려움, 침울한 기분 역시 사라지고 정서적으로 긴장된 상태에 있는 사람들이 삶의 모든 상황에 더 잘 대처할 수 있다. 혈액 순환이 증대되며 호흡 기관, 복부 장기, 골반의 장기뿐만 아니라 심장 또한 휴식을 취하고 원기를 회복한다. 예를 들어 넓은 나무 벤치 위에서 수련하는 세투반다 사르반가아사나(p.236 참조)는 육체적 긴장이 전혀 없이 심장이 휴식을 취하고 에너지를 얻게 함으로써 심장의 관상 동맥에 더 많은 혈액이 공급되게 한다. 이 때문에 이 자세는 심장병 환자에게 이상적이다.

큰베개, 목침, 받침대, 혹은 의자의 도움을 받아 아사나를 수련하면 많은 일반적 질병을 치료하는 데 도움이 된다. 혈압이 정상화되고 호흡 곤란 증세와 천식이 가라앉으며 등, 엉덩이, 무릎 및 발의 뻣뻣함이 사라지고 류머티즘과 관절염이 완화된다. 보조 도구를 사용하는 요가는 우리로 하여금 몸에 대한 집착으로부터 벗어나게 하며 정신을 해방시킨다. 또 자세를 개선하고 균형을 유지하는 것을 도우며, 몸을 신장시키고 수련 중 이완 상태를 경험하게 한다.

마지막으로, 보조 도구를 사용하는 요가는 평화와 평정의 느낌이 솟아나게 하며 궁극적으로 참신한 시각과 새로운 힘이 생기게 한다. 다음 페이지에 제시된 보조 도구들 중 일부는 수련생들의 수련을 위해 특별히 개발되었다. 그 외에는 자신의 집에서 찾아볼 수 있는 물건들이다.

벽에 기대고 하는 수련

벽을 버팀대로 사용하면 균형과 조정 감각을 유지하는 데 도움이 되는데, 특히 서서 하는 자세와 거꾸로 하는 자세에서 그러하다. 벽을 의지하면 부상이나 긴장을 두려워하지 않고 수련할 자신감이 생긴다. 벽은 타다아사나(p.186 참조)를 수련할 때 매우 유용하다. 서서 하는 아사나를 수련할 때는 반드시 고르고 평탄한 벽면에 대고 해야 한다. 미끄러짐을 피하기 위해 매트나 담요 위에서는 수련하지 않으며 양말도 신지 않는다. 타다아사나와 그 변형 자세는 언제나 맨발로 수련해야 하는데, 그것은 신발로 인해 동작이 제한되고 발가락이 죄어지며 발바닥의 감각이 둔화될 뿐 아니라 이 자세에서의 모든 조정을 감지하는 능력이 손상되기 때문이다.

벽은 정렬에 도움을 준다. 아헹가 선생이 타다아사나 우르드바 하스타아사나 자세를 취하는 수련생의 팔 자세를 조정한다.

여러 가지 보조 도구들

이 페이지에서 보여 주는 보조 도구들은 가정에서 구할 수 있거나 아헹가 요가(홈페이지 참조)에서 수 있는 것들이다. 보조 도구를 가지고 수련할 때는 자기에게 가장 적당하다고 여겨지는 방법으로 사용하도록 한다. 몇 가지 기본적인 지침을 제시하였지만 가장 중요한 점은 아사나를 수련할 때 여러분 자신이 안락하고 이완된 느낌을 가져야 한다는 것이다.

매우 소중한 지지물
하나의 받침대를 이용하여 우스트라아사나 자세를 취한 아헹가 선생

아래에 보이는 보조 도구들은 아사나를 수련할 때 온몸을 받쳐 주고, 동작을 보다 효과적으로 조정하기 위한 높이를 제공하며, 자세에서 균형을 더 잘 잡을 수 있게 한다.

의자

이 금속제 접는 의자는 등받이가 비워져 있어서 다리를 그 사이로 넣을 수 있다. 이것은 바라드바자아사나와 같이 앉아서 비트는 자세에서 몸통을 더 쉽게 효과적으로 돌리는 데 도움이 된다. 살람바 사르반가아사나와 할라아사나 자세를 취할 때 등받이의 양옆을 잡으면 몸을 안정시킬 수 있다. 이것은 또 비파리타 단다아사나와 같이 뒤로 굽히는 자세에서 몸통을 지지해 준다. 의자는 반드시 충분히 안정적이어야 하며 바닥에 단단히 자리 잡아야 한다.

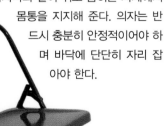

나무 벤치

이 벤치는 몸통을 편안하게 지지해 줄 만큼 충분히 넓으면서 높이는 약 60cm가 되어야 한다. 이것도 바닥에 단단히 놓여 있어야 한다. 심장 질환자나 편두통 혹은 호흡계에 이상 증세가 있는 사람들이 세투반다 사르반가아사나를 수련할 때 이 벤치를 사용하면 유익할 것이다.

아르다 할라아사나 받침대

이 받침대는 파리푸르나 나바아사나에서 등과 발을 지지하고, 우스트라아사나에서 등을 받칠 수 있도록 높이가 약 30~45cm 정도 되어야 한다. 이것은 등, 복부, 팔, 다리에 유연성과 힘을 필요로 하는 아사나를 수련할 때 도움이 된다.

옆면이 없는 낮은 받침대

측면이 비워져 있는 받침대는 우스트라아사나와 같은 뒤로 굽히는 자세에서 몸을 지탱하는 것을 도와주며 몸통을 쉽게 들어 올리고 휘어지게 하는 데 도움이 된다. 받침대의 높이가 45cm를 넘어서는 안 되며 바닥에 단단히 놓여 있어야 한다.

높은 받침대

넓적다리 중간 정도 높이의 이 받침대는 우티타 마리챠아사나와 같은 서서 비트는 자세의 수련에 도움이 된다. 이것은 긴장 없이 척추와 몸통을 효과적으로 돌릴 수 있게 한다. 받침대는 반드시 바닥에 단단히 놓여야 하고 발 전체가 편안하게 놓일 만큼 상판이 충분히 넓어야 한다.

아래의 보조 도구들은 몸의 특정 부위를 지지하여 긴장 없이 더 오랫동안 아사나를 지속할 수 있게 한다. 초보자, 관절이나 근육이 뻣뻣한 사람, 혹은 고혈압이 있거나 앞으로 굽히는 자세에서 머리를 받칠 필요가 있는 사람들은 이 보조 도구의 유용함을 깨달을 것이다.

큰베개

큰베개는 몸을 받쳐 주면서 긴장 없이 효과적으로 몸을 이완하고 뻗을 수 있게 한다. 무게는 3kg 정도가 되어야 하고 면으로 빽빽하게 속을 채워야 한다. 길이는 약 60cm, 직경은 약 23cm이며 가능하면 분리 가능한 면 커버를 씌운다.

발포 블록

발포 블록은 목침을 쌓은 그 아래에 놓는데, 앞으로 굽히는 자세에서는 머리를 받치고 프라나야마를 수련할 때는 등을 지지한다. 치수는 약 30cm×18cm×5cm이다.

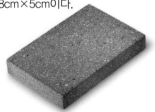

목침

목침은 모든 유형의 아사나에서 받침대로 사용된다. 앉아서 하는 아사나와 서서 하는 아사나에서는 다리, 무릎, 혹은 손바닥을 받쳐 주고, 앉아서 비트는 자세에서는 높이를 유지할 수 있게 한다. 웃자이 프라나야마를 수련할 때 목침은 등을 받쳐 주고, 가슴을 여는 것을 돕는다. 우타나아사나처럼 앞으로 굽히는 자세에서 목침은 머리와 손을 지탱한다. 목침의 크기는 23cm×12cm×7cm가 되어야 한다. 목침은 필요에 따라 짧은 면이 바닥에 닿게 놓을 수도 있고(a), 긴 면(b)이나 넓은 면(c)이 닿게 놓을 수도 있다. 이 장에서는 많은 아사나에 대해 높이를 제시해 두었는데, 가장 편안하다고 느끼는 높이로 목침을 놓아야 한다.

둥근 목침

작은 목침은 서서 비트는 자세인 우티타 마리챠아사나에서 추가로 몸을 높이는 데 사용된다. 이것은 긴장하지 않고 몸을 더 효과적으로 돌리는 것을 돕는다. 목침의 높이는 약 5cm이고 길이는 10cm이다.

접은 담요

접은 담요는 누워서 하는 아사나와 프라나야마를 수련할 때 등을 받치거나, 살람바 사르반가아사나와 같은 거꾸로 하는 자세에서 머리와 어깨를 받치기 위해 사용된다. 또한 앉아서 하는 아사나에서 높이를 제공하며 몸통과 척주를 똑바로 유지하는 것을 도울 뿐 아니라 구조상 좋지 못한 자세를 바로잡는 것을 돕는다. 규격이 약 2m×1.2m 되는 면 담요가 가장 적당하다. 몸에 가해지는 의자나 벤치의 충격을 완화시키기 위해 이것을 사용할 때는 반으로 접은 것을 세 번 접는다. 앉아서 하는 아사나와 앉아서 비트는 자세를 할 때 추가로 몸을 더 높이려면 반으로 접은 것을 4번이나 5번 접는다.

둥글게 만 담요

이것은 누워서 하는 아사나와 뒤로 굽히는 자세에서 목을 받치기 위해, 또 비파리타 단다아사나처럼 뒤로 굽히는 자세에서 등의 잘록한 부분을 받치기 위해 사용된다. 둥글게 만 담요는 비라아사나와 아도무카 비라아사나에서 가슴과 넓적다리, 발목의 긴장 해소에 도움이 된다. 반으로 접은 면 담요를 4번 접고 다시 그것을 단단히 만다(위의 사진 참조).

다음의 두 가지 보조 도구는 몇몇 아사나의 효과를 높여 준다. 벨트는 근육이나 관절이 긴장되는 것을 예방하고 더 많이 뻗을 수 있게 한다. 붕대는 사념이 더 쉽게 내면으로 향하게 함으로써 충분히 이완할 수 있도록 돕는다.

요가 벨트

벨트는 숩타 파당구쉬타아사나, 우르드바무카 자누 시르사아사나, 그리고 파리푸르나 나바아사나에서 최종적으로 몸을 뻗을 때 긴장을 주지 않으면서 그때 필요한 반작용의 힘을 부여하는 것을 돕는다. 벨트의 길이는 2m 정도이고 튼튼하게 직조된 재료로 만들어졌으며 어느 한쪽에 죔쇠가 달려 있다.

신축성 있는 면 붕대

길이가 2.5~3m이고 넓이는 10cm인 붕대는 눈가리개로 쓰이는데 눈을 눈구멍 안으로 가라앉게 하는 것을 돕는다. 이렇게 하면 사바아사나와 프라나야마를 수련할 때 뇌가 진정되고 얼굴 근육과 신경계가 이완된다.

타다아사나 사마스티티
안 정 되 고 굳 건 한 산 자 세

서서 하는 모든 아사나의 출발점인 이 자세는 아나하타anahata,
즉 '심장' 차크라(p.57 참조)의 자리인 흉골을 들어 올린다.
이 자세는 스트레스를 줄이고 자신감이 고양되도록 도와주며,
최종 자세에서의 완전한 균형에 의해 의식의 각성이 확장된다.
산스크리트어에서 타다아사나는 '산 자세'를 의미하고
사마스티티는 '똑바로 서 있는 안정된 상태'를 가리킨다.

효과
• 우울증 치료에 도움을 준다.
• 부정확한 자세를 개선시킨다.
• 무릎 관절을 튼튼하게 한다.
• 발에 활력을 주고 평발을 교정한다.
• 좌골신경통을 완화한다.
• 치질을 예방한다.
• 방광의 조절력을 증진시킨다.
• 골반과 복부를 정상 상태로 회복시키고 처진
  것을 올려 준다.

주의 사항
스트레스성 두통, 편두통,
눈의 피로, 저혈압, 무릎 골관절염,
폭식증, 설사, 불면증, 백대하가
있을 때는 이 아사나를 수련하지
않는다. 만일 균형을 잡는 데
문제가 있다면 발을 약 25cm
정도 벌리고 수련한다.

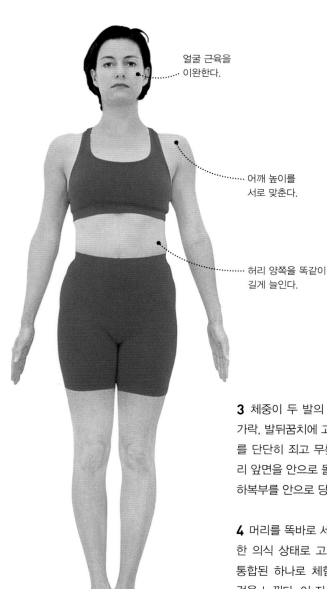

얼굴 근육을
이완한다.

어깨 높이를
서로 맞춘다.

허리 양쪽을 똑같이
길게 늘인다.

보조 도구(p.184 참조)
벽은 몸을 정확하게 정렬하는 것을 돕는다.
또 이 자세에서의 조정이 더 쉽게 이루어지
도록 해 주며, 최종 자세에 안정감을 부여
한다.

1 맨발로 평평하고 고른 바닥 위에 선다. 발
뒤꿈치를 벽에 닿게 하고 두 발을 모은다. 초
보자는 발을 5cm 벌려서 서는 것이 더 쉬울
수도 있다.

2 손바닥이 넓적다리를 향하게 하여 팔을
몸 옆을 따라 쭉 뻗고 손가락은 바닥을 향하
게 한다. 목 근육을 부드럽고 이완된 상태로
유지한 채 목을 위로 뻗는다.

3 체중이 두 발의 안쪽과 바깥쪽 가장자리, 발
가락, 발뒤꿈치에 고르게 분산되게 한다. 종지뼈
를 단단히 죄고 무릎 오금을 활짝 편다. 넓적다
리 앞면을 안으로 돌리고 엉덩이를 단단히 죈다.
하복부를 안으로 당겨 넣고 가슴을 들어 올린다.

4 머리를 똑바로 세우고 정면을 바라본다. 또렷
한 의식 상태로 고르게 호흡한다. 몸과 마음을
통합된 하나로 체험하면서 에너지가 밀려오는
것을 느낀다. 이 자세로 30~60초 동안 머문다.

타다아사나 우르드바 하스타아사나
팔을 위로 쭉 뻗은 자세

이것은 팔을 위로 뻗는, 산 자세의 변형이다. 'urdhva'는 산스크리트어에서 '위를 향한'으로 옮길 수 있고, 'hasta'는 '손'을 의미한다. 이 아사나는 팔, 어깨 관절, 손목, 손가락 관절, 손가락을 단련시키므로 앉아서 일하는 직업을 가진 사람들에게 권장된다.

효과
- 우울증 치료를 돕고 자신감을 높인다.
- 복부, 골반, 몸통, 그리고 등을 정상 상태로 되돌리고 활성화시킨다.
- 관절염을 완화시킨다.
- 좌골신경통의 통증을 가라앉힌다.
- 무릎 관절을 튼튼하게 한다.
- 넓적다리 뒤 근육을 신장시킨다.
- 평발을 교정한다.

주의 사항
스트레스성 두통, 편두통, 눈의 피로, 저혈압, 무릎 골관절염, 폭식증, 설사, 불면증, 백대하가 있을 때는 이 아사나를 수련하지 않는다. 고혈압인 경우 이 자세를 15초 이상 지속하면 안 된다. 디스크가 탈구되었을 때는 두 발을 붙이지 않는다. 자궁이 탈수되었을 때는 양쪽 발가락 끝은 모으고 발뒤꿈치는 붙이지 않는다.

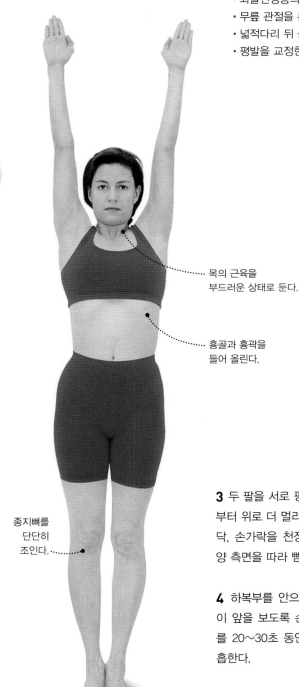

목의 근육을 부드러운 상태로 둔다.

흉골과 흉곽을 들어 올린다.

종지뼈를 단단히 조인다.

보조 도구(p.184 참조)
벽은 몸을 정확하게 정렬하는 것을 돕는다. 또 이 자세에서의 조정이 더 쉽게 이루어지게 하며, 최종 자세에 안정감을 부여한다.

1 평평한 맨 바닥 위에 맨발로 타다아사나로 선다(p.68 참조). 숨을 내쉬며 허리에서부터 몸을 쭉 뻗으면서 팔을 어깨 높이까지 앞으로 들어 올린다. 손바닥을 펴고 서로 마주 보게 한다.

2 머리 위로 팔을 바닥과 수직이 되게 올리고 팔과 손가락을 쭉 뻗는다. 견갑골을 몸 안으로 밀어 넣는다.

3 두 팔을 서로 평행하게 하여 어깨에서부터 위로 더 멀리 쭉 뻗는다. 손목, 손바닥, 손가락을 천장을 향해 뻗는다. 몸의 양 측면을 따라 뻗어지는 느낌을 가진다.

4 하복부를 안으로 끌어당긴다. 손바닥이 앞을 보도록 손목을 돌린다. 이 자세를 20~30초 동안 유지한다. 고르게 호흡한다.

타다아사나 우르드바 바당굴리야아사나
손가락을 깍지 낀 산 자세

이것은 '산 자세'인 타다아사나의 변형이다. 'urdhva'는 산스크리트어에서 '위를 향하여'를 뜻하고, 'baddha'는 '잡힌', 혹은 '묶인' 것을 가리키며, 'anguli'는 '손가락'으로 옮길 수 있다. 이 자세에서 뇌는 이완되면서도 또렷이 깨어 있는 상태가 되며, 수련자는 발에서부터 깍지 낀 손가락에 이르기까지 온 몸이 강하게 신장되는 것을 의식한다. 발에서부터 위로 손가락 관절까지 에너지가 흐르는 것을 느낀다.

효과
• 자신감을 길러 주고 우울증 완화에 도움이 된다.
• 관절염을 완화시킨다.
• 어깨, 팔, 손목, 손가락을 신장시킨다.
• 척추 이상 치료를 돕는다.
• 몸통, 등, 복부, 골반을 조정하고 활성화시킨다.
• 무릎 관절을 강화한다.
• 좌골의 통증을 줄인다.
• 평발을 교정한다.

주의 사항
심장 질환, 스트레스성 두통, 편두통, 저혈압, 불면증, 무릎 골관절염, 폭식증, 설사, 백대하가 있는 경우에는 이 아사나 수련을 피한다. 고혈압이 있을 경우에는 15초 이상 이 자세를 지속하지 않는다. 소아마비를 앓았거나 안짱다리일 경우, 혹은 균형을 잡는 데 문제가 있으면 두 발을 20cm 떼어 놓는다. 요통이 자주 오거나 디스크 탈출, 자궁 탈수가 있으면 양쪽 엄지발가락의 끝을 서로 모으고 발뒤꿈치는 떼어 놓는다.

흉골을 들어 올린다.

보조 도구(p.183 참조)
벽은 몸을 정확하게 정렬하는 것을 돕는다. 또 이 자세에서의 조정이 더 쉽게 이루어지게 하며, 최종 자세에 안정감을 부여한다.

대퇴사두근을 당겨 올린다.

1 평평한 맨 바닥 위에 맨발로 벽에 기대어 타다아사나로 선다(p.68 참조). 손바닥을 가슴을 향하게 하여 두 팔을 가슴 쪽으로 가져온다. 왼손 새끼손가락이 오른손 새끼손가락보다 아래에 오게 하여 손가락을 손가락 밑동에서부터 단단히 깍지 낀다(삽입된 사진 참조).

발가락 위 볼록 솟은 부분을 발뒤꿈치로부터 멀리 뻗는다.

2 깍지 낀 손바닥을 안쪽이 밖으로 가게 돌린다(삽입된 사진 참조). 숨을 내쉬며 어깨 높이에서 두 팔을 몸 앞쪽으로 쭉 뻗는다. 숨을 들이마시며 두 팔을 머리 위로 들어 올려 바닥과 수직이 되게 한다. 팔을 완전히 뻗고 팔꿈치에 힘을 단단히 준다. 손바닥에서 뻗는 감각을 느낀다. 이 자세를 30~60초 동안 유지한다.

타다아사나 파스치마 받다 하스타아사나

등 뒤에서 팔짱을 낀 산 자세

산스크리트어에서 'paschima baddha hastasana'는 '등 뒤에서 포개진 손'을 의미한다. 'baddha'는 '묶인', 혹은 '잡힌'의 뜻을 가진다. 이 아사나는 타다아사나 파스치마 나마스카라아사나 (p.190 참조)를 더 쉽게 변형한 것으로 등과 팔에 더 많은 유연성과 뻗침을 요구하는 표준 자세를 할 수 있도록 준비시킨다.

효과

- 자신감을 높여 주고 우울증을 줄이는 데 도움이 된다.
- 경추증 치료를 돕는다.
- 어깨, 팔, 손목, 손가락의 관절염을 완화시킨다.
- 무릎 관절을 튼튼하게 하고 좌골신경통의 통증을 줄인다.
- 평발을 교정한다.

주의 사항

협심증, 스트레스성 두통, 편두통, 눈의 피로, 불면증, 저혈압, 무릎 골관절염, 백대하, 혹은 폭식증이 있는 사람은 이 아사나를 수련하지 않는다. 디스크가 탈구되었으면 두 발을 떼어 놓는다. 자궁 위치 이상이 있으면 양쪽 엄지발가락 끝을 모으고 발뒤꿈치는 떼어 놓는다. 소아마비를 앓았거나 균형을 잡는 데 문제가 있으면 두 발을 적어도 25cm 정도 벌려서 선다.

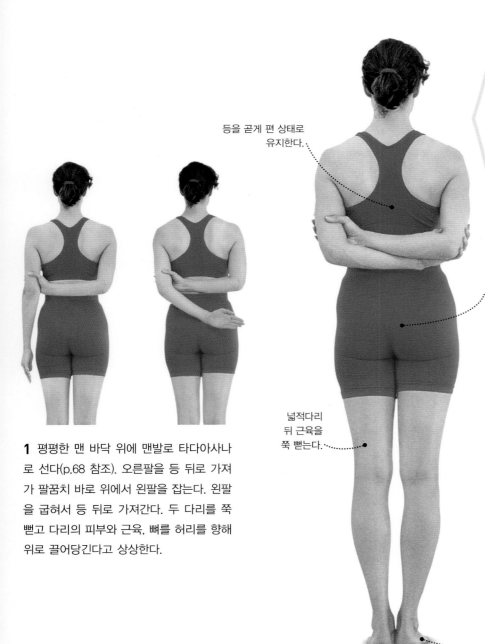

등을 곧게 편 상태로 유지한다.

엉덩이 볼기 근육을 단단히 조인다.

넓적다리 뒤 근육을 쭉 뻗는다.

두 발에 고르게 체중을 싣는다.

1 평평한 맨 바닥 위에 맨발로 타다아사나로 선다(p.68 참조). 오른팔을 등 뒤로 가져가 팔꿈치 바로 위에서 왼팔을 잡는다. 왼팔을 굽혀서 등 뒤로 가져간다. 두 다리를 쭉 뻗고 다리의 피부와 근육, 뼈를 허리를 향해 위로 끌어당긴다고 상상한다.

2 왼손으로 팔꿈치 바로 위에서 오른팔을 잡는다. 단단하게 잡아야 하지만 꽉 조여서는 안 된다. 두 팔뚝이 등을 누른 상태를 유지한다. 위팔을 살짝 안으로 돌린다. 팔꿈치를 뒤로 밀되 들어 올려지게 해서는 안 된다. 처음에는 이 자세를 20~30초 동안 유지한다. 수련과 더불어 지속 시간을 1분까지 늘린다. 수련하는 동안 내내 고르게 호흡한다.

타다아사나 파스치마 나마스카라아사나

등 뒤에서 손을 포갠 산 자세

서서 하는 이 아사나에서 두 손은 인도식 인사인 나마스카(합장) 자세로 등에서 포개어진다. 이 뻗는 자세는 상체와 팔에서 상당한 유연성을 필요로 한다. 어깨, 팔꿈치, 손목 관절이 이 아사나를 쉽게 수행할 만큼 충분히 유연해질 때까지 파스치마 받다 하스타아사나(p.189 참조)를 수련한다.

효과

- 우울증을 가라앉힌다.
- 경추증을 완화한다.
- 상체, 팔, 팔꿈치, 손목의 유연성을 높인다.
- 무릎 관절을 튼튼하게 한다.
- 좌골신경통의 통증을 줄여 준다.
- 평발을 교정한다.

주의 사항

심장병, 스트레스성 두통, 편두통, 저혈압, 불면증, 무릎 골관절염, 폭식증, 설사, 백대하가 있으면 이 아사나를 수련하지 않는다. 고혈압이 있으면 이 자세를 15초 이상 지속하지 않는다. 소아마비를 앓았거나 안짱다리일 때, 혹은 균형을 잡는 데 문제가 있다면 두 발을 20cm 정도 벌려서 선다. 등이 자주 아프거나 디스크 탈출, 혹은 자궁 탈수일 경우 두 발을 모으고 무릎은 떼어 놓는다.

팔꿈치를 뒤쪽과 아래 쪽으로 움직인다.

2 두 손바닥을 마주 누른 채 손이 견갑골 사이에 위치할 때까지 등을 따라 위로 옮긴다. 손바닥 아랫부분에서 손가락 끝까지 합쳐지게 하고, 위팔과 가슴을 쭉 뻗기 위해 팔꿈치를 아래로 민다. 가슴과 겨드랑이를 열어 놓는 데 초점을 맞춘다. 목과 어깨는 이완된 상태를 유지한다. 이 자세를 30~60초 동안 유지하면서 고르게 호흡한다.

무릎 오금을 활짝 편다.

발가락을 발뒤꿈치에서 멀어지도록 쭉 뻗는다.

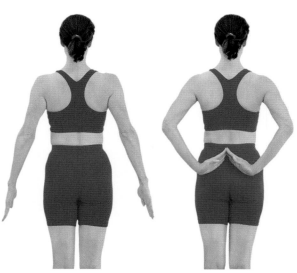

1 평평한 맨 바닥 위에 맨발로 타다아사나로 선다(p.68 참조). 두 팔을 천천히 안과 밖으로 몇 번 돌린다. 팔을 몸 뒤로 가져가 양쪽 손가락 끝을 합치고 바닥을 향하게 한다. 엄지손가락을 등의 아랫부분에 둔다. 팔꿈치를 뒤로 움직이고 손목을 회전시켜 손가락 끝이 방향을 바꾸어 처음엔 등을, 그 다음엔 위를 향하게 한다.

스트레스에 좋은 요가

타다아사나 고무카아사나
암소 얼굴 모습으로 손을 잡은 산 자세

이 아사나의 최종 자세에서 연결된 두 손은 산스크리트어로 '암소의 얼굴'을 의미하는 'gomukha'의 모습이 된다. 이 아사나는 산 자세인 타다아사나의 변형이며, 어깨와 등의 근육을 활성화 시킨다. 팔에서의 뻗침이 어깨, 팔꿈치, 손목, 손가락의 관절염을 가라앉히는 데 도움을 준다.

효과
- 자신감을 길러 주고 우울증 치료를 돕는다.
- 경추증을 가라앉힌다.
- 가슴을 열어 호흡을 개선한다.
- 무릎 관절을 튼튼하게 한다.
- 좌골신경통의 통증을 줄인다.
- 평발을 교정한다.

주의 사항
심장 질환, 스트레스성 두통, 편두통, 눈의 피로, 불면증, 저혈압, 무릎 골관절염, 설사나 백대하 증세가 있을 때는 이 아사나를 피한다. 소아마비를 앓았거나 선천적인 다리의 기형, 혹은 안짱다리일 때는 두 발을 약 25cm 정도 벌린다. 요통, 디스크 탈출, 자궁 탈수, 혹은 손목의 통증이 있을 때는 두 발의 엄지발가락을 모으고 발뒤꿈치는 살짝 떼어 놓는다.

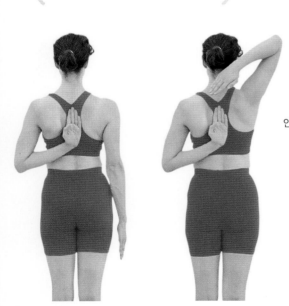

1 맨발로 평평한 맨 바닥 위에 타다아사나로 선다(p.68 참조). 왼팔을 등 뒤로 가져가서 왼손 손등을 등 한가운데에 둔다. 오른손을 들어 올린다. 오른팔 팔꿈치를 굽혀 손바닥이 몸을 향하게 하면서 손을 아래로 내린다.

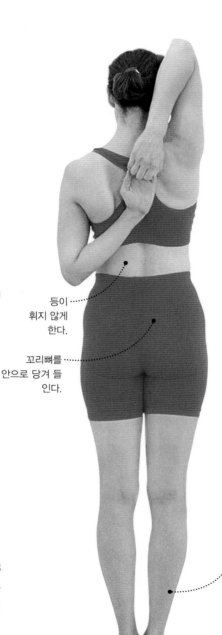

등이 휘지 않게 한다.

꼬리뼈를 안으로 당겨 들인다.

다리를 위로 쭉 뻗는다.

2 오른쪽 손바닥을 왼쪽 손바닥 위에 놓고 두 손의 손가락을 연결한다. 만일 이것이 힘들다고 느끼면 두 손의 손가락 끝끼리 서로 맞닿게 한다. 억지로 팔을 굽히려 하지 않는다. 스스로 동작에 적응할 충분한 시간을 가진다. 의식적으로 팔을 이완한다. 가슴과 오른쪽 위팔 사이에 공간을 만들기 위해 오른쪽 겨드랑이를 활짝 편다. 오른쪽 팔꿈치가 위쪽 및 뒤를 가리키게 하고 오른쪽 팔뚝을 머리 가까이에 둔다. 왼쪽 팔꿈치를 더 많이 내린다. 그 다음 왼쪽 손목의 등을 등 위에 놓는다. 이 자세를 20~30초 동안 유지한다. 반대편에서도 이것을 되풀이한다.

우티타 트리코나아사나
쭉 뻗은 삼각형 자세

이 아사나는 고전적 자세(p.70 참조)의 변형이다. 이 자세를
규칙적으로 수련하면 생명력과 힘의 중요한 근원인 꼬리뼈에
저장된 에너지를 이끌어 낸다. 이것은 스트레스를 받아 더 많은
에너지의 효율적인 기능을 필요로 하는 사람들에게 도움이 된다.
이 자세는 척주를 활성화시키고 유연하고 잘 정렬된 상태에 있게
한다. 또 요통을 완화하고 목, 어깨, 무릎의 뻣뻣함을 줄여 준다.

효과
• 복부 장기를 정상 상태로 회복시킨다.
• 소화 작용을 촉진하고 위염, 위산 과다, 헛배 부르는
  증상을 가라앉힌다.
• 골반 장기를 정상 상태로 돌리고, 앉아서 일하는 생활
  방식이나 잘못된 자세에서 오는 영향을 바로잡는다.
• 요통을 완화한다.
• 목, 어깨, 무릎의 뻣뻣함을 감소시킨다.
• 팔과 다리의 인대를 탄력 있게 만든다.
• 생리 불순 해소에 도움이 된다.

보조 도구(p.184 참조)
벽, 매트, 목침
벽에 기대어 하는 수련은 몸을 받쳐 주고 긴장을 줄이며 몸을
정확하게 정렬하는 데 도움이 된다. 매트는 발이 미끄러지는 것
을 막고 이 자세를 완성했을 때 균형을 유지하는 것을 돕는다.
목침은 등이 뻣뻣한 사람들이 바닥에 손이 닿는 것을 도우며 척
주, 목, 어깨를 더 많이 뻗을 수 있게 한다.

주의 사항
스트레스성 두통, 편두통, 눈의 피로,
설사, 저혈압, 정맥류가 있거나 침울하고
극히 피곤할 때는 이 아사나를 수련하지
않는다. 열이 있는 류머티스 관절염 환자는
이 아사나를 피해야 한다. 생리 중에는
수련하지 않는다. 만일 고혈압인 경우에는
이 자세에서 들어 올린 팔을 쳐다보지
않는다. 경추증을 앓고 있다면 너무
오랫동안 위를 보지 않는다.

앞을 똑바로 바라본다.

팔꿈치를 곧게 펴고
확고한 상태를 유지한다.

두 다리의 안쪽을
위로 당긴다.

발뒤꿈치와
엄지발가락을 바닥에
대고 누른다.

1 매트를 벽에 붙여 펴 놓는다. 매트의 오른쪽 가장자리 위에
목침의 긴 면을 놓는다. 매트 중앙에 타다아사나로 선다(p.68
참조). 숨을 들이마시며 두 발을 1m 정도 벌린다. 발뒤꿈치와
엉덩이의 볼기가 벽에 닿아 있어야 한다. 팔이 어깨와 일직선
이 될 때까지 옆으로 들어 올린다.

2 오른발을 오른쪽으로 돌려 벽과 평행하게 한다. 왼발을 살짝
오른쪽을 향해 안으로 돌린다. 왼쪽 발뒤꿈치와 엉덩이의 볼기가
벽에 닿아야 한다. 왼쪽 다리는 곧게 펴 둔다. 손바닥이 아래를 향
하도록 하고 두 팔을 몸체로부터 멀리 뻗으면서 바닥과 평행을 유
지하게 한다.

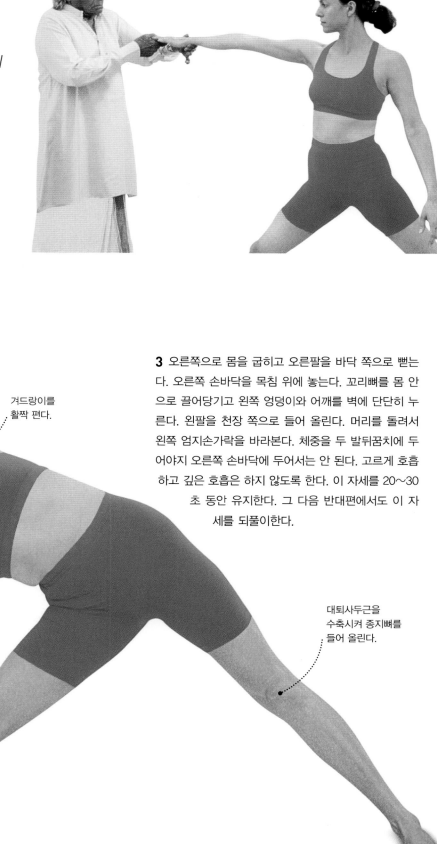

스승의 조언

"이 아사나를 하는 동안 팔을 완전히 뻗은
상태로 두어야 한다. 내가 어떻게 수련생의
팔, 손목, 손가락을 펴서 신장시키는지
주목해서 보라."

3 오른쪽으로 몸을 굽히고 오른팔을 바닥 쪽으로 뻗는
다. 오른쪽 손바닥을 목침 위에 놓는다. 꼬리뼈를 몸 안
으로 끌어당기고 왼쪽 엉덩이와 어깨를 벽에 단단히 누
른다. 왼팔을 천장 쪽으로 들어 올린다. 머리를 돌려서
왼쪽 엄지손가락을 바라본다. 체중을 두 발뒤꿈치에 두
어야지 오른쪽 손바닥에 두어서는 안 된다. 고르게 호흡
하고 깊은 호흡은 하지 않도록 한다. 이 자세를 20~30
초 동안 유지한다. 그 다음 반대편에서도 이 자
세를 되풀이한다.

머리가 기울지
않게 한다.

겨드랑이를
활짝 편다.

오른쪽 어깨를
몸 안쪽으로 민다.

대퇴사두근을
수축시켜 종지뼈를
들어 올린다.

발가락을 쭉 뻗고
이완시킨다.

우티타 파르스바코나아사나

몸통 옆면을 강하게 뻗기

이 아사나는 고전적 자세(p.80 참조)의 변형이며 아래로 내린 손 밑에 목침을 놓고 벽에 기대어 수련한다. 종종 이 아사나의 최종 자세에서 굽힌 다리 위로 몸이 내려앉는 경향이 있다. 권장된 보조 도구를 이용하면 이것을 막을 수 있고 긴장이나 부상 없이 보다 자유롭게 이 자세에서 조정이 이루어질 수 있게 된다.

효과

- 어깨와 견갑골이 잘못 정렬된 것을 바로잡는다.
- 요통과 목의 염좌를 가라앉힌다.
- 고관절과 척주를 유연하게 한다.
- 다리와 무릎, 특히 넓적다리 뒤쪽 근육을 튼튼하게 한다.
- 복부 및 골반의 장기를 신장시키고 탄력성을 얻게 한다.
- 위염, 위산 과다, 헛배 부르는 증세를 완화함으로써 소화 작용을 촉진한다.
- 생리 불순 완화에 도움이 된다.

보조 도구(p.183과 p.185 참조)

벽과 목침

벽의 지지를 받으면 피로를 줄일 수 있고 자세를 더 오랫동안 지속하는 데 도움이 되며 목과 머리를 정확하게 정렬할 수 있다. 목침은 아래로 내린 손 밑에 적절한 높이로 둔다. 이렇게 하면 척주가 뻣뻣한 사람이나 손이 바닥에 닿는 것이 힘든 사람에게 도움이 된다. 또 이 자세에서 안정을 유지하는 데도 도움을 얻을 수 있다.

팔꿈치를 단단히 고정시킨다.

머리가 오른쪽으로 기울지 않게 한다.

오른쪽 무릎을 굽힌다.

왼쪽 다리를 곧게 뻗고 단단한 상태로 유지한다.

1 발뒤꿈치와 엉덩이의 볼기가 벽에 닿게 하면서 벽을 등지고 타다아사나로 선다(p.68 참조). 바닥 위 오른발 뒤에 목침을 놓는다. 숨을 들이마시며 두 발을 1m 정도 벌린다. 오른발을 오른쪽으로 돌려 벽과 평행하게 한다.

2 왼발을 오른쪽으로 살짝 돌린다. 왼발의 바깥 가장자리를 바닥에 대고 단단히 누르고, 종아리가 바닥과 직각이 될 때까지 넓적다리를 아래로 밀면서 오른쪽 무릎을 굽힌다. 왼팔을 왼쪽 어깨에서 멀리 뻗는다.

스승의 조언

"유리늑골 부분에서 내가 수련생의 오른쪽 옆구리를 어떻게 받쳐 주는지를 주목하라. 나는 그의 맨 아래쪽 늑골과 유리 늑골을 오른쪽에서 왼쪽으로 돌려 오른쪽 옆구리가 뒤로 나오지 않게 한다. 이렇게 받쳐 주면 수련생이 왼쪽 엉덩이를 안으로 끌어 당기고 몸통의 왼쪽 면을 천장을 향해 위로 돌림으로써 균형을 더 잘 잡는 데 도움이 된다."

주의 사항

스트레스성 두통, 편두통, 무릎 골관절염, 류머티스열, 정맥류, 저혈압, 만성 피로 증후군, 설사, 건선, 불면증, 우울증, 혹은 폭식증이 있다면 이 아사나를 수련하지 않는다. 생리 중이거나 생리 주기가 불규칙할 때, 혹은 생리 기간이 긴 경우에는 이 자세를 피하며, 생리 전 긴장 증세나 백대하가 있을 때에도 마찬가지이다. 만일 경추증이 있다면 최종 자세에서 잠깐 동안만 위를 바라본다. 고혈압인 사람들은 바닥을 바라보아야 한다.

겨드랑이를 활짝 편다.

왼쪽 엉덩이의 볼기를 벽에 닿도록 뒤로 돌린다.

체중을 손바닥에 싣지 않는다.

3 몸을 오른쪽으로 굽혀서 오른쪽 손바닥을 목침 위에 놓는다. 손바닥이 앞을 보게 하여 왼팔을 위로 쭉 뻗는다. 이제 팔을 회전시켜 왼쪽 귀 쪽으로 가져온다. 왼쪽 엄지손가락이 벽에 닿아야 한다. 머리를 돌려서 왼팔을 바라본다. 왼쪽 발목에서 왼쪽 손목까지 지속적으로 뻗어야 한다. 왼발의 바깥 부분을 바닥을 향해 누른다. 견갑골을 움직여 몸 안으로 넣고 척주를 머리 쪽으로 신장시킨다. 이 자세로 30초 동안 머문다. 그 다음 반대편에서 이 자세를 되풀이한다.

종지뼈를 들어 올린다.

발가락을 쭉 뻗은 채 이완한다.

아르다 찬드라아사나

반 달 자 세

산스크리트어에서 'ardha'는 '반'을 의미하고 'chandra'는 '달'로 번역된다. 이 아사나에서 몸은 반달의 모습을 취한다. 규칙적으로 수련하면 집중의 범위가 넓어진다. 이 자세는 해당 부위의 각 근육들이 함께 조화를 이루어 운동할 수 있는 능력을 기르고 운동 신경의 반사 작용을 개선한다. 또 척주를 강하게 뻗게 하는 이 자세로 인해 척주 근육이 튼튼해지고 척추가 유연하고 잘 정렬된 상태로 유지된다.

효과
- 척주의 관절들을 회전시키고 굽혀서 척주 근육을 유연하게 유지시킨다.
- 요추 및 천추 부위를 탄력 있게 만들고 요통을 줄인다.
- 어깨가 잘못 조정된 것을 바로잡는다.
- 좌골신경통 완화에 도움을 준다.
- 발의 혈액 순환을 개선한다.
- 위염과 위산 과다를 가라앉힌다.
- 자궁 탈수를 바로잡는다.
  이것은 서서 하는 아사나 중 벽에 기대어 행하면 피로를 물리치는 유일한 아사나이다.

보조 도구(p.183과 p.185 참조)
벽과 목침
벽은 안정감을 주며 머리와 목을 정렬하는 데 도움이 된다. 목침은 등이 뻣뻣하고 바닥에 손이 닿지 못하는 사람들이 이 자세를 더 쉽게 행할 수 있게 한다.

주의 사항
스트레스성 두통, 편두통, 눈의 피로, 정맥류, 설사, 불면증 혹은 만성피로 증후군이 있는 경우에는 이 아사나를 수련하지 않는다. 피로할 때에도 이 자세를 피한다. 고혈압일 경우에는 들어 올린 팔을 바라보지 말고 정면을 똑바로 바라본다.

손가락이 천장을 향하게 한다.

왼쪽 엉덩이로 벽을 누른다.

왼쪽 다리를 몸통에서 멀리 쭉 뻗는다.

두 팔을 곧게 편다.

1 타다아사나로 선다(p.68 참조). 짧은 면이 바닥에 닿게 하여 목침을 벽에 기대어 놓는다. 숨을 들이마시며 두 발을 1m 정도 벌린다. 팔을 어깨 높이로 들어 올린다.

2 오른발을 오른쪽으로 돌려 벽과 평행하게 하고 왼발을 안으로 돌려 약간 오른쪽을 향하게 한다. 오른쪽 무릎을 굽히고 오른쪽 손바닥을 목침 위에 놓는다. 왼팔을 들어 올린다.

3 오른쪽 다리를 곧게 편다. 바닥과 평행을 이루도록 왼쪽 다리를 들어 올린다. 왼팔이 오른팔과 일직선이 되도록 위로 쭉 뻗은 상태로 만든다. 왼쪽 손등이 벽에 닿아야 한다.

4 왼쪽 엄지손가락을 바라본다. 오른발, 넓적다리, 엉덩이를 정렬시킨다. 오른팔이 아니라 오른쪽 다리로 균형을 잡는다. 이 자세를 20초 동안 유지한다. 반대편에서도 이 자세를 되풀이한다.

우타나아사나
강하게 앞으로 뻗는 자세

이것은 고전적 자세(p.92 참조)를 힘이 덜 들게 변형한 것으로
초보자와 등이 뻣뻣한 사람들이 최종 자세에서 앞으로 뻗는 것을
도와준다. 최종 자세에는 다섯 종류의 변형 자세들이 있는데,
가장 편안하다고 여겨지며 자신에게 가장 필요한 자세를
수련하도록 한다. 이것은 진정 효과와 회복력이 있는 아사나로
심장과 폐를 쉬게 하면서 에너지를 준다.

보조 도구(p.185 참조)
발포 블록 한 개와
목침 다섯 개
발포 블록 위에 목침 세 개를
쌓는다. 쌓아 올린 목침 양옆
에 나머지 목침을 놓는다.

특별한 효과
몸과 뇌를 진정시키고 평온하게 만든다.

특히 주의할 점
등 근육이 더 유연해질 때까지는 머리를
받치기 위해 보조 도구를 사용한다.

효과
- 규칙적으로 수련하면 우울증을 감소시킨다.
- 불면증을 치료하고 피로를 완화한다.
- 뇌로 가는 혈액의 흐름을 늘리고 뇌 세포와
  교감신경계를 진정시킨다.
- 혈압을 정상화한다.
- 편두통과 스트레스성 두통을 해소시킨다.
- 복부 장기를 정상 상태로 회복시킨다.
- 위산을 중화하여 위의 통증을 가라앉힌다.
- 넓적다리 뒤 근육을 강화하고 신장시킨다.
- 고관절의 유연성을 높인다.
- 무릎 관절 및 그 주변의 조직과 근육을 튼튼
  하게 한다.

주의 사항
무릎 골관절염이나 설사를
앓는다면 이 아사나를 수련하지
않는다. 열이 나는 류머티스 관절염
환자는 이 아사나를 피해야 한다.
저혈압일 때는 현기증이 나는 것을
피하기 위해 천천히
자세를 푼다.

1 타다아사나로 선다(p.68 참조). 30cm 정
도로 두 다리를 벌린다. 두 발이 서로 평행하
게 하고 발가락은 앞을 가리키게 한다. 종지
뼈를 위로 당긴다.

2 숨을 들이마시며 손바닥이 앞을 보게 하
면서 천장을 향해 팔을 들어 올린다. 척주를
위로 쭉 뻗는다.

3 바닥을 향해 허리에서부터 몸을 굽힌다. 척
주를 더 잘 뻗기 위해 발뒤꿈치로 바닥을 누
른다. 이것은 정확한 수련을 위해 반드시 필
요하다. 몸통 양 측면을 아래로 길게 늘인다.

4 머리 정수리를 앞에 놓인 목침 위에 얹고
두 손바닥은 발 옆의 목침 위에 둔다. 종지뼈
를 안으로 끌어당긴다. 오금을 뻗고 다리 안
쪽을 위로 끌어당긴다. 정수리에서 발뒤꿈치
까지 한 번에 쭉 뻗어지는 것을 느낀다. 이
자세를 1분 동안 유지한다.

엉덩이의 볼기가
뒤로 튀어 나오지
않게 한다.

목을
길게 늘인다.

위팔의 피부를
바깥쪽으로 돌린다.

겨드랑이를
낮춘다.

손을
목침 위에 놓고
아래로 누른다.

197

우타나아사나

변형

변형 1
손으로 팔꿈치를 잡고 행하는 자세

> **보조 도구(p.185 참조)**
> **발포 블록 한 개와 목침 세 개**

이 변형 자세는 초보자와 몸이 너무 뻣뻣하여 손바닥을 바닥이나 목침 위에 놓지 못하는 사람들이 더 쉽게 할 수 있다.

자세에 들어가기 바닥 위에 발포 블록을 놓고 그 위에 세 개의 목침을 쌓는다. 본 아사나의 1, 2, 3단계를 따른다. 머리 정수리를 쌓아 놓은 목침 위에 놓는다. 오른손으로 왼쪽 팔꿈치를 잡고 왼손으로 오른쪽 팔꿈치를 잡는다. 맞잡은 팔이 중력의 힘으로 아래로 내려가게 한다. 이 자세를 1분 동안 유지한다.

변형 2
손으로 발목을 잡고 행하는 자세

> **보조 도구(p.185 참조)**
> **발포 블록 한 개와 목침 세 개**

목침이 머리를 받쳐 주고 앞으로 굽히는 것을 더 쉽게 해 준다.

자세에 들어가기 바닥 위에 발포 블록을 놓고 그 위에 세 개의 목침을 쌓는다. 그 다음 본 아사나의 1, 2, 3단계를 따른다. 숨을 내쉬며 머리 정수리를 목침 위에 얹는다. 두 손으로 각각 발목을 잡는다. 고르게 호흡하며 이 자세로 1분 동안 머문다. 발목을 잡으면 균형을 더 잘 잡을 수 있고 자세를 확고하게 만들 수 있으며 몸을 더 많이 굽힐 수 있다.

"규칙적이고, 끈기 있으며, 깨어 있어 방심하지 않는 요가 수행은
의식의 안정을 얻기 위한 토대가 된다."

변형 3
손바닥을 바닥에 놓고 행하는 자세

보조 도구(p.185 참조)
발포 블록 한 개와 목침 세 개
등의 근육이 충분히 유연하다고 느껴지면 손을 받치기 위한 목침을 사용하지 않는다. 대신 최종 자세에서 손바닥을 바닥에 평평하게 놓는다.

변형 4
손바닥을 목침 위에 얹고 행하는 자세

보조 도구(p.185 참조)
목침 두 개
이 변형 자세는 머리를 목침에 받치지 않고 앞으로 굽히는 자세를 취할 만큼 등 근육이 충분히 유연하다고 느낄 때에만 수련한다. 변형 1~4의 자세는 점진적으로 나아가는 단계들이다.

자세에 들어가기 변형 2에서처럼 목침을 놓는다. 본 아사나의 1, 2, 3단계를 따른다. 머리 정수리를 목침 위에 얹는다. 그 다음 바닥 위, 발 바로 위쪽에 손바닥을 평평하게 놓는다(삽입된 사진 참조). 발뒤꿈치가 바닥을 누르고 있는지 확인하고 넓적다리 뒤 근육을 쭉 뻗는다. 엄지손가락은 각각 두 발의 새끼발가락과 닿아야 한다. 체중을 두 발의 발가락과 발뒤꿈치에 똑같이 분산한다. 고르게 호흡하면서 이 자세를 1분 동안 유지한다.

특히 주의할 점
초보자이거나 긴장 항진증, 두통, 경추증, 불면증, 편두통, 혹은 디스크 탈출증을 자주 앓는 사람은 이 변형 자세를 수련하지 않는다.

자세에 들어가기 두 발을 모으고 선다. 목침의 넓은 면을 바닥에 대고 발 양옆에 목침을 놓는다. 이때 목침의 긴 가장자리가 발과 평행해야 한다. 본 아사나의 1, 2, 3단계를 따른다. 허리에서부터 몸을 굽히고 두 손바닥을 목침 위에 놓는다. 턱을 무릎 쪽으로 누른다. 이 자세를 1분 동안 유지한다.

프라사리타 파도타나아사나
다리를 강하게 뻗기

산스크리트어에서 'prasarita'는 '쭉 뻗어진', 혹은 '벌려진'을 의미하고 'pada'는 '다리'나 '발'을 뜻한다. 이 아사나는 다리를 강하게 신장시킨다. 이 자세에서 몸통은 거꾸로 되고 머리는 바닥, 목침, 혹은 큰베개 위에 놓인다. 휴식을 주며 회복력이 있는 이 아사나는 대개 서서 하는 연속 동작이 끝날 무렵, 살람바 시르사아사나(p.138 참조)를 행하기 직전에 수련한다.

효과

- 우울증을 완화하고 자신감을 높여 준다.
- 뇌와 교감신경계를 진정시킨다.
- 심장과 폐에 에너지를 공급한다.
- 혈압을 줄인다.
- 스트레스성 두통, 편두통, 피로를 가라앉힌다.
- 복부 장기를 정상 상태로 회복시킨다.
- 위산을 중화하여 복통을 해소한다.
- 허리 아랫부분의 통증을 가라앉힌다.
- 무릎 관절을 튼튼하게 하고 고관절을 유연하게 만든다.
- 생리 흐름을 정상화시킨다.

주의 사항

특히 초보자인 경우에는 이 아사나를 1분 이상 지속하지 않는다. 저혈압인 경우 현기증을 피하기 위해 천천히 자세를 푼다. 이 자세를 수련하는 동안 머리를 비스듬히 놓거나 목을 압착하지 않는다.

가슴을 들어 올린 상태를 유지한다.

손바닥을 허리에 올려 두고 허리를 위로 들어 올린다.

다리 안쪽을 끌어 올린다.

등을 오목하게 하고 꼬리뼈를 안으로 당긴다.

손바닥은 아래로 누르고 팔은 위로 당긴다.

1 타다아사나로 선다(p.68 참조). 엄지손가락은 등 쪽으로, 나머지 손가락은 엉덩이의 앞부분에 오게 하여 손을 엉덩이 위에 놓는다. 숨을 들이마시며 두 발을 120cm 정도 벌린다. 발가락이 앞을 가리키고 두 발은 평행해야 한다. 발의 바깥쪽 가장자리로 바닥을 누른다. 등을 곧게 세워야 한다.

2 숨을 내쉬며 양쪽 종지뼈를 당겨 올린다. 몸을 앞으로 굽히면서 척주를 뻗고 몸통을 바닥 쪽으로 내린다. 등이 확실히 오목해지도록 몸을 굽힐 때 위를 바라본다. 엉덩이에서 손을 떼고 바닥으로 내린다. 손가락을 활짝 펴고 손바닥을 바닥 위에 평평하게 놓는다.

3 손바닥을 바닥 위에 평평히 놓은 채 두 팔꿈치 사이를 넓힌다. 머리 정수리를 두 손바닥 사이의 바닥에 내려놓는다. 흉골을 앞으로 밀고 복부를 안으로 끌어당긴다. 머리에 가해지는 압력을 줄이기 위해 넓적다리의 뼈와 사타구니를 뒤로 움직인다. 이 자세로 1분 동안 머문다.

넓적다리 뒤쪽 근육을 뻗는다.

머리와 두 손이 일직선을 이루어야 한다.

머리와 목을 수동적인 상태로 둔다.

"이 아사나의 수련으로 몸과 뇌가 진정되고 평온과 휴식을 느낄 수 있다."

변형 1
큰베개 위에 머리를 얹고 행하는 자세

보조 도구(p.185 참조)
큰베개는 등 아랫부분이 뻣뻣한 사람들이 긴장 없이 보다 효과적으로 최종 자세에 이르는 것을 돕는다.

자세에 들어가기 평평한 끝부분이 두 발 사이에 오게 하여 큰베개를 바닥 위에 놓는다. 본 아사나의 1, 2, 3단계를 따른다. 바닥 쪽으로 몸을 굽힐 때 정수리를 큰베개 중심부 위에 둔다. 머리와 목이 이완된 상태에 있도록 한다. 체중을 발뒤꿈치로 옮기고 1분 동안 이 자세를 유지한다.

변형 2
목침 위에 머리를 얹고 행하는 자세

보조 도구(p.185 참조)
만일 척주가 뻣뻣하여 머리를 바닥 위에 두는 것이 힘들다면 **목침**이 도움이 될 것이다. 척주와 등 근육이 더 유연해질 때까지 목침을 이용한다. 변형 자세 1과 2는 점진적으로 나아가는 단계이다.

자세에 들어가기 넓은 면이 바닥에 닿게 하여 목침을 발 앞쪽의 바닥 위에 놓는다. 그 다음 본 아사나의 1, 2, 3단계를 따른다. 몸을 앞으로 굽히고 머리 정수리를 목침 중심부에 올려놓는다. 이 자세를 1분 동안 유지한다.

아도무카 스바나아사나
얼굴을 아래로 한 개 자세

거꾸로 몸을 뻗는 이 자세는 심장과 폐에 신선한 혈액을 공급하고 전신을 더욱 건강하게 만든다. 'adhomukha'는 산스크리트어에서 '아래로 향한'을 뜻하고 'svan'은 '개'로 번역된다. 이 자세와 이의 변형 자세들은 고전적인 자세(p.88 참조)에 비해 덜 격렬한 형태로, 마음을 가라앉히고 진정시키면서 사지를 더 잘 뻗을 수 있게 해 준다.

보조 도구(p.183과 p.185 참조)
벽과 목침 세 개
벽에 댄 두 개의 목침이 손을 받치면서 팔을 뻗게 하고 어깨 관절의 긴장을 줄여 준다. 이마에 댄 목침은 등이 굳은 사람들이 최종 자세를 취하는 것을 돕는다.

특별한 효과
자신감을 높이는 데 도움이 된다. 두통과 고혈압을 완화한다. 심장을 쉬게 하고 원기를 회복시키는 데 도움이 된다. 갱년기와 관련된 '머리가 무거운' 느낌을 줄여 준다.

효과
• 신경계를 조절하고 이완시키며, 우울증과 근심을 가라앉히는 데 도움이 된다.
• 호흡 곤란 증세, 심계 항진, 극심한 피로, 일사병을 치료한다.
• 혈압과 심장 박동을 안정시킨다.
• 만성 변비, 소화 불량, 과도한 담즙 분비를 줄인다.
• 어깨, 손목, 손가락의 관절염을 가라앉힌다.
• 등 아랫부분의 통증을 경감시킨다.
• 고관절, 무릎 관절, 발목 관절의 유연성을 높이고 다리의 인대와 힘줄을 튼튼하게 한다.
• 조깅, 걷기 및 다른 스포츠에 의한 무릎 연골이나 넓적다리 뒤쪽 근육 손상을 막는다.
• 발의 장심을 튼튼하게 하고 발꿈치뼈(종골)의 돌기 형성을 예방한다.

머리를 바닥 쪽으로 내린다.

무릎 뒤쪽을 굽힌다.

발뒤꿈치를 뒤로 밀고 발목 안쪽을 위로 당긴다.

1 벽에서 1m 정도 떨어져서 벽을 향해 무릎을 꿇는다. 넓은 면이 바닥에 닿게 하여 두 개의 목침을 벽에 대어 놓는데, 이때 두 목침이 서로 어깨너비만큼 떨어지게 한다. 세 번째 목침은 긴 면을 바닥에 닿게 하여 벽에서 약 45cm 떨어지게 놓는다. 두 발을 약 45cm 간격으로 벌린 다음 무릎을 꿇고 손바닥을 벽에 대어 놓은 두 개의 목침 위에 놓는다.

2 두 손바닥으로 목침을 누르고 발로 뒷걸음질을 하여 발이 손에서 120cm 정도 떨어지게 한다. 반드시 두 발이 두 손과 일직선을 이루게 하고 서로 같은 거리만큼 떨어져 있어야 한다. 두 발뒤꿈치를 들고 다리를 쭉 뻗으며, 그 다음 발뒤꿈치를 바닥으로 내린다. 팔을 완전히 뻗는다.

3 발뒤꿈치에서 엉덩이까지, 또 발목 앞쪽에서부터 넓적다리 윗부분까지 의식적으로 두 다리를 쭉 뻗는다. 엉덩이를 들어 올리고 가슴을 쭉 뻗으며 흉골을 두 손 쪽으로 민다. 숨을 내쉬며 머리를 세 번째 목침 위에 놓는다. 손으로 목침을 누르고 팔을 완전히 뻗는다. 척주를 쭉 뻗고 가슴을 확장시킨다. 목구멍은 부드럽게 하고 목을 길게 늘인다. 눈을 이완시키고 뇌의 긴장을 푼다.

엉덩이의 볼기를 천장 쪽으로 뻗는다.

종지뼈를 위로 끌어당긴다.

발을 바닥에 대고 누른다.

팔꿈치에서 어깨까지 두 팔을 쭉 뻗는다.

변형 1

벽에 손을 대고 행하는 자세

보조 도구(p.183과 p.185 참조)

벽과 목침

손가락을 벽에 마주 대는 동작은 어깨를 지지해 주고 어깨 관절의 긴장을 줄인다.

특별한 효과

어깨, 팔꿈치, 손목, 손가락의 관절염을 완화하는 데 도움이 된다.

자세에 들어가기 손을 받치는 목침 없이 본 아사나의 1, 2단계를 따른다. 벽 위에 손가락을 놓고 두 손바닥이 바닥 위에 단단히 놓였는지 확인한다. 그 다음 본 아사나의 3단계를 따른다.

주의 사항

설사를 할 경우 이 아사나를 수련하지 않는다. 열을 동반한 류머티스 관절염 환자는 이 아사나를 피해야 한다. 척주가 뻣뻣하거나 고혈압이 있을 경우, 혹은 두통이 자주 재발되거나 정맥류가 있으면 이 모든 변형 자세들을 언제나 머리를 목침으로 받치고 수련해야 한다. 초보자들은 최종 자세를 30초 이상 지속해서는 안 된다. 지속 시간을 점차 1분까지 늘린다.

아도무카 스바나아사나

변형

"아사나의 올바른 수련은 몸을 정확하고 고르게,
또 최대로 뻗을 때 이루어진다."

변형 2
큰베개 위에 머리를 얹고 행하는 자세

보조 도구(p.185 참조)
큰베개와 매트
큰베개는 머리를 받쳐 주면서 등이 굳은 사람들이 쉽게,
또 긴장 없이 앞으로 굽히는 동작을 할 수 있도록 돕는다.
매트는 몸을 쭉 뻗을 때 미끄러지는 것을 방지한다.

변형 3
발뒤꿈치를 벽에 대고 행하는 자세

보조 도구(p.183과 p.185 참조)
벽과 목침
발뒤꿈치를 벽에 대면 무릎과 고관절의 긴장이 줄어든다.

특별한 효과
종아리 근육, 아킬레스건, 발의 장심을 튼튼하게 한다.
또 종아리 근육의 경련을 줄이고 등을 신장시킨다.

자세에 들어가기 바닥 위에 매트를 깐다. 매트 위에 큰베개의 긴
쪽이 매트의 긴 쪽과 평행하게 하여 큰베개를 놓는다. 본 아사나
의 1, 2, 3단계를 따르고 머리를 몸과 가까운 쪽의 큰베개 끝부분
위에 얹는다. 이 변형 자세에서는 손을 받쳐 주는 역할을 하는
목침 없이 손바닥을 바닥 위에 직접 놓아야 한다.

자세에 들어가기 등을 벽에서 120cm 정도 떨어지게 하여 타다
아사나(p.68 참조)로 선다. 무릎을 꿇고 두 손을 바닥 위에 놓는
다. 뒤로 발을 옮겨 발뒤꿈치를 벽에 댄다. 팔꿈치를 단단히 고
정시키고 본 아사나의 3단계를 따른다.

단다아사나

지팡이 자세

이 아사나는 앉아서 앞으로 굽히는 모든 자세와 비트는 자세의
출발점이다. 이 자세에는 긍정적인 많은 효과가 있는데, 그 중 가장
중요한 것은 자세의 개선이다. 단다아사나는 척주를 완전히 곧게 하여
똑바로 앉는 법을 가르쳐 주며 앉아서 일하는 직업을 가진 사람
들에게 도움이 된다. 이 자세의 규칙적인 수련으로 복부와
골반의 장기가 마사지되고 자극된다.

효과

- 소화력을 개선한다.
- 신장을 정상화시킨다.
- 좌골신경통 예방에 도움이 된다.
- 다리의 근육을 신장시키고 활기차게 만든다.
- 발 근육을 뻗음으로써 발의 피로를 방지한다.

보조 도구(p.185 참조)

목침 두 개, 접은 담요

접은 담요를 엉덩이 아래에 깔면 척주 아
랫부분을 정확하게 위로 뻗는 것이 쉬워
지고 오금의 긴장이 풀어진다. 두 손 아래
에 목침을 놓으면 몸통을 뻗을 때 도움이
된다.

주의 사항

천식, 기관지염, 호흡 곤란 증세,
류머티스 관절염, 소화성 궤양,
혹은 폭싱증이나 생리 전 긴장
증세를 앓고 있다면 벽에 등을
기대고 이 아사나를 수련한다.
생리 중일 때에도 벽에
기대어 수련한다.

어깨를 뒤로
말아서 아래로
향하게 한다.

1 척주를 곧게 하고 무릎을 굽힌 채 접은 담
요 위에 앉는다. 목침의 넓은 면을 바닥에 닿
게 하여 엉덩이 양쪽 옆에 놓는다. 손바닥을 목
침 위에 얹고 엉덩이뼈 위에 몸이 자리 잡도록
앉는다.

2 다리를 차례로 하나씩 펴고 두 다리와 발의
안쪽을 서로 맞댄다. 종아리 근육을 길게 늘이
고 무릎과 발가락을 쭉 뻗는다. 무릎을 계속 곧
게 편 상태로 있어야 한다. 손바닥으로 목침을
누르고 팔꿈치와 팔을 쭉 뻗는다.

3 복부를 위로 들어 올리고 횡격막의 긴장을
푼다. 이 자세를 1분 동안 유지한다. 초보자는
두 발을 약간 떼어 놓는 것이 더 쉽게 느껴질
것이다. 또 초보자는 이 자세를 30초 동안만
지속해야 한다.

목구멍 부위의
근육을 이완된
상태로 유지한다.

205

비라아사나

영웅 자세

고전적 자세인 비라아사나(p.104 참조)를 변형한 이 자세들은
엉덩이 관절과 무릎 관절, 혹은 발목 관절이 뻣뻣한 사람들을 위해
말거나 접은 담요, 목침, 혹은 큰베개를 이용하여 자세를 더 쉽게
취할 수 있게 고안된 것이다. 이 자세에서는 척추가 신장되어 심장의
기능이 강화되고, 몸의 모든 부분으로 혈액이 더 잘 순환된다.

효과

- 고관절의 뻣뻣함을 줄인다.
- 장기간 서 있음으로 인해 발생하는 다리 혈관의 염증을 줄인다.
- 무릎 염증이나 통증을 가라앉히고 무릎 연골을 조율해 준다.
- 통풍과 류머티즘의 통증을 진정시킨다.
- 넓적다리 뒤쪽 근육을 탄력 있게 해 준다.
- 발의 장심을 튼튼하게 하고 종아리, 발목, 발뒤꿈치의 통증을 덜어 준다.

척추를 위로 쭉 뻗는다.

보조 도구(p.185 참조)
큰베개 두 개와 담요 두 장

큰베개는 다리를 받쳐 주고 몸통을 위로 뻗을 수 있게 한다. 엉덩이 밑의 담요와 말아서 종아리와 넓적다리 사이에 끼워 넣은 담요로 인해 무릎과 발목에 가해지는 압력을 완화하고 체중을 고르게 분산시킬 수 있다.

1 바닥 위에 두 개의 큰베개를 나란히 놓는다. 그 위에 무릎을 모으고 꿇어앉는다. 담요를 말아서 넓적다리와 종아리 사이에 놓고 접은 담요는 엉덩이 아래에 놓는다. 등을 똑바로 세우고 앉는다.

2 가슴을 쭉 뻗는다. 신장을 몸 안으로 당겨 넣으면서 쥐어짜고 있다고 상상한다. 손바닥은 무릎 위에 놓는다. 똑바로 앞을 바라본다. 이 자세로 30~60초 동안 머문다.

주의 사항

이 아사나를 수련하는 동안 다리에 경련이 일어나면 단다아사나(p.102 참조)로 다리를 뻗는다. 두통, 편두통, 혹은 설사병을 앓는다면 이 아사나 수련을 피한다.

변형 1
목침 위에 앉아서 행하는 자세

보조 도구(p.185 참조)
담요와 목침

담요는 무릎의 긴장을 완화하고, 목침은 엉덩이를 받쳐 준다.

자세에 들어가기 바닥 위에 꿇어앉는다. 발을 벌리고 목침을 두 발 사이에 둔 다음 목침 위에 앉는다. 점점 더 유연해짐에 따라 목침을 접은 담요로 대치한다. 둥글게 만 담요를 목침 앞쪽에 놓고 두 발목 아래에 오게 한다. 발이 뒤쪽을 향하게 하고 발가락은 바닥 위에 놓여야 한다. 발바닥을 쭉 뻗고 본 아사나의 2단계를 따른다. 이 자세를 30~60초 동안 유지한다.

우르드바무카 자누 시르사아사나

무릎을 굽힌 채 위를 바라보는 자세

이 아사나는 고전적인 자세(p.114 참조)를 창의적으로 응용한 것이다. 이 변형 자세에서 등은 곧게 세워지고 머리는 뒤로 기울어진다. 산스크리트어에서 'urdhvamukha'는 '위를 바라보는' 것을 뜻한다. 이 자세에서 머리를 위로 듦과 동시에 눈으로 위를 바라보는 동작은 송과체와 뇌하수체를 자극하며, 마음을 생기에 넘치게 한다.

효과

- 등 아랫부분과 가운데 부분의 통증을 완화한다.
- 목의 뻣뻣함을 줄인다.
- 신장과 복부 장기를 탄력 있게 한다.
- 치질을 치료한다.
- 생식계와 골반의 장기를 마사지하고 그 기능을 개선시킨다.
- 전립선 비대를 예방한다.
- 생리 흐름을 정상화하고 생리 이상을 치료한다.
- 탈수된 자궁을 교정한다.

보조 도구(p.185 참조)
매트, 담요, 요가 벨트
담요는 엉덩이를 받친다. 벨트는 과체중이거나 등이 뻣뻣하여 발에 닿는 것이 힘든 사람들에게 도움이 되며, 또 강하게 뻗을 수 있게 해 준다.

주의 사항

피곤하거나 저혈압일 경우, 혹은 스트레스성 두통, 편두통, 눈의 긴장, 불면증, 설사를 앓고 있을 때에는 이 아사나를 피한다. 무릎 골관절염이 있는 경우에는 굽힌 무릎 아래에 목침을 놓는다.

1 바닥에 매트를 펴서 깔고 그 위에 접은 담요를 놓는다. 담요 위에 단다아사나(p.102 참조)로 앉는다. 오른쪽 무릎을 굽히고 오른쪽 발바닥이 왼쪽 넓적다리에 닿게 한다. 오른쪽 발뒤꿈치가 사타구니에 맞닿아야 한다. 벨트를 왼쪽 발뒤꿈치 윗부분에서 고리처럼 건다. 벨트를 강하게 당기면서 몸통을 들어 올린다.

2 두 팔을 곧게 펴고 뻗는다. 양쪽 넓적다리와 굽힌 무릎을 바닥으로 누른다. 벨트를 팽팽하게 잡아당기면서 척주를 위로 쭉 뻗는다. 머리를 뒤로 기울이고 고르게 호흡한다. 이 자세를 20~30초 동안 유지한다. 반대쪽으로도 이 자세를 되풀이한다.

눈과 얼굴 근육을 이완한다.

머리가 뒤로 너무 기울지 않게 한다.

받다코나아사나

나비 자세

앉아서 하는 이 아사나에서는 무릎을 굽히고 두 발을 맞대어 고정된 각도를 이룬다. 산스크리트어에서 'baddha'는 '고정된', 혹은 '묶인'의 뜻을 가지고, 'kona'는 '각도'로 번역된다. 보조 도구를 사용하면 이 변형 자세를 고전적인 자세(p.108 참조)보다 더 쉽고 편안하게 행할 수 있다. 이 아사나를 규칙적으로 수련한다면 엉덩이, 사타구니, 넓적다리 뒤쪽 근육의 뻣뻣함을 줄이는 데 도움을 얻을 수 있다.

효과
- 심장을 자극하고 온몸의 혈액 순환이 좋아지게 한다.
- 척주와 복부 장기 및 골반의 장기를 정상 상태로 되돌린다.
- 탈장을 예방한다.
- 좌골신경통과 정맥류를 완화시킨다.
- 생리통, 생리 불순, 백대하의 증세를 줄인다.

주의 사항
천식, 기관지염, 호흡 곤란, 류머티스 관절염, 심장 질환, 생리 전 긴장 증세가 있다면 벽에 기대어 이 아사나를 수련한다. 척주 아랫부분이 오목해지지 않게 해야 하는데, 이는 그럴 경우 허리와 엉덩이가 긴장되기 때문이다.

보조 도구(p.185 참조)
큰베개, 목침 두 개

엉덩이 아래에 놓인 큰베개로 인해 복부가 들어 올려지고 사타구니가 이완되며 무릎이 쉽게 아래로 내려진다. 양쪽 무릎 아래에 목침을 두면 엉덩이의 뻣뻣함이 완화된다.

1 몸과 직각이 되게 놓인 큰베개 위에 앉는다(아래의 사진 참조). 엉덩이 양옆에 각각 목침을 놓고 단다아사나로 앉는다(p.102 참조). 무릎을 굽히고 두 발바닥을 마주 붙인다. 발뒤꿈치를 큰베개 쪽으로 더 가까이 당긴다. 초보자는 큰베개를 엉덩이와 평행하게 놓고 이용하면 더 쉬울 것이다(아래 사진 참조).

2 두 무릎을 서로 멀어지게 밀면서 서서히 목침 위로 내린다. 손은 등 뒤에 두고 손가락으로 큰베개를 누른다. 가슴을 위로 활짝 펴고 복부를 안으로 끌어넣는다. 처음에는 이 자세를 1분 동안 유지하고, 점차 지속하는 시간을 5분까지 늘린다.

얼굴의 긴장을 푼다.

가슴을 들어 올린 상태로 활짝 편다.

횡격막을 들어 올린다.

사타구니를 활짝 편다.

스와스티카아사나
다리를 교차시킨 자세

산스크리트어에서 'swastika'는 '상서로운', '안녕'을 의미한다.
이 아사나는 요가의 기본자세들 중 하나로 요가의 명상적인 영성과
육체적인 엄격함을 상징한다. 규칙적으로 수련하면 다리의 혈액 순환
이 개선된다. 오랫동안 서 있어야 하는 사람들에게 권장되며,
마음을 고요하면서 생기에 넘치게 해 주는 효과를 얻을 수 있다.

효과
- 지친 발과 다리에 휴식을 준다.
- 다리 정맥의 염증을 줄인다.
- 고관절과 사타구니를 유연하게 한다.
- 무릎 연골을 강화하고 무릎의 통증을 가라앉힌다.
- 혈액 순환을 촉진하고 무릎의 염증을 줄인다.

주의 사항
이 아사나를 수련하는 동안 발이 아프면, 발 아래에 접은 담요를 놓는다. 초보자는 이 자세를 20~30초 동안만 지속해야 한다.

척주를 위로 들어 올린다.

왼손으로 오른발을 왼쪽 넓적다리 아래로 당긴다.

앞을 똑바로 바라본다.

목을 부드럽게 하여 곧게 세운다.

1 단다아사나(p.102)로 앉는다. 척주를 뻗고 가슴을 활짝 편다. 두 무릎을 굽혀서 오른발은 왼쪽 넓적다리 아래에, 왼발은 오른쪽 넓적다리 아래에 둔다.

2 두 다리를 교차시킨 다음, 손바닥이 위를 보게 하여 두 손을 각각 무릎 위에 올려놓는다. 손가락을 모은다. 목과 척주를 곧고 바르게 세워야 하나 긴장되게 해서는 안 된다. 이 자세를 30~60초 동안 유지한다.

파리푸르나 나바아사나
완전한 배 자세

이 아사나에서 몸은 배 모양이 된다. 산스크리트어에서 'paripurna'라는 말은 '완전한', 혹은 '가득 찬'의 뜻을 지니고, 'nava'는 '배'를 의미한다. 보조 도구를 사용하면 상복부와 등의 근육을 긴장시키지 않고 이 자세를 취할 수 있다. 규칙적으로 수련하면 근육과 복부 장기를 정상 상태로 만든다.

효과
- 몸의 신진대사율을 증가시킨다.
- 복부의 혈액 순환을 개선한다.
- 복부 근육과 장기를 정상화시킨다.
- 소화 불량과 헛배 부르는 증상을 완화한다.
- 신장의 탄력성을 기른다.
- 척주 근육을 강화하여 등 아랫부분의 통증을 덜어 준다.

보조 도구(p.183~185 참조)
벽, 아르다 할라아사나 받침대 두 개, 담요 두 장, 매트
받침대는 복부를 긴장시키지 않으면서 다리와 등을 지지해 준다. 매트를 바닥에 펴고 두 장의 담요로 등과 다리를 보호하게 한다.

특히 주의할 점
상복부의 근육, 팔, 다리, 등이 그 자체의 힘만으로 자세를 유지할 만큼 충분히 튼튼해질 때까지는 받침대가 필수적이다. 수련 중에 목과 머리가 긴장되어서는 안 된다.

주의 사항
심장 질환이 있거나 저혈압일 경우 이 아사나를 수련하지 않는다. 호흡 곤란, 천식, 기관지염, 감기와 그로 인한 울혈, 편두통, 만성 피로 증후군을 앓거나 불면증, 경추증, 심한 요통, 설사, 혹은 생리 이상이 있을 때에도 이 아사나를 피한다.

등 위쪽을 받침대에 기댄다.

1 짧은 면이 벽에 닿게 하여 바닥에 매트를 편다. 받침대 하나를 벽에 기대어 놓는다. 다른 받침대는 그로부터 약 120cm 거리에 일직선으로 둔다. 각 받침대 위에 접은 담요를 얹고 두 받침대 사이에 앉아 등을 벽에 닿은 받침대에 기댄다. 손가락이 앞을 가리키게 하여 손바닥을 엉덩이 뒤에 놓고, 무릎을 굽힌다.

발을 이완한다.

목 근육을 이완된 상태에 둔다.

2 엉덩이뼈 위에 몸이 자리 잡도록 앉아 손바닥으로 매트 위를 누른다. 오른쪽 다리를 들어 올려 종아리를 앞에 놓인 받침대 위에 올린다. 등과 종아리를 보호할 수 있도록 발뒤꿈치를 받침대 위에 올려놓아야 한다. 고르게 호흡한다.

두 발의 안쪽 가장자리를 서로 맞대고 누른다.

3 이제 왼쪽 다리를 들어 올려 왼쪽 종아리를 앞에 놓인 받침대 위에 올린다. 두 무릎과 발을 모으고 발뒤꿈치로 받침대를 누른다. 손바닥을 각각 넓적 다리 위에 놓는다.

두 다리를 모은 상태로 유지한다.

흉골을 들어 올리고 가슴을 넓힌다.

4 숨을 내쉬며 손바닥을 다시 바닥 쪽으로 내린다. 손바닥을 아래 로 누르면서 몸통을 위로 뻗어 올리고 견갑골을 안으로 당겨 넣는 다. 다리를 모아 곧게 펴고 종아리를 받침대로부터 들어 올린다. 손 바닥은 다시 넓적다리 위에 놓는다. 넓적다리 근육을 안으로 돌리 고 다리가 뻗어지는 것을 느낀다. 복부는 부드러운 상태로 유지한 다. 이 자세를 1분 동안 유지하고 수련과 더불어 점차 5분까지 지 속한다.

파리푸르나 나바아사나

변형

변형 1 **긴 요가 벨트를 사용하여 행하는 자세**

▌ 보조 도구(p.185 참조)
등과 발을 지지하기 위한
긴 요가 벨트나 **두 개의 벨트를**
버클로 연결한 것.

특히 주의할 점
벨트로 등 위쪽을 둘러야지 허리나 등 가운데를 두르면 안 된다. 통증을 일으킬 수 있기 때문이다.

바닥에서 발가락을 떼어 들어 올린다.

두 무릎을 붙인다.

1 매트 위에 앉는다. 벨트의 죔쇠를 채운다. 무릎을 굽히고 벨트를 머리 위로 가져가 한쪽 끝은 등 윗부분의 견갑골 바로 아래를 두르게 하고, 다른 쪽 끝은 발뒤꿈치 바로 위의 발바닥 주위를 두르게 한다. 적당한 길이로 벨트를 조인다. 벨트가 너무 느슨하게 느껴져서도 안 되고 팽팽하게 느껴져서도 안 된다.

2 두 손을 엉덩이 뒤에 약 15~20cm 떨어지도록 놓고 손가락이 앞을 가리키게 한다. 손가락 끝으로 바닥을 누른다. 손을 약간 뒤로 움직인다. 발뒤꿈치를 바닥 위에 놓고 발가락이 앞을 가리키게 한다. 두 무릎과 발을 서로 누르고, 어깨와 등을 곧게 편다.

발바닥을 쭉 뻗는다.

몸통을 벨트에 기댄 상태를 유지한다.

몸통의 저항력에 맞서 다리를 뻗는다.

넓적다리 뒤쪽 근육을 뻗는다.

3 손바닥을 바닥에 단단히 눌러 몸을 지탱한다. 등을 벨트에 기댄 채 눕힌다. 바닥에서 두 발을 천천히 들어 올리고 다리를 곧게 펴서 위로 뻗는다. 꼬리뼈에서부터 목 뒤까지 척주를 똑바르게 한다. 흉골을 들어 올리고 가슴을 활짝 편다. 얼굴 근육의 긴장을 풀고, 다리와 몸통을 뻗는 데 의식을 집중한다. 복부는 부드럽게 이완되어 있어야 한다. 이 자세를 1분 동안 유지하는데, 수련과 더불어 지속하는 시간을 5분까지 늘린다. 고르게 호흡한다.

우파비스타 코나아사나
넓은 각도로 앉는 자세

앞으로 굽히는 동작을 생략한 우파비스타 코나아사나의 변형인 이 자세는 초보자와 등이 굳은 사람들이 다리를 옆으로 벌려 뻗는 것을 돕는 목적으로 응용된다. 이 자세의 명칭은 '앉은'의 뜻을 지닌 'upavista'와 '각도'로 번역되는 'kona'라는 산스크리트어에서 비롯된 것이다. 이 아사나는 복부 근육의 스트레스성 긴장을 풀어 준다.

> 보조 도구(p.185 참조)
> **벽**은 등을 받쳐 주고 호흡이 쉽게 이루어지게 한다.

효과
• 엉덩이의 관절염 치료에 도움을 준다.
• 좌골신경통을 완화한다.
• 탈장을 예방하고 치료한다.
• 생식계의 장기들을 마사지해 준다.
• 난소를 자극하고 생리 흐름을 정상화하며 생리 이상을 치료한다.
• 자궁이나 방광이 탈수된 것을 교정한다.

주의 사항
천식을 앓는다면 벽 가까이에 둔 접은 담요 위에 앉아서 이 아사나를 수련해야 한다. 가슴을 들어 올리고 활짝 펴서 호흡을 쉽게 할 수 있게 한다.

1 벽에 기대어 앉는다. 그 다음 어깨와 등이 벽에 닿게 하여 단다아사나(p.102 참조)로 앉는다. 등을 수직으로 세우고 엉덩이뼈 위에 몸이 자리 잡게 하여 앉는다. 손바닥을 양쪽 엉덩이 옆의 바닥에 놓고 손가락은 앞을 가리키게 한다. 똑바로 앞을 바라본다.

2 손바닥으로 바닥을 누르고 몸통을 위로 밀어 올린다. 숨을 내쉬며 두 다리를 가능한 한 넓게 벌린다. 다리를 옆으로 훨씬 더 많이 벌리기 위해 손으로 한 다리씩 벌린다.

넓적다리 뒤쪽을 뻗는다.

3 손을 엉덩이 뒤로 가져가 두 손바닥을 바닥 위에 놓는다. 발뒤꿈치와 넓적다리를 바닥으로 누르고 허리와 몸통의 양측면을 위로 들어 올린다. 넓적다리를 앞으로 돌려서 종지뼈가 천장을 향하게 한다. 골반뼈가 엉덩이뼈와 평행하게 하여 엉덩이뼈 위에 앉는다. 넓적다리에서 발뒤꿈치까지 두 다리를 쭉 뻗는다. 이 자세를 1분 동안 유지한다(나중에는 3~5분까지 지속 시간을 늘린다).

벽을 향해 어깨를 돌린다.

가슴을 위로 들어 올린다.

넓적다리 뒤쪽 근육을 바닥 쪽으로 누른다.

파스치모타나아사나
등을 강하게 뻗는 자세

이 형태의 파스치모타나아사나는 등이 뻣뻣한 사람들이
이 자세를 더 쉽게 할 수 있도록 보조 도구들을 다섯 가지
다른 방식으로 조합하여 사용한다. 등을 점진적으로 더 잘
뻗게 하는 이 변형 자세들은 등 아랫부분의 통증을 완화하고
척주를 유연하게 만든다.

효과

- 기억력이 좋아지게 한다.
- 교감신경계를 진정시킨다.
- 피로를 예방한다.
- 심장에 휴식을 주고 혈압과 맥박을 정상으로 만든다.
- 만성 두통, 편두통, 눈의 긴장을 가라앉힌다.
- 얼굴 근육의 긴장을 줄인다.
- 목구멍과 횡격막에서의 스트레스성 압박증이나 조이는 느낌을 덜어 준다.
- 골반 부위의 혈액 순환을 개선시키고 골반의 장기들에 탄력을 준다.
- 내분비선으로 가는 혈액 공급을 정상화하고, 부신을 활성화시키며, 갑상선의 긴장을 푼다.
- 피부의 열을 식힌다.
- 척주 관절을 강화하고 척주 인대를 신장시킨다.

보조 도구(p.185 참조)
큰베개 두 개

두 개의 큰베개는 머리를 받쳐 주고, 등이 뻣뻣한 사람들로 하여금 이 자세를 보다 쉽게 지속할 수 있게 한다.

주의 사항

천식, 기관지염, 혹은 설사를 앓고 있다면 이 아사나를 수련하지 않는다. 경추증이 있을 경우에도 수련하지 않는다.

특별한 효과

좌골신경통, 정맥류, 관절염이 있는 사람들은 이 변형 자세로 편안함을 얻을 수 있을 것이다. 두통이 있거나 팔과 어깨가 피로할 때에는 이완을 위해 이 변형 자세를 취한다. 요실금 치료에도 도움이 된다.

팔과 이마를 편안하게 큰베개 위에 올려놓는다.

1 단다아사나로 앉는다(p.102 참조). 큰베개 두 개를 무릎을 가로지르는 방향으로 겹쳐 놓는다. 두 발목, 발뒤꿈치, 엄지발가락을 서로 가까이 모은다. 큰베개 너머로 팔을 쭉 뻗고 몸을 앞으로 굽힌다. 발가락 바로 아래에서 발을 잡고 두 다리를 곧게 편 상태를 유지하면서 두 넓적다리와 무릎을 서로 마주 누른다.

2 척주의 제일 아랫부분에서부터 몸을 굽히고 허리를 앞으로 민다. 몸통을 발 쪽으로 길게 늘이며 사타구니에서 배꼽까지 쭉 뻗는다. 복부 근육이 수축되면 안 된다. 팔꿈치와 이마를 큰베개 위에 내려놓고, 넓적다리 및 종아리의 근육을 완전히 뻗는다.

3 목을 뻗는다. 두 어깨를 아래로 미는 동시에 뒤로 밀고 귀에서 멀어지게 움직인다. 이마를 큰베개 위에 평평히 자리 잡게 하고 머리가 한쪽으로 기울지 않게 한다. 팔을 곧게 펴야 하지만 긴장시키면 안 된다. 의식적으로 목, 얼굴, 눈, 귀를 이완한다. 고르게 호흡하면서 이 자세로 5분 동안 머문다.

"이 아사나를 수련하면 뇌가 시원해지고 마음이 평온해지며
온몸에 생기가 돌게 된다. 요가 아사나를 행하는 중에
조정을 할 수 있는 감각을 익히게 된다."

변형 1
세 개의 큰베개를 사용하여 행하는 자세

보조 도구(p.185 참조)
큰베개 세 개
큰베개 위에 앉으면 몸통의 위치가 높아져서
앞으로 더 쉽게 굽힐 수 있다.

특별한 효과
위산 분비를 감소시켜 궤양을 예방한다. 생리통과 생리 전
긴장 증세를 완화한다. 스트레스성 생식계 이상의 치료를
돕는다. 자궁 근종 발생을 예방한다. 자궁 근육을 이완시켜
생리 흐름을 정상으로 돌린다. 질이 건조하고 가려운 것을
치료한다.

특히 주의할 점
정맥류가 있을 때는 이 변형 자세를 피한다.

변형 2
두 개의 큰베개와 목침을 사용하여 행하는 자세

보조 도구(p.185 참조)
큰베개 두 개와 목침 한 개
발뒤꿈치 아래 놓인 목침으로 인해 다리를 강하게
뻗을 수 있다.

특별한 효과
무릎과 발목의 관절염을 완화한다. 정맥류와 좌골신경통의 통증
을 예방한다. 피로한 발의 기운을 회복시킨다. 종아리와 오금을
뻗게 하여 다리를 편안하게 해 준다.

자세에 들어가기 몸 뒤에 큰베개를 놓고 긴 쪽의 중심부가
엉덩이 뒤에 닿게 한다. 무릎을 굽히고 손바닥으로 큰베개를
누르면서 엉덩이를 그 위에 올린다. 이제 본 아사나의 1, 2,
3단계를 따른다.

자세에 들어가기 긴 쪽이 몸을 향하게 하여 목침을 발 가까
이에 둔다. 손으로 무릎 뒤쪽을 받치면서 발뒤꿈치를 하나씩
목침 위에 올려놓는다. 이제 본 아사나의 1, 2, 3단계를 따른
다. 다리 근육이 수축되지 않아야 한다. 넓적다리 근육을 쭉
뻗고 무릎으로 바닥을 단단히 누른다.

파스치모타나아사나

변형

"척주를 곧게 뻗는 데 초점을 맞춘다.
뇌를 기민하게 유지하는 것이 척주의 임무이다."

변형 3
두 개의 큰베개와 벨트를 사용하여 행하는 자세

보조 도구(p.182 참조)
벨트와 큰베개 두 개
벨트는 너무 뻣뻣하여 발을 잡지 못하는 사람들에게 도움을 준다.

특별한 효과
피로한 발을 쉬게 한다. 발목 골관절염을 가라앉힌다. 좌골 신경통과 정맥류를 예방한다. 척주를 앞으로 뻗는 것을 개선하는 데 도움이 된다.

변형 4
두 개의 큰베개와 하나의 받침대를 사용하여 행하는 자세

보조 도구(p.184~185 참조)
측면이 없는 낮은 받침대와 큰베개 두 개
받침대는 팔과 척주를 뻗을 수 있게 도와준다. 또 머리 뒷부분, 목구멍, 횡격막, 가슴, 등의 긴장을 풀어 준다.

특별한 효과
우울증 치료를 도우며 간과 신장을 자극한다. 궤양, 위장에 가스가 차는 증세, 변비와 소화 불량을 경감시킨다. 정맥류와 좌골신경통을 예방한다. 엉덩이의 골관절염을 완화시킨다. 자궁 근종을 예방한다. 질 가려움증을 가라앉힌다. 생리 중에 수련하면 생리 흐름을 정상화하고 생리통을 줄인다. 신축성 있는 면 붕대를 눈 주위에 감고 수련하면 스트레스성 두통과 편두통을 가라앉힌다. 다리 바깥쪽 가장자리가 받쳐지므로 근육 정렬을 하는 데 도움이 된다.

자세에 들어가기 다리를 30cm 정도 벌려서 본 아사나의 1단계를 따른다. 발가락이 천장을 가리키게 한다. 두 손으로 각각 벨트의 한쪽 끝을 잡고 벨트를 발 너머로 넘겨서 발에 건다. 강하게 당긴다는 느낌이 들 때까지 벨트의 길이를 짧게 조절한다. 그 다음 본 아사나의 2, 3단계를 따른다. 두 팔꿈치를 넓게 벌려서 벨트를 팽팽하게 만든다.

자세에 들어가기 받침대를 바닥 위에 놓는다. 단다아사나로 앉아 받침대 사이로 다리를 넣어서 뻗는다. 다리가 받침대 안쪽 면에 닿게 벌린다. 그 다음 본 아사나의 1, 2, 3단계를 따르는데, 발가락을 잡지는 않는다. 큰베개 위로 팔을 뻗어 받침대의 먼 가장자리를 잡는다. 이마를 큰베개 윗부분에 내려놓고 눈을 감는다. 고르게 호흡한다. 만일 두 발을 모으고(사진 참조) 이 변형 자세를 수련하면 척주를 앞으로 강하게 뻗을 수 있다.

아도무카 파스치모타나아사나

얼굴을 아래로 하여 등을 강하게 뻗기

산스크리트어에서 'paschim'의 문자적 의미는 '서쪽'이다. 요가 용어로는 발뒤꿈치부터 머리까지 몸 전체의 뒷면을 가리킨다. 비록 이 아사나로 인해 이 부분이 강하게 뻗어지지만 보조 도구를 사용하면 긴장 없이 편안하게 자세를 유지할 수 있다. 규칙적으로 수련하면 간과 신장을 정상 상태로 회복시킨다. 이 자세에서 뻗는 동작은 등 아랫부분의 통증을 완화한다.

효과

- 스트레스성 식욕 부진을 치료한다.
- 위산 과다, 위궤양, 거식증, 폭식증, 알코올 중독증 치료를 돕는다.
- 간과 신장을 튼튼하게 한다.
- 등 아랫부분의 통증을 가라앉힌다.

주의 사항

설사병을 앓고 있거나 천식이나 기관지염 증세가 있다면 이 아사나를 수련하지 않는다.

1 받침대의 앞쪽 가장자리에 앉고 큰베개 두 개를 그 옆에 놓아둔다. 받침대를 잡고 다리를 곧게 펴며 두 다리와 발을 함께 모은다. 다리와 나란한 방향으로 큰베개 하나를 다리 위에 올리고, 나머지 하나는 첫 번째보다 발가락 쪽으로 약 5cm 더 가깝게 하여 그 위에 올려놓는다. 등을 곧게 펴고 몸통을 위로 쭉 뻗은 다음 호흡을 몇 차례 한다.

2 아래를 바라보며 몸통을 다리 쪽으로 밀면서 팔을 큰베개 위로 쭉 뻗는다. 척주 제일 아랫부분에서부터 몸을 뻗어야 한다. 복부를 부드러운 상태로 만들고 정상 호흡을 한다. 손을 큰베개 너머로 뻗어 발바닥 윗부분을 잡는다.

3 가슴을 큰베개 위에 편안히 내려놓고 이마를 위쪽의 큰베개 위에 놓는다. 이제 발을 꽉 잡으면서 몸통을 훨씬 더 아래로 뻗는다. 발가락을 잡을 수 없으면 가능한 한 위쪽의 큰베개를 따라 아래로 멀리 손을 내린다. 이 자세를 1분 동안 유지한다. 수련과 더불어 지속하는 시간을 5분까지 점점 더 늘린다. 앞으로 더 잘 뻗을 수 있게 되면 큰베개로 받치는 것을 줄인다.

보조 도구(p.182 참조)

측면이 없는 낮은 받침대 한 개와 큰베개 두 개

받침대는 몸통의 위치를 높여 등이 뻣뻣한 사람들이 앞으로 쉽게 굽힐 수 있게 도와준다. 큰베개는 몸통을 지지하고 자세를 취할 때 편안히 이완하는 효과를 얻게 한다.

척주를 아래로 민다.

받침대를 벽에 기대어 안정시킨다.

다리를 완전히 뻗은 상태를 유지한다.

자누 시르사아사나
무릎 위에 머리를 두는 자세

이 아사나는 뇌와 교감신경계를 고요히 진정시킨다. 마음은 감각으로부터 분리되고 불안하고 흥분되기 쉬운 기분이 차분히 가라앉는다. 고전적인 자세(p.114 참조)를 응용한 이 변형 자세는 보조 도구에 의해 지지되는데, 이 자세의 수련으로 심장이 휴식을 얻고 아나하타anahata, 즉 '심장' 차크라가 활성화된다. 우울증 치료를 돕는 효과가 있으며 불면증 또한 해소된다.

보조 도구(p.184~185 참조)
큰베개, 담요, 측면이 없는 낮은 받침대

큰베개와 담요는 머리를 지지하고 등이 뻣뻣한 사람들이 앞으로 쉽게 굽힐 수 있도록 도와준다. 측면이 없는 낮은 받침대는 어깨에서 손가락까지 팔을 뻗기 쉽게 한다. 또한 머리와 목의 뒷부분을 이완시키면서 뻗게 하여 마치 견인차로 끌어당기듯 척추를 신장시킨다.

특별한 효과
감기, 천식, 기관지염이 있으면 이 아사나는 보조 도구를 이용하여 수련한다. 고전적인 자세로는 편안함을 얻지 못하기 때문이다.

주의 사항
설사가 있을 때에는 상태를 더 악화시킬 수 있기 때문에 이 자세를 피한다. 무릎이 뻣뻣하거나 무릎 골관절염이 있을 때에는 굽힌 무릎 아래에 목침을 놓고 수련한다. 스트레스성 두통이나 편두통이 있다면 눈 위에 신축성 있는 면 붕대를 감고 수련한다.

효과
- 기억력을 향상시킨다.
- 만성 두통, 편두통, 혹은 눈의 긴장을 완화시킨다.
- 혈압의 정상화를 돕는다.
- 협심증에서 오는 통증을 줄인다.
- 스트레스성 식욕 부진을 경감시킨다.
- 부신에 생기를 주고 갑상선의 긴장을 풀어 준다.
- 방광의 조절력을 개선시킨다.
- 전립선 비대를 예방한다.
- 생리 중의 경련을 완화하고 질이 건조하고 가려운 것을 치료한다.
- 자궁 근종을 예방하고 생리 흐름을 정상으로 되돌린다.

1 바닥 위에 낮은 받침대를 놓고 그 사이로 발을 넣어 단다아사나(p.102 참조)로 앉는다. 이때 엉덩이뼈 위에 몸이 자리 잡게 하여 앉는다. 엉덩이 옆의 바닥을 손바닥으로 누르고 등을 곧게 편다. 왼쪽 다리를 굽히고 발뒤꿈치를 사타구니로 가져온다. 발가락이 오른쪽 넓적다리에 닿고 두 다리가 둔각을 이루어야 한다. 굽힌 무릎을 가능한 한 뒤로 멀리 민다. 오른쪽 다리는 완전히 곧게 편다. 큰베개를 오른쪽 정강이 위에 가로로 놓고 높이를 더 추가하기 위해 그 위에 접은 담요를 올려놓는다.

가슴과 일직선을 이룬 위치에 받침대를 놓는다.

등을 곧게 세운다.

가슴을 확장시킨다.

손가락으로 바닥을 누른다.

발을 똑바로 세운 상태를 유지한다.

2 숨을 내쉬며 견갑골이 아니라 척주 제일 아랫부분에서부터 몸을 굽힌다. 팔을 큰베개 위로 뻗어 손바닥을 받침대 위에 둔다. 왼쪽 무릎으로 바닥을 누른다.

몸통을
앞으로 민다.

오른쪽 다리를
넓적다리에서 발뒤꿈치까지
쭉 뻗는다.

3 몸통을 앞으로 밀어 받침대의 먼 쪽 가장자리를 잡는다. 사타구니에서 배꼽까지 쭉 뻗는다. 앞으로 굽힐 때 복부를 수축시켜서는 안 된다. 이마를 담요 위에 내려놓고 눈을 감는다. 큰베개나 담요의 높이는 등의 유연성에 따라 조절한다. 이마를 편안히 내려놓을 수 없으면 담요를 하나 더 추가한다. 이 담요는 이마를 쉽게 내려놓을 수 있으면 빼낸다. 천천히 숨을 내쉬며 목과 머리의 긴장을 푼다. 이 자세로 1분 정도 머문다. 다른 쪽으로도 이 자세를 되풀이한다.

머리와 목을
이완된 상태로 둔다.

척주를 앞으로
뻗는다.

아도무카 비라아사나
얼굴을 아래로 한 영웅 자세

이 아사나는 고전적 자세인 비라아사나(p.104 참조)의 변형이다. 'vira'는 산스크리트어로 '영웅', 혹은 '전사'를 뜻하고 'adho'는 '아래로 향한'을 가리키며 'mukha'는 '얼굴'을 의미한다. 스트레스를 줄이고 눈과 신경을 진정시키며 마음을 고요히 가라앉힘으로써 전두부의 뇌를 평온하게 만들어 주는 까닭에 아주 편안하게 수련할 수 있는 아사나이다. 또 피로에 지친 하루를 보낸 뒤 기운을 회복하고자 할 때 도움을 얻을 수 있는 자세이다.

효과
- 호흡 곤란, 현기증, 피로, 두통을 경감시킨다.
- 고혈압을 완화한다.
- 척주를 신장시키고 탄력 있게 하며 등과 목의 통증을 가라앉힌다.
- 위산 분비를 줄이고 헛배 부르는 증상을 가볍게 한다.
- 생리통과 생리로 인한 우울증을 완화한다.

주의 사항
요실금 증세가 있으면 이 아사나를 수련하지 않는다. 편두통, 스트레스성 두통이 있다면 눈 주위와 이마를 신축성 있는 면 붕대로 감는다.

보조 도구(p.185 참조)
큰베개와 담요 두 장

큰베개는 머리를 받쳐 주고 등의 뻣뻣함을 가볍게 한다. 담요 한 장으로 이마를 받치고, 또 한 장은 넓적다리 아래에 두어 발목의 통증을 완화한다. 편두통이나 스트레스성 두통을 앓고 있으면 눈 주위를 신축성 있는 면 붕대로 감는다.

목을 이완한다.

등을 곧게 세운 상태를 유지한다.

손바닥을 무릎 위에 둔다.

몸통을 앞으로 뻗는다.

1 바닥 위에 큰베개를 놓고 그 위에 둥글게 만 담요를 올려놓는다. 큰베개를 무릎 사이에 끼우고 꿇어앉는다. 나머지 담요는 종아리와 발뒤꿈치 위에 가로로 놓고 엉덩이를 담요 위로 내린다. 손바닥을 무릎 위에 놓고 두 발을 서로 가까이 모은다. 신장을 몸 안으로 끌어당긴다고 상상하면서 30초 정도 이 자세로 멈춘다.

2 큰베개를 몸 쪽으로 당긴다. 몸에 가까운 쪽의 큰베개의 끝이 무릎 사이에 놓여져야 한다. 큰베개를 몸에 더 가까이 당겨 복부 바로 아래에 놓이게 한다. 얼굴을 얹을 수 있도록 큰베개 위에 둥글게 만 담요를 놓는다. 이제 숨을 내쉬며 몸통을 앞으로 움직인다. 두 팔을 완전히 뻗고, 손은 몸에서 먼 쪽의 큰베개 끝의 양 옆 바닥 위에 둔다.

스승의 조언

"수련생의 천골과 요추가 이어진 부분 위를
누르는 나의 손은 지렛대의 받침과 유사하다.
이 자세에서 엉덩이를 들어 올리면 안 된다.
몸통과 손을 앞으로 쭉 뻗는다.
등 아랫부분을 고정시키고 앞으로 뻗는다."

3 가슴을 큰베개 위로 내린다. 두 팔을 앞으로 쭉 뻗고
목덜미를 신장시키며 이마와 얼굴을 담요 위에 내려놓는
다. 넓적다리를 아래로 밀고 엉덩이를 바닥 쪽으로 낮춘
다. 복부를 부드러운 상태로 유지한다. 겨드랑이를 활짝
펴고 흉골을 뻗는다. 가슴을 앞으로 밀면서 갈비뼈를 넓
힌다. 몸을 이완시키기 위해 몸통과 척주를 큰베개 위에
서 점점 더 앞으로 뻗는다. 엉덩이는
반드시 엉덩이 아래의 담요 위에
놓여 있어야 한다. 이 자세로
30~60초 정도 머문다.

복부를 길게 늘이고
이완시킨다.

발등을
바닥에 댄다.

변형 1
두 개의 큰베개를 사용하여 행하는 자세

보조 도구(p.185 참조)
큰베개 두 개와 담요 두 장
큰베개는 등이 뻣뻣한 사람들이 이
자세를 쉽게 유지할 수 있게 돕는다.
높이를 더하면 가슴을 내리는 것이
더 쉬워진다.

자세에 들어가기 몸 앞에 두 개의 큰베개를 놓고
본 아사나의 1단계를 따른다. 이제 큰베개들을 몸
쪽으로 당긴다. 밑에 놓인 큰베개는 수련자
의 몸에 가까운 쪽의 끝이 무릎 사이에 놓
여야 한다. 그 다음 큰베개 둘 다를 몸 쪽
으로 가까이 당겨 위에 놓인 큰베개의
끝이 복부에 닿게 한다. 둥글게 만
담요를 위에 놓인 큰베개의 몸 건
너편 쪽 끝 부분 위에 놓는
다. 그 다음 본 아사나
의 2, 3단계를 따른다.

아도무카 스와스티카아사나
얼굴을 아래로 하고 다리를 교차시킨 자세

이 아사나에서는 다리를 교차시켜 앉아 머리, 가슴, 어깨를 벤치, 큰베개, 담요 위에 둔다. 이는 대단히 편안한 자세로 등, 목, 심장의 긴장이 사라지게 한다. 또한 이 자세는 생리 전 스트레스 증후군을 완화시킨다. 규칙적으로 수련하면 자주 불안과 긴장에 빠지거나 기분 변화가 잦은 사람들에게 도움이 된다.

효과

- 교감신경계를 진정시키고 스트레스와 피로를 덜어 준다.
- 편두통과 스트레스성 두통을 완화한다.
- 심계 항진과 호흡 곤란 증세를 가볍게 한다.
- 메스꺼움과 구토 예방을 돕는다.
- 고관절의 통증을 줄인다.
- 피로한 다리에 휴식을 주고 무릎의 혈액 순환을 개선한다.

보조 도구(p.184~185 참조)
큰베개 두 개, 긴 벤치, 매트, 담요
큰베개 위에 앉으면 몸통의 위치가 높아져서 앞으로 잘 뻗을 수 있게 된다. 벤치, 매트, 큰베개, 그리고 가슴과 벤치 사이에 있는 담요가 머리를 받쳐 주어 목의 긴장을 예방한다.

주의 사항
발이 아파서 비라아사나 자세로 앉을 수 없으면 그 대신에 이 자세를 수련할 수 있다. 스트레스성 두통이나 편두통이 있으면 눈 주위를 신축성 있는 면 붕대로 감는다.

1 벤치와 직각을 이루게 하여 큰베개 하나를 바닥에 놓고 벤치의 긴 쪽을 따라 매트와 또 다른 큰베개를 벤치 위에 놓는다. 수련자의 몸 쪽에 있는 큰베개 끝 부분과 벤치 가장자리 사이에 접은 담요를 놓는다.

2 큰베개 위에 스와스티카아사나(p.209 참조)에서처럼 다리를 교차시켜 앉는다. 반드시 엉덩이뼈의 안쪽에 체중을 싣고 앉아야 한다.

3 숨을 내쉬며 몸을 앞으로 굽히고 접은 담요 위에 가슴을 편안히 내려놓는다. 이마를 큰베개 위에 두고 팔을 앞으로 가져와 팔꿈치를 굽힌다. 오른쪽 손바닥은 왼쪽 팔뚝 위에, 왼쪽 손바닥은 오른쪽 팔뚝 위에 놓는다. 천천히 숨을 내쉬며 머리와 목의 긴장이 사라지는 것을 느낀다. 목 근육을 부드럽게 하여 길게 늘인다. 고르게 호흡하면서 이 자세를 2분 정도 유지한다.

상체 위쪽을 담요 위에서 이완시킨다.

의자 위에서 행하는 바라드바자아사나

몸통을 비트는 자세

이 자세의 고전적인 형태(p.128 참조)는 앉아서 비트는 기본자세로 때로는 초보자가 실행하기에 어려울 수가 있다. 그러나 이 아사나는 의자 위에 앉아서 수련할 수 있다. 고전적인 자세를 응용한 이 자세는 나이가 들었거나 과체중일 때, 혹은 긴 병에서 회복 중일 때 권장된다.

효과
- 척주 근육이 유연해진다.
- 등 아랫부분의 관절염을 치료한다.
- 목과 어깨의 뻣뻣함을 풀어 준다
- 무릎의 류머티즘을 완화한다.
- 복부 근육을 단련시킨다.
- 소화력이 좋아진다.

보조 도구(p.184 참조)
의자는 몸을 받쳐 주면서 몸통을 효과적이고 안전하게 돌릴 수 있게 한다.

주의 사항
기관지염, 두통, 편두통, 설사가 있을 때는 이 아사나를 피한다.

1 몸 오른쪽을 의자 등받이에 대고 의자 위에 옆으로 앉는다. 똑바로 앉아 숨을 내쉰다. 의자 등받이의 바깥쪽을 각각 잡는다.

2 척주를 들어 올린 상태에서 척주 축에서 벗어나지 않으면서 오른쪽으로 몸통을 돌린다. 숨을 내쉬며 몸을 돌리고 숨을 참지 않는다. 오른쪽 어깨 너머를 바라보면서 이 자세를 20~30초 정도 유지한다. 반대편으로도 이 자세를 되풀이한다.

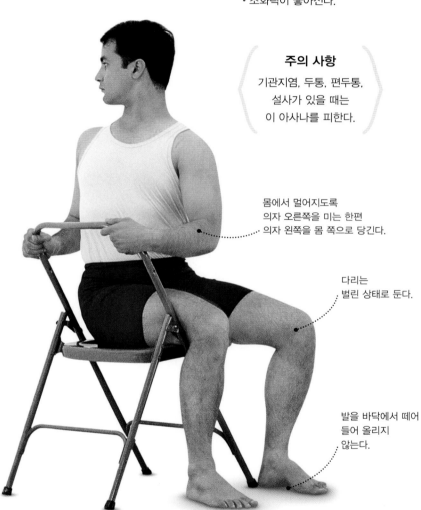

몸에서 멀어지도록 의자 오른쪽을 미는 한편 의자 왼쪽을 몸 쪽으로 당긴다.

다리는 벌린 상태로 둔다.

발을 바닥에서 떼어 들어 올리지 않는다.

변형 1
다리를 의자 등받이 사이로 넣고 행하는 자세

특별한 효과
이 변형 자세는 방향 감각을 얻게 하고, 몸의 정렬을 흩뜨리지 않으면서 몸을 더 많이 돌릴 수 있게 한다.

자세에 들어가기 의자의 앉는 부분과 등받이 사이로 다리를 넣는다. 오른손으로는 의자의 앉는 부분을, 왼손으로는 등받이를 잡는다. 몸통을 들어 올리면서 오른쪽으로 돌린다. 이 자세를 20~30초 동안 유지한다. 반대편으로도 이 자세를 되풀이한다.

바라드바자아사나
몸통을 뻗는 자세

이 아사나는 앉아서 비트는 고전적인 자세(p.128 참조)의 변형으로 흉추와 요추 부위에 영향을 주고 복부 장기에서의 혈액 순환을 개선시킨다. 규칙적으로 수련하면 온몸의 유연성이 증대된다. 또 무릎의 통풍을 진정시키며 경추증, 관절염, 발뒤꿈치와 무릎, 엉덩이, 어깨의 류머티즘 치료에 도움을 준다.

효과
- 등 아랫부분, 목, 어깨의 뻣뻣함과 통증을 줄인다.
- 고관절, 종아리, 발뒤꿈치, 발목의 통증을 완화한다.
- 무릎의 통풍과 류머티즘을 치료하고 오금을 유연하게 한다.
- 신장, 간, 비장, 쓸개 이상의 치료에 도움이 된다.
- 소화 불량 및 헛배 부르는 증상을 완화한다.
- 자궁 근육을 튼튼하게 한다.

보조 도구(p.185 참조)
담요 한 장과 목침 두 개
접은 담요는 엉덩이를 받쳐 주고 몸을 곧게 유지하는 것을 돕는다. 목침 위에 손을 놓으면 척주를 곧게 세우고 더 잘 돌리는 데 필요한 압력을 얻을 수 있다.

주의 사항
심장 질환, 편두통, 두통, 심한 눈의 긴장, 감기를 앓거나 가슴에 울혈이 있을 때, 혹은 설사, 만성피로증후군, 우울증, 불면증이 있다면 이 아사나를 수련하지 않는다.

뇌와 눈의 긴장을 푼다.

견갑골을 몸 안쪽으로 당긴다.

두 손으로 목침을 누른다.

1 접은 담요 위에 단다아사나(p.102 참조)로 앉는다. 무릎을 굽히고 두 발을 왼쪽 엉덩이 옆으로 가져간다. 왼쪽 발목을 오른발의 장심 위에 놓는다. 두 무릎끼리 서로 누른다.

2 오른쪽 엉덩이 뒤에 긴 쪽이 바닥에 닿도록 목침을 한 개 놓고, 오른쪽 무릎 옆에도 한 개를 놓는다. 그 다음 척주를 쭉 뻗고 숨을 들이마신다.

3 숨을 내쉬며 오른쪽으로 몸을 돌린다. 오른쪽 어깨를 뒤로 움직여서 오른손은 몸 뒤의 목침 위에, 왼손은 몸 옆의 목침 위에 놓는다. 두 손으로 목침을 누른다. 척주와 가슴을 들어 올리고 숨을 내쉬며 오른쪽 어깨 너머를 바라본다. 숨을 참지 않는다. 이 자세를 20~30초 정도 유지한다. 반대편으로도 되풀이한다.

마리챠아사나

몸통과 다리를 뻗는 자세

이 아사나는 마리챠아사나의 두 가지 고전적 형태를 응용하고 결합한 것인데, 하나는 앞으로 굽히는 자세이고 다른 하나는 비틀기 자세이다(p.132 참조). 보조 도구는 몸통의 중심을 잡고 곧게 세우는 것을 돕는다. 또한 흉추와 요추 부위에 작용하면서 척주를 더 많이 회전시킬 수 있게 한다. 이 아사나의 수련은 등, 목, 어깨의 뻣뻣함을 줄이는 데 도움이 된다.

보조 도구(p.185 참조)
담요와 목침

담요는 엉덩이를 받치고 몸통을 들어 올려 척주를 더 많이 비틀 수 있게 한다. 또한 굽힌 다리가 옆으로 기울어지는 것을 막는다. 목침의 넓은 면이 바닥에 놓이게 하여 손을 얹는다. 이렇게 하면 척주를 더 잘 비틀고 몸통을 곧게 세울 수 있다.

1 접은 담요 위에 단다아사나(p.102 참조)로 앉고, 몸 뒤에 목침을 놓는다. 오른쪽 무릎을 굽힌다. 정강이가 바닥과 수직을 이루고 오른쪽 발뒤꿈치는 사타구니에 닿게 해야 한다. 왼쪽 다리를 곧게 편 상태로 둔다.

2 오른쪽 팔꿈치를 굽히고 오른쪽 위팔을 오른쪽 다리 안쪽에 맞댄다. 왼손을 몸 뒤의 목침 위에 놓고 왼팔을 곧게 편다. 오른팔과 오른쪽 무릎을 서로를 향해 같은 힘으로 누르고, 왼손으로 목침을 누른다.

3 몸통을 들어 올리고, 숨을 내쉬며 왼쪽으로 몸을 돌린다. 굽힌 다리가 기울어지지 않았는지, 또 오른팔과 무릎 사이에 틈이 있지 않은지 확인한다. 왼쪽 어깨 너머를 바라보면서 이 자세를 20~30초 정도 유지한다. 다른 쪽으로도 이 자세를 되풀이한다.

효과

- 등 아랫부분의 통증과 경추증을 완화시킨다.
- 복부 장기로의 혈액 순환이 더욱 활발히 이루어지게 한다.
- 소화를 돕고 헛배 부르는 증세가 줄어들게 한다.
- 탈장 치료에 도움을 준다.
- 간과 신장을 튼튼하게 한다.

주의 사항

심장 질환, 편두통, 두통, 감기를 앓거나 가슴에 울혈이 있을 때, 혹은 설사, 변비, 만성피로증후군, 불면증, 우울증 증세가 있다면 이 아사나를 수련하지 않는다.

머리, 눈, 목을 수동적인 상태에 있게 한다.

손바닥을 편다.

발뒤꿈치 가운데 부분을 중심으로 발을 바닥에 내려놓는다.

우티타 마리챠아사나
몸통과 다리를 강하게 뻗는 자세

고전적인 자세(p.132 참조)를 변형한 이 자세는 벽에 기대어 서서 높은 받침대의 도움을 받아 수련한다. 이 아사나는 보통의 일상생활에서는 거의 단련할 수 없는 척추 근육과 인대에 작용을 미친다. 보조 도구는 긴장 없이 비틀 수 있게 한다. 우티타 마리챠아사나는 등 아랫부분에 통증이 있는 사람들에게 권장된다.

효과
- 목과 어깨의 뻣뻣함을 줄인다.
- 척주의 정렬 상태를 개선하고 유연하게 만든다.
- 등 아랫부분, 엉덩이, 꼬리뼈의 통증을 완화한다.
- 노화에 따라 다리 근육이 짧아지는 것을 예방한다.
- 좌골신경통을 예방한다.
- 소화 불량을 치료한다.
- 헛배 부르는 증상을 완화한다.

보조 도구(p.183~185 참조)
벽, 높은 받침대, 둥근 목침
받침대는 등이 뻣뻣한 사람들이 비트는 동작을 더 쉽게 행할 수 있게 한다. 오른쪽 다리 아래에 놓인 목침은 몸을 더 효과적으로 돌리게 해 준다.

주의 사항
심각한 심장 질환, 동맥 폐색, 고혈압이나 저혈압, 편두통, 심한 눈의 피로, 감기, 기관지염, 호흡 곤란, 만성 피로, 우울증, 불면증, 설사, 변비, 혹은 무릎 골관절염 등의 증세가 있을 때에는 이 아사나를 수련하지 않는다. 여성은 생리 기간 중에 이 아사나를 수련해서는 안 된다.

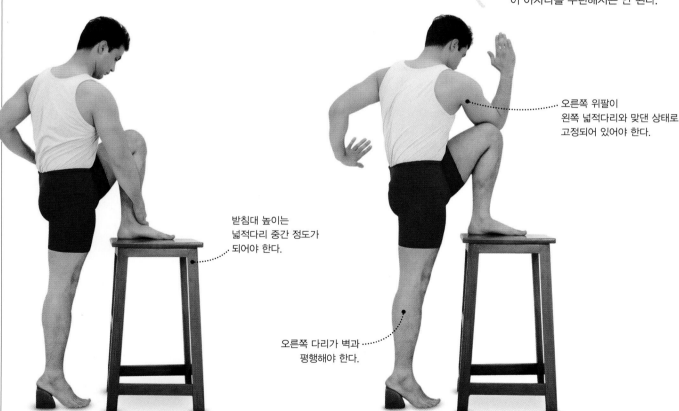

받침대 높이는 넓적다리 중간 정도가 되어야 한다.

오른쪽 위팔이 왼쪽 넓적다리와 맞댄 상태로 고정되어 있어야 한다.

오른쪽 다리가 벽과 평행해야 한다.

1 받침대를 벽에 대어 놓는다. 왼쪽 어깨를 벽에 닿게 하여 받침대를 마주 보고 선다. 오른쪽 발뒤꿈치 아래에 목침을 놓는다. 왼발을 받침대 위에 올려놓고 왼쪽 손바닥을 허리 높이에서 벽에 댄다. 오른쪽 다리는 쭉 뻗고 있어야 한다.

2 오른팔을 굽혀 그 팔꿈치를 왼쪽 무릎의 바깥쪽에 대고 오른쪽 손바닥을 벽에 놓는다. 왼쪽 손바닥을 벽에 대고 누르면서 몸통을 벽에서 멀어지도록 민다. 이때 몸이 바닥과 수직을 이루어야 한다.

"온몸을 완전히 신장시킬 때
충분한 이완에 이를 수 있다."

머리를 왼쪽으로
돌린다.

왼쪽 손바닥을
평평하게 펴서
벽 위에 놓는다.

척주를 돌리기 위해
팔꿈치를 넓적다리에
맞대고 민다.

발이 받침대 가운데에
놓여 있어야 한다.

3 척주를 더 잘 들어 올리기 위해 받침대를 발로
누른다. 숨을 내쉬며 오른쪽 팔꿈치를 왼쪽 무릎
의 바깥쪽에 맞대고 민다. 그와 동시에 두 손바닥
으로 벽을 누른다. 숨을 내쉬며 몸통을 들어 올린
다. 왼쪽으로 몸을 돌리는데, 척주가 아니라 허리
와 갈비뼈에서부터 돌려야 한다. 동시에 횡격막과
흉골을 들어 올린다. 몸을 돌릴 때 숨을 참지 않으
며 목과 목구멍을 긴장시켜서도 안 된다. 이 자세
를 20~30초 동안 유지한다. 수련과 더불어 지속
시간을 점차 1분까지 늘린다. 다른 쪽으로도 이 자
세를 되풀이한다.

오른쪽 다리. 몸통.
머리를 정렬시킨다.

파르스바 비라아사나
영웅 자세에서 몸의 측면 비틀기

이 아사나는 허리 측면과 등을 힘차게 뻗을 수 있게 하여 척주 부위의 혈액 순환이 좋아지게 하고 어깨와 목을 더욱 유연하게 만든다. 산스크리트어에서 'parsva'는 '측면'이나 '옆구리'를 뜻하고, 'vira'는 '영웅'으로 번역된다.

효과
• 복부 근육을 단련하여 소화력을 향상시키고 헛배 부르는 증상을 치료한다.
• 등 아랫부분의 통증을 가라앉힌다.
• 통풍, 류머티즘, 무릎 염증을 진정시킨다.
• 고관절의 뻣뻣함을 줄이고 오금을 유연하게 한다.
• 종아리, 발목, 발뒤꿈치의 통증을 줄인다.
• 발의 장심을 튼튼하게 하고 평발이나 발꿈치뼈(종골)의 돌기를 교정한다.
• 어깨와 목이 결리거나 삔 것을 풀어 준다.

보조 도구(p.185 참조)
담요, 매트, 목침
담요 위에 앉으면 무릎과 발목 관절에 가해지는 압력을 줄일 수 있다. 긴 면이 바닥에 닿게 놓은 목침 위에 손을 올려놓으면 몸통을 더 쉽게 돌리고 척주를 더 효과적으로 들어 올려서 뻗을 수 있다.

주의 사항
편두통, 두통, 심한 눈의 피로, 기관지염, 감기, 가슴의 울혈, 설사 등의 증세가 있을 경우 이 아사나 수련을 피한다. 우울증, 심한 피로, 불면증이 있을 때에도 수련하지 않는다.

머리가 앞을 향하게 한다.

등을 곧게 세우고 앉는다.

종아리 근육을 안에서 바깥쪽으로 돌린다.

목과 어깨를 이완한다.

왼팔을 쭉 뻗은 상태로 유지한다.

1 두 무릎을 가까이 모으고 매트 위에 무릎을 꿇고 앉는다. 천천히 발을 벌린다. 담요를 접어 두 발 사이에 놓는다. 발 위에 앉지 않도록 주의해서 담요 위에 엉덩이를 내린다. 엉덩이 뒤의 바닥에 엉덩이와 나란하게 목침을 놓는다. 손바닥은 무릎 위에 내려놓는다. 머리, 목, 등을 바르게 세워서 앉는다. 30~60초 동안 이 자세를 유지한다.

2 숨을 내쉬며 왼손을 오른쪽 넓적다리 바깥쪽으로 가져가서 그것을 잡는다. 오른손은 오른쪽 엉덩이에 올려 둔다. 종아리의 안쪽이 넓적다리의 바깥쪽과 닿아야 한다. 두 발뒤꿈치의 안쪽을 엉덩이에 맞대고 민다. 발목을 뻗은 다음 발가락에서 발뒤꿈치까지 발을 쭉 뻗는다. 발을 통해 에너지가 흐르는 것을 느낀다.

3 가슴을 활짝 펴고 신장에 마음을 집중한다. 몸 안으로 신장을 끌어당긴다고 상상한다. 엉덩이 볼기의 안쪽 부분을 위로 끌어올려서 척주를 수직으로 세운다. 무릎을 바닥에 단단히 누르고 몸통을 위로 더 뻗는다. 숨을 내쉬며 가슴과 복부를 오른쪽으로 돌린다. 오른쪽 견갑골을 몸 안쪽으로 움직이고 오른쪽 넓적다리에 대고 누르는 왼쪽 손바닥의 압력이 점점 더 커지게 한다.

오른쪽 어깨를 뒤로 움직인다.

발가락은 바닥에 놓여 있어야 한다.

"이 아사나는
피로한 다리를
쉬게 하고 활기차게
해 주어 오랫동안
서 있어야 하는
사람들에게 권장된다."

4 갈비뼈와 허리를 엉덩이로부터 멀리 들어 올리면서 몸을 돌리고 몸통을 오른쪽으로 더 많이 비튼다. 왼팔을 곧게 펴고 왼쪽 견갑골을 척주 쪽으로 끌어당긴다. 오른쪽 손바닥을 목침 위에 놓고 아래로 단단히 누른다. 반드시 엉덩이가 접은 담요 위에 놓여 있어야 한다. 숨을 내쉬며 몸통을 오른쪽으로 더 많이 비튼다. 몸통을 돌릴 때 불편이 느껴지면 두 발목 아래에 타월을 말아서 놓고 목침 위에 앉는다(사진 참조). 이 자세를 20~30초 정도 유지한다. 수련과 더불어 지속 시간을 1분까지 늘린다. 다른 쪽으로도 이 자세를 되풀이한다.

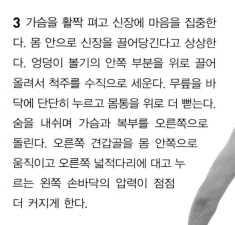

견갑골을 몸 안쪽으로 만다.

목을 돌리지만 이완된 상태를 유지한다.

살람바 사르반가아사나

어깨로 서기

이 아사나의 고전적인 형태(p.144 참조)에서는 손과 어깨로
등을 받치기 때문에 수련하기가 상당히 힘들다. 이 응용
자세에서는 의자를 사용하므로 긴장 없이 자세를 더 쉽게
취할 수 있다.

효과

- 스트레스와 신경계의 이상을 완화시킨다.
- 편두통과 스트레스성 두통을 가라앉힌다.
- 과도한 긴장과 불면증을 완화시킨다.
- 심계 항진을 경감시킨다.
- 갑상선과 부갑상선의 기능을 향상시킨다.
- 경추증과 어깨의 통증을 완화한다.
- 기관지염, 천식, 부비강염, 울혈을 가라앉힌다.
- 정맥류를 예방한다.
- 궤양, 대장염, 만성 변비, 치질을 완화한다.

보조 도구(p.183과 p.185 참조)

의자, 큰베개, 담요

의자는 몸을 받쳐 주어 긴장을 막고 자세를 취할 때 균형을
더 잘 잡을 수 있게 한다. 의자 뒷다리를 잡으면 가슴을 확
장된 상태로 유지할 수 있다. 큰베개는 목과 어깨를 받쳐
준다. 또 가슴을 들어 올려 호흡이 쉽게 이루어지게 한다.
담요는 의자 가장자리가 등을 압박하는 것을 막아 준다.

주의 사항

생리 중에는 수련하지 않는다.
수련 중 어깨가 큰베개로부터
떨어져 바닥으로 미끄러지지
않게 한다. 그렇지 않으면 목이
압박되어 부상을 입을
수도 있다.

어깨와 등을
긴장시키지
않는다.

무릎을
의자 등받이 위에
올려 둔다.

머리는
바닥 위에 놓여
있어야 한다.

다리를 굽히고
의자 등받이 위에
걸쳐 놓는다.

의자 다리를
단단히 잡는다.

1 큰베개를 의자 앞다리와 평행이 되게 놓는다. 의자의 앞쪽 가
장자리가 덮이게 하여 담요를 의자의 앉는 부분 위에 걸쳐 놓는
다. 의자 위에 옆으로 앉아서 가슴이 의자 등받이를 마주 보게
한다. 의자 등받이를 잡고 다리를 하나씩 등받이 위에 올려놓는
다. 의자 등받이를 따라 손을 미끄러뜨리고 엉덩이의 볼기를 의
자의 앉는 부분 뒤쪽으로 옮긴다.

2 등을 의자의 앉는 부분 위로 낮추고 의자의 앉는 부분에서 서서
히 아래로 몸을 미끄러뜨린다. 이때 엉덩이의 볼기가 의자에 걸쳐져
있도록 주의한다. 뒤로 몸을 기울이는 동안 두 팔을 의자의 앉는 부
분 아래로 가져간다. 손을 하나씩 의자 앞쪽 다리를 지나가게 하여
뒤쪽 다리를 잡는다. 다리를 곧게 펴고 1분 정도 이 자세로 머문다.

3 머리를 바닥에 편안히 내려놓고 목과 어깨를 큰베개 위에 둔다. 의자의 앉는 부분의 뒤쪽 가장자리를 잡는다. 무릎을 굽히고 발을 의자 등받이의 맨 윗부분에 올려놓는다. 엉덩이의 볼기가 반드시 의자의 앞쪽 가장자리에 놓이게 해야 한다.

두 넓적다리 안쪽을
서로 모은다.

발바닥으로
의자 등받이를
누른다.

"이 아사나는
큰 병을 앓고 난 뒤
회복기에 있는 사람들에게
권장된다. 규칙적으로
수련하면 온몸에 좋은
효과를 볼 수 있다."

4 계속 의자의 앉는 부분을 꽉 잡고 다리를 하나씩 곧게 편다. 엉덩이의 볼기와 등 아랫부분, 허리는 의자의 앉는 부분의 앞쪽 가장자리에 놓여 있어야 한다. 흉추 부분과 견갑골을 들어 올리고 의자를 잡은 손에 힘을 더 준다. 사타구니에서 발뒤꿈치까지 다리 안쪽을 쭉 뻗고 넓적다리를 안쪽으로 돌린다. 목을 부드러운 상태로 만들며 숨을 참아서는 안 된다. 이 자세를 5분 정도 유지한다.

자세 풀기 숨을 내쉬며 발을 의자 등받이 위에 내려놓는다. 의자를 가볍게 밀어낸다. 엉덩이와 등을 미끄러뜨려 큰베개 위로 내리고 몇 분 동안 이 자세로 휴식한다. 오른쪽으로 몸을 돌리고 큰베개로부터 미끄러져 내려와 일어나 앉는다.

종지뼈를 안으로
강하게 당겨 들인다.

넓적다리 앞쪽을
안을 향해 돌린다.

엉덩이를 의자의
앉는 부분 쪽으로
누른다.

가슴을 위로
들어 올린다.

할라아사나

쟁기 자세

할라아사나(p.150 참조)를 변형한 이 자세는 의자, 받침대,
두 개의 큰베개를 이용하여 목, 척주, 몸통, 다리를 받쳐서 긴장
없이 자세를 취할 수 있게 한다. 이 아사나를 수련함으로써
근심과 피로가 미치는 부정적인 영향력을 감소시키는 데 도움
을 얻을 수 있다. 이 자세에서 아래턱을 가슴에 고정시키는
동작에 의해 신경이 진정되고 뇌의 긴장이 풀린다.
이 아사나는 갑상선 이상 증세를 가진 사람들에게 권장된다.

효과

- 피로, 불면증, 불안감을 덜어 준다.
- 스트레스성 두통, 편두통, 과도한 긴장을 가라앉힌다.
- 심계 항진과 호흡 곤란 증세를 진정시킨다.
- 갑상선과 부갑상선의 기능을 향상시킨다.
- 목구멍의 질병, 천식, 기관지염, 감기, 울혈을 완화시킨다.
- 등의 통증, 요통, 등과 척주의 관절염을 진정시킨다.

보조 도구(p.183~185 참조)

의자, 담요, 큰베개 두 개, 받침대

의자는 자신감 있게 자세에 들어가거나 자세를 푸는 데
도움을 주고 척주를 편안히 뻗을 수 있게 한다. 의자 가
장자리 위에 걸쳐 놓은 담요는 등을 보호한다. 어깨 바
로 아래에 둔 큰베개는 목과 머리에 긴장이 생기는 것
을 예방한다. 받침대 위에 놓은 또 다른 큰베개는 넓적
다리를 받친다. 받침대는 몸의 하중을 받으면서 다리를
지지한다.

주의 사항

경추증을 앓을 경우
이 아사나를 수련하지 않는다.
생리 중일 때에도 이 아사나를 행하지
않는다. 고관절의 골관절염, 요통,
소화성 궤양, 혹은 생리 전 긴장 증세를
앓거나 과체중일 때에는 최종 자세에서
다리를 벌린다. 최종 자세에서 숨이
막히거나 머리가 무겁다고 느껴지면
다리를 벌린다.

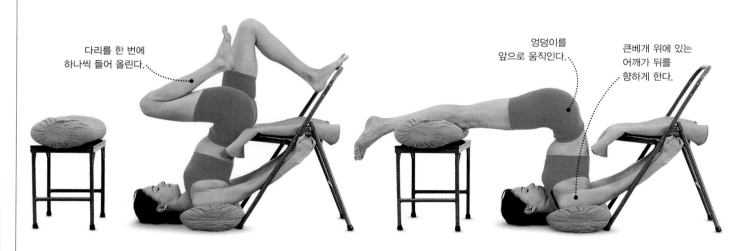

다리를 한 번에 하나씩 들어 올린다.

엉덩이를 앞으로 움직인다.

큰베개 위에 있는 어깨가 뒤를 향하게 한다.

1 의자의 앞쪽 가장자리가 덮이도록, 접은 담요를 의자의 앉는
부분 위에 놓는다. 큰베개의 긴 쪽이 의자 앞다리에 닿게 하여
바닥 위에 놓는다. 큰베개로부터 약 60cm 떨어진 곳에 받침대
를 놓고, 받침대 위에 바닥의 큰베개와 일렬이 되게 하여 나머
지 큰베개를 올려놓는다. 이제 살람바 사르반가아사나(p.230 참
조)의 1, 2, 3단계를 따른다. 그 다음 의자의 앉는 부분의 뒤쪽
가장자리를 잡고 두 다리를 받침대 쪽으로 가져간다. 엉덩이의
볼기는 의자의 앉는 부분에 맞대어 있는 상태로 둔다.

2 다리를 한 번에 하나씩 받침대 위의 큰베개 위에 내려놓는다.
목이 쭉 뻗어졌는지, 또 바닥에 편안히 자리 잡고 있는지 확인
한다. 어깨는 계속 바닥의 큰베개 위에 놓여 있어야 한다. 엉덩
이를 앞쪽으로 움직여서 정강이가 큰베개 위에 놓이고 몸통이
바닥과 수직이 되게 한다.

3 의자 다리 사이를 통해 팔을 다시 가져온다. 체중을 약간 어깨 뒤쪽으로 옮긴 다음 팔을 머리 위로 넘겨 머리 양옆에 서로 나란히 내려놓고 손바닥은 바닥을 향하게 한다. 팔을 굽혀서 왼손을 오른쪽 팔꿈치 바로 아래에 두고 오른손은 왼쪽 팔꿈치 바로 아래에 둔다. 복부와 골반을 부드러운 상태로 유지한다. 발뒤꿈치에서 넓적다리까지 두 다리를 쭉 뻗는다. 눈이 눈구멍 속으로 가라앉게 하고 위를 쳐다보지 않는다. 얼굴 근육과 목구멍을 이완시킨다. 이 자세에서는 목을 신장시킨 상태를 유지하는 것이 중요하다. 가슴을 턱 쪽으로 가져와야지 그 반대로 해서는 안 된다. 뇌가 휴식을 취하므로 호흡은 점점 더 깊어지고 길어질 것이다. 눈을 감고 이 자세로 3분 정도 머문다.

엉덩이를 들어 올린다.

넓적다리에서 발뒤꿈치까지 다리를 뻗는다.

자세에 풀기 권하는 시간만큼 최종 자세를 지속한 뒤 천천히 눈을 뜬다. 머리 양옆으로 팔을 쭉 뻗은 다음 조심스럽게 1, 2, 3단계(아래 참조)를 따른다. 목이나 등에 긴장이 올 수 있으므로 동작을 갑작스럽게 행하면 안 된다. 각 단계 사이에 몇 초 동안 움직임을 멈추고 쉬어 준다.

1 의자 옆을 잡고 엉덩이를 뒤로 움직여 엉덩이의 볼기가 의자 앞부분에 놓이게 한다. 큰베개로부터 다리를 하나씩 들어 올려 발을 의자 등받이 위에 둔다.

2 의자 앞부분을 잡고 엉덩이를 움직여 의자에서 떨어뜨린다. 어깨를 큰베개로부터 밀어내어 바닥에 내려놓는다. 몸통을 뒤로 미끄러뜨려 머리가 받침대 다리 사이로 들어가게 한다.

3 팔은 바닥에, 엉덩이는 큰베개 위에 내려놓고 종아리를 의자의 앉는 부분 위에 내려놓는다. 받침대를 뒤로 밀어낸다. 다리를 아래로 내리고 오른쪽으로 몸을 굴려 일어나 앉는다.

비파리타 카라니
몸을 거꾸로 하는 자세

이 자세는 원기를 회복하게 하고 이완을 시키는 자세이나 초보자나 등이 뻣뻣한 사람들이 최종 자세를 취하기는 상당히 어렵다. 보조 도구를 사용하면 이 자세를 더 쉽게 행할 수 있고 휴식 효과도 더 많이 얻을 수 있다. 산스크리트어로 'viparita'는 '거꾸로'를 뜻하고, 'karani'는 '하는 것'을 의미한다. 몸이 거꾸로 놓였을 때 혈액과 호르몬은 몸 안에서 더 잘 순환한다.

효과
- 혈압을 정상화시킨다.
- 심장 질환 치료를 돕는다.
- 귓병이나 눈병, 스트레스성 두통, 편두통을 치료하는 데 도움이 된다.
- 심계 항진, 호흡 곤란, 천식, 기관지염, 목구멍의 질병에 좋다.
- 관절염과 경추증을 완화시킨다.
- 소화 불량, 설사, 메스꺼움을 치료한다.
- 신장 질환 치료를 돕는다.
- 정맥류를 예방한다.

보조 도구(p.183과 p.185 참조)

벽, 목침, 큰베개 두 개, 담요
벽은 다리를 지지한다. 큰베개는 등과 엉덩이를 받친다. 벽과 큰베개 사이에 놓인 목침은 엉덩이의 볼기를 약간 낮출 수 있는 공간을 만들어 준다. 담요는 큰베개와 목침을 말아서 한 덩어리로 만든다.

주의 사항
생리 이상 증세를 완화시키지만 생리 중에는 이 자세를 수련하지 않는다. 반드시 목과 어깨를 바닥에 단단히 내려 놓아야 한다. 필요하면 큰베개 하나만 사용한다.

오른쪽 무릎이 벽에 닿아야 한다.

발뒤꿈치를 벽에 대고 누른다.

팔꿈치를 곧게 편다.

손가락으로 바닥을 누른다.

1 목침의 긴 쪽이 바닥과 닿게 하여 벽에 나란히 대어 놓는다. 큰베개 하나를 목침과 나란히 놓고 그 위에 또 하나를 놓는다. 담요로 목침과 큰베개 두 개를 싼다. 그 다음 큰베개 중앙에 옆으로 앉고 손가락을 펴서 등 뒤의 바닥에 평평하게 놓는다.

2 몸통을 벽 쪽으로 돌리는 동시에 다리를 하나씩 들어 벽에 올려놓는다. 이때 무릎은 약간 굽힌 채로 둔다. 손가락이 큰베개 쪽을 향하게 하고 두 손바닥으로 몸을 지탱한다. 손바닥으로 바닥을 누르고 엉덩이의 볼기를 벽에 더 가까이 가져간다.

두 발의 안쪽
가장자리를
서로 맞붙인다.

"이 아사나는
신경의 피로를 진정시키고
자신감을 북돋우며
우울증을 줄여 준다."

발이 기울어지지
않게 한다.

4 머리와 목을 바닥 위에 편히 두고
가슴을 들어 올린다. 어깨를 큰베개를
향해 뒤로 움직인다. 팔을 옆으로 벌리
고 손바닥은 천장을 보게 한다. 가슴,
복부, 골반이 확장되고 이완할 수 있게
한다. 다리를 펴고 쭉 뻗는다. 눈을 감
고 고르게 호흡하며 이 자세가 가져다
주는 평온함을 경험한다. 이 자세로
3~4분 정도 머문다. 점차 지속하는 시
간을 5~8분까지 늘린다.

3 팔꿈치를 굽히고 몸통을 낮추어 어깨가
바닥 위에 놓이게 한다. 다리를 완전히 편다.
만일 엉덩이가 벽에서 멀리 떨어졌다면 무릎
을 굽혀 두 발을 벽에 대어 놓은 다음 손바
닥으로 바닥을 누르고 엉덩이를 들어 올려
엉덩이의 볼기를 벽에 더 가깝게 옮긴다. 다
시 다리를 곧게 편다.

복부를 부드러운
상태로 유지한다.

팔을 몸통으로부터
멀리 뻗는다.

어깨를 바닥 쪽으로
누른다.

세투반다 사르반가아사나

다리 자세

산스크리트어 'setu'는 '다리'를 의미하고, 'bandha'는 '형성'으로 옮길 수 있으며, 'sarvanga'는 '온몸'을 뜻한다. 이 아사나에서는 몸이 휘어져 다리 모양을 이루며, 턱을 가슴에 고정시킴으로써 사념의 흐름이 잔잔해지고 마음이 진정된다.

보조 도구(p.182~185 참조)

긴 벤치, 큰베개, 담요 세 장, 요가 벨트

벤치는 다리와 엉덩이를 신장시키고 등을 휘게 한다. 접은 담요를 위에 얹은 큰베개는 머리와 목을 받쳐 준다. 필요하면 큰베개를 담요로 말아서 높이를 조정하고 안정감을 얻도록 한다. 벨트는 긴장하지 않고 다리를 모을 수 있게 한다.

특별한 효과

이 자세에서 몸통을 거꾸로 하는 동작은 등 근육을 튼튼하게 하고 목의 긴장과 요통을 완화한다.

효과

• 심장 근육을 쉬게 하고 동맥의 혈액 순환을 증대시켜 동맥 폐색이나 심장 마비를 예방하는 데 도움이 된다.
• 뇌를 진정시키고 가슴을 확장함으로써 불안정한 혈압, 과도한 긴장, 우울증에 대항할 수 있게 한다.
• 눈병이나 귓병, 편두통, 스트레스성 두통, 신경 쇠약, 불면증을 완화한다.
• 소화력을 증진시키고 복부 장기를 튼튼하게 한다.
• 요통을 가라앉히고 척주를 강화하며 목의 긴장을 풀어 준다.
• 피곤한 다리의 휴식을 돕고 정맥류를 예방한다.

주의 사항

최종 자세에서 등 아랫부분이 벤치 가장자리에 닿게 해야 한다. 엉덩이의 볼기가 벤치 가장자리에 닿으면 안 되지만 가장자리로부터 너무 멀리 떨어져 있어도 안 된다. 그렇지 않으면 어깨가 들어 올려져 목이 긴장될 수 있다. 중병에서 회복 중이라면 변형 2를 수련한다.

벨트가 꼬이지 않게 한다.

1 접은 담요 한 장을 벤치의 한쪽 끝 위에 올려놓는다. 큰베개를 벤치와 일직선이 되게 하면서 한쪽 끝이 벤치와 닿게 하여 바닥에 놓고 그 위에 접은 담요를 한 장 놓는다. 그 다음 벤치 위의 담요를 깔고 앉아 다리를 쭉 뻗는다. 넓적다리 아래에 요가 벨트를 두고 넓적다리 가운데를 둘러 벨트를 묶는다.

머리를 기울이지 않는다.

넓적다리를 벤치에 대고 누른다.

2 숨을 내쉬며 등을 큰베개 쪽으로 내린다. 손가락이 앞을 향하게 하여 두 손바닥으로 큰베개 양옆의 바닥을 누른다. 두 팔로 등 윗부분을 받쳐야 한다. 두 넓적다리, 무릎, 발을 서로 가까이 모으는데, 발뒤꿈치는 벤치 위에 놓여야 하고 발가락은 위를 가리키게 한다. 팔을 바닥 쪽으로 내린다.

3 아래로 좀 더 멀리 미끄러져 내려가 머리 뒷부분과 어깨가 큰베개 위에 놓이도록 한다. 다리를 곧게 펴고 두 발을 모은다. 다리를 더 잘 뻗을 수 있게 발뒤꿈치와 발가락을 몸통에서 멀어지도록 쭉 뻗는다. 손바닥이 천장을 향하게 하여 팔을 옆으로 뻗는다. 이 자세를 3분 동안 유지한다. 수련과 더불어 시간을 점차 5~8분까지 늘린다.

> *"이 자세는 뇌에 신선한 혈액을 공급하고 몸과 마음에 휴식과 활기를 준다."*

얼굴 근육, 목, 어깨의 긴장을 푼다.

변형 1
둥글게 만 담요를 사용하여 행하는 자세

보조 도구(p.184~185 참조)
긴 벤치, 매트, 담요, 요가 벨트, 큰베개
담요는 목을 받치는 데 사용한다.

특별한 효과

경추증을 진정시키는 것을 돕는다.

자세에 들어가기 둥글게 만 담요를 큰베개 가운데 위에 놓고 벤치 위에 매트를 깐다. 본 아사나의 1, 2, 3단계를 따르고 최종 자세에서 팔을 굽힌다. 종아리 아래에 놓은 큰베개는(사진 참조) 다리를 뻗게 하고 정맥류를 예방하며 엉덩이와 무릎의 골관절염을 완화한다.

변형 2
네 개의 큰베개 위에서 행하는 자세

보조 도구(p.185 참조)
큰베개 네 개, 매트, 요가 벨트 세 개
이 변형 자세는 초보자, 연로하거나 과체중인 사람들, 혹은 회복기 환자들이 더 쉽게 행할 수 있다.

특별한 효과

큰베개는 가슴을 더 많이 확장할 수 있게 도와서 호흡 곤란, 만성 기관지염을 치료한다.

자세에 들어가기 큰베개 두 개를 매트 위에 길이로 놓는다. 그 위에 두 개의 큰베개를 더 올려놓는다. 요가 벨트로 아래 위의 큰베개들을 각각 하나로 묶고 넓적다리도 묶는다. 큰베개 위에 누워 머리와 어깨가 매트 위에 놓이도록 몸을 아래로 미끄러뜨리고 손바닥은 머리 양옆에 둔다. 그 다음 본 아사나의 3단계를 따른다.

비파리타 단다아사나
뒤집은 지팡이 자세

이 아사나의 고전적인 형태에서 두 발과 손, 머리는 바닥에 놓인다. 이 자세는 신성한 힘에 대한 요가 수행자의 경의를 상징하는 것으로 여겨진다. 보조 도구를 사용하여 이것을 응용한 자세는 수련하기가 더 쉽고, 감정에 치우치거나 동요하는 마음을 진정시키는 데 도움이 된다. 산스크리트어에서 'viparita'는 '거꾸로 된'의 뜻을 지니며, 'danda'는 '지팡이'로 번역된다.

효과

- 뇌를 진정시키고 긴장에서 벗어나게 해 준다.
- 정서적 안정감과 자신감을 얻게 한다.
- 부신, 갑상선, 뇌하수체, 송과체를 자극한다.
- 심장을 부드럽게 마사지하고 강화시켜 동맥 폐색을 예방한다.
- 폐활량을 증대시킨다.
- 소화 불량과 헛배 부르는 증상을 완화한다.
- 척주의 유연성을 기른다.
- 등 아랫부분의 통증을 경감시킨다.
- 방광의 위치 이상이나 자궁 탈수를 교정한다.
- 생리통을 완화하고 갱년기 증후군 치료에 도움을 준다.

보조 도구(p.184~185 참조)
의자, 큰베개, 담요, 매트, 타월
의자는 등을 지지하고 목과 어깨의 유연성을 키운다. 의자 다리를 잡으면 가슴이 확장되어 호흡기와 심장의 질환을 완화시킨다. 담요를 얹어 놓은 큰베개로 머리를 받치는데, 이렇게 하면 신경이 안정되고 혈압이 정상으로 돌아온다. 매트는 의자 가장자리가 등을 압박하는 것을 예방하고, 타월은 요추 부분을 받친다.

주의 사항
편두통을 앓고 있을 때에는 이 아사나를 수련하지 않는다. 스트레스성 두통, 눈의 긴장, 변비, 설사, 불면증이 있을 때에도 이 자세를 피한다. 현기증을 느끼면 아사나를 중단한다. 요통으로 고통을 받는다면 이 자세를 수련하기 전과 후에 몇 차례 비틀기 자세를 행해야 한다.

의자 등받이를 마주 보고 앉는다.

몸통을 곧게 편다.

무릎을 서로 붙인다.

천장을 바라본다.

1 큰베개를 의자 앞에 놓는다. 이때 한쪽 끝이 의자의 앞다리 사이에 오게 한다. 큰베개 위에 담요를 올려놓는다. 의자의 앞쪽 가장자리 위에 매트를 걸쳐 놓고 매트 위에 접은 타월을 놓는다. 의자 등받이 사이로 두 발을 넣어 앉는다. 필요하면 다리를 모을 수 있도록 벨트로 다리를 묶는다(사진 참조).

2 의자 등받이 양옆을 잡고 엉덩이를 의자 등받이 쪽으로 미끄러뜨려 엉덩이의 볼기가 의자의 뒤쪽 가장자리 위에 놓이게 한다. 숨을 내쉬며 가슴을 들어 올리고 등 전체가 아치 형태로 휘어지게 한다. 접은 타월이 요추 부분을 받치고 있는지 확인하면서 몸통을 내린다.

3 등을 더 휘게 한다. 등 아랫부분이 의자의 앉는 부분의 앞쪽 가장자리 위에 놓이게 해야 한다. 손을 하나씩 의자 사이로 넣어 의자 뒷다리를 잡는다. 머리 정수리를 큰베개 위에 내려놓는다. 머리를 큰베개에 대고 누르지 않는다. 머리를 뒤로 너무 멀리 기울이면 목과 목구멍을 긴장시키므로 머리를 바닥과 수직이 되게 한다. 눈을 감는다. (초보자는 방향 감각을 상실하지 않도록 눈을 뜨고 있어야 한다.) 다리를 곧게 펴서 등을 점점 더 신장시킨다. 이 자세를 30~60초 동안 유지하고, 수련 경험이 쌓이면 5분 정도 지속한다.

흉골을 들어 올린 상태를 유지한다.

가슴을 확장시키기 위해 어깨를 뒤로 만다.

변형 1

발을 받침대 위에 올리고 행하는 자세

보조 도구(p.184~185 참조)
의자, 측면이 없는 낮은 받침대, 둥글게 만 타월, 접은 담요, 매트, 큰베개, 요가 벨트
받침대는 발을 받치고 벨트는 다리를 모아 준다.

특별한 효과
설사, 복부 경련, 소화 불량을 가라앉힌다. 경추증을 완화한다. 등, 어깨, 목의 통증을 줄인다.

자세에 들어가기 의자에서 60cm 떨어진 곳에 받침대를 놓는다. 본 아사나의 1단계를 따른다. 다리를 받침대 위에 놓고 2, 3단계를 따른다.

변형 2

발을 벽에 대고 행하는 자세

보조 도구(p.183~185 참조)
벽, 의자, 둥글게 만 타월, 접은 담요, 매트
벽은 발을 받치고 최종 자세에서 강하게 뻗을 수 있게 한다.

특별한 효과
복부와 가슴을 강하게 뻗게 하면서 척주를 더 많이 휘게 한다.

자세에 들어가기 벽에서 약 60cm 떨어진 곳에 의자를 놓는다. 본 아사나의 1, 2, 3단계를 따르고 발바닥을 벽에 대고 누른다. 다리를 쭉 뻗으면서 필요하면 의자를 약간 벽에서 멀어지게 민다.

우스트라아사나

낙타 자세

이 아사나는 고전적인 자세(p.156 참조)를 변형한 것으로, 등을 받치기 위해 보조 도구를 사용하여 자세를 수련하는 데 힘이 덜 들게 한다. 이 자세에서는 가슴이 확장됨으로써 요동치는 감정이 고요히 잠재워져 스트레스가 사라지게 된다. 우울한 기분이 들거나 감정의 기복이 심하고 자주 불안에 빠지는 경향이 있다면 이 자세가 자신감을 북돋우는 데 도움이 될 것이다. 특히 사춘기 청소년들에게 유용하다.

보조 도구(p.184~185 참조)

측면이 없는 낮은 받침대, 아르다 할라아사나 받침대, 큰베개 두 개, 접은 담요 두 장

두 개의 받침대는 등을 받치면서 심장을 부드럽게 마사지하여 관상 동맥에서의 혈액의 흐름을 증가시킨다. 이로 인해 동맥폐색이 예방되고 협심증의 고통이 진정될 수 있다. 이 자세는 몸통과 횡격막을 들어 올리고 폐를 확장시키며 뇌에 휴식을 준다. 각 받침대 위에 하나씩 올려놓은 큰베개는 등과 머리를 지지하여 자세를 취할 때 등을 균형 잡힌 상태로 휘게 한다. 담요는 머리와 목을 받친다.

효과

- 전염병에 대한 저항력을 기른다.
- 부신, 뇌하수체, 송과체, 갑상선을 자극한다.
- 폐활량을 증대시키고 폐 조직의 탄력성 유지에 도움이 된다.
- 간, 신장, 비장을 정상화시킨다.
- 척주에 탄력을 주고 등 아랫부분의 통증과 등 관절염의 통증을 완화한다.
- 다리, 오금, 발목을 강화시켜 정맥류 예방에 도움이 된다.
- 골반 부위를 신장시켜 자궁 탈수를 바로잡는 데 도움을 준다.
- 난소를 정상 상태로 만들고, 난소의 혈액 순환을 개선한다.
- 생리통과 갱년기 증후군을 완화한다.

주의 사항

편두통, 스트레스성 두통, 눈의 긴장, 류머티스 관절염, 무릎 골관절염이 있거나 불면증이 자주 생기면 이 아사나를 피한다. 생리 기간 중에는 이 자세를 수련하지 않는다.

어깨를 곧게 편다.

팔꿈치를 굽힌다.

두 개의 받침대는 서로 높이가 같아야 한다.

두 무릎에 체중을 분산시킨다.

흉골을 들어 올린다.

머리를 서서히 내린다.

1 측면이 없는 받침대를 바닥에 놓고 그 위에 큰베개를 가로로 얹는다. 나머지 받침대를 그 뒤에 놓는다. 이 받침대 위에도 큰베개를 놓고 그 위에 담요를 올려놓는다. 측면이 없는 받침대 앞에 무릎을 꿇고 앉아 손바닥을 큰베개 위에 놓는다. 종아리를 하나씩 움직여 받침대 사이로 넣는다. 엉덩이의 볼기가 받침대 위의 큰베개에 닿아야 한다.

2 서서히 등을 휘게 하고 몸통을 측면이 없는 받침대 위의 큰베개 쪽으로 내린다. 등 바로 뒤의 큰베개 위로 팔꿈치를 내리면서 가슴을 넓게 편다. 그 다음 팔꿈치를 큰베개 위로 누르고 손바닥을 엉덩이 위에 둔다. 머리를 뒤로 움직여 두 번째 받침대 위의 접은 담요 쪽으로 향하게 한다.

스승의 조언

*"일단 머리가 접은 담요 위에 놓이면 갈비뼈를 활짝 펴고,
견갑골을 몸 안쪽으로 움직여야 한다. 내가 엄지손가락으로
수련생의 어깨를 어떻게 뒤로 누르는지 관찰하라.
겨드랑이와 가슴을 앞쪽과 위쪽으로 말아 올리고
흉골을 들어 올린다. 가슴을 위로 움직일 때 머리는
담요 위에서 뒤쪽으로 뻗어야 한다."*

얼굴 근육을
이완한다.

가슴을
확장시킨다.

복부를
쭉 뻗는다.

3 몸통을 측면이 없는 받침대 위의 큰베
개 위로 내리고 머리를 그 뒤의 받침대에
놓인 담요 위에 둔다. 목이 뒤로 젖혀지지
만 목구멍을 긴장시켜서는 안 된다. 정강
이로 바닥을 누르고 대퇴골을 앞으로 내밀
어 받침대와 멀어지게 한다. 어깨를 뒤로
말고 견갑골을 척주 쪽으로 움직이며 척
주, 꼬리뼈, 등 근육을 몸 안쪽으로 끌어당
긴다. 넓적다리, 엉덩이, 엉덩이의 볼기를
뻗는다. 고르게 호흡하면서 이 자세를 1분
정도 유지한다. 수련과 더불어 지속하는
시간을 3분까지 늘린다.

숩타 파당구쉬타아사나
누워서 다리, 발, 발가락을 뻗는 자세

산스크리트어에서 'supta'는 '누워 있는'을 뜻하고, 'pada'는 '발', 'angustha'는 '엄지발가락'을 의미한다. 손가락이 쉽게 발가락에 닿지 않기 때문에 요가 벨트를 이용한다. 요가 벨트를 한쪽 발의 발바닥에 걸고 당기면 그 결과 다리가 뻗어지는데, 이로써 골반 부위의 유연성이 높아지고 다리의 혈액 순환이 개선된다.

보조 도구(p.183과 p.185 참조)
매트, 벽, 요가 벨트
벽은 뻗친 발을 안정시켜 옆으로 기울어지는 것을 막아 주며 몸이 정확하게 정렬되게 한다. 들어 올려진 발의 발바닥 둘레에 고리를 만들어 건 요가 벨트는 엉덩이와 골반 부위가 뻣뻣한 사람들이 더 쉽게 아사나를 행할 수 있게 한다.

1 벽에 닿게 하여 매트를 깔고 벽을 향해 단다아사나 (p.102 참조)로 앉는다. 요가 벨트는 옆에 둔다. 발바닥이 벽에 편안히 닿고 발가락은 위를 가리켜야 한다. 두 손바닥으로 매트를 누른다.

2 머리가 매트 위에 놓일 때까지 손바닥으로 몸통을 받치면서 등을 매트 위로 내린다. 오른쪽 무릎을 굽혀서 가슴 쪽으로 가져온다. 왼쪽 발바닥은 계속 벽을 누른다. 벨트를 고리처럼 만들어 오른발 발바닥에 건다. 양손으로 각각 벨트의 한쪽 끝을 잡는다. 가능하면 발 가까이에서 요가 벨트를 잡아야 한다. 이렇게 하면 가슴이 활짝 펴지고 호흡이 규칙적이고 고르게 된다. 쭉 뻗은 다리로는 매트를 누른다.

효과
- 심장 질환에서 회복하는 것을 돕는다.
- 등 아랫부분의 뻣뻣함을 없애고 골반 부위를 정렬하는 것을 도움으로써 요통을 가라앉힌다.
- 탈장을 예방한다.
- 오금과 종아리 근육을 뻗게 하고 무릎을 강화시켜 엉덩이와 무릎의 골관절염 치료를 돕는다.
- 고관절을 튼튼하게 하고 척주 아랫부분의 탄력성을 높인다.
- 좌골신경통의 통증을 완화한다.
- 경련, 생리 과다 출혈, 생리통과 같은 불편한 증상을 줄이는 데 도움을 준다.

주의 사항
천식, 기관지염, 편두통, 스트레스성 두통, 눈의 긴장, 설사 등의 증세가 있을 때엔 이 아사나를 수련하지 않는다. 고혈압일 경우에는 머리와 목 아래에 접은 담요를 놓는다.

다리를 곧게 편다.

허리를 바닥 쪽으로 누른다.

왼쪽 다리 뒷부분을 매트에 대고 누른다.

머리가 기울어지지 않게 한다.

> "숩타 파당구쉬타아사나는
> 다리 근육을
> 더 튼튼해지게 한다."

오른발의
발바닥을
뻗는다.

얼굴 근육과
목을 이완한다.

넓적다리를 고관절구
안을 향해 누른다.
오른쪽 엉덩이와 허리를
아래로 누른다.

양 넓적다리 뒤쪽
근육을 쭉 뻗는다.

3 숨을 들이마시며 오른쪽 다리를 들어 올려 바닥과 수직이 되게 한다. 오른손으로 벨트의 양쪽 끝을 잡고 왼팔을 왼쪽 엉덩이 옆에 둔다. 왼발은 벽에 대고 누르고 왼쪽 넓적다리는 매트를 누른다. 오른쪽 다리를 위로 더 멀리 뻗는 동시에 벨트로 발가락을 몸을 향해 당기고 오른쪽 종아리가 뻗어지는 것을 느낀다. 왼쪽 다리를 바닥으로 단단히 누르고 있어야 한다. 양쪽 무릎 어느 쪽도 굽히면 안 되고, 왼쪽다리가 바깥으로 기울어져서도 안 된다. 처음에는 이 자세로 20~30초 정도 머물고, 수련과 더불어 시간을 1분까지 늘린다. 다른 쪽으로도 이 자세를 되풀이한다.

변형 1
목침 위에 발을 얹고 행하는 자세

보조 도구(p.183과 p.185 참조)
매트, 벽, 요가 벨트, 목침
발 아래에 목침을 둔다. 이것은 골반 부위가 뻣뻣한 사람들이 자세를 더 쉽게 취할 수 있도록 한다.

특히 주의할 점
목침 위로 발을 내릴 때 다리를 곧게 편 상태를 유지해야 한다. 이 동작을 하는 중에 다리를 굽히면 부상을 입을 수도 있다.

자세에 들어가기 목침을 오른쪽에 둔다. 본 아사나의 1, 2, 3단계를 따른다. 오른쪽 다리를 들어 올린 다음 숨을 내쉬며 다리를 오른쪽으로 내린다. 이때 다리는 완전히 편 상태로 있어야 한다. 오른발을 목침 위에 내려놓는다. 벨트를 잡고 당겨서 다리를 뻗는다. 이 자세를 20~30초 동안 유지한다. 그 다음 다른 쪽으로도 되풀이한다.

숩타 받다코나아사나
고정된 각도로 누운 자세

산스크리트어에서 'supta'는 '누워 있는' 것을 뜻하고, 'baddha'는 '고정된' 것을 뜻하며, 'kona'는 '각도'로 번역된다. 이것은 휴식에 매우 도움이 되는 아사나로 혈관우회로술을 받았던 사람들도 수련할 수 있다. 이 자세는 심장을 부드럽게 마사지하고 막힌 동맥을 뚫어 준다. 또 복부 장기를 마사지하고 건강하게 하여 복부의 혈액 순환을 개선시킨다.

효과
- 혈압을 정상화시킨다.
- 엉덩이와 사타구니가 더욱 유연해지므로 탈장이 예방된다.
- 아래쪽 허리 통증을 완화한다.
- 정맥류와 좌골신경통을 치료한다.
- 치질에 의한 통증을 줄인다.
- 소화 불량과 헛배 부르는 증상을 완화한다.
- 신장의 기능을 정상화한다.
- 난소 부위의 혈액 순환을 개선하며, 특히 사춘기와 갱년기에 유익하다.
- 생리통과 백대하를 줄인다.
- 자궁 탈수를 바로잡는다.

보조 도구(p.185 참조)
큰베개, 담요, 요가 벨트, 목침 두 개

큰베개는 등을 받치면서 가슴을 들어 올리고, 담요는 머리를 받쳐 머리와 목의 긴장과 부담을 덜어 준다. 벨트는 다리의 각도를 쉽게 유지하도록 도우며 두 발을 서로 모아 준다. 목침은 넓적다리를 받쳐서 사타구니의 긴장을 줄인다.

주의 사항
자세에 들어갈 때 긴장이 조금이라도 느껴지면 큰베개를 한 개 대신 두 개 사용한다. 사타구니에 긴장이 느껴지면 무릎 아래에 놓인 각각의 목침 위에 타월이나 담요를 접어서 놓는다.

요가 벨트의 양옆을 잡는다.

어깨의 긴장을 푼다.

무릎이 각각 목침 위에 오게 한다.

두 발바닥끼리 서로 누른다.

1 단다아사나(p.102 참조)로 앉는다. 큰베개의 한쪽 끝이 엉덩이에 닿게 하여 몸 뒤편에 놓고 몸에서 먼 쪽의 큰베개 끝 위에 접은 담요를 올려놓는다. 두 개의 목침을 넓은 면이 바닥에 놓이게 하여 엉덩이 양옆에 둔다. 무릎을 굽히고 두 발바닥을 서로 붙인 다음 발뒤꿈치를 사타구니 쪽으로 당긴다. 죔쇠를 채운 벨트를 어깨 위로 넘겨 고리처럼 두른다.

2 벨트를 허리 아래로 내려서 두 발 밑으로 보내 발목과 넓적다리 안쪽 위에서 팽팽해지게 한다. 발을 사타구니 쪽으로 더 가까이 당긴다. 벨트가 너무 꽉 조이거나 너무 느슨하게 느껴지지 않아야 하므로 죔쇠를 적당히 조정한다. 큰베개의 끝은 엉덩이에 닿아 있어야 한다. 두 넓적다리 아래에 각각 목침을 놓는다.

스승의 조언

"무릎을 바닥 쪽으로 내리기 위해서는 먼저 넓적다리의
안쪽을 넓히고 무릎 안쪽의 인대를 신장시켜야 한다.
다리 안쪽을 무릎을 향해 밀고 사타구니를 넓히면 무릎이
쉽게 아래로 내려갈 것이다. 벨트의 위치 또한 중요하다.
지금 나는 넓적다리를 최대한 평평하게 만들기 위해
수련생의 벨트를 조정하는 중이다."

3 팔꿈치를 바닥에 놓고 머리와 등을 큰베개 위로 내린다. 반드시
큰베개가 등 길이 전체와 머리를 편안히 받쳐야 하고 척주는 큰베
개의 중심부 위에 놓여져야 한다. 손바닥이 천장을 향하게 하여 팔
을 옆으로 뻗는다. 긴장을 풀고 사타구니를 옆으로 뻗는다. 골반이
확장되고 발목과 무릎의 긴장이 풀어지는 것을 느낀다. 처음에는 이
자세로 1분 정도 머무나 수련과 더불어 점차 자세를 지속하는 시간
을 5~10분까지 늘린다.

가슴을 활짝 열고
들어 올린다.

눈을 이완된
상태로 둔다.

넓적다리를
옆으로 뻗는다.

숩타 비라아사나
누운 영웅 자세

이 아사나는 고전적인 자세(p.166 참조)보다 수련하기에 힘이
덜 든다. 동요하고 흥분된 마음을 고요히 가라앉히고 수련을
위해 올바른 마음가짐을 갖도록 유도하므로 요가 수련을
시작할 때는 이 아사나를 행하도록 한다.

보조 도구(p.185 참조)
큰베개와 둥글게 만 담요

큰베개는 등이 뻣뻣한 사람들이 수련을 쉽게 할 수 있도록 돕고,
무릎이 바닥으로부터 들어 올려지는 것을 막아 준다. 또 가슴을
들어 올린 상태를 유지하고 몸통을 신장시킬 수 있게 한다. 머리
아래의 담요는 눈의 긴장을 막고 머리와 목이 한쪽으로 기울지
않게 한다.

효과

- 심장을 부드럽게 마사지하고 튼튼하게 하며 관상 동
  맥의 혈류를 증가시켜 동맥 폐색 예방을 돕는다.
- 폐 조직의 탄력성을 기른다.
- 전염병에 대한 저항력을 강화한다.
- 소화 불량, 위산 과다, 헛배 부르는 증세를 완화한다.
- 자궁 탈수를 바로잡고 골반 장기들을 건강하게 한다.
- 등 아랫부분의 통증을 진정시킨다.
- 무릎의 염증을 줄이고 통풍과 류머티즘의 통증을 완
  화시킨다.
- 다리와 발의 통증을 가라앉히고 휴식을 주어 장기간
  서 있을 경우 생길 수 있는 부작용을 줄여 준다.
- 평발 교정을 돕는다.

어깨를
곧게 편다.

큰베개 위로 몸을 내리는 동안
등을 위로 신장시킨다.

두 넓적다리와 정강이를
바닥에 누른 상태를
유지한다.

1 비라아사나(p.104 참조)로 꿇어앉아서 큰베개의 한쪽 끝이
엉덩이에 닿게 하여 몸 뒤에 놓는다. 둥글게 만 담요를 큰베
개의 다른 쪽 끝에 올려 둔다. 두 발의 안쪽 면이 엉덩이에
반드시 닿아야 한다. 등을 곧게 펴고 손가락을 발가락 옆의
바닥 위에 놓는다.

2 손바닥으로 바닥을 누르고 두 팔꿈치를 굽혀 큰베개 쪽으로 등
을 기울인다. 팔꿈치와 팔뚝을 바닥 위에 하나씩 차례로 내려놓
고 등을 큰베개 위로 서서히 내린다. 골반 부위나 넓적다리의 긴
장을 피하기 위해 무릎이 바닥 위에 확고히 놓여 있어야 한다.

무릎이 뻗어지는 것을
느낀다.

*"이 아사나를 행할 때
가슴이 확장되는 현상은 심장에
특히 유익하다. 이 자세는 피로를 덜어 주고
온몸을 자극하여 기운을 북돋운다."*

주의 사항

협심증이 있거나 동맥이
부분적으로 폐색된 경우, 혹은
혈관우회로술을 받고 회복
중에 있다면 전문가의 감독
아래에서만 이 자세를
수련해야 한다.

두 넓적다리를
서로 붙인다.

어깨를 들어 올리지
않는다.

3 일단 등을 큰베개 위로 내렸으면 머리를
둥글게 만 담요 위에 편안히 올려 둔다. 가
슴을 완전히 넓히고 견갑골을 큰베개 쪽으
로 눌러 가슴을 들어 올린다. 발가락과 발목
을 큰베개 쪽으로 뻗는다. 양손으로 두 발을
엉덩이 쪽으로 민다. 골반을 뻗고 두 넓적다
리를 서로 붙인다.

4 팔을 옆으로 벌리고 손바닥이 위를 보게 한다. 목을 신장시키지
만 목구멍은 이완되어 있어야 한다. 눈꺼풀을 부드럽게 아래로 내
린다. 넓적다리와 복부가 이완되고 가슴이 들어 올려지는 것을 느
껴 본다. 경추에서 꼬리뼈까지 지속적으로 뻗어지는 것을 느낀다.
처음에는 이 자세로 1분 정도 머무나 수련이 쌓이면 지속 시간을
5~10분까지 늘린다.

가슴을 활짝 열고
갈비뼈를 들어 올린다.

얼굴 근육을
이완한다.

사바아사나
시체 자세

고전적 자세(p.170 참조)를 변형한 이 아사나에서는 보조 도구의 도움으로 최종 자세에서의 미묘한 조정이 더 쉽게 이루어진다. 이 자세에서의 안정적이고 자연스러운 호흡에 의해 에너지가 몸 안으로 흘러들어가 몸의 활기를 되찾게 되며 일상생활에서의 스트레스 또한 줄어든다.

보조 도구(p.185 참조)
접은 담요, 큰베개, 신축성 있는 면 붕대, 매트

큰베개는 등을 받치고 가슴을 들어 올리며 횡격막의 긴장을 풀어 준다. 접은 담요는 머리와 목을 들어 올리고 마음을 진정시키면서 맑게 만든다. 감기, 기침, 천식이 있다면 이 자세에서 머리와 가슴을 들어 올리는 것이 호흡을 편안하게 하는 것을 돕는다. 붕대는 빛으로부터 눈을 보호한다. 또한 얼굴의 피부, 근육, 인대를 이완하여 부드럽게 함으로써 눈과 귀, 뇌를 진정시킨다.(보조 도구를 이렇게 준비하여 웃자이 프라나야마와 빌로마 프라나야마를 수련할 수도 있다.)

효과

- 육체와 정신의 피로를 없애 준다.
- 교감신경계를 이완하고 진정시킨다.
- 고혈압 치료를 돕고 편두통과 스트레스성 두통을 완화시킨다.
- 호흡기 질환의 증세를 완화하고 호흡이 쉽게 이루어지게 한다.
- 질병에서 회복하게 한다.
- 특히 수면 장애가 있는 사람들에게 활력을 주는 숙면을 취할 수 있게 한다.

주의 사항

이 아사나는 대체로 요가 수련이 끝날 때 행한다. 1회의 요가 수련에 한 차례 이상 이를 행해서는 안 된다. 초보자는 이 변형 자세를 시도하기 전 5주 동안은 보조 도구 없이 사바아사나를 수련하고, 자세를 5분 정도 지속해야 한다. 보조 도구를 사용하여 수련하는 첫 10주 동안에는 이마 주위에 붕대를 감고 눈 주위에는 감지 않는다. 눈이 덮이도록 붕대를 감았을 때 고립감, 불안, 두려움, 혹은 우울한 느낌이 든다면 언제라도 붕대를 풀고 수련한다.

척주를 뻗는다.

다리를 완전히 뻗는다.

1 매트를 바닥 위에 편다. 매트의 긴 쪽과 큰베개의 긴 쪽이 서로 평행하게 하여 매트 위에 큰베개를 놓는다. 엉덩이에 큰베개의 짧은 쪽 끝이 닿게 하여 단다아사나(p.102 참조)로 앉은 뒤 접은 담요를 몸에서 멀리 떨어진 쪽의 큰베개 끝 위에 올려놓는다. 만일 무릎 골관절염을 앓거나 다리에 피로를 느낀다면 무릎 아래에 큰베개를 놓는다(사진 참조).

2 이마 주위에 붕대를 감고 웃자이 프라나야마(p.254 참조)를 위한 지시를 따른다. 이제 팔꿈치와 팔뚝을 매트 위에 내려놓고 척추를 한 마디씩 내린다고 상상하면서 등을 큰베개 쪽으로 내리고 머리는 접은 담요 위에 편안히 둔다. 엉덩이의 볼기가 매트 중앙에 고르게 놓이게 한다. 팔을 옆으로 벌리고 손바닥을 위로 보게 하여 바닥 위에 편히 둔다.

"이 자세에서의 고요함이
명상은 아니지만
이는 내적 자아의 통제와
보다 높고 숭고한 의식에 대한
귀의를 반영한다."

자세 풀기

1 자세를 풀 때 목과 목구멍을 긴장시키지 않는다. 팔을 몸 옆으로 가져오고 다리를 모은다. 오른쪽으로 가만히 몸을 굴려 큰베개로부터 몸을 떼고 오른쪽 손바닥을 머리 아래에 놓는다. 왼손은 가슴 근처에 내려두고 무릎을 약간 굽힌다. 이 자세로 잠시 머문다. 몸과 마음이 충분히 준비가 되었을 때 일어나 앉는다.

2 준비가 되었다고 느낄 때 왼손으로 몸을 밀어 앉는 자세로 돌아간다. 다리를 교차시켜 앉고 붕대를 부드럽게 푼다. 안면 신경과 뇌신경에 긴장을 줄 수 있으므로 누워 있을 때 붕대를 풀면 안 된다. 눈을 천천히 뜬다. 눈을 갑자기 뜨면 시야가 침침해질 수 있다. 다리를 곧게 펴고 단다아사나로 앉는다.

머리를 담요위에 평평하게 내려놓는다.

넓적다리 근육을 이완시킨다.

두 발을 자연스럽게 바깥쪽으로 늘어뜨린다.

3 다리를 곧게 펴고, 허리를 뻗는 데 방해가 되지 않게 하면서 좌우 같은 정도로 다리를 벌리고 뻗는다. 호흡에 집중하면서 숨을 내쉰 다음 횡격막을 들어 올려서 뻗는다. 이때 횡격막을 긴장시켜서는 안 된다. 팔을 편안히 느낄 만큼 적당한 거리로 몸에서 떼어 놓는다. 팔이 너무 가까이 놓이거나 멀리 놓이면 어깨가 큰베개로부터 들어 올려지게 된다. 어깨를 목에서부터 쭉 뻗는다. 등의 중심부가 큰베개의 중심부 위에 놓여야 한다. 복부를 이완시켜 부드러운 상태로 유지한다. 가슴을 확장시키고 목구멍을 이완하여 목에서 진정되는 느낌을 가진다. 머리가 뒤로 기울어져서는 안 된다. 얼굴 근육과 턱의 긴장을 풀고 이를 꽉 물지 않는다.

4 호흡이 원활하고 긴장 없이 이루어지게 하나 깊은 호흡을 하는 것은 아니다. 눈알이 이완되어 눈구멍 속으로 가라앉게 하고, 주변의 외적인 것들이 멀리 사라지게 한다. 육체적 차원 및 심리적, 정신적, 지적, 영적인 차원이 하나로 합쳐지면서 에너지가 뇌로부터 몸으로 흘러 들어가는 것을 느낀다. 이 자세로 5～10분 정도 머문다.

보조 도구를
이용한 호흡법

*"육체의 리듬, 마음의 선율, 영혼의 화음이
삶이라는 교향곡을 만들어 낸다."*

호흡은 생명의 정수이고 프라나prana는 생명력, 즉 에너지이다.
호흡법은 이 생명력을 조절하는 것을 추구한다. 마음을 완전히 호흡에 집중함으로써
몸의 통로를 막고 있는 것들이 뚫려 에너지가 자유롭게 흐르면서 생명력과 연결된다.
현인 파탄잘리의 말에 따르면 프라나야마에 의해 집중과 명료한 사고가 개발되고 더 깊은
이완과 궁극적으로 명상에 이르는 길이 열린다. 프라나야마 수행 시 보조 도구를 이용하면
몸이 고요히 진정되고 마음이 억압에서 자유롭게 풀려나 호흡과 완전히
하나가 되며 생명력, 즉 프라나를 충분히 흡수할 수 있게 된다.

호흡법(프라나야마)의 중요성

프라나야마에서는 호흡의 질이 향상되어 날숨과 들숨의 과정이 조절되고 길어진다. 이로 인해 우주의 프라나 에너지가 생성되는데, 이 생명력이 모든 활동에 필요한 강인함, 힘, 활기를 가져다준다.

프라나는 보통 호흡으로 번역되지만 이것은 실제로 호흡 안에 들어 있으면서 우리에게 활력을 주는 힘이다. 우리가 들이마시고 내쉬는 것의 정수essence에는 프라나가 포함되어 있으며, 프라나는 우리의 생명력으로 나타난다. 호흡이 멈추는 순간 생명력도 떠나간다.

프라나야마의 수련

'프라나prana'는 호흡을 의미하고 '아야마ayama'는 호흡의 조절을 의미한다. 프라나야마는 호흡의 과학이다. 다시 말해 호흡의 길이와 폭에 있어서의 작용으로, 프라나야마에서 각각의 호흡은 길게 뻗어 나가고 팽창한다. 프라나야마에는 또한 호흡의 보유도 포함된다. 호흡을 보유할 때는 호흡을 신중하고 리드미컬하게 조절한다.

프라나야마를 위한 보조 도구들
등 뒤에 끼운 막대는 흉곽이 확장되는 것을 돕는다. 베개 위에 앉으면 골반이 정렬된다.

이러한 호흡 조절과 들숨과 날숨의 연장이 프라나야마의 기법이다. 신을 창조자, 유지자, 파괴자로 보는 사람들이 있듯, 프라나와 프라나야마는 생성하는 생명력의 역할을 하고, 날숨은 생명을 파괴할 수 있는 독소를 배출하며, 들숨과 호흡의 보유는 온몸에 에너지를 분배한다.

마음과 호흡

마음과 호흡은 우리 곁을 언제나 따라다니는 친구라는 말이 있다. 호흡이 있는 곳에 마음이 집중되고, 활발한 마음이 있는 곳에 호흡이 집중된다. 프라나야마의 수련은 마음을 고요히 하는 것을 추구하여 들숨과 날숨의 깊고 리드미컬한 흐름을 통해 마음을 통제한다.

호흡의 소리

프라나야마의 호흡은 '소함Soham'이라는 그 자체의 소리가 수반된다. 들숨의 소리는 '사sa'이고, 날숨의 소리는 '함ham'이다. '소함Soham'은 '그는 나이고, 나는 그이다.'라고 번역되어 왔다. 프라나야마를 수련하는 동안 집중은 호흡 행위만을 대상으로 하며, 바로 이 호흡의 주의 깊은 알아차림이 디아나dhyana, 즉 명상의 기술로 이어진다.

들숨의 기술에 의해 마음을 호흡에 집중할 수 있을 뿐 아니라 우리의 본질, 즉 영혼과 접하게 된다. 들숨 중 호흡의 보유로 영혼은 육체와 혼례를 치른 듯 단단히 결합하게 된다. 이것이 영혼과 우리의 자연, 즉 육체의 신성한 결합이다. 날숨의 과정에서 영혼은 헤아릴 수 없는 공간으로 다시 들어간다. 마음은 녹아 사라지고 육체인 프라크리티Prakriti와 영혼인 푸루샤Purusha의 신성한 혼례가 이루어진다.

"프라나야마를 수련할 때 당신의 지성은 바람 없는 곳에서 타오르는 촛불처럼 안정되어야 한다."

명상으로 가는 길

푸라Pura는 거주지, 혹은 도시를 의미하며 그곳에 거주하는 사람을 푸루샤Purusha라고 한다. 그러므로 육체는 거주지이며 거주자는 푸루샤, 즉 영혼이다. 프라나야마의 효과는 자기 이해에서 출발하여 좀 더 영적인 이해로 나아가는, 몸과 마음을 다해 추구하는 영적인 길에서 느낄 수 있다. 프라나야마는 창조자인 브라마Brahma의 역할과 보호자인 비쉬누Vishnu의 역할, 그리고 파괴자인 마헤쉬와라Maheshwara의 역할을 한다.

호흡의 단계

브라마가 창조자로 여겨지는 것처럼 들숨은 생명의 창조자가 된다. 들숨 뒤의 호흡의 보유는 비쉬누Vishnu로 알려진 생명의 보호자이다. 날숨 동안 숨을 내쉬는 것은 마헤쉬와라Maheshwara로 알려진, 몸 안의 나쁜 물질을 파괴하고 수명을 늘리는 파괴적인 생명력을 내놓는 과정이다. 마지막으로 날숨 뒤의 호흡의 보유는 호흡과 마음을 우리 안에 존재하고 있는 자아, 즉 영혼에 완전히 내맡기게 한다.

이런 방식으로 프라나야마는 창조, 유지, 파괴라는 세가지 역할을 하는 신에 비유될 수 있다. 들숨은 생명력을 창조하고, 보유는 그것을 보호하며, 날숨은 생명을 연장한다.

아사나 수련을 몸, 마음, 의식에 대한 우리들 각자의 지식을 개발하는 '행위의 요가'로 볼 수 있는 것과 같이 프라나야마의 수련은 우리를 바크티 마르그Bhakti Marg로 알려진, 욕망 없는 '사랑의 길'로 인도한다고 말할 수 있다. 따라서 요가의 여덟 가지 측면, 혹은 단계(p.52~53 참조) 중에서 프라나야마는 수행의 심장이라 여겨진다.

프라나의 에너지가 없다면 어떤 것도 시도하거나 성취할 수 없다. 프라나는 이 세상에 존재하는 모든 것의 토대인 반면 프라나야마의 기술은 그 에너지를 생성하는과정으로 온전한 건강의 길을 가기 위해 그것을 건설적으로 사용한다. 프라나야마의 효과는 피부에서 영혼까지, 또 영혼에서 피부까지 전체에 걸쳐 완전하게 느낄 수 있다.

프라나야마를 위한 자세
프라나야마는 다리를 교차하는 기본자세인
수카아사나Sukhasana(왼쪽 참조)와 연꽃 자세인
파드마아사나Padmasana(오른쪽 참조)와 같은
앉는 자세에서 수행되어야 한다. 두 손은 손바닥을
위로 보게 하여 두 무릎에 가만히 내려놓아야 한다.

253

웃자이 프라나야마 Ujjayi Pranayama
에너지의 정복

이것은 프라나야마(p.54 참조)의 기본 형태이다. 산스크리트어에서 'uj'는 '확장하다', 'jaya'는 '정복', 'prana'는 '생명력'을 의미하며, 'ayama'는 힘이나 에너지의 '분배'를 뜻한다. 프라나야마는 그저 들숨과 날숨의 순환이나 단순한 심호흡만을 일컫는 것이 아니다. 프라나야마의 수련은 이를 뛰어 넘어 생리적 차원과 정신적 차원을 연결해 준다.

보조 도구(p.185 참조)
**발포 블록 두 개, 목침 두 개, 둥글게 만 담요,
신축성 있는 면 붕대, 매트**

담요와 두 개의 목침은 머리를 가슴 높이보다 더 위로 들어 올려 횡격막을 자유롭게 하고 확장시킨다. 또한 등 가운데와 갈비뼈를 받치고 늑간 근육의 신장을 돕는다. 발포 블록은 가슴을 들어 올리고 복부 근육을 부드러운 상태로 유지시킨다. 둥글게 만 담요는 머리와 뇌의 긴장을 푸는 것을 도와서 생각의 흐름을 멈추게 한다. 신축성 있는 면 붕대는 마음을 집중시켜 내면으로 돌리는 데 도움이 된다.

효과
• 우울증을 가라앉히고 자신감을 기른다.
• 심장 질환을 완화시킨다.
• 혈압을 정상으로 돌린다.
• 천식을 진정시킨다.
• 신경계에 활력을 준다.

주의 사항
초보자에게는 권장되지 않으며, 중급 단계의 수련생은 보조 도구를 사용하여 수련해야 한다. 숨을 들이마시고 내쉬는 도중이나 들숨과 날숨 사이에 절대로 침을 삼키면 안 되고, 숨을 완전히 내쉰 다음에 삼켜야 한다. 요통이 심하거나 변비가 있을 때에는 수련하지 않는다. 격렬한 수련으로 폐와 심장에 해를 입을 수 있으므로 피로를 느낄 때에도 수련하면 안 된다. 프라나야마를 행한 뒤에는 힘든 요가 아사나를 수련하지 않는다. 프라나야마를 행하기 전에 복강과 횡격막을 확장시키기 위해 몇 가지 누워서 행하는 아사나를 수련한다.

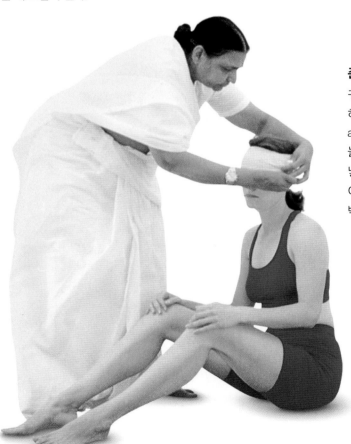

준비
귀 바로 위쪽에 붕대의 한쪽 끝을 고정시키고 눈과 귀 위를 지나가게 하여 이마 주위를 3번 감는다. 붕대의 끝은 기타 아헹가Geeta Iyengar(왼쪽 참조)가 수련생을 놓고 시범을 해 보이는 것처럼 반드시 관자놀이 부분에서 말아 넣어야 한다. 만일 머리 뒷부분에서 붕대를 말아 넣는다면 담요 위에 머리를 편편히 놓을 수 없게 된다. 붕대는 너무 조이거나 느슨하지 않도록 주의하고, 이마와 눈이 덮이게 하되 코를 압박해서는 안 된다.

발이 바깥쪽으로 기울게 한다.

스승의 조언

"지시 사항을 주의 깊게 따라야 한다. 그릇된 수련이 폐와 횡격막을 긴장시킬 수 있다는 것을 기억하라. 프라나야마를 위해 하루의 일정한 때에 40~60분 정도의 시간을 따로 마련해 둔다. 식사나 활동적인 아사나 수련을 한 직후에는 결코 프라나야마를 수련하면 안 된다."

1 바닥 위에 매트를 편다. 매트 가장자리로부터 30cm 정도 떨어진 위치에 발포 블록 두 개를 놓고 위쪽 블록이 아래쪽 블록의 오른쪽 끝부분 위로 튀어나오게 한다(사진 참조). 목침의 긴 쪽이 바닥에 닿게 하여 하나는 발포 블록과 평행하게 놓고, 다른 하나는 처음의 목침과 직각이 되게 놓는다. 둥글게 만 담요를 두 번째 목침 위에 올려놓는다.

2 단다아사나(p.102 참조)로 앉아 붕대를 이마 주위에 감는다. 팔꿈치와 팔뚝을 매트 위에 놓고 등을 발포 블록 위로 내린다. 기타 아헹가 수련생에게 시범을 보이듯(아래 참조) 엉덩이의 볼기와 블록 사이에 약간의 틈이 있어야 한다. 어깨를 처음의 목침 위에 놓고 견갑골 아래쪽을 가슴 안으로 밀어 넣는데, 귀를 향하지 말고 척추에서 멀어지는 방향으로 민다. 이렇게 하면 흉강을 넓히는 데 도움이 되어 숨을 깊이 들이마실 수 있다. 머리 뒷부분을 담요 위에 편안히 올려놓고 머리가 뒤로 기울지 않게 한다. 턱을 이완하고 혀를 아래턱에 내려놓는다. 이렇게 하면 침이 고이는 것을 막는 데 도움이 된다.

3 목구멍의 긴장을 풀고 다리를 차례로 하나씩 천천히 뻗는다. 피부를 포함하여 몸의 모든 부분을 의식적으로 이완한다. 두피를 이마 쪽으로 밀어 내린다고 상상한다. 이렇게 함으로써 뇌의 앞부분을 고요히 진정시키는 동시에 기민한 상태로 유지할 수 있는데, 이것이 육체적, 심리적, 신경생리학적으로 완전히 이완할 수 있는 핵심적인 비결이다. 가슴 속에 점 하나를 상상하여 여기에 마음을 집중하고 모든 외부로부터의 혼란들이 사라지게 한다. 눈꺼풀을 완전히, 그러나 부드럽게 내려 감는다. 눈꺼풀에 힘을 주어 감으면 안 된다. 눈동자가 위로 움직인다면 마음이 생각과 긴장으로 가득하게 될 것이다. 내면을 바라보고 감각이 물러나는 것을 느낀다.

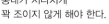

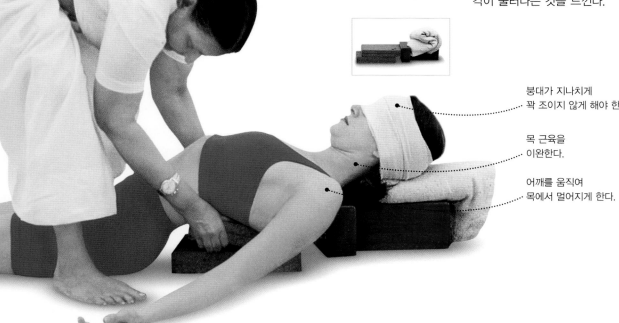

붕대가 지나치게 꽉 조이지 않게 해야 한다.

목 근육을 이완한다.

어깨를 움직여 목에서 멀어지게 한다.

웃자이 프라나야마

"웃자이 프라나야마 수련은 4단계로 되어 있는데,
1회에 한 단계씩 순차적으로 시도해야 한다."

단계

네 단계를 차례로 실시한다. 호흡의 각 사이클은 들숨으로 시작하여 날숨으로 끝나며 지속하는 시간을 각각 동일하게 한다. 호흡을 지속하거나 보유하는 시간에 대해 염려하지 않는다. 수련과 더불어 호흡이 안정적이고 온몸으로 잘 전달되며 율동적으로 될 것이기 때문이다. 초보자는 권장되는 프라나야마 사이클 이상의 것을 시도해서는 안 되며, 언제나 참을 수 있는 한계에 이르기 전에 멈추어야 한다. 각 단계마다 5~8분 정도 수련한다.

얼굴 근육의 긴장을 푼다.

흉골을 들어 올린다.

다리를 이완한다.

1 이것은 준비 단계로 정상적인 들숨과 날숨으로 이루어진다. 자연스럽게, 그러나 의식적으로 호흡한다. 숨을 들이마실 때 가슴을 완전히 확장시키나 횡격막에 긴장을 주면 안 된다. 호흡을 의식하지만 깊은 호흡을 하지는 않는다. 이 사이클을 10회 수련한다.

2 이 단계는 정상적인 들숨과 깊은 날숨을 포함한다. 숨을 들이마신 다음 느리고 깊게, 또 안정적으로 숨을 내쉬며 폐 속의 모든 공기를 밖으로 내보낸다. 흉골은 들어 올린 상태로 있어야 한다. 횡격막과 복부의 움직임을 일치시키고 호흡의 흐름을 자연스럽고 고른 상태로 유지한다. 이 사이클을 15회 수련한다.

3 이 단계는 깊은 들숨과 정상적인 날숨으로 이루어진다. 긴장 없이 숨을 내쉰 다음 느리고 깊게 숨을 들이마신다. 숨이 골반에서 목구멍의 움푹 파인 곳까지 상승한 다음 몸통의 양 옆으로 퍼져 나가는 것을 느낀다. 이 사이클을 15~20회 수련한다.

4 마지막 단계는 깊은 들숨과 깊은 날숨으로 구성된다. 긴장 없이 숨을 내쉬며 폐를 비운다. 그 다음 천천히, 깊고 자연스럽게 숨을 들이마신다. 폐가 완전히 비었다고 느껴질 때까지 고요히 숨을 내쉰다. 이 사이클을 15~20회 수련한다. 날숨으로 프라나야마를 마친다.

자세 풀기 오른쪽으로 부드럽게 몸을 굴려 발포 블록으로부터 몸을 뗀다. 천천히 일어나 앉아 목침을 멀리 옮겨 놓는다. 이제 머리와 목 아래에 담요를 놓고 사바아사나(p.248 참조)로 눕는다. 정상 호흡을 하면서 이 자세로 5분 정도 머문 다음 다시 오른쪽으로 몸을 돌린다. 왼손을 오른손 위에 놓고 잠시 멈춘 뒤, 왼손으로 몸을 받치고 천천히 일어나 앉아서 다리를 교차시킨다. 붕대를 풀고 눈을 가만히 뜬다. 잠시 휴식을 취한다.

빌로마 2 프라나야마 _{Viloma 2 Pranayama}

호흡 사이클의 중단

이 프라나야마는 3단계로 수련되는데 각 단계를 완성하기
위해서는 3~4주 정도의 시간이 필요할 것이다. 각 단계는
이전 단계보다 더 미묘하여 더 수준 높은 각성이 요구된다.
산스크리트어에서 'viloma'는 '자연스런 과정을 거슬러서'의
뜻을 가지는데, 그것은 이 프라나야마를 수련할 때에는
각 호흡 사이클 도중에 2초 정도 숨을 참아야 하기 때문이다.

자세에 들어가기 발포 블록과 목침을 웃자이 프라나야마(p.254
참조)에서처럼 놓는다. 사바아사나(p.248 참조)의 수련 단계를 따
른다. 그 다음 웃자이 프라나야마 사이클을 몇 회 행한다. 이렇게
함으로써 가슴이 활짝 열려지고 늑간 근육이 자극된다.

1 흉골을 들어 올리고 횡격막을 안정된 상태로 만든다. 편안한 상
태로 느리고 깊게 숨을 들이마시고 내쉰다. 날숨의 지속 시간은
2~3초 정도가 되어야 한다. 그 다음 숨을 들이마시기 전 2초 동
안 호흡을 멈춘다. 이것이 1회의 사이클이다. 이 사이클을 3~5회
되풀이한다.

효과

- 몸을 민첩하게 하고 마음을 고요하게 만든다.
- 혈압을 정상화시킨다.
- 눈의 긴장 및 두통을 덜어 준다.
- 감기, 기침, 편도선염의 증상들을 완화한다.
- 생리 과다 출혈과 생리 기간 외의 자궁 출혈을
  치료하는 데 도움을 준다.
- 조울증과 생리 전 긴장 증세와 관련된 두통을
  줄인다.
- 갱년기 증후군 치료를 돕는다.

보조 도구(p.185 참조)
**발포 블록 두 개, 목침 두 개,
신축성 있는 면 붕대, 매트**

발포 블록은 등을 받치고 가슴을 들어 올리며
복부 근육을 이완시킨다. 두 개의 목침은 머
리를 가슴보다 위로 들어 올리고 횡격막, 등
의 가운데 부분, 갈비뼈를 확장시켜 뻣뻣한
늑간 근육을 신장할 수 있게 도와준다. 붕대
는 마음을 내면으로 향하게 하는 데 도움이
된다.

복부의 긴장을 풀고
부드러운 상태로
유지한다.

2 이제 호흡을 멈출 때마다 호흡이 자연스럽게 사라졌다가 다시
쉽게 이어져야 한다. 1단계의 지시를 따르고 날숨의 지속 시간이
호흡을 멈추는 시간보다 더 길게 한다. 이 사이클을 7~10분 동
안 15~20회 정도 수련한다. 사바아사나로 휴식을 취한다.

3 1, 2단계의 사이클을 몇 회 실행한다. 호흡을 멈출 때의 고요
함에 마음을 집중하고 평온한 느낌을 가진다.

자세 풀기 웃자이 프라나야마(p.254 참조) 사이클을 1회 실행한
다음 사바아사나에서의 자세 풀기의 순서(p.249 참조)를 따른다.

주의 사항

요통이 심하거나 변비, 혹은 설사 증세가
있을 때에는 수련하지 않는다. 숨이 차거나
피로가 느껴지면 진행하고 있는 사이클을 끝내고
몇 번 정상 호흡을 한 다음 다시 수련을 시작한다.
완전히 숨을 내쉰 다음에만 침을 삼켜야 한다. 1단계의
사이클을 몇 회 수련한 뒤 2단계를 수련하고,
그 다음 1, 2, 3단계 모두를 순차적으로 수련한다.
결코 3단계로 수련을 시작해서는 안 된다. 언제나
한계치에 이르기 전에 멈추도록 한다. 초보자는
사이클을 6회 이상 수련하면 안 된다.

질병 치료를 위한 요가

*"요가는 평화, 내면의 고요, 기쁨에 이르는
문을 여는 지복의 열쇠이다."*

요가는 다치고 손상당하거나 무시되고 소홀히 다루어졌던 우리 몸의
여러 부분들을 치유할 수 있다. 병원 치료는 치유 과정을 촉진시킬 수는 있으나 문제의
근본적인 원인과 맞서지 못할 때가 너무 많다. 고대의 요가 수행자들은 질병을 치유할 수 있는
방법이 우리 자신 안에 있다는 것을 인식하고 있었다. 그들은 바로 우리 자신의 본성에
작용하여 몸의 여러 계가 가능한 한 효과적이고 효율적으로 기능하여 질병을 예방할 뿐 아니라
치료할 수 있게 하는 치유법을 체계적으로 마련하였다. 요가 아사나에는 손상된 몸의
여러 부분에 혈액을 더 많이 공급해 줌으로써 그 부분을 자극하는 동작들이 포함되어 있다.
또한 아사나 수련에 의해 고통을 견디는 힘도 키울 수 있다.

요가 치유법

요가의 치유 체계는 몸이 가능하면 자연스럽게 기능을 발휘할 수 있도록 해야 한다는 전제를
바탕으로 한다. 권장된 아사나를 수련하면 먼저 몸의 활력을 되찾고, 그 다음 질병의 원인과
맞서게 될 것이다.

의사, 약물 처방, 간호사, 환자는 요가 치유법을 이루는 네 개의 중심축이다. 요가의 세계관에서 볼 때 현인 파탄잘리는 의사이고, 아사나는 약물 처방, 요가 지도자는 간호사이며, 수련생은 환자에 해당된다. 병과 육체적, 정서적 상태에 따라 환자들에게 아사나가 권유되는데, 이것은 조심스럽게 행해져야 한다. 만일 의사의 진단이 잘못되었거나 약물의 투여량이 적절하지 못하면 치료 행위는 오히려 환자에게 해를 끼칠 수 있다. 이와 마찬가지로 개개인의 필요에 맞지 않는 아사나는 그 사람의 건강에 역효과를 가져올 수 있다. 그러므로 권장된 아사나의 순서를 주의 깊게 따라야 한다.

인간의 몸은 매우 복잡한 기계와 같으며 근육, 관절, 신경, 정맥, 동맥, 모세 혈관 등이 그물망처럼 정교하게 연결되어 있다. 이 모든 요소들이 최적의 조건 아래 조화를 이루면서 순조롭게 기능을 발휘하게 하는 것은 어려운 일이다. 사소하든 위중하든 대개 질병은 몸에 영향을 준다. 약초 치료를 바탕으로 하는 인도의 전통적인 치유 체계인 아유르베다 과학과 마찬가지로 요가 과학은 몸과 마음에 고통을 주는 질병을 세 개의 기본 범주 아래 분류한다. 자기 몸을 등한시하거나 혹사해서 생긴 스스로 초래한 질병, 태어나면서부터 지닌 선천적인 질병, 그리고 요가 체계 속의 다섯 가지 요소들, 즉 에테르, 공기, 불, 물, 흙 중 어느 하나의 불균형에 의해 야기된 질병이 그것이다. 요가는 이 세 종류의 질병들을 모두 치료할 수 있지만 치료의 속도와 효과는 질병의 유형 및 진행 상태, 환자의 체질, 그리고 치료에 대한 환자의 열의에 달려 있다.

치유의 원리

요가 치유의 과정은 몸의 특정 부위를 신장시키고 다른 부위는 차단하는 아사나들을 선택하여 그 순서를 정하는 것에 바탕을 두고 있다. 심각하거나 선천적인 장애의 경우 요가 아사나를 통해 완전한 회복 효과를 얻지 못할 수도 있으나 많은 경우 그러한 상황과 관련된 고통의 일부를 완화할 수 있다는 것을 잊어서는 안 된다. 예를 들어 에이즈를 위해 처방된 일련의 아사나(p.309 참조)는 일부 증세를 완화시킬 수 있으며, 그 완화 작용에 의해 의욕과 자신감이 고취될 수 있다.

요가 치유법은 몸의 활력을 되찾아 준다.
파리푸르나 마첸드라아사나 자세를 취한 아헹가

꾸준히, 그리고 인내심을 가지고 수련하기
요가 치유법은 몸의 어떤 부위는 신장시키고 또 어떤 부위는 이완시키는 것을 포함한다.

요가 치유법의 또 다른 이점은 그것이 고통과 인내의 한계치를 끌어올린다고 알려져 왔다는 것이다. 그러나 이러한 효과는 권장된 아사나를 헌신적으로, 끈기 있게 수련할 때에만 생긴다. 요가는 뇌를 진정시키고, 신경을 가라앉히며, 고통에 대한 두려움을 덜어주는데, 많은 경우 고통에 대한 두려움은 고통 그 자체만큼이나 해롭다.

약물 처방은 치유 과정을 촉진하기는 하지만 본질적으로 치료가 아니다. 궁극적인 치유는 오직 자연에 의해서만 가능하다. 요가 치유법의 바탕에 깔린 믿음은 인체 시스템이 가능한 한 효율적, 효과적으로 기능을 자연스럽게 발휘하게 할 수 있다는 것이다. 이 자연스러운 과정은 그러나 인체 시스템 고유의 리듬과 속도로 이루어지며, 그 속도는 아마도 느릴 것이다.

요가 치유법은 인체의 모든 부분과 그것이 기능하는 방식에 대해 이해하는 것으로 시작된다. 의심이 가는 질병의 시초와 전개 양상이 주의 깊게 연구되는데, 특히 가장 많은 영향을 받는 신체 부분들에 대해 그러하다. 목표는 단순히 특정 증세를 치료하는 것이 아니라 원인을 해결하는 것이다.

> ## "건강은 값을 깎아서 살 수 있는 상품이 아니다.
> ## 건강을 얻기 위해서는 땀 흘리는 노력이 필요하다."

아사나와 건강

아사나는 몸을 유연하게 하고 마음을 빈틈없이 깨어 있게 한다. 또 신경과 내분비선을 진정시키며 뇌의 긴장을 풀어 줄 뿐 아니라 육체적, 생리적, 정서적으로 균형 잡힌 상태를 유지할 수 있게 한다. 규칙적으로 아사나를 수련하면 의지력과 자신감이 길러지고, 관절의 윤활성과 운동성이 증가되며, 각 근육, 관절, 기관을 인식할 수 있는 능력이 생긴다. 아사나들을 다양하게 조합함으로써 각 근육과 관절의 운동 범위가 확대되며 몸의 왼쪽과 오른쪽이 바르게 정렬된다.

아사나의 치유 원리

아사나는 몸을 뻗고 굽히고 돌리고 이완하는 등 단순한 원리에 그 기초를 둔다. 이러한 동작들은 인체 시스템에 다양한 효과를 나타내며, 몸의 특정한 부분을 치유하고 활성화시키거나 힘껏 조여 다른 부분으로부터 봉쇄되게 한다. 동시에 이 접근법은 인체를 통합적으로 파악하며, 몸의 각 기관, 뼈, 세포를 정화하고 강화하는 것을 목표로 한다. 요가는 물리 요법, 심리 요법, 정신 요법이 결합된 것으로 육체적인 몸과 생리학적인 몸을 구분하지 않는 치유 과학이다. 아사나는 생물-생리-심리학적인 자세로 이를 통해 우리는 몸 안에 수많은 '댐dams'을 마련하게 된다. 이들 '댐'으로 혈액과 에너지가 흘러들게 되고, 그 다음 댐의 문이 서서히 열려 몸 안의 기관들이 치유력을 가진 신선한 혈액과 에너지를 흡수한다. 몸의 한 부분이 병들면 그 부분은 예민한 감각을 상실한다. 특수한 치유 효과를 가진 아사나의 수련을 통해 이 '댐'에 저장된 에너지가 병든 부위로 원활하게 흘러들어 치유 과정이 시작된다.

중요한 것은 말단 부위에서부터 점차 병든 부위로 작용이 미치게 하는 것이다. 먼저 몸의 말단 부분을 조율하고 강화하여 순조로이 기능을 발휘할 수 있게 해야 질병을 다룰 수 있다. 그러나 새로운 문제가 발생했을 경우 병든 부위가 더 악화되기 전에 그 부위에 대해 직접적으로 작용을 가해야만 할 때도 있다.

운동 범위
비파리타 단다아사나는 굳어 있는 등 근육을 부드럽게 풀어 준다.

전체론적인 치유법
요가는 몸의 모든 기관, 뼈, 근육, 세포에
영향을 준다.

뇌와 몸

요가 치유법이 우리로 하여금 뇌가 몸에 미치는 영향을 조절할 수 있도록 가르쳐 준다는 것은 요가 치유법의 아주 중요한 측면이다. 여기에서 '뇌'라는 용어는 마음과 지성 뿐 아니라 사고, 경험, 상상을 포함하는 가장 포괄적인 의미에서 사용된다. 뇌에서 흘러나오는 에너지는 생명력이 넘치는 치유 에너지의 형태로 몸의 여러 부분에 퍼진다. 요가 수련에 의해 뇌는 고요하고 수용적이 되는 것을 배우며, 고통에 맞서 싸우는 것이 아니라 그것을 받아들여서 이겨내는 것을 배운다. 그러면 스트레스나 고통에 대항하느라 소모될 에너지가 치유하는 쪽으로 돌려진다.

궁극적으로 요가 치유법의 목표는 뇌와 몸이 서로 조화를 이루어 기능하도록 배우게 하는 데에 있다. 특정한 아사나들은 호흡계, 순환계, 소화계, 호르몬계, 면역계, 생식계 등 몸의 다양한 계에 작용한다. 따라서 치유 과정이 효과를 발휘할 수 있도록 반드시 아사나의 조합과 순서를 따라야 한다. 자신의 병에 맞게 권장된 아사나들을 수련할 일정(p.408 참조)을 짜고, 처방된 순서를 따르라. 병이 치유되는 데 시간이 걸리더라도 낙담해서는 안 된다. 인내야말로 요가의 정수라는 것을 명심하라.

심장과 혈액 순환

심장은 혈액을 몸의 각 부분으로 유입시키는 펌프 역할을 하는 기관으로 흉강 내부의
두 허파 사이에 자리 잡고 있다. 동맥, 정맥, 모세 혈관으로 이루어진 순환계는 심장에서
온몸으로, 온몸에서 심장으로 혈액을 나르면서 산소와 영양분을 공급하고 노폐물을
배출하는 역할을 한다. 다음 일련의 아사나들은 순환계의 일반적인 이상 증세를 다룬다.

수족 냉증

이는 혈액 순환의 속도가 느린 것이 원
인으로, 혈액이 몸체에 모여 있어 손발
쪽으로 제대로 순환되지 못한다. 이것
이 가슴의 질병 및 장과 복부 기관의
질병을 유발한다. 갑상선 기능 저하,
스트레스, 신경과민의 결과로 이런 증
상이 올 수도 있다.

1 타다아사나 사마스티티
p.186

2 타다아사나 우르드바
하스타아사나
p.187

3 타다아사나 우르드바
바당굴리야아사나
p.188

8 아르다 찬드라아사나
p.196

9 프라사리타 파도타나아사나
p.200

10 아도무카 스바나아사나
p.202

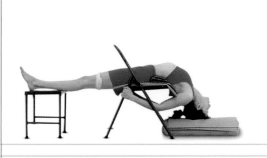

14 비파리타 단다아사나
p.239

15 우스트라아사나
p.240

16 우티타 마리챠아사나
p.226

17 바라드바자아사나
p.223

"절대로 아사나를 기계적으로 수행해서는 안 된다.
그렇게 할 경우 육체의 발전이 없다."

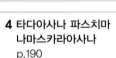

4 타다아사나 파스치마
나마스카라아사나
p.190

5 타다아사나 고무카아사나
p.191

6 우티타 트리코나아사나
p.192

7 우티타 파르스바코나아사나
p.194

11 아도무카 스바나아사나
p.204

12 아도무카 스바나아사나
p.204

13 비파리타 단다아사나
p.239

18 바라드바자아사나
p.224

19 마리챠아사나
p.225

20 비라아사나
p.206

21 파르스바 비라아사나
p.228

22 파르스바 비라아사나
p.228

23 숩타 파당구쉬타아사나
p.242

24 숩타 파당구쉬타아사나
p.243

28 비파리타 카라니
p.234

29 사바아사나
p.248

30 웃자이 프라나야마
p.254

4 숩타 받다코나아사나
p.244

5 숩타 비라아사나
p.246

6 파리푸르나 나바아사나
p.210

7 아도무카 파스치모타나아사나
p.217

12 살람바 시르사아사나
p.138

13 비파리타 단다아사나
p.239

14 살람바 사르반가아사나
p.230

25 숩타 받다코나아사나
p.244

26 숩타 비라아사나
p.246

27 세투반다 사르반가아사나
p.237

정맥류

이 상태에서는 다리 살갗 바로 아래의 정맥이 늘어나고 팽창되어 다리 통증과 피로, 근육 경련 등의 증세가 유발된다. 임신이나 생리 중일 때 자주 일어나는 현상이며 오랫동안 서 있어야 하는 사람들에게도 마찬가지 현상이 나타난다.

1 비라아사나
p.206

2 우파비스타 코나아사나
p.213

3 받다코나아사나
p.208

8 자누 시르사아사나
p.218

9 파스치모타나아사나
p.216

10 파스치모타나아사나
p.215

11 파스치모타나아사나
p.214

16 비라아사나
p.206

17 아도무카 비라아사나
p.220

18 숩타 파당구쉬타아사나
p.242

19 숩타 파당구쉬타아사나
p.243

20 세투반다 사르반가아사나
p.237

21 비파리타 카라니
p.234

22 사바아사나
p.248

4 우타나아사나
p.197

5 프라사리타 파도타나아사나
p.200

6 아도무카 스바나아사나
p.204

11 파스치모타나아사나
p.216

12 자누 시르사아사나
p.218

13 파리푸르나 나바아사나
p.210

14 파스치모타나아사나
p.216

19 살람바 사르반가아사나
p.230

20 할라아사나
p.232

21 세투반다 사르반가아사나
p.237

고혈압

지속적으로 혈압이 상승되어 있는 상태를 뜻하며 긴장 항진증으로도 알려져 있다. 여기에는 심리적, 생리적, 환경적 요인을 포함한 많은 원인이 있다.

1 우타나아사나
p.197

2 아도무카 스바나아사나
p.202

3 아도무카 스바나아사나
p.204

7 비라아사나
p.206

8 우파비스타 코나아사나
p.213

9 받다코나아사나
p.208

10 아도무카 비라아사나
p.221

15 숩타 파당구쉬타아사나
p.243

16 숩타 받다코나아사나
p.244

17 숩타 비라아사나
p.246

18 할라아사나
p.232

22 세투반다 사르반가아사나
p.237

23 스와스티카아사나
p.209

24 비파리타 카라니
p.234

25 사바아사나
p.248

26 웃자이 프라나야마
p.254

27 빌로마 2 프라나야마
p.257

3 비파리타 단다아사나
p.239

4 비파리타 단다아사나
p.239

5 살람바 시르사아사나
p.138

10 자누 시르사아사나
p.218

11 파스치모타나아사나
p.216

12 살람바 사르반가아사나
p.230

13 할라아사나
p.232

17 사바아사나
p.248

18 웃자이 프라나야마
p.254

19 빌로마 2 프라나야마
p.257

저혈압

이는 혈액을 몸의 각 부분으로 나르기 위해 일반적으로 필요한 것보다 더 낮은 혈압일 때 발생되는 현상이다. 저혈압 상태에서는 뇌에 공급되는 혈액이 부족하여 피로, 졸도, 현기증, 시야가 흐려지는 증상, 혹은 구토가 발생할 수 있다.

1 숩타 받다코나아사나
p.244

2 숩타 비라아사나
p.246

6 아도무카 스바나아사나
p.202

7 프라사리타 파도타나아사나
p.200

8 우타나아사나
p.197

9 아도무카 비라아사나
p.221

14 세투반다 사르반가아사나
p.237

15 아도무카 스와스티카아사나
p.222

16 비파리타 카라니
p.234

동맥 폐색

심장 혈관이 막힐 때 일어나는 현상으로 이때 심장 근육으로 흐르는 혈액이 줄게 된다. 이 과정이 결국 심장 근육에 해를 끼치고, 심장 마비의 주된 원인이 된다. 일반적인 증상은 협심증이나 흉통이다(p.272 참조).

1 숩타 받다코나아사나
p.244

2 숩타 비라아사나
p.246

3 세투반다 사르반가아사나
p.237

4 아르다 찬드라아사나
p.196

5 우티타 파르스바코나아사나
p.194

10 우스트라아사나
p.240

11 살람바 사르반가아사나
p.230

12 세투반다 사르반가아사나
p.237

13 비파리타 카라니
p.234

협심증

심장 혈관이 협착되어 나타
나는 질환이다. 협심증의 통
증은 가슴에서부터 등, 목,
팔로 퍼지는 특징이 있으며
메스꺼움, 숨 가쁨, 피로를
동반한다. 그 원인으로는 흡
연, 비만, 동맥 폐색(p.271
참조), 고혈압, 과도한 음주
등을 들 수 있다.

1 사바아사나
p.248

2 숩타 받다코나아사나
p.244

3 숩타 비라아사나
p.246

7 우타나아사나
p.197

8 비파리타 단다아사나
p.239

9 우스트라아사나
p.240

10 살람바 시르사아사나
p.138

6 우티타 트리코나아사나
p.192

7 우타나아사나
p.197

8 비파리타 단다아사나
p.239

9 비파리타 단다아사나
p.239

14 사바아사나
p.248

15 웃자이 프라나야마
p.254

16 빌로마 2 프라나야마
p.257

4 세투반다 사르반가아사나
p.237

5 프라사리타 파도타나아사나
p.200

6 아도무카 스바나아사나
p.202

11 아도무카 스바나아사나
p.202

12 아르다 찬드라아사나
p.196

13 우티타 파르스바코나아사나
p.194

14 우티타 트리코나아사나
p.192

15 살람바 사르반가아사나
p.230

16 할라아사나
p.232

21 세투반다 사르반가아사나
p.237

22 비파리타 카라니
p.234

23 사바아사나
p.248

4 아도무카 스바나아사나
p.202

5 우타나아사나
p.197

6 아도무카 스바나아사나
p.202

7 아르다 찬드라아사나
p.196

12 아도무카 비라아사나
p.221

13 할라아사나
p.232

14 세투반다 사르반가아사나
p.237

17 파르스바 비라아사나
p.228

18 아도무카 비라아사나
p.221

19 자누 시르사아사나
p.218

20 파스치모타나아사나
p.216

심장 마비

심장 근육에 혈액 공급이 적절하지 못하였을 때 심근 경색이나 심장 마비가 발생한다. 이것은 종종 관상 동맥이 서서히 막히는 데 그 원인이 있다(p.272 참조).

1 숩타 받다코나아사나
p.244

2 숩타 비라아사나
p.246

3 세투반다 사르반가아사나
p.237

8 살람바 시르사아사나
p.138

9 비파리타 단다아사나
p.239

10 우스트라아사나
p.240

11 살람바 사르반가아사나
p.230

15 비파리타 카라니
p.234

16 사바아사나
p.248

17 웃자이 프라나야마
p.254

호흡계

호흡은 코와 목구멍의 인두에 위치한 상기도上氣道에서부터 시작된다.
이때 들이마신 공기는 기관氣管을 통과하여 두 개의 주요한 기관지에 도달한다.
이들 공기의 통로에 의해 공기가 폐로 운반되고, 몸의 세포에서 생성된 이산화탄소는
폐를 통해 날숨으로 배출된다. 권장된 일련의 요가 자세들을 규칙적으로 수련하면
모든 호흡기 계통의 이상 증세에 특히 유익할 것이다.

감기

이것은 코와 목구멍을 포함한 상기도의 안쪽 면을 덮고 있는 점막이 바이러스로 경미하게 감염된 것을 말한다. 코 막힘, 콧물, 부비강염, 인후통, 재채기, 기침, 두통 등이 가장 일반적인 증상이다.

1 우타나아사나
p.197

2 프라사리타 파도타나아사나
p.200

3 아도무카 스바나아사나
p.202

8 숩타 받다코나아사나
p.244

9 숩타 비라아사나
p.246

10 세투반다 사르반가아사나
p.237

14 세투반다 사르반가아사나
p.237

15 비파리타 카라니
p.234

16 빌로마 2 프라나야마/사바아사나
p.257/p.248

"그러므로 방황하는 마음을 제어하기 위해 호흡을 조절하라."

4 아도무카 스바나아사나
p.204

5 살람바 시르사아사나
p.138

6 비파리타 단다아사나
p.239

7 비파리타 단다아사나
p.239

11 할라아사나
p.232

12 살람바 사르반가아사나
p.230

13 할라아사나
p.232

호흡 곤란

숨이 가빠지는 이 상태는 폐가 탄력적으로 수축하는 힘이 부족한 것에서 비롯된다. 공기가 폐에 유입되어 머무르면 폐가 팽창하게 된다. 이때 횡격막이 압박되고, 호흡하고자 하는 노력 때문에 가슴이 긴장된다.

1 사바아사나
p.248

2 숩타 받다코나아사나
p.244

3 숩타 비라아사나
p.246

4 세투반다 사르반가아사나
p.237

5 아도무카 스바나아사나
p.202

9 우티타 파르스바코나아사나
p.194

10 우타나아사나
p.197

11 타다아사나 우르드바
하스타아사나
p.187

12 타다아사나 우르드바 바당굴리야아사나
p.188

16 우스트라아사나
p.240

17 살람바 시르사아사나
p.138

18 할라아사나
p.232

19 살람바 사르반가아사나
p.230

24 비파리타 카라니
p.234

25 웃자이 프라나야마
p.254

26 빌로마 2 프라나야마
p.257

6 아도무카 스바나아사나
p.204

7 아르다 찬드라아사나
p.196

8 우티타 트리코나아사나
p.192

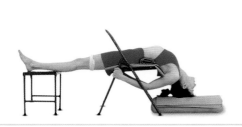

**13 타다아사나 파스치마
나마스카라아사나**
p.190

14 타다아사나 고무카아사나
p.191

15 비파리타 단다아사나
p.239

**20 우르드바무카 자누
시르사아사나** p.207

21 파스치모타나아사나
p.216

22 자누 시르사아사나
p.218

23 세투반다 사르반가아사나
p.237

부비강염

이는 비강의 안쪽 면을 덮고 있는 점막에 염증이 생기거나 점막이 부어서 발생된다. 일반적인 증상은 코막힘, 콧물, 두통, 위턱 부분이나 눈, 뺨, 귀 부분에서의 통증 등이다.

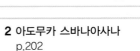

1 우타나아사나
p.197

2 아도무카 스바나아사나
p.202

3 프라사리타 파도타나아사나
p.200

4 살람바 시르사아사나
p.138

5 비파리타 단다아사나
p.239

6 비파리타 단다아사나
p.238

7 우스트라아사나
p.240

11 숩타 받다코나아사나
p.244

12 숩타 비라아사나
p.246

13 자누 시르사아사나
p.218

17 비파리타 카라니
p.234

18 사바아사나
p.248

19 웃자이 프라나야마
p.254

3 세투반다 사르반가아사나
p.237

4 아도무카 스바나아사나
p.202

5 아도무카 스바나아사나
p.204

8 할라아사나
p.232

9 살람바 사르반가아사나
p.230

10 할라아사나
p.232

14 파스치모타나아사나
p.216

15 세투반다 사르반가아사나
p.237

16 세투반다 사르반가아사나
p.237

기관지염

이것은 폐를 기관과 연결하는 기도인 기관지의 염증이나 과도한 점액에 의해 야기되는 질환이다. 일반적인 증상은 호흡이 짧고, 숨 쉴 때 색색거리며, 기침, 가래 등이 나는 것이다.

1 사바아사나
p.248

2 숩타 비라아사나
p.246

6 살람바 시르사아사나
p.138

7 비파리타 단다아사나
p.239

8 비파리타 단다아사나
p.239

9 우스트라아사나
p.240

10 살람바 사르반가아사나
p.230

11 할라아사나
p.232

12 세투반다 사르반가아사나
p.237

천식

이 상태에서는 폐의 기도가 수축되어 가슴이 죄이고 발작적으로 기침이 나며 숨을 쉴 때 색색거리거나 호흡이 곤란해진다. 기도의 염증은 만성으로 진행될 수도 있다. 천식은 보통 알레르기나 스트레스에 의해 유발된다.

1 단다아사나
p.205

2 받다코나아사나
p.208

3 우파비스타 코나아사나
p.213

7 세투반다 사르반가아사나
p.237

8 아도무카 스바나아사나
p.202

9 우타나아사나
p.197

13 타다아사나 파스치마 나마스카라아사나 p.190

14 타다아사나 고무카아사나
p.191

15 아르다 찬드라아사나
p.196

13 비파리타 카라니
p.234

14 사바아사나
p.248

15 웃자이 프라나야마
p.254

4 비라아사나
p.206

5 숩타 받다코나아사나
p.244

6 숩타 비라아사나
p.246

10 타다아사나 사마스티티
p.186

11 타다아사나 우르드바
하스타아사나
p.187

12 타다아사나 우르드바
바당굴리야아사나
p.188

16 아도무카 비라아사나
p.221

17 살람바 시르사아사나
p.138

18 비파리타 단다아사나
p.239

283

"두려움과 피로가 마음을 움츠리게 한다.
이들에 당당히 맞서라, 그러면
용기와 자신감이 그대 안으로 흘러들 것이다."

19 비파리타 단다아사나
p.239

20 우스트라아사나
p.240

21 살람바 사르반가아사나
p.230

22 세투반다 사르반가아사나
p.237

23 비파리타 카라니
p.234

24 사바아사나
p.248

소화계

우리가 섭취하는 모든 음식물은 입, 식도, 소장, 대장을 통과하여
몸 안에서 평균 약 11m의 거리를 여행해야 한다. 음식물은 침을 비롯한 췌장,
담낭, 간의 분비액과 상호 작용하며, 소화 효소와 위산에 의해 분해된다.
이 과정 동안 영양분이 몸에 흡수된다. 여기에 권장된 아사나를 규칙적으로
수련하면 소화기 계통의 이상을 효과적으로 완화할 수 있다.

소화 불량

이 상태는 상복부의 통증, 불쾌감, 혹은 팽만감과 관련되어 있으며 급성이나 만성으로 나타날 수 있다. 다른 징후로는 메스꺼움, 구토, 트림, 위산 과다, 위에 가스 차는 증상, 계속되는 만복감 등이 있다.

1 타다아사나 사마스티티
p.186

2 타다아사나 우르드바
하스타아사나 p.187

3 타다아사나 우르드바
바당굴리야아사나
p.188

4 우티타 트리코나아사나
p.192

5 우티타 파르스바코나아사나
p.194

6 아르다 찬드라아사나
p.196

7 아도무카 스바나아사나
p.202

8 아도무카 스바나아사나
p.204

9 프라사리타 파도타나아사나
p.200

10 우타나아사나
p.197

11 비라아사나
p.206

12 파르스바 비라아사나
p.228

13 우티타 마리챠아사나
p.226

14 바라드바자아사나
p.223

15 바라드바자아사나
p.223

20 자누 시르사아사나
p.218

21 파스치모타나아사나
p.216

22 파리푸르나 나바아사나
p.210

23 파리푸르나 나바아사나
p.212

27 살람바 시르사아사나
p.138

28 살람바 사르반가아사나
p.230

29 할라아사나
p.232

34 사바아사나
p.248

35 웃자이 프라나야마
p.254

36 빌로마 2 프라나야마
p.257

16 바라드바자아사나
p.224

17 마리챠아사나
p.225

18 아도무카 비라아사나
p.221

19 우르드바무카 자누 시르사아사나
p.207

24 아도무카 비라아사나
p.221

25 숩타 파당구쉬타아사나
p.242

26 숩타 파당구쉬타아사나
p.243

30 숩타 받다코나아사나
p.244

31 숩타 비라아사나
p.246

32 세투반다 사르반가아사나
p.237

33 비파리타 카라니
p.234

위산 과다

이것은 보통 가슴 아랫부분, 흉골 바로 아래에서의 날카롭고 타는 것 같은 느낌이 그 징후로 과식, 양념이 지나치거나 기름진 음식의 섭취, 과도한 음주, 아스피린이나 코티존과 같은 약물의 복용에 의해 유발될 수 있다.

1 파르스바 비라아사나
p.228

2 아도무카 파스치모타나아사나
p.217

3 아도무카 비라아사나
p.221

4 자누 시르사아사나
p.218

5 파스치모타나아사나
p.215

6 아도무카 비라아사나
p.221

7 아도무카 스바나아사나
p.202

12 아르다 찬드라아사나
p.196

13 우타나아사나
p.197

14 우티타 마리챠아사나
p.226

15 바라드바자아사나
p.223

20 숩타 비라아사나
p.246

21 할라아사나
p.232

22 살람바 사르반가아사나
p.230

23 할라아사나
p.232

27 사바아사나
p.248

28 웃자이 프라나야마
p.254

29 빌로마 2 프라나야마
p.257

8 프라사리타 파도타나아사나
p.200

9 우타나아사나
p.197

10 우티타 트리코나아사나
p.192

11 우티타 파르스바코나아사나
p.194

16 바라드바자아사나
p.224

17 마리챠아사나
p.225

18 파르스바 비라아사나
p.228

19 숩타 받다코나아사나
p.244

24 파리푸르나 나바아사나
p.210

25 세투반다 사르반가아사나
p.237

26 비파리타 카라니
p.234

변비

몸에서 배설물을 배출하는 것이 힘들거나 그 횟수가 적고, 때로는 고통을 겪어야 하는 사람들이 있다. 이 현상과 더불어 창자가 완전히 비어 있지 못하다는 느낌이 동반될 때가 많다.

1 우타나아사나
p.197

2 프라사리타 파도타나아사나
p.200

3 아도무카 스바나아사나
p.202

4 아도무카 스바나아사나
p.204

5 아도무카 스바나아사나
p.204

6 살람바 시르사아사나
p.138

10 아도무카 비라아사나
p.221

11 자누 시르사아사나
p.218

12 파스치모타나아사나
p.216

13 살람바 사르반가아사나
p.230

설사

이 병의 특징은 물기 많은 대변을 자주, 갑작스럽게 보는 것으로 대개 복부 감염의 증상으로 볼 수 있다. 복부 통증이나 팽창, 구토, 열이나 오한과 결합되어 나타난다.

1 숩타 받다코나아사나
p.244

2 숩타 비라아사나
p.246

6 비파리타 단다아사나
p.239

7 살람바 사르반가아사나
p.230

8 세투반다 사르반가아사나
p.237

아넘

7 우티타 트리코나아사나
p.192

8 우티타 파르스바코나아사나
p.194

9 아르다 찬드라아사나
p.196

14 할라아사나
p.232

15 세투반다 사르반가아사나
p.237

16 비파리타 카라니
p.234

3 세투반다 사르반가아사나
p.237

4 숩타 파당구쉬타아사나
p.243

5 살람바 시르사아사나
p.138

9 비파리타 카라니
p.234

10 사바아사나
p.248

과민성 장 증후군

복부 통증과 장 기능의 변화가 결합된 것이 특징으로 이 증상은 대장의 근육 운동의 교란에 기인한다. 이 병에 쉽게 걸리게 하는 요인은 식이섬유가 부족한 식사, 변비약의 복용, 또는 스트레스 등이다.

1 살람바 시르사아사나
p.138

2 비파리타 단다아사나
p.239

3 살람바 사르반가아사나
p.230

7 비파리타 카라니
p.234

8 숩타 비라아사나
p.246

9 숩타 받다코나아사나
p.244

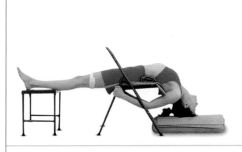

4 비파리타 단다아사나
p.239

5 바라드바자아사나
p.224

6 바라드바자아사나
p.223

7 바라드바자아사나
p.223

12 단다아사나
p.205

13 우르드바무카 자누 시르사아사나
p.207

14 아도무카 파스치모타나아사나
p.217

4 할라아사나
p.232

5 세투반다 사르반가아사
p.237

6 세투반다 사르반가아사나
p.237

십이지장 궤양

이는 십이지장의 구상부球狀部에 있는 궤양이나 상처가 난 부분을 말한다. 일반적인 증상은 식후 1～3시간 뒤의 격렬한 위통인데, 음식을 먹거나 제산제를 복용해야만 통증이 완화된다. 기타 증상으로 체중 감소, 가슴앓이, 구토, 현기증, 메스꺼움 등이 있다.

1 살람바 시르사아사나
p.138

1 살람바 사르반가아사나
p.230

3 할라아사나
p.232

8 마리챠아사나
p.225

9 우티타 마리챠아사나
p.226

10 파르스바 비라아사나
p.228

11 아도무카 비라아사나
p.221

15 파스치모타나아사나
p.215

16 파스치모타나아사나
p.216

17 자누 시르사아사나
p.218

18 세투반다 사르반가아사나
p.237

19 아도무카 스와스티카아사나
p.222

20 비파리타 카라니
p.234

위궤양

위장관의 상처가 난 부분을 말하는 것으로 위의 소화액에 의해 위벽이 헐어서 생긴다. 일반적인 증상은 공복시의 복부 통증이다. 메스꺼움, 체중 감소 등이 나타나기도 한다.

1 타다아사나 우르드바
하스타아사나
p.187

2 타다아사나 우르드바
바당굴리야아사나
p.188

3 타다아사나 고무카아사나
p.191

7 아르다 찬드라아사나
p.196

8 프라사리타 파도타나아사나
p.200

9 아도무카 스바나아사나
p.204

13 우스트라아사나
p.240

14 바라드바자아사나
p.224

15 바라드바자아사나
p.223

16 바라드바자아사나
p.223

21 사바아사나
p.248

22 웃자이 프라나야마
p.254

23 빌로마 2 프라나야마
p.257

4 우타나아사나
p.197

5 우티타 트리코나아사나
p.192

6 우티타 파르스바코나아사나
p.194

10 비파리타 단다아사나
p.239

11 살람바 시르사아사나
p.138

12 비파리타 단다아사나
p.239

17 마리챠아사나
p.225

18 우티타 마리챠아사나
p.226

19 비라아사나
p.206

20 파르스바 비라아사나
p.228

21 우파비스타 코나아사나
p.213

22 단다아사나
p.205

23 받다코나아사나
p.208

28 파스치모타나아사나
p.215

29 파스치모타나아사나
p.216

30 자누 시르사아사나
p.218

31 파리푸르나 나바아사나
p.210

35 세투반다 사르반가아사나
p.237

36 세투반다 사르반가아사나
p.237

37 비파리타 카라니
p.234

궤양성 대장염

이는 대장과 직장의 염증에서 비롯되는 질환으로 일반적인 증상은 피가 섞인 설사, 복통이나 경련, 직장에서의 출혈 등이다. 증상의 발생 주기가 짧을 경우도 있고 길 경우도 있다.

1 숩타 비라아사나
p.246

2 숩타 받다코나아사나
p.244

24 숩타 받다코나아사나
p.244

25 숩타 비라아사나
p.246

26 우르드바무카 자누
시르사아사나
p.207

27 아도무카 비라아사나
p.221

32 숩타 파당구쉬타아사나
p.242

33 숩타 파당구쉬타아사나
p.243

34 할라아사나
p.232

38 사바아사나
p.248

39 웃자이 프라나야마
p.254

40 빌로마 2 프라나야마
p.257

3 숩타 파당구쉬타아사나
p.242

4 우르드바무카 자누 시르사아사나
p.207

5 아도무카 비라아사나
p.221

6 아도무카 스와스티카아사나
p.222

7 아도무카 파스치모타나아사나
p.217

8 파스치모타나아사나
p.216

13 파리푸르나 나바아사나
p.210

14 아르다 찬드라아사나
p.196

15 프라사리타 파도타나아사나
p.200

16 우타나아사나
p.197

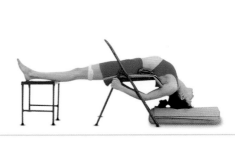

21 비파리타 단다아사나
p.239

22 할라아사나
p.232

23 살람바 사르반가아사나
p.230

27 사바아사나
p.248

28 웃자이 프라나야마
p.254

29 빌로마 2 프라나야마
p.257

9 파스치모타나아사나
p.215

10 파스치모타나아사나
p.216

11 파스치모타나아사나
p.214

12 파스치모타나아사나
p.215

17 아도무카 스바나아사나
p.204

18 아도무카 스바나아사나
p.204

19 아도무카 스바나아사나
p.203

20 살람바 시르사아사나
p.138

24 세투반다 사르반가아사나
p.237

25 세투반다 사르반가아사나
p.237

26 비파리타 카라니
p.234

"안정성이 습관처럼 확고해지면,
저절로 원숙하고 명료해진다."

비뇨계

이 계는 신장, 요관, 방광, 요도로 구성된다. 신장은 소변을 만들어 내는데,
소변은 물과 단백질과 같은 신진대사의 노폐물들로 이루어져 있다. 소변이 몸에서
배출되면서 신장은 몸의 전해질과 산성도의 균형을 유지할 수 있게 된다.
요관이 소변을 방광으로 운반하는 반면, 요도는 소변이 외부로 배출되는 통로가 되는
관이다. 요가 아사나는 많은 일반적인 비뇨계의 이상을 치료하는 데 도움이 된다.

요실금

이것은 방광으로부터 소변이
무의식적으로 배출되는 것으
로 나이가 들면서 이런 증상
은 점점 더 흔해진다. 원인으
로는 골반 아랫부분 근육의
약화, 뇌졸중 등의 발작, 방
광염, 중추신경계의 조절력
상실 등이 있다.

1 우타나아사나
p.197

2 프라사리타 파도타나아사나
p.200

3 아도무카 스바나아사나
p.204

8 비파리타 단다아사나
p.239

9 우스트라아사나
p.240

10 파스치모타나아사나
p.214

11 우파비스타 코나아사나
p.213

15 살람바 사르반가아사나
p.230

16 할라아사나
p.232

17 세투반다 사르반가아사나
p.237

18 비파리타 카라니
p.234

"요가에서 동작이 강화되면 지성 또한 강화된다."

4 우르드바무카 자누 시르사아사나
p.207

5 자누 시르사아사나
p.218

6 파스치모타나아사나
p.216

7 살람바 시르사아사나
p.138

12 받다코나아사나
p.208

13 숩타 파당구쉬타아사나
p.242

14 숩타 파당구쉬타아사나
p.243

19 사바아사나
p.248

20 웃자이 프라나야마
p.254

21 빌로마 2 프라나야마
p.257

호르몬계

호르몬이란 몸의 주요한 특정 기능들을 조절하는 천연 화학 물질로
갑상선, 부갑상선, 뇌하수체, 송과체, 부신 등의 내분비선과 고환과 난소,
그리고 췌장 안의 랑게르한스 섬 등에 의해 분비된다. 권장된 아사나의
규칙적인 수련은 혈류 속으로 호르몬을 효과적으로 분비하는 데
도움을 준다.

비만

이것은 자신의 표준 체중보다
20퍼센트 정도 과도한 체지방
을 지닌 상태이다. 비만은 쿠싱
증후군, 시상하부의 이상, 유전
적인 요인, 코르티코스테로이
드의 복용, 과도한 칼로리의 섭
취, 혹은 운동 부족에 의해서
발생하는 수가 많다.

1 타다아사나 사마스티티
p.186

2 타다아사나 우르드바
하스타아사나
p.187

3 타다아사나 우르드바
바당굴리야아사나
p.188

8 아르다 찬드라아사나
p.196

9 프라사리타 파도타나아사나
p.200

10 아도무카 스바나아사나
p.202

15 바라드바자아사나
p.223

16 바라드바자아사나
p.223

17 비라아사나
p.206

18 파르스바 비라아사나
p.228

"요가는 내면으로부터
자신을 비추어 보는 거울이다."

4 타다아사나 파스치마
나마스카라아사나
p.190

5 타다아사나 고무카아사나
p.191

6 우티타 트리코나아사나
p.192

7 우티타 파르스바코나아사나
p.194

11 아도무카 스바나아사나
p.204

12 아도무카 스바나아사나
p.204

13 우타나아사나
p.197

14 우티타 마리챠아사나
p.226

   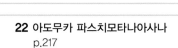

19 바라드바자아사나
p.224

20 마리챠아사나
p.225

21 아도무카 비라아사나
p.221

22 아도무카 파스치모타나아사나
p.217

23 아도무카 스와스티카아사나
p.222

24 우르드바무카 자누
시르사아사나
p.207

25 자누 시르사아사나
p.218

26 파스치모타나아사나
p.216

30 살람바 시르사아사나
p.138

31 비파리타 단다아사나
p.239

32 비파리타 단다아사나
p.239

36 숩타 파당구쉬타아사나
p.242

37 숩타 파당구쉬타아사나
p.243

38 세투반다 사르반가아사나
p.237

당뇨병

이것은 모든 대사 장애 중 가장 일반적인 것으로 증상으로는 빈번한 갈증과 배뇨, 과도한 시장기, 체중 감소, 메스꺼움 등이 있다. 췌장에서의 인슐린 분비가 부족하거나 정상적인 기능이 이루어지지 않아 일어나게 된다.

1 숩타 받다코나아사나
p.244

2 숩타 비라아사나
p.246

3 아도무카 비라아사나
p.220

27 아도무카 파스치모타나아사나
p.217

28 우파비스타 코나아사나
p.213

29 받다코나아사나
p.208

33 우스트라아사나
p.240

34 살람바 사르반가아사나
p.230

35 할라아사나
p.232

39 비파리타 카라니
p.234

40 사바아사나
p.248

41 웃자이 프라나야마
p.254

4 우르드바무카 자누
시르사아사나 p.207

5 아도무카 파스치모타나아사나
p.217

6 자누 시르사아사나
p.218

7 파스치모타나아사나
p.215

8 파리푸르나 나바아사나
p.210

9 파리푸르나 나바아사나
p.212

10 비라아사나
p.206

11 파르스바 비라아사나
p.228

16 마리챠아사나
p.225

17 프라사리타 파도타나아사나
p.200

18 아도무카 스바나아사나
p.202

23 비파리타 단다아사나
p.239

24 비파리타 단다아사나
p.239

25 우스트라아사나
p.240

29 우파비스타 코나아사나
p.213

30 받다코나아사나
p.208

31 세투반다 사르반가아사나
p.237

12 우티타 마리챠아사나
p.226

13 바라드바자아사나
p.223

14 바라드바자아사나
p.223

15 바라드바자아사나
p.224

19 아도무카 스바나아사나
p.204

20 아도무카 스바나아사나
p.204

21 우타나아사나
p.197

22 살람바 시르사아사나
p.138

26 할라아사나 p.232

27 살람바 사르반가아사나
p.230

28 할라아사나
p.232

32 비파리타 카라니
p.234

33 사바아사나
p.248

34 웃자이 프라나야마
p.254

면역계

면역계란 신체의 방어 기제로 질병으로부터 몸을 보호한다. 면역계에서 주된 작용을 맡고 있는 것은 혈장, 적혈구, 백혈구로 이루어진 혈액이다. 미생물에 의해 혈류가 침범되는 것을 막는 것이 바로 백혈구이다. 면역에는 선천적인 것과 후천적인 것의 두 가지 유형이 있다. 요가는 양자를 모두 강화하므로 권장된 아사나를 규칙적으로 수련하면 면역계에 악영향을 미치는 이상 상태에 대응하는 데 도움을 얻을 수 있다.

면역계의 약화

이러한 상태에서는 몸의 면역성이 약화되어 여러 종류의 질병에 걸리게 된다. 증상으로는 체중 감소, 질병 감염율의 증가, 피로, 열, 심각한 기능 장애 등이 있다.

1 세투반다 사르반가아사나
p.237

2 숩타 받다코나아사나
p.244

6 살람바 시르사아사나
p.138

7 비파리타 단다아사나
p.239

8 살람바 사르반가아사나
p.230

12 사바아사나
p.248

13 웃자이 프라나야마
p.254

14 빌로마 2 프라나야마
p.257

*"우리의 온몸은 좌우의 균형이 잡혀 있어야 한다.
요가는 균형이다."*

3 숩타 비라아사나
p.246

4 세투반다 사르반가아사나
p.237

5 아도무카 스바나아사나
p.202

9 할라아사나
p.232

10 세투반다 사르반가아사나
p.237

11 비파리타 카라니
p.234

에이즈

후천성 면역 결핍증, 혹은 에이즈는 면역계를 공격하여 인체로 하여금 많은 치명적인 질병에 취약해지게 하는 인간 면역 결핍 바이러스(HIV)에 의해 발생된다. 다음의 일련의 아사나들은 이 병의 일부 증상을 완화하는 것을 도울 수 있다.

1 받다코나아사나
p.208

2 비라아사나
p.206

3 우파비스타 코나아사나
p.213

4 파스치모타나아사나
p.216

5 파스치모타나아사나
p.215

9 비파리타 단다아사나
p.238

10 비파리타 단다아사나
p.239

11 비파리타 단다아사나
p.239

15 살람바 사르반가아사나
p.230

16 할라아사나
p.232

17 세투반다 사르반가아사나
p.237

"요가는 모든 사람을 위한 것이다.
요가를 국경, 혹은 문화적 경계 안에 한정하는 것은
보편 의식을 거부하는 것이다."

6 파스치모타나아사나
p.216

7 파스치모타나아사나
p.214

8 파스치모타나아사나
p.215

12 숩타 비라아사나
p.246

13 숩타 받다코나아사나
p.244

14 살람바 시르사아사나
p.138

18 세투반다 사르반가아사나
p.237

19 비파리타 카라니
p.234

20 사바아사나
p.248

근육, 뼈, 관절

인간의 몸은 뼈와 근육으로 구성되었다. 몸에서 골격의 틀을 형성하는 뼈는
강한 인대와 근육에 의해 적절하게 자리 잡은 관절을 통해 서로 결합되어 있다.
근육이 수축되거나 이완됨으로써 근육에 붙은 뼈가 움직이게 된다. 근육 기능이
더 좋다는 것은 몸이 더 건강하고 튼튼함을 의미한다. 요가의 수련은 뼈를
강화하고, 근육 운동의 공동 작업을 개선하며, 조직을 해치지 않는 방법으로
뼈와 근육에 영향을 미치는 질병을 치료할 수 있게 한다.

육체 피로

육체적인 긴장을 야기하는 힘든 운동에 의해 이러한 상태가 되는데, 그 특징은 극심한 피로와 힘든 일을 기피하는 것이다. 만일 휴식을 취하고 스트레스 요인을 제거하여 편안한 상태를 회복하지 못한다면 만성 피로 증후군으로 발전할 수도 있다.

1 숩타 받다코나아사나
p.244

2 숩타 비라아사나
p.246

3 숩타 파당구쉬타아사나
p.243

8 아도무카 비라아사나
p.221

9 파스치모타나아사나
p.216

10 자누 시르사아사나
p.218

11 우티타 마리챠아사나
p.226

16 타다아사나 파스치마 나마스카라아사나
p.190

17 타다아사나 고무카아사나
p.191

18 아르다 찬드라아사나
p.196

"진실한 수련이 동반된 자유라야
진정한 자유라 할 수 있다."

4 비라아사나
p.206

5 파르스바 비라아사나
p.228

6 우파비스타 코나아사나
p.213

7 받다코나아사나
p.208

12 바라드바자아사나
p.223

13 타다아사나 사마스티티
p.186

14 타다아사나 우르드바
하스타아사나
p.187

15 타다아사나 우르드바
바당굴리야아사나
p.188

19 프라사리타 파도타나아사나
p.200

20 아도무카 스바나아사나
p.202

21 아도무카 스바나아사나
p.204

22 아도무카 스바나아사나
p.204

23 우타나아사나
p.197

24 살람바 시르사아사나
p.138

28 세투반다 사르반가아사나
p.237

29 비파리타 카라니
p.234

30 사바아사나
p.248

4 타다아사나 파스치마
나마스카라아사나 p.190

5 타다아사나 고무카아사나
p.191

6 파스치마 받다 하스타아사나
p.189

11 우타나아사나
p.197

12 아도무카 스바나아사나
p.204

13 아도무카 스바나아사나
p.204

25 비파리타 단다아사나
p.239

26 살람바 사르반가아사나
p.230

27 할라아사나
p.232

근육 경련

사지나 복부의 근육이 강하게 수축되어 이완되지 않을 때 이런 현상이 일어나며, 열에 노출된 것이 종종 그 원인이 된다. 그러나 가슴이나 팔에서 일어나는 경련은 심장 마비의 징조일 수 있으므로 즉시 의사의 진찰을 받아야 한다.

1 타다아사나 사마스티티
p.186

2 타다아사나 우르드바 하스타아사나
p.187

3 타다아사나 우르드바 바당굴리야아사나
p.188

7 우티타 트리코나아사나
p.192

8 우티타 파르스바코나아사나
p.194

9 아르다 찬드라아사나
p.196

10 프라사리타 파도타나아사나
p.200

14 아도무카 스바나아사나
p.203

15 단다아사나
p.205

16 스와스티카아사나
p.209

17 받다코나아사나
p.208

18 비라아사나
p.206

19 우파비스타 코나아사나
p.213

20 파리푸르나 나바아사나
p.210

21 파리푸르나 나바아사나
p.212

25 아도무카 스와스티카아사나
p.222

26 파스치모타나아사나
p.216

27 자누 시르사아사나
p.218

28 파스치모타나아사나
p.215

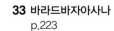

33 바라드바자아사나
p.223

34 바라드바자아사나
p.224

35 파르스바 비라아사나
p.228

36 마리챠아사나
p.225

40 비파리타 단다아사나
p.239

41 비파리타 단다아사나
p.239

42 숩타 비라아사나
p.246

22 우르드바무카 자누 시르사아사나
p.207

23 아도무카 파스치모타나아사나
p.217

24 아도무카 비라아사나
p.221

29 파스치모타나아사나
p.216

30 파스치모타나아사나
p.214

31 파스치모타나아사나
p.215

32 바라드바자아사나
p.223

37 우티타 마리챠아사나
p.226

38 우스트라아사나
p.240

39 비파리타 단다아사나
p.238

43 숩타 받다코나아사나
p.244

44 숩타 파당구쉬타아사나
p.242

45 숩타 파당구쉬타아사나
p.243

46 살람바 시르사아사나
p.138

47 할라아사나
p.232

48 살람바 사르반가아사나
p.230

52 사바아사나
p.248

53 웃자이 프라나야마
p.254

54 빌로마 2 프라나야마
p.257

4 우티타 트리코나아사나
p.192

5 우티타 파르스바코나아사나
p.194

6 아르다 찬드라아사나
p.196

11 우스트라아사나
p.240

12 우티타 마리챠아사나
p.226

13 바라드바자아사나
p.223

14 바라드바자아사나
p.224

49 세투반다 사르반가아사나
p.237

50 세투반다 사르반가아사나
p.237

51 비파리타 카라니
p.234

등 아랫부분의 통증

이것은 대개 등 아랫부분의 인대나 근육이 뻣뻣하거나 복부 근육이 약해서 일어나는 현상이다. 일반적으로 자세가 나쁘거나 운동이 부족하면 등 근육이 딱딱해지면서 부풀어 오르고, 이 부위에 통증이 오게 된다.

1 타다아사나 사마스티티
p.186

2 타다아사나 우르드바 하스타아사나 p.187

3 타다아사나 우르드바 바당굴리야아사나
p.188

7 프라사리타 파도타나아사나
p.200

8 아도무카 스바나아사나
p.204

9 우타나아사나
p.197

10 비파리타 단다아사나
p.239

15 마리챠아사나
p.225

16 파르스바 비라아사나
p.228

17 숩타 파당구쉬타아사나
p.242

18 숩타 파당구쉬타아사나
p.243

19 우파비스타 코나아사나
p.213

20 받다코나아사나
p.208

21 아도무카 비라아사나
p.221

**22 우르드바무카 자누
시르사아사나**
p.207

26 할라아사나
p.232

27 살람바 사르반가아사나
p.230

28 세투반다 사르반가아사나
p.237

등 가운데 부분의 통증

이는 근육의 긴장, 관절염, 인대 파열에 의해 종종 발생한다. 가장 일반적인 원인은 추간판 탈출인데, 이것은 재발이 잦다. 대체로 추간판 탈출은 과체중이거나 바르지 못한 자세의 결과이다.

1 타다아사나 사마스티티
p.186

**2 타다아사나 우르드바
하스타아사나**
p.187

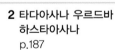

**3 타다아사나 우르드바
바당굴리야아사나**
p.188

8 아도무카 스바나아사나
p.202

9 아도무카 스바나아사나
p.204

10 우타나아사나
p.92

11 비파리타 단다아사나
p.239

23 아도무카 파스치모타나아사나
p.217

24 자누 시르사아사나
p.218

25 파스치모타나아사나
p.216

29 세투반다 사르반가아사나
p.237

30 비파리타 카라니
p.234

31 사바아사나
p.248

4 우티타 트리코나아사나
p.192

5 우티타 파르스바코나아사나
p.194

6 아르다 찬드라아사나
p.196

7 프라사리타 파도타나아사나
p.200

12 우스트라아사나
p.240

13 우티타 마리챠아사나
p.226

14 바라드바자아사나
p.223

15 바라드바자아사나
p.223

16 바라드바자아사나
p.224

17 마리챠아사나
p.225

18 단다아사나
p.205

22 숩타 파당구쉬타아사나
p.242

23 숩타 파당구쉬타아사나
p.243

24 숩타 받다코나아사나
p.244

28 우티타 마리챠아사나
p.226

29 바라드바자아사나
p.223

30 세투반다 사르반가아사나
p.237

등 윗부분의 통증

등 윗부분의 근육 퇴화와 통증은 앉아서 일하는 생활양식, 과체중, 혹은 근육 조절 기능의 약화 등이 그 원인일 수 있다. 척추골이 녹아내리거나 근육과 힘줄에 염증이 생겼을 때에도 이런 증상이 발생한다.

1 우티타 마리챠아사나
p.226

2 바라드바자아사나
p.223

3 타다아사나 사마스티티
p.186

19 우르드바무카 자누 시르사아사나
p.207

20 비라아사나
p.104

21 파스치모타나아사나
p.122

25 숩타 비라아사나
p.246

26 살람바 사르반가아사나
p.230

27 할라아사나
p.232

31 세투반다 사르반가아사나
p.237

32 비파리타 카라니
p.234

33 사바아사나
p.248

4 타다아사나 우르드바
하스타아사나 p.187

5 타다아사나 우르드바
바당굴리야아사나 p.188

6 타다아사나 파스치마
나마스카라아사나 p.190

7 타다아사나 고무카아사나
p.191

8 우티타 트리코나아사나
p.192

9 우티타 파르스바코나아사나
p.194

10 아르다 찬드라아사나
p.196

14 우타나아사나
p.92

15 비파리타 단다아사나
p.239

16 비파리타 단다아사나
p.239

21 숩타 파당구쉬타아사나
p.243

22 숩타 받다코나아사나
p.244

23 아도무카 비라아사나
p.221

24 숩타 비라아사나
p.246

29 할라아사나
p.232

30 살람바 사르반가아사나
p.230

31 세투반다 사르반가아사나
p.236

11 프라사리타 파도타나아사나
p.200

12 아도무카 스바나아사나
p.202

13 아도무카 스바나아사나
p.204

17 우스트라아사나
p.240

18 바라드바자아사나
p.224

19 마리챠아사나
p.225

20 숩타 파당구쉬타아사나
p.242

25 단다아사나
p.205

26 우르드바무카 자누
시르사아사나 p.207

27 자누 시르사아사나
p.218

28 파스치모타나아사나
p.216

32 세투반다 사르반가아사나
p.237

33 비파리타 카라니
p.234

34 사바아사나
p.248

경추증

이것은 경추의 척추골을 연결하는 관절이 닳아서 생기는 퇴행성 척주 질환이다. 경추 관절염이라고도 하는데, 증상으로는 팔과 목, 어깨의 저림과 통증, 두통, 현기증 등이 있다.

1 우티타 마리챠아사나
p.226

2 바라드바자아사나
p.223

3 바라드바자아사나
p.223

8 우티타 파르스바코나아사나
p.194

9 아르다 찬드라아사나
p.196

10 타다아사나 사마스티티
p.186

14 타다아사나 고무카아사나
p.191

15 아도무카 스바나아사나
p.202

16 우타나아사나
p.92

17 우스트라아사나
p.240

21 자누 시르사아사나
p.218

22 파스치모타나아사나
p.216

23 아도무카 비라아사나
p.221

24 숩타 받다코나아사나
p.244

4 파르스바 비라아사나
p.228

5 바라드바자아사나
p.224

6 마리챠아사나
p.225

7 우티타 트리코나아사나
p.192

11 타다아사나 우르드바
하스타아사나
p.187

12 타다아사나 우르드바
바당굴리야아사나
p.188

13 타다아사나 파스치마
나마스카라아사나
p.190

18 비파리타 단다아사나
p.239

19 비파리타 단다아사나
p.239

20 우르드바무카 자누
시르사아사나
p.207

25 숩타 비라아사나
p.246

26 세투반다 사르반가아사나
p.237

27 비파리타 카라니
p.234

28 사바아사나
p.248

어깨 골관절염

이는 관절 사이의 연골이 파괴되어 뼈끼리 서로를 압박하게 되어 생기는 현상이다. 관절의 경화에 의해 관절 공간이 좁아지고, 이와 함께 어깨 관절의 힘줄이 두꺼워지면 격심한 통증이 생긴다.

1 타다아사나 사마스티티
p.186

2 타다아사나 우르드바 하스타아사나
p.187

3 타다아사나 우르드바 바당굴리야아사나
p.188

8 우티타 파르스바코나아사나
p.194

9 아르다 찬드라아사나
p.196

10 아도무카 스바나아사나
p.202

11 우티타 마리챠아사나
p.226

16 비라아사나
p.104

17 우르드바무카 자누 시르사아사나
p.207

18 자누 시르사아사나
p.218

19 파스치모타나아사나
p.214

24 살람바 시르사아사나
p.138

25 우스트라아사나
p.240

26 살람바 사르반가아사나
p.230

27 할라아사나
p.232

4 파스치마 받다 하스타아사나
p.189

5 타다아사나 파스치마
나마스카라아사나
p.190

6 타다아사나 고무카아사나
p.191

7 우티타 트리코나아사나
p.192

12 바라드바자아사나
p.223

13 바라드바자아사나
p.224

14 파르스바 비라아사나
p.228

15 마리챠아사나
p.225

20 숩타 받다코나아사나
p.244

21 숩타 비라아사나
p.246

22 단다아사나
p.205

23 비파리타 단다아사나
p.239

28 세투반다 사르반가아사나
p.237

29 비파리타 카라니
p.234

30 사바아사나
p.248

팔꿈치 골관절염

이 상태에서는 팔꿈치 관절 사이의 연골이 닳아 없어져 염증과 통증이 유발된다. 이로 인해 뼈에 돌기가 형성되거나 테니스 엘보우 상태가 되는데, 일반적으로 테니스 엘보우는 팔뚝과 팔꿈치에서의 격심한 통증이 그 증상이다.

1 타다아사나 사마스티티
p.186

2 타다아사나 우르드바 하스타아사나 p.187

3 타다아사나 우르드바 바당굴리야아사나
p.188

7 우티타 트리코나아사나
p.192

8 우티타 파르스바코나아사나
p.194

9 아르다 찬드라아사나
p.196

14 우르드바무카 자누 시르사아사나
p.207

15 자누 시르사아사나
p.114

16 파스치모타나아사나
p.122

17 숩타 받다코나아사나
p.244

22 우스트라아사나
p.156

23 살람바 사르반가아사나
p.230

24 할라아사나
p.150

4 파스치마 받다 하스타아사나
p.189

5 타다아사나 파스치마 나마스카라아사나
p.190

6 타다아사나 고무카아사나
p.191

10 아도무카 스바나아사나
p.202

11 바라드바자아사나
p.223

12 바라드바자아사나
p.224

13 비라아사나
p.104

18 숩타 비라아사나
p.246

19 단다아사나
p.205

20 살람바 시르사아사나
p.138

21 비파리타 단다아사나
p.239

25 세투반다 사르반가아사나
p.237

26 비파리타 카라니
p.234

27 사바아사나
p.248

손목 및 손가락 골관절염

손목 관절염은 대체로 오래된 부상의 결과이며 손목을 잘 움직이지 못하고 관절에서 통증을 느끼는 것이 그 특징이다. 손가락 관절염의 경우 엄지손가락이 시작되는 밑 부분에서 가장 흔하게 나타난다.

1 타다아사나 사마스티티
p.186

2 타다아사나 우르드바
하스타아사나
p.187

3 타다아사나 우르드바
바당굴리야아사나
p.188

8 우티타 파르스바코나아사나
p.194

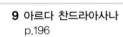

9 아르다 찬드라아사나
p.196

10 우타나아사나
p.92

11 아도무카 스바나아사나
p.202

16 비라아사나
p.104

17 우르드바무카 자누
시르사아사나
p.207

18 자누 시르사아사나 p.218

19 파스치모타나아사나
p.214

24 비파리타 단다아사나
p.239

25 우스트라아사나
p.156

26 살람바 사르반가아사나
p.230

27 할라아사나
p.232

4 파스치마 받다 하스타아사나
p.189

5 타다아사나 파스치마
나마스카라아사나
p.190

6 타다아사나 고무카아사나
p.191

7 우티타 트리코나아사나
p.192

12 바라드바자아사나
p.223

13 바라드바자아사나
p.224

14 비라아사나
p.104

15 파르스바 비라아사나 p.228

20 숩타 받다코나아사나
p.244

21 숩타 비라아사나
p.246

22 단다아사나
p.205

23 살람바 시르사아사나
p.138

28 세투반다 사르반가아사나
p.237

29 비파리타 카라니
p.234

30 사바아사나
p.248

고관절의 골관절염

고관절은 체중의 상당 부분을 감당하고 있으므로 특히 관절염에 걸리기 쉽다. 통증을 느끼는 곳은 사타구니, 고관절 바깥쪽, 무릎과 같은 주변 부위인데, 이것이 악순환을 불러올 수 있다. 즉, 통증 때문에 운동을 적게 하게 되고, 운동량이 적어지면 고관절 부위는 더욱 뻣뻣해지게 된다.

1 타다아사나 사마스티티
p.186

2 우티타 트리코나아사나
p.192

3 우티타 파르스바코나아사나
p.194

8 우타나아사나
p.197

9 숩타 파당구쉬타아사나
p.242

10 숩타 파당구쉬타아사나
p.243

11 우파비스타 코나아사나
p.213

16 파스치모타나아사나
p.216

17 자누 시르사아사나 p.218

18 파리푸르나 나바아사나
p.210

19 우파비스타 코나아사나
p.213

24 마리챠아사나
p.225

25 살람바 시르사아사나
p.138

26 우스트라아사나
p.240

27 비파리타 단다아사나
p.239

4 아르다 찬드라아사나
p.196

5 아도무카 스바나아사나
p.202

6 아도무카 스바나아사나
p.204

7 프라사리타 파도타나아사나
p.200

12 받다코나아사나
p.208

13 비라아사나
p.206

14 숩타 받다코나아사나
p.244

15 숩타 비라아사나
p.246

20 우티타 마리챠아사나
p.226

21 바라드바자아사나
p.223

22 바라드바자아사나
p.223

23 바라드바자아사나
p.224

28 비파리타 단다아사나
p.239

29 살람바 사르반가아사나
p.230

30 할라아사나
p.232

31 세투반다 사르반가아사나
p.237

32 비파리타 카라니
p.234

33 사바아사나
p.248

3 숩타 파당구쉬타아사나
p.243

4 우르드바무카 자누
시르사아사나
p.207

5 파스치모타나아사나
p.216

6 파스치모타나아사나
p.215

10 우티타 마리챠아사나
p.226

11 비라아사나
p.206

12 우파비스타 코나아사나
p.213

13 받다코나아사나
p.208

17 아르다 찬드라아사나
p.196

18 아도무카 스바나아사나
p.202

19 아도무카 스바나아사나
p.204

무릎 골관절염

무릎 관절을 매끄럽게 하는 관절활액의 감소로 인해 발생하는 현상으로 이 부위의 연골이 거칠어지고 얇게 벗겨져 떨어지기 쉽다. 무릎이 부풀어 오른 것처럼 보이고, 관절의 유연성이 없어지며 뻗거나 굽히는 기능도 상실된다.

1 단다아사나
p.205

2 숩타 파당구쉬타아사나
p.242

7 자누 시르사아사나
p.218

8 파리푸르나 나바아사나
p.210

9 파리푸르나 나바아사나
p.212

14 바라드바자아사나
p.223

15 타다아사나 사마스티티
p.186

16 우티타 트리코나아사나
p.192

20 아도무카 스바나아사나
p.204

21 숩타 받다코나아사나
p.244

22 살람바 시르사아사나
p.138

337

23 비파리타 단다아사나
p.239

24 할라아사나
p.232

25 살람바 사르반가아사나
p.230

발목 골관절염

이것의 원인은 골관절염의 영향을 받는 다른 관절들과 같다. 발목이 부풀어 오르고 약해지며 주변의 피부가 붉게 변한다. 움직이는 것이 힘들어지고 통증이 뒤따른다.

1 타다아사나 사마스티티
p.186

2 타다아사나 우르드바 하스타아사나
p.187

3 타다아사나 우르드바 바당굴리야아사나
p.188

7 아도무카 스바나아사나
p.204

8 프라사리타 파도타나아사나
p.200

9 우타나아사나
p.197

14 숩타 파당구쉬타아사나
p.242

15 숩타 파당구쉬타아사나
p.243

16 숩타 받다코나아사나
p.244

26 세투반다 사르반가아사나
p.237

27 비파리타 카라니
p.234

28 사바아사나
p.248

4 우티타 트리코나아사나
p.192

5 우티타 파르스바코나아사나
p.194

6 아르다 찬드라아사나
p.196

10 우파비스타 코나아사나
p.213

11 받다코나아사나
p.208

12 비라아사나
p.206

13 비라아사나
p.206

17 숩타 비라아사나
p.246

18 아도무카 비라아사나
p.221

19 자누 시르사아사나
p.218

20 파스치모타나아사나
p.215

21 파스치모타나아사나
p.216

22 단다아사나
p.205

23 살람바 시르사아사나
p.138

24 우스트라아사나
p.240

28 우티타 마리챠아사나
p.226

29 파르스바 비라아사나
p.228

30 세투반다 사르반가아사나
p.237

류머티스성 관절염

이는 손과 손목, 발과 발목 등 전신에 걸친 만성적 염증 상태로 나중에는 관절이 무력해지게 된다. 증상은 아침에 몸이 뻣뻣한 것, 피로, 관절의 작열감 및 부풀어 오름, 류머티스성 결절 형성 등이다.

1 사바아사나
p.248

2 숩타 받다코나아사나
p.244

6 세투반다 사르반가아사나
p.237

7 세투반다 사르반가아사나
p.237

8 우파비스타 코나아사나
p.213

25 비파리타 단다아사나
p.239

26 살람바 사르반가아사나
p.230

27 할라아사나
p.232

31 세투반다 사르반가아사나
p.237

32 비파리타 카라니
p.234

33 사바아사나
p.248

3 숩타 비라아사나
p.246

4 숩타 파당구쉬타아사나
p.243

5 비파리타 단다아사나
p.239

9 받다코나아사나
p.208

10 단다아사나
p.205

11 우르드바무카 자누 시르사아사나
p.207

12 아도무카 비라아사나
p.221

13 자누 시르사아사나
p.218

14 파스치모타나아사나
p.216

15 파리푸르나 나바아사나
p.210

20 마리챠아사나
p.225

21 우티타 마리챠아사나
p.226

22 타다아사나 사마스티티
p.186

26 우티타 파르스바코나아사나
p.194

27 아르다 찬드라아사나
p.196

28 우타나아사나
p.197

32 살람바 사르반가아사나
p.230

33 할라아사나
p.232

34 세투반다 사르반가아사나
p.237

16 비라아사나
p.206

17 파르스바 비라아사나
p.228

18 바라드바자아사나
p.223

19 바라드바자아사나
p.224

23 타다아사나 우르드바 하스타아사나
p.187

24 타다아사나 우르드바 바당굴리야아사나
p.188

25 우티타 트리코나아사나
p.192

    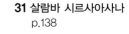

29 아도무카 스바나아사나
p.202

30 아도무카 스바나아사나
p.204

31 살람바 시르사아사나
p.138

35 세투반다 사르반가아사나
p.237

36 비파리타 카라니
p.234

37 사바아사나
p.248

피부

몸의 가장 큰 기관인 피부는 감각계의 일부로 촉각의 주된 기관이며
내부 장기를 보호하고 체온을 조절하는 기능을 가진다. 피부를 구성하는 것은
진피라 불리는 혈관이 포함된 층과 그것을 덮고 있는 바깥쪽의 표피이다.
진피 안에는 땀샘, 모낭, 피지선이 들어 있다.

여드름

이는 피지선이나 모낭의 염증에 의해 발생되는 피부 질환이다. 종기, 뾰루지, 점이나 비립종처럼 보이는 여드름은 종종 근심에 의해 유발된다. 보통 10대 청소년들에게 잘 발생하나 나이가 더 들어도 계속되는 수가 있다.

1 타다아사나 사마스티티
p.186

2 타다아사나 우르드바
하스타아사나
p.187

3 타다아사나 우르드바
바당굴리야아사나
p.188

8 프라사리타 파도타나아사나
p.200

9 우타나아사나
p.197

10 우티타 트리코나아사나
p.192

14 우르드바무카 자누 시르사아사나
p.207

15 아도무카 비라아사나
p.221

16 아도무카 파스치모타나아사나
p.217

> "피부 질환은 흔한 현상으로 요가 아사나는
> 건강하고 효과적인 방식으로 이를 다룰 수 있게 한다.
> 뇌는 평온하고 고요한 상태로 유지하고,
> 몸은 활기에 넘치게 하라."

4 타다아사나 파스치마
나마스카라아사나
p.190

5 타다아사나 고무카아사나
p.191

6 우타나아사나
p.197

7 아도무카 스바나아사나
p.204

11 우티타 파르스바코나아사나
p.194

12 아르다 찬드라아사나
p.196

13 단다아사나
p.205

17 자누 시르사아사나
p.218

18 파스치모타나아사나
p.215

19 파르스바 비라아사나
p.228

20 바라드바자아사나
p.224

21 마리챠아사나
p.225

22 바라드바자아사나
p.223

23 우티타 마리챠아사나
p.226

24 숩타 받다코나아사나
p.244

29 비파리타 단다아사나
p.239

30 우스트라아사나
p.240

31 살람바 사르반가아사나
p.230

35 사바아사나
p.248

36 웃자이 프라나야마
p.254

37 빌로마 2 프라나야마
p.257

4 아도무카 스바나아사나
p.203

5 받다코나아사나
p.208

6 우파비스타 코나아사나
p.213

정

25 숩타 비라아사나
p.246

26 우파비스타 코나아사나
p.213

27 받다코나아사나
p.208

28 살람바 시르사아사나
p.138

32 할라아사나
p.232

33 세투반다 사르반가아사나
p.237

34 비파리타 카라니
p.234

습진

습진은 유전적인 알레르기의 결과로 발생하는 수가 많은 만성적인 피부 표면의 염증으로, 가렵고 피부가 비늘처럼 부스러져 떨어지거나 물집이 생기게 된다. 이 질환의 흔한 원인은 스트레스이다.

1 우타나아사나
p.197

2 아도무카 스바나아사나
p.204

3 아도무카 스바나아사나
p.204

7 자누 시르사아사나
p.218

8 파스치모타나아사나
p.216

9 파스치모타나아사나
p.215

10 파스치모타나아사나
p.216

11 파스치모타나아사나
p.214

12 파스치모타나아사나 p.215

13 아도무카 비라아사나
p.221

17 숩타 파당구쉬타아사나
p.243

18 살람바 사르반가아사나
p.230

19 할라아사나
p.232

23 사바아사나
p.248

24 웃자이 프라나야마
p.254

25 빌로마 2 프라나야마
p.257

4 아도무카 스바나아사나
p.204

5 아르다 찬드라아사나
p.196

6 받다코나아사나
p.208

14 아도무카 스와스티카아사나
p.222

15 아도무카 파스치모타나아사나
p.217

16 살람바 시르사아사나
p.138

20 세투반다 사르반가아사나
p.237

21 세투반다 사르반가아사나
p.237

22 비파리타 카라니
p.234

건선

이것은 보통 무릎이나 팔꿈치에 생기는 표피의 질환으로 은백색의 건조하고 비늘처럼 부스러져 떨어지거나 염증이 생기는 피부 발진으로 진행된다. 두피, 몸통, 사지에도 발생할 수 있다. 유전적으로 발병하는 경우가 많으나 스트레스나 호르몬의 변화에 의해서도 유발될 수 있다.

1 우타나아사나
p.197

2 아도무카 스바나아사나
p.204

3 우타나아사나
p.197

7 우파비스타 코나아사나
p.213

8 살람바 시르사아사나
p.138

9 비파리타 단다아사나
p.239

10 숩타 받다코나아사나
p.244

11 살람바 사르반가아사나
p.230

12 할라아사나
p.232

13 숩타 파당구쉬타아사나
p.242

14 숩타 파당구쉬타아사나
p.243

15 파스치모타나아사나
p.216

16 자누 시르사아사나
p.218

17 세투반다 사르반가아사나
p.237

18 비파리타 카라니
p.234

19 사바아사나
p.248

20 웃자이 프라나야마
p.254

뇌와 신경계

신경계가 작용하도록 엔진 역할을 하는 것은 중추신경계인데, 이는 뇌와 척수로 이루어져 있으며 신체의 정보를 모아서 저장하고 조절하는 중심이다. 중추신경계 안에서 교감신경계와 부교감신경계는 내부 장기, 내분비선 및 몸의 다른 부분들의 불수의적 기능을 조절한다. 권장된 일련의 아사나를 규칙적으로 수련하면 뇌와 모든 신경계에 가해지는 압박을 완화할 수 있다.

두통과 눈의 긴장

이것은 눈과 관자놀이 주변에서 찌르는 듯한 격심한 통증이 나타나는 것이 그 특징이다. 대체로 시작된 지 15분 내로 통증이 급속히 커지지만 통증 자체는 2시간까지도 지속될 수 있다.

1 아도무카 비라아사나
p.221

2 자누 시르사아사나
p.218

3 파스치모타나아사나
p.216

4 프라사리타 파도타나아사나
p.200

5 아도무카 스바나아사나
p.202

6 아도무카 스바나아사나
p.204

7 우타나아사나
p.197

8 할라아사나
p.232

9 숩타 받다코나아사나
p.244

10 숩타 비라아사나
p.246

11 세투반다 사르반가아사나
p.237

12 비파리타 카라니
p.234

13 사바아사나
p.248

14 웃자이 프라나야마
p.254

4 프라사리타 파도타나아사나
p.200

5 아도무카 스바나아사나
p.202

6 아도무카 스바나아사나
p.204

7 우타나아사나
p.197

12 비파리타 카라니
p.234

13 사바아사나
p.248

14 웃자이 프라나야마
p.254

4 아도무카 스바나아사나
p.203

5 아도무카 파스치모타나아사나
p.217

6 아도무카 비라아사나
p.221

스트레스성 두통

두피 및 목의 근육이 긴장
되어 두개골 뒷부분에서 무
지근한 통증의 형태로 나타
난다. 또한 그리 강하지 않
은 정도로 욱신거리는 둔탁
한 통증이 생기기도 하는
데, 일반적으로 스트레스를
유발하는 일에 처했을 때
그러하다.

1 아도무카 비라아사나
p.221

2 자누 시르사아사나
p.218

3 파스치모타나아사나
p.216

8 할라아사나
p.232

9 숩타 받다코나아사나
p.244

10 숩타 비라아사나
p.246

11 세투반다 사르반가아사나
p.237

기억 장애

노화 과정은 종종 가벼운
기억력의 손상과 관계가 있
다. 그러나 노화에 의한 기
억력 손상과 알츠하이머병
과 같은 심각한 진행성 치
매의 발병을 구분하는 것이
중요하다.

1 프라사리타 파도타나아사나
p.200

2 우타나아사나
p.197

3 아도무카 스바나아사나
p.204

7 아도무카 스와스티카아사나
p.222

8 파스치모타나아사나
p.215

9 자누 시르사아사나
p.218

10 비파리타 단다아사나
p.239

11 비파리타 단다아사나
p.239

12 살람바 시르사아사나
p.138

16 비파리타 카라니
p.234

17 사바아사나
p.248

18 웃자이 프라나야마
p.254

3 세투반다 사르반가아사나
p.237

4 자누 시르사아사나
p.218

5 파스치모타나아사나
p.216

9 자누 시르사아사나
p.218

10 파스치모타나아사나
p.216

11 숩타 받다코나아사나
p.244

12 숩타 비라아사나
p.246

13 할라아사나
p.232

14 살람바 사르반가아사나
p.230

15 세투반다 사르반가아사나
p.237

편두통

이는 주기적으로 욱신거리는 두통과 관계있으며, 종종 메스꺼움과 구토가 동반된다. 통증은 두개골의 앞부분이나 뒷부분, 혹은 옆에서 일어난다. 두통이 발생하기 전에 빛에 대한 민감한 반응, 부분적인 시력 상실, 입술 마비 증상이 먼저 나타날 수 있다.

1 아도무카 비라아사나
p.221

2 아도무카 스와스티카아사나
p.222

6 프라사리타 파도타나아사나
p.200

7 우타나아사나
p.197

8 할라아사나
p.232

13 세투반다 사르반가아사나
p.237

14 아도무카 비라아사나
p.221

15 비파리타 카라니
p.234

16 사바아사나
p.248

17 웃자이 프라나야마
p.254

18 빌로마 2 프라나야마
p.257

3 받다코나아사나
p.208

4 우파비스타 코나아사나
p.213

5 우티타 트리코나아사나
p.192

10 우티타 마리챠아사나
p.226

11 우스트라아사나
p.240

12 비파리타 단다아사나
p.239

13 살람바 시르사아사나
p.138

간질

뇌는 전기 신호에 의해 몸을 조절하는데, 간질이란 뇌신경 세포가 이 전기 신호에 비정상적인 자극을 가하여 발생하는 현상이다. 간질 발작은 주기가 있는 것이 아니라 불시에 일어난다. 원인으로는 두부의 손상, 뇌의 감염, 유전적인 소인 등을 들 수 있다.

1 숩타 비라아사나
p.246

2 숩타 받다코나아사나
p.244

3 우타나아사나
p.197

좌골 신경통

이는 척주 신경의 압박과 염증에 의해 발생한다. 날카로운 통증이 등 아랫부분에서 다리와 발까지 퍼져 나가는데, 그 양상은 영향을 받는 신경에 의해 결정된다. 통증은 전기 충격과 비슷하고 서 있거나 걸을 때 더 심해진다.

1 숩타 파당구쉬타아사나
p.242

2 숩타 파당구쉬타아사나
p.243

6 우티타 파르스바코나아사나
p.194

7 아르다 찬드라아사나
p.196

8 바라드바자아사나
p.223

9 바라드바자아사나
p.223

14 살람바 사르반가아사나
p.230

15 세투반다 사르반가아사나
p.237

16 사바아사나
p.248

4 아도무카 스바나아사나
p.204

5 아도무카 스바나아사나
p.204

6 아도무카 스바나아사나
p.203

7 살람바 시르사아사나
p.138

8 비파리타 단다아사나
p.238

9 비파리타 단다아사나
p.239

10 비파리타 단다아사나
p.239

11 우르드바무카 자누
시르사아사나
p.207

12 살람바 사르반가아사나
p.230

13 세투반다 사르반가아사나
p.237

14 세투반다 사르반가아사나
p.237

15 비파리타 카라니
p.234

16 사바아사나
p.248

17 웃자이 프라나야마
p.254

18 빌로마 2 프라나야마
p.257

마음과 정서

생활에서 오는 긴장은 우리의 정서에 강한 영향을 준다. 요가 과학에서는
호르몬계의 분비 작용이 마음과 신경계에 영향을 미친다고 믿는다. 격한 감정은
호르몬 균형을 깨뜨려 쉽게 질병에 감염되거나 건강이 악화되게 한다. 다음의 일련의
아사나들은 내분비선, 교감신경계 및 중추신경계에 작용하여 신경을 진정시키고,
호흡 속도를 떨어뜨리며, 긴장된 몸과 마음을 평온하게 가라앉힌다.

성마름

일상의 사소한 일에 대해 불쑥불쑥 성급한 마음을 드러내고 과도한 행동을 하는 것은 이혼이나 사별과 같은 중요한 삶의 변화로부터 오는 스트레스 요인, 또 수면 부족, 업무와 연관된 걱정, 혹은 알레르기에서 오는 스트레스 요인들에서 비롯된 결과이다. 다음의 아사나들은 스트레스를 줄이는 것을 돕는다.

1 아도무카 스바나아사나
p.204

2 아도무카 스바나아사나
p.204

3 아도무카 스바나아사나
p.203

4 받다코나아사나
p.208

5 우파비스타 코나아사나
p.213

6 아도무카 파스치모타나아사나
p.217

7 아도무카 비라아사나
p.221

8 아도무카 스와스티카아사나
p.222

9 파스치모타나아사나
p.216

10 파스치모타나아사나
p.215

11 파스치모타나아사나
p.216

12 파스치모타나아사나
p.214

13 파스치모타나아사나
p.215

14 자누 시르사아사나
p.218

19 세투반다 사르반가아사나
p.237

20 세투반다 사르반가아사나
p.237

21 비파리타 카라니
p.234

정신의 피로

이 상태는 건망증, 성마름, 권태, 착란, 주의력 결핍, 우울증 등을 그 특징으로 한다. 수면 부족, 정서적인 혼란, 직장에서의 스트레스 등에 의해 유발되는데, 이러한 상태의 잠재적인 심각성에 대해 대수롭지 않게 여기고 방치할 때가 많다.

1 우타나아사나
p.197

2 아도무카 스바나아사나
p.202

3 아도무카 스바나아사나
p.204

8 우스트라아사나
p.240

9 살람바 시르사아사나
p.138

10 아도무카 비라아사나
p.221

11 아도무카 파스치모타나아사나
p.217

15 숩타 받다코나아사나
p.244

16 살람바 시르사아사나
p.138

17 할라아사나
p.232

18 살람바 사르반가아사나
p.230

22 사바아사나
p.248

23 웃자이 프라나야마
p.254

24 빌로마 2 프라나야마
p.257

4 아도무카 스바나아사나
p.204

5 프라사리타 파도타나아사나
p.200

6 우타나아사나
p.197

7 비파리타 단다아사나
p.239

12 자누 시르사아사나
p.218

13 파스치모타나아사나
p.216

14 우파비스타 코나아사나
p.213

15 받다코나아사나
p.208

16 숩타 받다코나아사나
p.244

17 숩타 비라아사나
p.246

18 숩타 파당구쉬타아사나
p.243

22 바라드바자아사나
p.223

23 세투반다 사르반가아사나
p.237

24 비파리타 카라니
p.234

불면증

주기적으로 잠에서 깨어나거나 쉽게 잠들지 못하며 너무 일찍 일어나는 것은 불면증의 증상들이다. 이들은 일시적이어서 원인이 되는 삶의 위기와 함께 지나갈 수도 있고, 만성화되어 의학적이나 정신과적인 치료를 요하거나 약물 치료를 받아야 하는 상태가 될 수도 있다.

1 우타나아사나
p.197

2 프라사리타 파도타나아사나
p.200

3 아도무카 스바나아사나
p.202

8 숩타 받다코나아사나
p.244

9 숩타 비라아사나
p.246

10 살람바 시르사아사나
p.138

19 세투반다 사르반가아사나
p.237

20 살람바 사르반가아사나
p.230

21 할라아사나
p.232

25 사바아사나
p.248

26 웃자이 프라나야마
p.254

27 빌로마 2 프라나야마
p.257

4 아도무카 비라아사나
p.221

5 파스치모타나아사나
p.216

6 자누 시르사아사나
p.218

7 아도무카 파스치모타나아사나
p.217

11 살람바 사르반가아사나
p.230

12 할라아사나
p.232

13 세투반다 사르반가아사나
p.237

14 스와스티카아사나
p.209

15 비파리타 카라니
p.234

16 사바아사나
p.248

4 프라사리타 파도타나아사나
p.200

5 아도무카 스바나아사나
p.202

6 아도무카 스바나아사나
p.204

7 살람바 시르사아사나
p.138

12 비파리타 단다아사나
p.239

13 우스트라아사나
p.240

14 아도무카 스와스티카아사나
p.222

15 아도무카 비라아사나
p.221

20 숩타 받다코나아사나
p.244

21 숩타 비라아사나
p.246

22 세투반다 사르반가아사나
p.237

불안

이 상태는 급성일 수도 있고 만성일 수도 있다. 이와 관련된 신체적인 증상은 메스꺼움, 피부의 홍조, 어지러움, 떨림, 근육의 긴장, 두통, 요통, 혹은 심장 박동의 증가, 호흡이 빨라짐, 가슴이 조이는 느낌 등이다.

1 타다아사나 사마스티티
p.186

2 타다아사나 우르드바 하스타아사나
p.187

3 우타나아사나
p.197

8 우타나아사나
p.197

9 우티타 트리코나아사나
p.192

10 아르다 찬드라아사나
p.196

11 비파리타 단다아사나
p.239

16 자누 시르사아사나
p.218

17 파스치모타나아사나
p.216

18 우파비스타 코나아사나
p.213

19 받다코나아사나
p.208

23 세투반다 사르반가아사나
p.237

24 비파리타 카라니
p.234

25 사바아사나
p.248

26 웃자이 프라나야마
p.254

27 빌로마 2 프라나야마
p.257

3 세투반다 사르반가아사나
p.237

4 아도무카 비라아사나
p.221

5 자누 시르사아사나
p.218

6 우타나아사나
p.197

10 비파리타 단다아사나
p.239

11 우스트라아사나
p.240

12 살람바 사르반가아사나
p.230

16 사바아사나
p.248

17 웃자이 프라나야마
p.254

18 빌로마 2 프라나야마
p.257

과호흡

스트레스에 의해 유발되는 이 상태에서는 호흡이 깊고 빨라지게 되며, 몸은 필요한 것보다 훨씬 더 많은 공기를 받아들인다. 그냥 내버려두면 현기증, 손가락과 발가락의 욱신거리는 통증, 혹은 가슴의 통증이 발생할 수 있다.

1 숩타 받다코나아사나
p.244

2 숩타 비라아사나
p.246

7 프라사리타 파도타나아사나
p.200

8 아도무카 스바나아사나
p.202

9 살람바 시르사아사나
p.138

13 세투반다 사르반가아사나
p.237

14 스와스티카아사나
p.209

15 비파리타 카라니
p.234

우울증

이것은 조절력이 상실된 느낌, 분노, 혹은 좌절감을 야기하는 심리적인 이상 상태이다. 그 외의 증상으로 무기력감, 식욕 증진이나 감퇴, 수면 장애, 낮은 자존감, 피로, 성마름, 동요, 자살 충동, 집중력 부족 등이 있다.

1 우타나아사나
p.197

2 아르다 찬드라아사나
p.196

3 프라사리타 파도타나아사나
p.200

4 아도무카 스바나아사나
p.202

5 살람바 시르사아사나
p.138

6 살람바 사르반가아사나
p.230

7 비파리타 단다아사나
p.239

12 숩타 받다코나아사나
p.244

13 아도무카 비라아사나
p.221

14 숩타 비라아사나
p.246

15 단다아사나
p.205

20 사바아사나
p.248

21 웃자이 프라나야마
p.254

22 빌로마 2 프라나야마
p.257

4 프라사리타 파도타나아사나
p.200

5 우타나아사나
p.197

6 아르다 찬드라아사나
p.196

8 비파리타 단다아사나
p.238

9 우스트라아사나
p.240

10 비라아사나
p.206

11 받다코나아사나
p.208

16 파스치모타나아사나
p.216

17 자누 시르사아사나
p.218

18 세투반다 사르반가아사나
p.237

19 비파리타 카라니
p.234

알코올 중독

알코올 남용의 결과로 생긴 만성적이고, 진행성이며, 종종 치명적이 되는 질병이다. 정신적, 육체적, 사회적 기능에 다방면으로 문제를 일으킨다. 뇌, 간, 심장, 폐에서 합병증을 일으키며 면역계를 약화시켜 호르몬 부족, 성 기능 장애, 불임에 이르게 한다.

1 우타나아사나
p.197

2 아도무카 스바나아사나
p.202

3 아도무카 스바나아사나
p.204

7 비파리타 단다아사나
p.239

8 살람바 시르사아사나
p.138

9 비파리타 단다아사나
p.239

10 살람바 사르반가아사나
p.230

11 할라아사나
p.232

12 파르스바 비라아사나
p.228

13 우티타 마리챠아사나
p.226

**18 아도무카
파스치모타나아사나**
p.217

19 아도무카 비라아사나
p.221

20 파스치모타나아사나
p.216

21 자누 시르사아사나
p.218

25 숩타 받다코나아사나
p.244

26 숩타 비라아사나
p.246

27 세투반다 사르반가아사나
p.237

28 비파리타 카라니
p.234

폭식증

폭식을 한 다음 스스로 구토를 유발하여 속을 비우고 관장약을 상습적으로 복용하는 것 등은 식욕 이상 항진의 위험 징후이다. 그 원인은 자신의 몸에 대한 좋지 못한 이미지와 조절력을 상실했다는 느낌이다. 종종 식욕 부진과 관계있을 때도 있다(p.373 참조).

1 숩타 받다코나아사나
p.244

2 숩타 비라아사나
p.246

14 바라드바자아사나
p.223

15 바라드바자아사나
p.223

16 바라드바자아사나
p.224

17 마리챠아사나
p.225

22 파리푸르나 나바아사나
p.212

23 숩타 파당구쉬타아사나
p.242

24 숩타 파당구쉬타아사나
p.243

29 사바아사나
p.248

30 웃자이 프라나야마
p.254

31 빌로마 2 프라나야마
p.257

3 세투반다 사르반가아사나
p.237

4 숩타 파당구쉬타아사나
p.243

5 단다아사나
p.205

6 아도무카 비라아사나
p.221

7 아도무카 파스치모타나아사나
p.217

8 자누 시르사아사나
p.218

9 파스치모타나아사나
p.216

10 우타나아사나
p.197

14 살람바 시르사아사나
p.138

15 비파리타 단다아사나
p.239

16 우스트라아사나
p.240

20 세투반다 사르반가아사나
p.237

21 비파리타 카라니
p.234

22 사바아사나
p.248

4 타다아사나 파스치마
나마스카라아사나 p.190

5 타다아사나 고무카아사나
p.191

6 우티타 트리코나아사나
p.192

7 우티타 파르스바코나아사나
p.194

11 아도무카 스바나아사나
p.202

12 아도무카 스바나아사나
p.204

13 아르다 찬드라아사나
p.196

17 살람바 사르반가아사나
p.230

18 할라아사나
p.232

19 우르드바무카 자누 시르사아사나
p.207

식욕 부진

낮은 자존감, 조절력이 상실된 느낌 등과 같은 정서적인 요인에 의해 유발되는 현저한 체중의 감소로 인해 이러한 상태가 발생한다. 신체 크기에 대한 강한 선입관을 가짐으로써 음식을 극히 적게 섭취하고 운동은 과도하게 하는 증상이 나타난다.

1 타다아사나 사마스티티
p.186

2 타다아사나 우르드바 하스타아사나
p.187

3 타다아사나 우르드바 바당굴리야아사나
p.188

8 아르다 찬드라아사나
p.196

9 프라사리타 파도타나아사나
p.200

10 아도무카 스바나아사나
p.202

11 아도무카 스바나아사나
p.204

12 우타나아사나
p.197

13 파르스바 비라아사나
p.228

14 아도무카 비라아사나
p.221

15 파르스바 비라아사나
p.228

20 우르드바무카 자누 시르사아사나
p.207

21 아도무카 파스치모타나아사나
p.217

22 자누 시르사아사나
p.218

27 살람바 시르사아사나
p.138

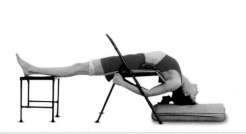

28 비파리타 단다아사나
p.239

29 우스트라아사나
p.240

30 우티타 마리챠아사나
p.226

34 비파리타 카라니
p.234

35 사바아사나
p.248

36 웃자이 프라나야마
p.254

16 바라드바자아사나
p.224

17 바라드바자아사나
p.223

18 우티타 마리챠아사나
p.226

19 마리챠아사나
p.225

23 파스치모타나아사나
p.216

24 파리푸르나 나바아사나
p.210

25 숩타 받다코나아사나
p.244

26 숩타 비라아사나
p.246

31 살람바 사르반가아사나
p.230

32 할라아사나
p.232

33 세투반다 사르반가아사나
p.237

약물 중독

경구 복용, 정맥 주사, 흡연 혹은 코를 통한 흡입 등의 방식으로 장기간에 걸쳐 마약을 상용하게 되면 섬망, 자아감 상실, 공황 발작, 심각한 망상증, 기억력 약화 등의 상태에 이를 수 있다. 심지어 다량으로 사용하면 생명이 위험하게 될 가능성도 있다.

1 우타나아사나
p.197

2 프라사리타 파도타나아사나
p.200

3 아도무카 스바나아사나
p.204

4 아도무카 스바나아사나
p.204

5 아르다 찬드라아사나
p.196

6 살람바 시르사아사나
p.138

7 비파리타 단다아사나
p.239

12 우티타 마리챠아사나
p.226

13 바라드바자아사나
p.224

14 바라드바자아사나
p.223

15 마리챠아사나
p.225

19 자누 시르사아사나
p.218

20 파스치모타나아사나
p.215

21 파리푸르나 나바아사나
p.210

25 할라아사나
p.232

26 세투반다 사르반가아사나
p.237

27 세투반다 사르반가아사나
p.237

8 비파리타 단다아사나
p.239

9 우스트라아사나
p.240

10 비라아사나
p.206

11 파르스바 비라아사나
p.228

16 아도무카 비라아사나
p.221

17 우르드바무카 자누 시르사아사나
p.207

18 아도무카 파스치모타나아사나
p.217

22 숩타 받다코나아사나
p.244

23 숩타 비라아사나
p.246

24 살람바 사르반가아사나
p.230

28 비파리타 카라니
p.234

29 사바아사나
p.248

30 웃자이 프라나야마
p.254

여성의 건강

요가 수련은 근본 원인을 지향하는 형태의 치료를 제공함으로써 특히 여성들에게 영향을 미치는 심각한 많은 질병들을 예방하거나 줄이는 데 도움이 된다. 예를 들면 요가는 고혈압, 당뇨병, 소화 불량, 뼈와 관절의 퇴화, 탈장, 정맥류로 이어질 수 있는 부인과 질병의 요인들을 바로잡는 데 도움이 될 수 있다. 또한 생리 불순, 갑상선의 불균형, 골다공증, 갱년기의 부작용을 정상화시키는 데에도 도움이 된다.

생리

생리 현상은 질병이 아니지만 때때로 불편을 야기할 수 있다. 생리 중일 때에는 거꾸로 하는 자세와 서서 하는 자세를 피해야 하지만, 앞으로 굽히는 자세들은 혈액의 흐름을 조절하고 과도한 출혈을 저지할 수 있다. 아래의 순서로 아사나를 수련하면 신체의 시스템을 정상으로 돌릴 수 있다.

1 숩타 받다코나아사나
p.244

2 숩타 비라아사나
p.246

6 단다아사나
p.205

7 아도무카 비라아사나
p.221

8 아도무카 스와스티카아사나
p.222

9 자누 시르사아사나
p.218

13 비라아사나
p.206

14 아도무카 스바나아사나
p.202

15 프라사리타 파도타나아사나
p.200

16 우타나아사나
p.197

"정신적인 요가는 머리의 지성뿐 아니라
심장의 지성 역시 이용한다."

3 숩타 파당구쉬타아사나
p.243

4 받다코나아사나
p.208

5 우파비스타 코나아사나
p.213

10 파스치모타나아사나
p.216

11 우르드바무카 자누 시르사아사나
p.207

12 자누 시르사아사나
p.218

17 비파리타 단다아사나
p.239

18 바라드바자아사나
p.223

19 세투반다 사르반가아사나
p.237

20 사바아사나
p.248

21 웃자이 프라나야마
p.254

22 빌로마 2 프라나야마
p.257

4 비라아사나
p.206

5 숩타 비라아사나
p.246

6 숩타 파당구쉬타아사나
p.243

7 타다아사나 우르드바
하스타아사나
p.187

11 프라사리타 파도타나아사나
p.200

12 아도무카 스바나아사나
p.202

13 아도무카 스바나아사나
p.204

14 우타나아사나
p.197

19 아도무카 비라아사나
p.221

20 우르드바무카 자누
시르사아사나 p.207

21 파스치모타나아사나
p.216

22 자누 시르사아사나
p.218

생리통

생리 직전이나 생리 중 골반 부위에서의 경련은 자궁 내막이 출혈의 형태로 배출될 때 자궁 수축에 의해 생긴다.

＊주의 생리 중에는 16, 17, 18, 24번 아사나를 수련하면 안 된다. 이 아사나들은 생리 중인 때를 피해서만 수련한다.

1 받다코나아사나
p.208

2 우파비스타 코나아사나
p.213

3 숩타 받다코나아사나
p.244

8 우티타 트리코나아사나
p.192

9 우티타 파르스바코나아사나
p.194

10 아르다 찬드라아사나
p.196

15 비파리타 단다아사나
p.239

16 살람바 시르사아사나＊
p.138

17 살람바 사르반가아사나＊
p.230

18 할라아사나＊
p.232

23 세투반다 사르반가아사나
p.237

24 비파리타 카라니＊
p.234

25 사바아사나
p.248

생리 전 증후군

이는 생리가 시작되기 3~4
일 전에 발생하여 생리가
시작되면 완화되는 현상이
다. 증상은 심한 감정의 기
복, 유방 통증, 소화 장애,
복부 경련, 등 아랫부분의
통증, 다리의 통증, 몸이 붓
는 느낌 등이다.

1 숩타 받다코나아사나
p.244

2 숩타 비라아사나
p.246

3 숩타 파당구쉬타아사나
p.243

8 아도무카 비라아사나
p.221

**9 우르드바무카 자누
시르사아사나** p.207

10 자누 시르사아사나
p.218

11 파스치모타나아사나
p.215

16 비파리타 단다아사나
p.239

17 살람바 사르반가아사나
p.230

18 할라아사나
p.232

19 파르스바 비라아사나
p.228

24 사바아사나
p.248

25 웃자이 프라나야마
p.254

26 빌로마 2 프라나야마
p.257

4 아도무카 스바나아사나
p.204

5 우타나아사나
p.197

6 프라사리타 파도타나아사나
p.200

7 아르다 찬드라아사나
p.196

12 아도무카 스와스티카아사나
p.222

13 우파비스타 코나아사나
p.213

14 받다코나아사나
p.208

15 살람바 시르사아사나
p.138

20 바라드바자아사나
p.223

21 우티타 마리챠아사나
p.226

22 세투반다 사르반가아사나
p.237

23 비파리타 카라니
p.234

갱년기

대개 45~55세 사이에 오는 폐경으로 갑자기 발생할 수도 있고 불규칙한 주기를 몇 번 되풀이한 뒤에 발생할 수도 있다. 갱년기는 호르몬 변화를 촉발하여 발한, 전신 열감, 우울증, 불면증, 심한 감정의 기복을 야기하기도 한다.

1 단다아사나
p.205

2 우파비스타 코나아사나
p.213

3 받다코나아사나
p.208

4 숩타 받다코나아사나
p.244

5 비라아사나
p.206

6 숩타 비라아사나
p.246

7 숩타 파당구쉬타아사나
p.242

11 우타나아사나
p.197

12 아르다 찬드라아사나
p.196

13 우티타 파르스바코나아사나
p.194

14 우티타 트리코나아사나
p.192

18 타다아사나 파스치마
나마스카라아사나
p.190

19 타다아사나 고무카아사나
p.191

20 아도무카 비라아사나
p.221

25 비파리타 단다아사나
p.239

26 살람바 사르반가아사나
p.230

27 할라아사나
p.232

8 숩타 파당구쉬타아사나
p.243

9 프라사리타 파도타나아사나 p.200

10 아도무카 스바나아사나
p.202

15 타다아사나 사마스티티
p.186

16 타다아사나 우르드바
하스타아사나
p.187

17 타다아사나 우르드바 바당굴리야아사나
p.188

21 자누 시르사아사나
p.218

22 파스치모타나아사나
p.216

23 아도무카 스바나아사나
p.204

24 살람바 시르사아사나
p.138

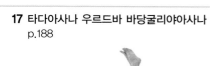

28 세투반다 사르반가아사나
p.237

29 세투반다 사르반가아사나
p.237

30 비파리타 카라니
p.234

31 사바아사나
p.248

32 웃자이 프라나야마
p.254

33 빌로마 2 프라나야마
p.257

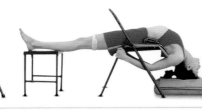

4 살람바 시르사아사나*
p.138

5 살람바 사르반가아사나*
p.230

6 할라아사나*
p.232

7 비파리타 단다아사나
p.239

12 아도무카 비라아사나
p.221

13 숩타 비라아사나
p.246

14 우르드바무카 자누
시르사아사나
p.207

15 파스치모타나아사나
p.216

19 비파리타 카라니*
p.234

20 사바아사나
p.248

21 웃자이 프라나야마
p.254

비정상적 자궁 출혈

이 상태의 특징은 생리 기간이 아닌 때에 불규칙적으로 심한 출혈이 있는 것이다. 자궁 낭종과 섬유종, 유산, 자궁의 염증, 혹은 자궁 위치 이상 등이 그 원인이다.

＊주의 출혈이 계속되면 4, 5, 6, 8, 19번 아사나 수련을 피한다. 그러나 출혈이 없으면 이 아사나들을 규칙적으로 수련한다.

1 우타나아사나
p.197

2 아르다 찬드라아사나
p.196

3 프라사리타 파도타나아사나
p.200

8 우스트라아사나＊
p.240

9 우파비스타 코나아사나
p.213

10 받다코나아사나
p.208

11 숩타 받다코나아사나
p.244

16 자누 시르사아사나
p.218

17 숩타 파당구쉬타아사나
p.243

18 세투반다 사르반가아사나
p.237

백대하

다량의 흰색을 띤 질 분비물은 심한 불편과 곤란을 초래할 수 있다. 대체로 스트레스, 질 내부에 있는 이물질, 감염 등에 의해 발생한다. 하복부 및 골반, 허리 통증이 동반되기도 한다.

1 아르다 찬드라아사나
p.196

2 우타나아사나
p.197

3 아도무카 스바나아사나
p.204

4 살람바 시르사아사나
p.138

5 비파리타 단다아사나
p.239

6 우스트라아사나
p.240

7 살람바 사르반가아사나
p.230

11 받다코나아사나
p.208

12 숩타 받다코나아사나
p.244

13 숩타 비라아사나
p.246

18 세투반다 사르반가아사나
p.237

19 세투반다 사르반가아사나
p.237

20 비파리타 카라니
p.234

생리 시의 과다 출혈

다소 규칙적인 간격을 두고 비정상적으로 출혈이 심하거나 생리 기간이 긴 것은 섬유종, 호르몬의 불균형, 자궁 내의 피임 기구 등에 의한 것이다. 이런 기간이 일주일까지 지속되거나, 종종 심한 응혈이 발견될 때도 있다.

＊주의 생리 기간 중에는 4, 5, 6, 20번 아사나 수련을 피한다.

1 우타나아사나
p.197

2 아르다 찬드라아사나
p.196

3 아도무카 스바나아사나
p.202

8 할라아사나
p.232

9 비라아사나
p.206

10 우파비스타 코나아사나
p.213

14 아도무카 비라아사나
p.221

15 우르드바무카 자누
시르사아사나
p.207

16 자누 시르사아사나
p.218

17 파스치모타나아사나
p.216

21 사바아사나
p.248

22 웃자이 프라나야마
p.254

23 빌로마 2 프라나야마
p.257

4 살람바 시르사아사나*
p.138

5 살람바 사르반가아사나*
p.230

6 할라아사나*
p.232

7 비파리타 단다아사나
p.239

8 우스트라아사나
p.240

9 비라아사나
p.206

10 우파비스타 코나아사나
p.213

11 받다코나아사나
p.208

16 파스치모타나아사나
p.216

17 자누 시르사아사나
p.218

18 숩타 파당구쉬타아사나
p.243

19 세투반다 사르반가아사나
p.237

무월경

이것은 생리가 없는 것을 말한다. 생리가 전혀 없을 때를 중하다 할 수 있고, 3회혹은 더 이상 주기를 건너뛸 때는 경한 것으로 볼 수 있다. 원인으로는 과도한 운동, 스트레스, 식사 장애 등이 있다.

1 타다아사나 우르드바 하스타아사나
p.187

2 우타나아사나 p.197

3 우티타 트리코나아사나
p.192

7 아도무카 스바나아사나
p.202

8 아도무카 스바나아사나
p.204

9 살람바 시르사아사나
p.138

10 비파리타 단다아사나
p.239

질병 치료를 위한 요가

12 숩타 받다코나아사나
p.244

13 아도무카 비라아사나
p.221

14 숩타 비라아사나
p.246

15 우르드바무카
자누 시르사아사나
p.207

20 비파리타 카라니*
p.234

21 사바아사나
p.248

22 웃자이 프라나야마
p.254

4 우티타 파르스바코나아사나
p.194

5 아르다 찬드라아사나
p.196

6 프라사리타 파도타나아사나
p.200

11 우스트라아사나
p.240

12 파르스바 비라아사나
p.228

13 우파비스타 코나아사나
p.213

14 받다코나아사나
p.208

15 숩타 받다코나아사나
p.244

16 아도무카 비라아사나
p.221

20 자누 시르사아사나
p.218

21 파리푸르나 나바아사나
p.212

22 숩타 파당구쉬타아사나
p.242

26 세투반다 사르반가아사나
p.237

27 비파리타 카라니
p.234

28 사바아사나
p.248

4 숩타 비라아사나
p.246

5 숩타 파당구쉬타아사나
p.242

6 단다아사나
p.205

질병 치료를 위한 요가

17 숩타 비라아사나
p.246

18 우르드바무카 자누 시르사아사나
p.207

19 파스치모타나아사나
p.216

23 숩타 파당구쉬타아사나
p.243

24 살람바 사르반가아사나
p.230

25 할라아사나
p.232

자궁 탈수

골반의 근육과 인대가 약화되고 느슨해졌을 때 일어나는 현상으로 결국 자궁이 제 위치에서 벗어나게 된다. 노령, 비만, 혹은 잦은 출산에 의해 유발될 수 있다.

1 살람바 시르사아사나
p.138

2 비파리타 단다아사나
p.239

3 숩타 비라아사나
p.167

7 우르드바무카 자누 시르사아사나
p.207

8 프라사리타 파도타나아사나
p.200

9 타다아사나 사마스티티
p.186

10 타다아사나 우르드바 하스타아사나
p.187

11 아르다 찬드라아사나
p.196

12 살람바 사르반가아사나
p.230

불임

때때로 어떤 여성은 피임을 하지 않았는데도 1년이 지나도록 임신을 하지 못할 때가 있다. 호르몬의 불균형, 종양, 낭종, 배란 기능의 장애, 골반의 감염 등이 원인이 되어 이런 문제가 생긴다.

1 타다아사나 사마스티티
p.186

2 타다아사나 우르드바 하스타아사나
p.187

3 타다아사나 우르드바 바당굴리야아사나
p.188

7 우타나아사나
p.197

8 살람바 시르사아사나
p.138

9 우스트라아사나
p.240

10 비파리타 단다아사나
p.238

14 우파비스타 코나아사나
p.213

15 자누 시르사아사나
p.218

16 파스치모타나아사나
p.216

13 세투반다 사르반가아사나
p.237

14 세투반다 사르반가아사나
p.237

15 비파리타 카라니
p.234

4 우티타 트리코나아사나
p.192

5 우티타 파르스바코나아사나
p.194

6 아르다 찬드라아사나
p.196

11 비파리타 단다아사나
p.239

12 비파리타 단다아사나
p.239

13 받다코나아사나
p.208

17 파스치모타나아사나
p.215

18 파스치모타나아사나
p.216

19 파스치모타나아사나
p.214

20 파스치모타나아사나
p.215

"좀처럼 완전해질 수 없다 하여
노력을 중단해서는 안 된다."

21 숩타 받다코나아사나
p.244

22 숩타 파당구쉬타아사나
p.242

23 숩타 파당구쉬타아사나
p.243

24 할라아사나
p.232

25 살람바 사르반가아사나
p.230

26 세투반다 사르반가아사나
p.237

27 세투반다 사르반가아사나
p.237

28 비파리타 카라니
p.234

남성의 건강

성인 남성의 절반 가까이는 살아가는 도중 어떤 시기에 모종의 발기 부전을 겪는다. 이 질환과 더불어 남성의 생식 기관 및 생식선과 관계된 다른 많은 장애를 치료하는 데에는 처방된 일련의 아사나들을 순서에 맞추어 규칙적으로 수련하는 것이 도움이 된다. 전립선 비대와 다양한 형태의 탈장은 50세를 넘긴 남성들이 흔히 걸리는 질병이다. 요가의 수련은 이러한 질병들에 대해 효과를 발휘한다.

발기 부전

이는 아예 발기가 되지 않거나 지속되지 못하는 것을 말하는데, 일시적일 경우가 많다. 성기의 구조, 호르몬, 신경, 혹은 심리적인 문제가 원인이 될 수 있으며, 약물의 부작용이나 마약 남용에 의해서 유발되기도 한다.

1 우타나아사나
p.197

2 비파리타 단다아사나
p.239

3 비파리타 단다아사나
p.239

4 우스트라아사나
p.240

5 살람바 시르사아사나
p.138

6 비파리타 단다아사나
p.238

7 살람바 사르반가아사나
p.230

8 할라아사나
p.232

9 우파비스타 코나아사나
p.213

397

10 받다코나아사나
p.208

11 자누 시르사아사나
p.114

**12 트리앙가 무카이카파다
파스치모타나아사나**
p.119

13 파스치모타나아사나
p.122

전립선 질환

전립선은 전립선 비대증에 의해 영향을 받을 수가 있다. 또한 전립선 질환은 통증을 유발하면서 방광으로부터의 소변 배출을 방해하는 전립선염에 의할 수도 있다.

1 아르다 찬드라아사나
p.196

2 받다코나아사나
p.208

6 비파리타 단다아사나
p.239

7 숩타 비라아사나
p.246

8 숩타 받다코나아사나
p.244

9 숩타 파당구쉬타아사나
p.243

13 세투반다 사르반가아사나
p.237

14 비파리타 카라니
p.234

15 사바아사나
p.248

14 숩타 파당구쉬타아사나
p.242

15 숩타 파당구쉬타아사나
p.243

16 세투반다 사르반가아사나
p.237

3 우파비스타 코나아사나 p.213

4 파리푸르나 나바아사나
p.210

**5 우르드바무카 자누
시르사아사나**
p.207

10 살람바 시르사아사나
p.138

11 살람바 사르반가아사나
p.230

12 세투반다 사르반가아사나
p.237

열공裂孔 탈장

이 상태에서 위의 윗부
분은 횡격막의 파열, 즉
열공에 의해 가슴 안으
로 이동하며, 주로 중년
의 과체중인 사람들에게
나타나기 쉽다. 증상은
가슴의 통증 및 타는 듯
한 느낌이다.

1 타다아사나 사마스티티
p.186

**2 타다아사나 우르드바
하스타아사나** p.187

**3 타다아사나 우르드바
바당굴리야아사나** p.188

4 우티타 트리코나아사나
p.192

5 우티타 파르스바코나아사나
p.194

6 아르다 찬드라아사나
p.196

10 비라아사나
p.206

11 우파비스타 코나아사나
p.213

12 우르드바무카 자누
시르사아사나
p.207

16 비파리타 단다아사나
p.239

17 숩타 비라아사나
p.246

18 숩타 받다코나아사나
p.244

22 세투반다 사르반가아사나
p.237

23 세투반다 사르반가아사나
p.237

24 비파리타 카라니
p.234

7 단다아사나
p.205

8 스와스티카아사나
p.209

9 받다코나아사나
p.208

13 바라드바자아사나
p.223

14 바라드바자아사나
p.224

15 우스트라아사나
p.240

19 숩타 파당구쉬타아사나
p.243

20 할라아사나
p.232

21 살람바 사르반가아사나
p.230

25 사바아사나
p.248

26 웃자이 프라나야마
p.254

27 빌로마 2 프라나야마
p.257

서혜부 탈장

장이 복벽 아래층의 약한 부위나 터진 자리를 통해 튀어나올 때 일어나는 현상이다. 직접적인 서혜부 탈장은 사타구니 부근에 돌출물을 만드는 반면, 간접적인 서혜부 탈장에서는 탈장된 장관이 음낭으로 내려간다.

1 단다아사나
p.205

2 우르드바무카 자누 시르사아사나
p.207

6 우파비스타 코나아사나
p.213

7 숩타 파당구쉬타아사나
p.242

8 숩타 파당구쉬타아사나
p.243

12 살람바 사르반가아사나
p.230

13 세투반다 사르반가아사나
p.237

14 세투반다 사르반가아사나
p.237

배꼽 탈장

때때로 소아들에게 나타나는 현상으로 배꼽 부근에서 발생한다. 대체로 자연스럽게 위치가 바로잡아진다. 배꼽 위치의 복벽을 통해 장이 튀어나올 때에는 성인들에게도 발생된다.

1 프라사리타 파도타나아사나
p.200

2 우타나아사나
p.197

3 파리푸르나 나바아사나
p.210

4 파리푸르나 나바아사나
p.212

5 받다코나아사나
p.208

9 숩타 받다코나아사나
p.244

10 살람바 시르사아사나
p.138

11 할라아사나
p.232

15 사바아사나
p.248

16 웃자이 프라나야마
p.254

17 빌로마 2 프라나야마
p.257

3 아도무카 스바나아사나
p.204

4 아도무카 스바나아사나
p.204

5 아도무카 스바나아사나
p.203

6 단다아사나
p.205

7 스와스티카아사나
p.209

8 받다코나아사나
p.208

12 아도무카 파스치모타나아사나
p.217

13 아도무카 비라아사나
p.221

14 아도무카 스와스티카아사나
p.222

18 세투반다 사르반가아사나
p.237

19 세투반다 사르반가아사나
p.237

20 샤바아사나
p.248

9 비라아사나
p.206

10 우파비스타 코나아사나
p.213

11 우르드바무카 자누
시르사아사나
p.207

15 살람바 시르사아사나
p.138

16 비파리타 단다아사나
p.239

17 숩타 파당구쉬타아사나
p.242

21 웃자이 프라나야마
p.254

22 빌로마 2 프라나야마
p.257

"아사나는 우리가 단지 육체만을 의식하는 데
그치는 것이 아니라 더 나아가 영혼을 자각하도록 이끌어 주어
우리 개개인이 변화하는 것을 도울 것이다."

아헹가 요가
수련 과정

"우리 육체가 활이라면
아사나는 영혼이라는 과녁을 맞히기 위한 화살이다."

새로운 주제를 배우려면 헌신과 끈기가 필요하다.
요가에서 육체적인 몸, 감각 기관, 정서, 마음, 의식은 천천히, 점차적으로 훈련된다.
초보자는 단순한 아사나로부터 시작하여 체력과 집중력을 길러
좀 더 복잡한 아사나로 나아간다. 수준 높은 요가 수련생 또한 각 아사나의
완전한 효과를 경험하게 하는 적절한 순서에 따라 아사나를 수련해야 한다.
순서의 배열을 이해하는 데에는 점진적인 과정을 거쳐야 한다.
자동차가 1단 기어에서 속도를 높일 수 없는 것과 마찬가지로 시간과 인내 없이는
아사나의 미묘함과 기술적으로 요구되는 사항들을 이해할 수 없다.

요가 수련 안내

수련 과정은 단순한 아사나에서 복잡한 아사나로 나아가게 되어 있다.
각 주별로 목록에 실린 순서에 따라 수련하라. 이렇게 하면 수련의 효과가 더 커질 뿐 아니라
부상이나 긴장의 가능성이 최소화될 수 있기 때문이다.

사람들은 여러 가지 선입견을 가지고 요가를 시작한다. 어떤 사람들은 질병을 즉각적으로 치료하기를 기대하고, 또 어떤 사람들은 가장 단순한 아사나라도 자세를 취하기 어려울 것이라고 생각한다. 대개 이들은 근육이 뻣뻣하고 자세가 자주 틀리는 사람들이다. 육체적으로 적합할지라도 올바르게 수련하는 데 필요한 안정된 몸이나 마음을 갖추지 못할 수도 있다. 그러므로 초보자는 처음에는 아주 기초적인 단계에서 아사나를 수련해야 하며, 그런 다음 규칙적인 수련을 계속하여 지성이 몸의 모든 겹(p.48 참조)으로 스며들게 해야 한다.

초보자를 위한 조언

처음에는 순서에 들어 있는 아사나 중 편안히 느낄 만큼의 수만 수련한다. 체력이나 정력을 고갈시켜서는 안 된다. 기대를 적게 가지고 시작한다. 근육, 뼈, 조직, 자세, 내부 장기를 재구성하는 데에는 시간이 필요하다. 아헹가 요가에서는 오른발을 밖으로 돌리거나 손가락으로 깍지를 끼는 것과 같은 기초적인 운동을 '동작motions'이라고 부른다. 종지뼈를 들어 올리거나 사타구니를 조이는 것, 또 신장 쪽으로 당겨 들이는 것과 같은 좀 더 미묘한 운동은 '움직임actions'으로 간주된다. 동작에 의해 자세로 들어가게 되며 움직임에 의해 자세가 정교하게 다듬어진다. 먼저 동작을 이해하라. 무엇을 관찰해야 하는가보다 오히려 어떻게 관찰해야 하는가를 배워야 한다. 동작을 올바로 취하는 것보다 아사나의 핵심을 파악하는 것이 더 중요하다. 어떤 지시 사항들은 초보자가 보기에는 불합리하거나 불가능하게조차 여겨질 수 있다. 그러나 각 아사나에서의 기술적인 조정이 점점 더 단순해지면서 동작과 움직임에 내포된 복잡성과 미묘함이 추상적인 개념이 아니라 반드시 필요한 것이라고 점차 인식하게 될 것이다. 아사나의 움직임을 이해함으로써 마침내 수련의 리듬과 속도를 만들어 낼 것이다.

요가 수련 과정은 좀 더 어려운 아사나를 쉽게 수행하도록 몸을 준비시키는 단순한 아사나로 시작한다. 우리는 있다는 것을 깨닫지 못했던 자신의 여러 차원을 마음 깊이 받아들이는 법을 배우게 될 것이다. 아사나는 우리를 우리 속의 내면세계와 연결해 준다.

수련 일정의 수립

아사나는 생기가 있고 활력에 넘칠 때 수련해야 한다. 근육이 뻣뻣하지 않다면 이른 아침에, 혹은 근육이 유연하고 자유로운 초저녁에 수련하는 것이 바람직하다. 과식을 한 뒤에는 수련하지 않는다. 수련을 얼마나 지속할지는 가변적이다. 멈추어야 할 때가 언제인지 아는 것을 배운다.

수련이 매일 이루어지게 한다. 만약 피곤하거나 몸의 어느 부분에 통증이 있다면 아사나의 수련으로 몸은 긴장과 무리에서 벗어나 진정될 것이다. 각 아사나를 시작할 때 주의 사항을 마음에 반드시 명심해야 한다.

일반적인 수련 지침

만일 특정 아사나를 수련할 때 자세를 올바로 취하지 못한다면 비슷한 동작으로 수련한다. 요가에 있어서 육체적인 몸, 감각 기관, 정서, 마음 그리고 의식은 서서히 훈련된다. 특정 아사나의 수련을 그만둔다면 몸은 지성의 일부를 잃어버린다. 다양한 유형의 아사나를 수련해야 한다. 예를 들어, 만약 다리에 통증이 있다 해도 요가 수련을 피해서는 안 된다. 통증 부위를 알아내고 그 원인에 대해 생각하며 그것을 어떻게 제거할 것인지를 이해해야 한다. 자신의 지성을 통해 통증 부위로 진정시키는 감각을 불어넣는다. 의식을 깊이 탐구하고 가장 필요로 하는 몸의 부위에 평온한 느낌이 퍼져 나가게 한다.

환경

수련을 몸과 마음의 상태와 잘 조화시킨다. 더운 여름날에는 피로하거나 활력이 없다고 느낄

자세 지속하기
최종 자세를 취했을 때에는
완전히 집중해야 한다.

수 있다. 이때는 이완을 위해 보조 도구를 이용하여 수련한다. 예를 들어 살람바 사르반가아사나를 행할 때에는 의자와 큰베개의 도움을 받는다. 또 누워서 하는 아사나, 거꾸로 하는 아사나, 휴식을 주는 아사나들은 신진대사를 늦추고 몸과 마음의 모든 부분을 평온히 가라앉히며 에너지를 보존하는 까닭에 역시 여름에 적합하다. 겨울에는 서서 하는 아사나, 뒤로 굽히는 아사나, 거꾸로 하는 아사나들이 감기, 골관절염, 기타 계절적인 우울증에 맞서는 것을 돕는다. 비틀기 자세, 앞으로 굽히는 아사나, 거꾸로 하는 아사나는 습한 상태가 미치는 영향을 차단하는 데 도움이 된다.

순서

처방된 순서로 아사나를 수련하면 각 아사나의 경험이 심화될 뿐 아니라 그 효과도 증대된다. 순서 배열의 중요성을 이해하는 데에는 시간이 걸린다. 자신의 필요에 맞는 순서를 고안하기 전에 각 아사나에 내포된 운동과 미묘함 및 그것이 몸에 미치는 효과에 대해 파악해야 한다. 자신의 고유한 순서를 개발할 만큼 자신감이 충분히 생길 때까지 20주 요가 수련 과정을 따라 수련한다. 그러나 특정 질병을 앓는 사람들은 제7장(p.260-405 참조)에 마련된, 자신의 상태에 적합한 아사나 순서를 따라야 한다.

시간

효과를 최대화하고 힘을 기르기 위해 권장된 시간 동안 가능한 한 오래 최종 자세를 유지한다. 그러나 아사나를 유지하는 시간은 주의력에 의해 좌우되기도 한다. 뇌의 지성은 아주 빠른 속도로 성쇠를 거듭하지만 몸의 지성은 그처럼 빠른 속도로 일깨워지지 않는다. 따라서 자세를 취하는 내내 몸의 모든 부분을 의식하여야 한다.

마지막으로, 판단력을 발휘하여 나이와 육체적인 조건에 따라 순서, 시간, 수련하기를 원하는 아사나들의 종류를 결정한다. 각성하는 능력을 개발하고 마음으로 아사나를 이해하는 데 있어 꾸준한 진전을 이루어야 한다. 먼저 몸을 쭉 뻗어 몸과 마음이 일련의 아사나 뒤에 감추어진 이치를 깨닫게 한다. 예를 들어 뒤로 굽히는 자세로 아사나 수련을 시작하지 않는다. 신체적인 조건이 완벽한 사람들은 아사나 사이클을 상당히 쉽게 수행할 수 있다. 자신의 상태가 완벽하지 못하다면 몸이 필요로 하는 것에 부합하는 아사나 순서를 개발한다. 요가 수련에는 육체적, 생리적, 심리적, 영적인 리듬이 내재되어 있어야만 한다.

균형과 조화
바라드바자아사나의
변형 자세를 취한
B.K.S. 아헹가

자신의 고유한 수련 창안하기

20주 요가 수련 과정의 목록에 있는 모든 아사나들은 단순한 자세들로 보조 도구를 이용하면 훨씬 더 쉽게 수련할 수 있다. 비라바드라아사나 1과 2(p.96과 p.76 참조)는 처음 몇 주 동안에는 벽에 기대어 수련한다. 자세를 취할 때 편안하게 느껴지면 벽에 의지하지 않고 수련한다. 이와 유사하게 약 6개월 정도(비록 개인차는 있겠지만) 우티타 트리코나아사나를 수련한 뒤에는 목침 위에 손을 놓는 대신 바닥에 손을 둔다. 할라아사나, 살람바 사르반가아사나, 자누 시르사아사나, 트리앙가 무카이카파다 파스치모타나아사나, 파스치모타나아사나, 파리푸르나 나바아사나는 6개월 뒤에 보조 도구 없이 시도한다. 벽에 기대지 않고 살람바 시르사아사나를 수행하려면 8개월까지 시간이 걸릴 수 있다. 숩타 비라아사나, 우스트라아사나, 우르드바 다누라아사나, 바라드바자아사나, 마리챠아사나(p.133 참조)를 보조 도구 없이 수련하려면 8개월이 지나야 한다. 근육과 관절이 유연해짐에 따라 보조 도구가 방해가 될 것이며, 보조 도구 없이도 순조롭게 고전적인 자세들로 나아가게 될 것이다.

20주 요가 수련 과정

*달리 특별 제작된 것이 아니면 목침은 목제이다.

4주

5주

6주

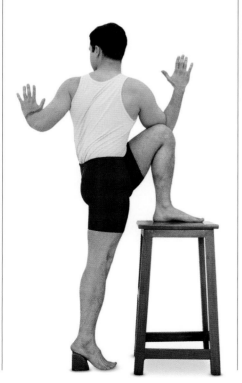

7주

8주

9주

10주

11주

12주

14주

15주

16주

17주

17주

18주

20주

골격계

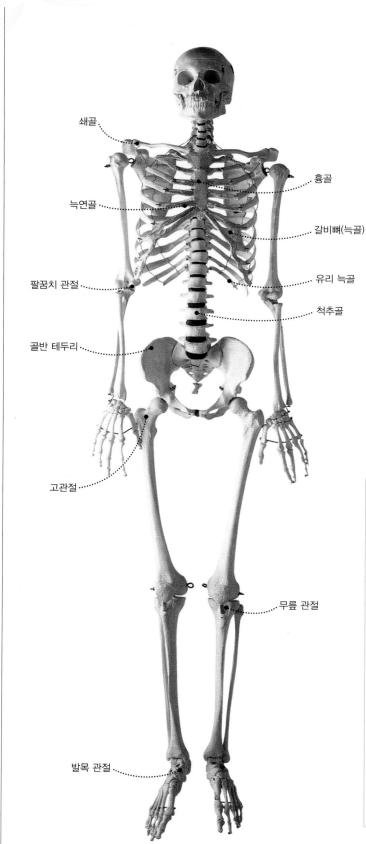

쇄골

흉골

늑연골

갈비뼈(늑골)

팔꿈치 관절

유리 늑골

척추골

골반 테두리

고관절

무릎 관절

발목 관절

척추

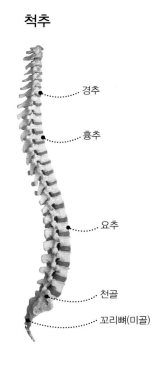

경추

흉추

요추

천골

꼬리뼈(미골)

내부 장기

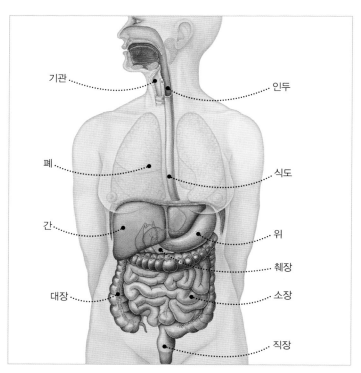

기관

인두

폐

식도

간

위

췌장

대장

소장

직장

근육계

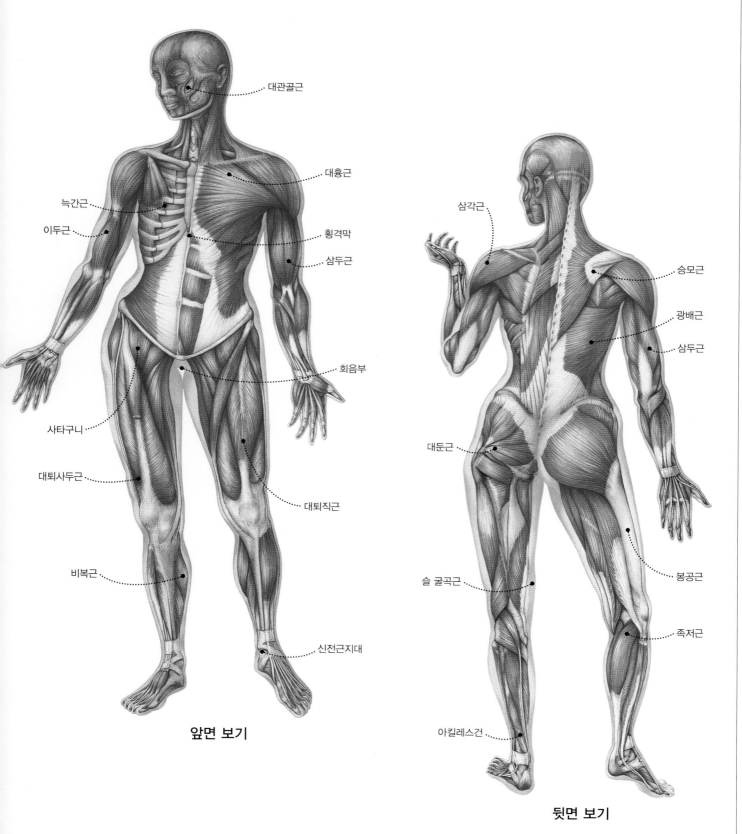

대관골근

대흉근

늑간근

이두근

횡격막

삼두근

회음부

사타구니

대퇴사두근

대퇴직근

비복근

신전근지대

앞면 보기

삼각근

승모근

광배근

삼두근

대둔근

봉공근

슬 굴곡근

족저근

아킬레스건

뒷면 보기

용어 해설

Abhyantara 들숨

Ahankara 그릇된 자만심

Ahimsa 비폭력 원칙

Ajna chakra 에너지의, 혹은 지령의 차크라

Alabdha bhumikatva 불쾌, 가벼운 병

Alasya 게으름

Anahata chakra 심장 부위에 있는 영적인 차크라

Anandamaya kosha 지복의 겹, 몸의 다섯 가지 겹 중 가장 중요하며 요가 수련으로 도달됨

Angamejayatva 신체의 불안정성

Annamaya kosha 해부학적 겹, 몸의 다섯 가지 겹 중 하나

Antara–kumbhaka 폐를 가득 채운 후 숨을 보유하는 것

Antaranga–sadhana 요가의 여덟 단계를 따를 때 이루어지는 정서적, 정신적 수련

Antaratma–sadhana 요가의 여덟 단계를 따를 때 이루어지는 영혼의 탐구

Anusasanam 훈련, 수련

Aparigraha 욕망에서 벗어남

Arambhavastha 요가의 초보자 단계로 육체적인 몸의 차원에서만 수련됨

Asmita 이기심

Astanga yoga 여덟 가지 단계의 요가. 자아 인식에 이르기 위해 거치는 요가의 수련 단계들

Asteya 탐욕에서 벗어남

Atman 자아, 혹은 영혼

Avirati 감각적 만족에 대한 욕구

Ayama 에너지의 확장, 혹은 분배

Bahya 날숨

Bahya–kumbhaka 숨을 내쉰 뒤 폐가 완전히 비어 있을 때 숨을 멈추는 것

Bahiranga–sadana 윤리적 덕목의 수련으로 이루어진 3가지 요가의 원칙 중 하나

Bhakti marg 사랑과 헌신의 길

Bharadvaja 현인으로 전사 드로나차리야 Dronacharya의 아버지

Bhranti darshana 그릇된 지식

Brahmacharya 순결

Buddhi 지성

Chitta 의식의 억제

Chittavritti 불균형한 정신 상태

Chakras 이론적으로 척주를 따라 위치한 몸 안의 중요한 연결점들로, 아사나와 프라나야마에 의해 활성화될 때 우주 에너지를 영적인 에너지로 변화시킨다.

Dharana 집중, 아스탕가 요가의 여섯 번째 단계

Dhyana 아스탕가 요가의 일곱 번째 단계

Dronacharya 현인 바라드바자의 아들이며 서사시 마하바라타의 주요 인물

Dorsal region 특히 등과 관련된 몸의 윗부분

Dukha 불행 혹은 고통

Ekagra 마음이 집중된 상태

Floating ribs 흉골에 붙어 있지 않은 마지막 2쌍의 갈비뼈

Ghatavastha 요가의 중급 단계로 마음과 몸이 함께 움직이는 것을 익힘

Gheranda Samhita 15세기에 성자 게란다에 의해 쓰인 요가 교본

Guru 스승, 즉 제자에게 지식의 체계를 전하는 사람

Guru–sishya parampara 수 세기를 거슬러 올라가는 스승과 제자의 가르침의 전통

Hatha yoga 에너지의 억제를 통해 영혼을 보는 것

Hatha yoga Pradipika 15세기에 현인 스바트 마라마에 의해 편찬된 요가에 관한 논서

Isvara pranidhana 신성에 대한 헌신

Jivatma 개별 자아

Jnana marg 구도자가 실재와 비실재 사이를 구별하는 것을 배우는 지식의 길

Kaivalya 해탈

Karma marg 보상을 바라지 않는 비이기적인 봉사의 길

Karana sharira 인과율의 몸, 몸의 세 가지 층 중 하나

Karya sharira 거친 몸, 몸의 세 가지 층 중 하나

Kathopanishad 대략 BC300년~400년의 고대 경전

Klesha 이기심, 욕망, 무지, 집착, 증오 등에 의해 생기는 슬픔

Ksipta 산란한 마음

Kundalini 모든 인간에게 잠재된 신성한 우주 에너지

Kumbhaka 호흡의 보유

Leukorrhoea 과도하게 분비되는 흰색의 질 분비물

Mahabharata B.C. 1000년까지 거슬러 올라가는 인도의 가장 오래된 서사시

Manas 마음

Manava(manusya) 지성과 의식이 있는 인간

Manipuraka chakra 공포감과 이해를 주관하는 차크라

Manomayakosha 몸의 5가지 겹 중 하나. 심리적인 겹

Marichi 현인. 브라마의 아들이며 우주의 창조자

Menorrhagia 비정상적으로 심하거나 긴 기간의 생리

Metrorrhagia 생리 기간이 아닌 때의 출혈

Mudha 둔하고 활발하지 못한 마음

Muladhara chakra 성 에너지를 조절하는 차크라

Nadi 차크라로부터 몸을 통해 에너지를 분배하는 관념상의 통로

Nirbija 씨앗이 없는

Niruddha 통제되고 억제된 마음

Nishpattyavastha 요가 수련의 마지막 단계, 완성 상태

Niyama 자기 억제

Parmatama 보편적 자아

Parichayavastha 지성과 몸이 하나가 되는 요가 수련의 세 번째 단계

Parigraha 소유

Patanjala yoga darshana 요가에 대한 경구의 모음. BC300~AD300년 사이에 편집되었고 일반적으로 현인 파탄잘리의 작품으로 여겨짐

Patanjali 현인. 요가의 창시자로 BC300~AD300년 사이에 살았다고 여겨짐

Perineum 넓적다리 사이와 생식기 뒤, 항문 앞에 위치한 신체 부위

Pramada 무관심

Prakriti shakti 자연의 에너지

Prana 생체 에너지 혹은 생명력

Pranamaya kosha 생명력의 겹으로 몸의 5가지 겹 중 하나

Pranayama 호흡을 통한 에너지의 통제

Pratyahara 외부 세계로부터의 정신적인 절연

Psoriasis 건선

Purusha shakti 영적인 에너지

Raja yoga 의식의 억제를 통해 영혼을 보는 것

Rajasic 심신을 과도하게 자극하는 양념을 한 자극적인 음식

Sahasrara chakra 풀렸을 때 구도자에게 해방을 가져다주는 가장 중요한 차크라

Samadhi 본성 깨닫기

Samshaya 의심

Samyama 몸, 호흡, 마음, 지성, 자아의 통합

Santosha 만족

Sarvanga sadhana 몸, 마음, 자아를 통합하는 전일적인 수행

Sattvic 가공하지 않은, 유기농법으로 생산된 채식

Satya 진실

Saucha 청결

Scoliosis 척주측만

Shakti 생명력, 혹은 한 개인의 정서, 의지력, 분별력을 결정짓는 자아의식

Shvasa–prashvasa 불규칙한 호흡, 혹은 불안정

Styana 일에 대해 내키지 않는 마음

Suksma sharira 미묘한 몸으로 몸의 3가지 층 중 하나

Svadhyaya 자신의 몸, 마음, 지성, 자아를 탐구하는 것

Svatmarama 현인. 『하타요가 프라디피카』의 저자

Swadhishtana chakra 세속적인 욕망의 자리가 되는 차크라

Tamasic 고기 혹은 술을 포함하는 음식

Tapas 헌신적인 요가 수행을 통해 이루어지는 고행

Vijnanamaya kosha 지성의 겹으로 몸의 다섯 가지 겹 중 하나

Viksipta 산만하고 두려워하는 마음

Virabhadra 전설적인 전사

Vishuddhi chakra 지성적인 각성의 자리

Vyadhi 육체의 병

Yama 일상생활을 위한 윤리 규정

Yoga 몸, 감각, 마음, 지성을 자아와 통합시키는 길

Yogacharya 요가 전통의 스승이자 통달자

Yoga–agni 불이 붙여지면 쿤달리니를 점화하는 요가의 불

Yoga marg 자아 인식에 이르는 여정으로 이때 마음과 그 움직임들이 통제된다.

Yoga Sutras 현인 파탄잘리의 작품으로 여겨지는 요가 수행에 관한 경구들의 모음

Yogi 수련생 혹은 진리를 추구하는 자

아사나의 명칭

찾아보기

감사의 말

발행인 감사 인사

돌링 킨더슬리Dorling Kindersley 출판사는 푸네의 아헹가 요가 연구소에 아헹가 선생의 사진들을 사용할 수 있게 허락해 준 것에 대해 감사를 표한다. 또 이 출판 계획에 도움을 준 요가 상담사 수다 말리크Sudha Malik, 산스크리트 서체를 제공해 준 아미트 카르사니Amit Kharsani, 색인 작업을 해 준 R.C. 샤르마Sharma에게도 감사의 말을 전한다. 클레어 셰던Clare Sheddon과 살리마 히라니Salima Hirani는 출판 계획의 초기 단계에서 도움과 조언을 주었고, 아비지트 무케르지Abhijeet Mukherjee는 이 책의 제작을 지원해 주었다. 돌링 킨더슬리 출판사는 이들 모두에게 감사의 인사를 올린다.

2008년 수정 증보판

돌링 킨더슬리Dorling Kindersley 출판사는 사진 작업을 해 준 존 프리맨John Freeman과 그의 조수 제이미 레잉Jamie Laing, 미술을 맡았던 루트 호우프Ruth Hope, 사진 작업 전과 중에 도움과 지원을 주고, 제1장(p.8~29)의 글을 써 주었던 니타 파텔Nita Patel, 역시 사진 작업 중에 도움을 주었던 아루네쉬 탈라파트라Aurnesh Talapatra와 로한 신하Rohan Sinha, 사진 모델을 서 준 코브라 굴나즈 다쉬티Kobra Gulnaaz Dashti, 제이크 클레넬Jake Clennell, 라야 우마다타Raya Umadatta,

피루자 M. 알리Firooza M. Ali, 라즈비 H. 메타Razvi H. Mehta, 아르티 H. 메타Arti H. Mehta, 비르주 메타Birjoo Mehta, 우다이 V. 보살레Uday V. Bhosale, N. 라즈락스미N. Rajlaxmi 여사에게 고마움을 전한다. 또 이 책의 초판과 수정 증보판의 편집을 도왔던 찬드루 멜와니Chandru Melwani에게도 감사를 드린다. 푸네의 아헹가 요가 연구소는 사진 자료들을 추가로 사용할 수 있게 해 주었다. p.100~101, 112~113, 126~127, 136~137, 154~155, 164~165에 실린 요가 매트를 제공해 준 런던 에지가Edge Street, London의 생명 센터(www.thelifecentre.com)와 애고이agoy(www.agoy.com)에게도 감사의 말을 전하며, 푸네의 물쉬 호수에 있는 아유르베다 휴양소(www.karehealth.com)의 프라카쉬 칼마디 박사에게 특별히 감사를 드린다. 그는 해외 촬영에 도움과 호의를 베풀어 주었다.

2014년 개정판

돌링 킨더슬리 출판사는 이 책의 최신판 출판 계획 중 조언과 지원을 해 준 아파르나 샤르마Aparna Sharma, 이 계획 과정 중 도움을 주고 벨루르로 조사 여행을 한 글렌다 페르난데즈Glenda Fernandes, 교정을 맡아 준 디비야 찬도크Divya Chandok에게 고마움을 표한다. 또한 제1장의 새로운 사진을 찍어 준 아디트야 카푸르Aditya Kapoor와 p.16의 사진과 p.26과 31에 실린

푸네의 아헹가 요가 연구소에서의 어린이 요가 수업의 사진을 찍어 준 라야Raya U.D.에게도 감사의 마음을 전한다.

사진 제공에 대한 감사 인사

돌링 킨더슬리는 친절하게도 자신들의 사진을 전재할 수 있도록 허용해 준 아래의 사람들 및 기관에게 감사드린다.

뉴델리New Delhi의 국립 박물관, 뉴델리의 미 인도학 연구소American Institute of Indian Studies, 막스 알렉산더Max Alexander, 조 코니쉬Joe Cornish, 아쇼크 딜왈리Ashok Dilwali, 존 프리맨John Freeman, 아쉼 고쉬Ashim Ghosh, 스티브 고턴Steve Gorton, 알리스테어 휴즈Alistair Hughes, 수비르 쿠메단Subir Kumedan, 푸네의 찬드루 멜와니Chandru Melwani, 스테펀 파커Stephen Parker, 재니트 페캄Janet Peckam, 킴 세이어Kim Sayer, 해쉬매트 싱Hashmat Singh, 판카즈 우스라니Pankaj Usrani, 아마르 탈와르Amar Talwar, 콜린 월턴Colin Walton.

사진 저작권자를 찾기 위해 모든 노력을 기울여 왔다. 출처가 빠진 것에 대해 발행자로서 사과 드리며, 다음 판에서 수정하겠다. 더 자세한 내용은 www.dk.images.com 참조.

저자 및 역자 약력

아헹가 선생 B.K.S. Iyengar

15세에 요가에 입문하고 17세부터 요가를 가르치며 치열한 수행을 한 현대 요가의 대가. 자신의 수행 체험에 의해
파탄잘리의 『요가 수트라』를 해석하여 독특한 방식으로 70년 이상 세계 곳곳에서 제자들을 가르쳤다. 그가 현대화하고
정련시킨 요가는 '아헹가 웨이(Iyengar way)'로 불리며, 정확한 자세를 바탕으로 보조 기구를 사용하여 질병을 치료하는 데 있어
탁월한 효과를 가지는 수행 체계로 알려져 있다. 고전적 요가 입문서로 『요가 디피카』 외에 『아헹가 요가』, 『요가 호흡 디피카』,
『요가 수행 디피카』 등 30여 권이 넘는 요가 관련 저서들을 저술하여 요가의 길을 가는 수행자들에게 올바른 이정표를
제시해 주었다. 이러한 업적으로 「유엔 평화 헌장의 이학 박사」, 「미국 인명 연구소」의 「올해의 요가 교육자상」,
「세계 연합 전인 치유 의학회」의 「Purna Swasthya상」과 「Padma Bhushan상」 등 많은 상을 수상했다.
2004년 타임지에 의해 세계에서 가장 영향력 있는 100인 중 한 사람으로 선정되었다. (2014년 타계)

역자 현천(玄天) 스님

대학 시절 요가에 입문하였으며, 백양사 승가 대학에서 수학, 동국대학교 불교대학원[禪學전공]과 서울 불학 승가 대학원을 졸업했다.
선방을 다니다가 해탈 도구로 육신의 중요성을 느끼고 히말라야 리시케쉬 및 인도의 여러 수행처에서 요가를 배웠으며,
특히 인도의 「아헹가 요가 연구소」에서 교육 과정을 20년에 걸쳐 10여 차례 수료하고 상급 자격증(Advanced Level)을 취득했다.
백담사 무문관 3년 결사 회향을 비롯하여, 봉암사 선원, 해인사 선원, 통도사 선원, 범어사 선원, 불국사 선원 등 제방 선원에서
10여 년간 안거·참선 수행하였다.
제9교구 본사 동화사 교무국장, 전국 선원 수좌회 통일분과 위원장, 조계종 기본선원 교선사, 조계종 교육원 '수행과 요가' 강사 등을
역임했다.
현재는 파주 만월산 유가선원[사단법인 한국 아헹가 요가 협회]에서 禪수행을 하면서, 지도자 양성 및 군장병과 공부에 지친
초·중·고 학생들의 체력·집중력 향상 및 전인 교육을 위해 매주 일요일 무료 요가 강좌를 시행하고 있다. 이런 노력으로
국무총리 상, 대구시 교육감 상 및 동국대학교 총장 상 등을 수상했다.
저서로 『현대인을 위한 요가』(동영상 초급 2편 각 55분, 중급 2편 각 60분 수록)가 있다.
역서로 『요가 디피카』, 『아헹가 요가』, 『아헹가 행법 요가』, 『요가 호흡 디피카(공역)』, 『요가 수행 디피카』, 『초급 아헹가 요가(공역)』,
『요가 수트라』, 『아헹가 임산부 요가』, 『요가와 스포츠』 등이 있다.